U0522290

国家社科基金
后期资助项目

东道主与游客：
青藏高原旅游人类学研究

Hosts and Tourists: The Research on
Qinghai-Tibet Plateau Tourism Anthropology

杨振之 宋 秋 胡海霞 阳宁东 马 琳 著

中国社会科学出版社

图书在版编目(CIP)数据

东道主与游客：青藏高原旅游人类学研究 / 杨振之等著. —北京：中国社会科学出版社，2016.6
ISBN 978-7-5161-7852-2

Ⅰ.①东… Ⅱ.①杨… Ⅲ.①青藏高原—旅游—文化人类学—研究 Ⅳ.①F592

中国版本图书馆 CIP 数据核字(2016)第 063198 号

出 版 人	赵剑英
责任编辑	吴丽平
责任校对	石春梅
责任印制	李寡寡

出　　版	中国社会科学出版社
社　　址	北京鼓楼西大街甲 158 号
邮　　编	100720
网　　址	http://www.csspw.cn
发 行 部	010-84083685
门 市 部	010-84029450
经　　销	新华书店及其他书店
印　　刷	北京君升印刷有限公司
装　　订	廊坊市广阳区广增装订厂
版　　次	2016 年 6 月第 1 版
印　　次	2016 年 6 月第 1 次印刷
开　　本	710×1000 1/16
印　　张	27.75
插　　页	2
字　　数	500 千字
定　　价	98.00 元

凡购买中国社会科学出版社图书，如有质量问题请与本社营销中心联系调换
电话：010-84083683
版权所有　侵权必究

国家社科基金后期资助项目
出版说明

后期资助项目是国家社科基金设立的一类重要项目，旨在鼓励广大社科研究者潜心治学，支持基础研究多出优秀成果。它是经过严格评审，从接近完成的科研成果中遴选立项的。为扩大后期资助项目的影响，更好地推动学术发展，促进成果转化，全国哲学社会科学规划办公室按照"统一设计、统一标识、统一版式、形成系列"的总体要求，组织出版国家社科基金后期资助项目成果。

全国哲学社会科学规划办公室

目 录

绪论:我们该如何认识旅游 ……………………………………… (1)

第一篇 旅游研究的几个基本问题

第一章 关于旅游的本质问题 ……………………………………… (7)
第一节 本质是什么? ………………………………………… (7)
第二节 旅游的本质是体验吗? ……………………………… (11)
第三节 旅游的本质:人诗意地栖居 ………………………… (15)
第四节 认识旅游本质的路径 ………………………………… (19)

第二章 关于旅游真实性问题 ……………………………………… (23)
第一节 旅游真实性问题研究的回顾 ………………………… (23)
第二节 关于真实性问题的结构构建及其解析 ……………… (25)
第三节 结语 …………………………………………………… (31)

第三章 旅游的"符号化"与符号化旅游 ………………………… (33)
第一节 旅游的"符号化"现象 ……………………………… (33)
第二节 符号化旅游的内涵 …………………………………… (35)
第三节 旅游的"符号化"的路径解析 ……………………… (38)

第四章 前台、帷幕、后台
——文化保护与旅游开发新模式 ……………………… (41)
第一节 背景分析 ……………………………………………… (42)
第二节 文化保护与旅游开发的"前台、帷幕、后台"模式 …… (43)
第三节 基于"前台、帷幕、后台"的丽江古城保护与
开发思路 ……………………………………………… (47)

第二篇　从凝视到对话：丽江古城主客关系研究

第五章　研究背景 …………………………………………………（53）
第一节　选题背景 …………………………………………………（53）
第二节　选题意义 …………………………………………………（56）
第三节　研究方法 …………………………………………………（58）

第六章　关于凝视理论的探讨 …………………………………（60）
第一节　主客关系基本概念 ………………………………………（60）
第二节　对凝视理论的反思 ………………………………………（64）

第七章　主客对话理论的构建 …………………………………（72）
第一节　主客对话理论 ……………………………………………（72）
第二节　对话对主客关系的影响 …………………………………（76）
第三节　对话对主客文化的意义 …………………………………（79）

第八章　从凝视走向对话
——丽江古城的案例分析 …………………………………（82）
第一节　从陌生人到旅居者的变迁 ………………………………（84）
第二节　游客凝视与主客关系 ……………………………………（94）
第三节　约瑟夫·洛克从凝视到对话的转向 …………………（102）
第四节　对话型主客关系的发展历程 …………………………（112）
第五节　结语 ……………………………………………………（129）

第三篇　旅游场域：西藏手工艺品、手工艺人与游客

第九章　西藏手工艺品 …………………………………………（137）
第一节　以八廓街为中心的旅游手工艺品市场的形成 ………（137）
第二节　西藏本土手工艺品 ……………………………………（139）
第三节　外来手工艺品 …………………………………………（143）
第四节　仿冒的手工艺品 ………………………………………（144）

第十章 西藏手工艺人 (145)
第一节 民主改革前的西藏手工业与手工艺人 (145)
第二节 本土手工艺人在当代的艰难选择 (148)
第三节 两个手工业古村镇引出的思考 (162)

第十一章 手工艺品市场上的游客 (170)
第一节 调查思路与方法 (170)
第二节 游客购买手工艺品的动机 (172)
第三节 旅游真实性问题 (175)

第十二章 旅游场域的建构 (180)
第一节 西藏民族手工艺蕴含了丰富的地域性 (180)
第二节 地域性资源的资本化 (183)
第三节 场域视角下的西藏手工艺人与游客 (194)
第四节 旅游场域概念的提出 (203)

第十三章 旅游场域的动力与结构 (208)
第一节 旅游场域的动力 (208)
第二节 旅游场域的结构 (213)

第十四章 基于场域视角的西藏民族手工艺文化旅游开发 (219)
第一节 地域性资源的资本化：民族手工艺文化旅游开发的实质 (219)
第二节 西藏民族手工艺文化旅游开发中的多方参与主体 (221)
第三节 民族手工艺文化旅游开发中的利益分配 (225)
第四节 结语 (226)

第四篇 舞台的表演者：九寨沟民族歌舞表演的调查

第十五章 九寨沟民族歌舞表演概况 (235)
第一节 调研对象的确定 (235)
第二节 九寨沟藏羌歌舞表演的产生 (240)
第三节 九寨沟藏羌歌舞表演的现状 (241)

第四节　九寨沟藏羌歌舞表演主体 ·················· (249)

第十六章　"为你们表演的我们"
——表演者的"舞台化真实"和"日常生活真实" ······ (263)
第一节　表演者来九寨沟之前的生活真实 ·············· (263)
第二节　符号化消费背景下的"舞台化真实" ·············· (275)
第三节　表演者在九寨沟的"日常生活真实" ·············· (306)
第四节　表演者放假回家后的生活真实及其影响 ·············· (326)

第十七章　游客、表演者、当地藏民眼中的表演 ·············· (331)
第一节　游客眼中的表演文化 ·············· (331)
第二节　表演者眼中的文化真实性 ·············· (346)
第三节　九寨沟当地藏民眼中的文化真实性 ·············· (353)

第十八章　当地藏民的日常生活及表演者、当地藏民对藏传佛教的共同信仰 ·············· (360)
第一节　当地藏民的日常生活 ·············· (360)
第二节　表演中的藏传佛教信仰 ·············· (367)
第三节　表演者的藏传佛教信仰 ·············· (369)
第四节　当地藏民的宗教信仰 ·············· (371)
第五节　结语 ·············· (375)
附录　九寨沟旅游演艺团体的表演内容（部分）·············· (377)

第五篇　羌族文化在旅游开发中的空间重构：关于茂县样本的考察报告

第十九章　茂县：一个样本地的选择 ·············· (385)
第一节　文化版图中的茂县 ·············· (386)
第二节　区域经济版图中的茂县 ·············· (390)
第三节　羌文化旅游开发 ·············· (393)

第二十章　旅游开发进程中的空间塑造 ·············· (400)
第一节　传统文化空间 ·············· (400)
第二节　新空间的诞生 ·············· (411)

第三节　空间塑造中的驱动力 …………………………………（420）

第二十一章　空间冲突与重构 ……………………………………（426）
　　第一节　羌文化旅游开发中的空间冲突 ……………………（426）
　　第二节　旅游空间的重构 ……………………………………（427）
　　第三节　旅游开发中的政府定位 ……………………………（428）
　　第四节　关于茂县调查的几点启示 …………………………（430）

后记 …………………………………………………………………（434）

绪论：我们该如何认识旅游

旅游是什么？它的本质是什么？我们如何去认识旅游活动？游客的造访作为一种特殊形式的社会活动，作为人类惯常生活之外的一种独特的生活，给这个世界带来了越来越多的新东西，也越来越引起众多学科的关注，文化人类学和社会学也不例外。

游客对东道主的造访，本质上是寻找"诗意地栖居"的生活，是寻找不同于惯常生活的生活方式，是寻找获得差异化的体验，获得与日常生活不一样的体验是旅游的基本特征。人类在惯常生活中的居住方式，充斥着"腻"和"烦"，缺少"诗意"，旅游便成为充满"诗意"的另类的居住方式和生活体验，旅游是人类的居住方式向远方的延伸。

游客对东道主的造访，引发了游客与东道主不同的自然与文化空间的交流和碰撞，引发了旅游真实性问题在全球的讨论，这一跨文化的交流事件，使学者更加关注外来文化对东道主社区文化的影响，以及东道主文化的变迁。在旅游对东道主文化变迁的影响中，东道主文化的真实性、旅游的真实性备受关注。东道主和游客应该以什么样的态度来交往？是凝视，还是对话？是文化殖民，还是相互尊重？东道主文化在游客所谓的强势文化面前，什么时候才能找到真正的自信？游客是仅仅将东道主的所有文化现象都视为符号，将旅游的体验浅尝辄止，还是希望参与到真实的场域之中，与东道主一起去创造新的文化？也许，在东道主与游客之间要实现对话异常困难。但是，对话是一种态度，是一种对存在于这个世界上的所有文化所持的尊重的态度，这种态度会打消我们作为文化殖民者的殖民心态。

游客对东道主的造访，引起了旅游目的地的社会变革。旅游潮的到来，引发了生态、文化保护与开发的矛盾，形成了新的旅游场域，构建了东道主社区新的文化资本，各种势力纷至沓来，东道主、游客、外来经营者（久而久之又成为常住民或新的东道主）、投资者等，各种资本势力在旅游场域中角逐，东道主传统的生活方式和生产方式如何持续发展？东道主希望过上现代生活，旅游业的发展正好给了他们这个历史性的机遇；当地政府为了维持东道主地区的生态、文化的持续吸引力，要求东道主保持文化的真实性；外来投资者出于赚取商业利润的目的，对当地文化不惜杀鸡取卵式的文化掠夺；新进入的居民，依托旅游目的地，从事着各种各样的职业，都希望在这里淘到金，从此改变命运。东道主社区所在的旅游目的地，变成了各方资本博弈的场所。所以，旅游目的地的"前台"，变成了各方利益博弈的大舞台，很难避免商业化。尽管全球的学者都在呼吁，东道主社区不能商业化，却没有找到医治这一病症的良方。

游客对东道主的造访，引发了东道主的内省和内视，进而唤起了东道主的文化自觉与自醒。当然，这个过程也许是比较漫长的。由于"前台"的商业化，我们认为，很有必要对东道主所在的旅游目的地进行有效的空间管理，尤其是在旅游开发前，在规划阶段的空间组织管理至关重要，以便防患于未然。所以，我们提出了"前台、帷幕、后台"的保护与开发的模式，目的是使东道主所在地的文化的"真实性"在"后台"能得到有效的保护，而又不拒绝"前台"不能避免的适度的商业化，同时"后台"通过"前台"对"后台"的经济补偿方式以及"后台"为"前台"提供原汁原味的食品、手工艺品等获得利益，使"后台"保持东道主"真实"的生活方式和生产方式。

"后台"不是永久对游客关闭的，这需要等待双方的成熟。一方面，游客要能真正地尊重东道主，游客要变得成熟起来；另一方面，东道主也要尊重自己的文化，从内心唤起对自己文化的自豪感，同时也要学会如何尊重游客。到这个时候，双方就达到对话的境界了。到这个时候，每一个村落、古镇和景区，都是可以开放的。到这个时候，东道主也会懂得如何坚守自己的文化传统。但要到达这一步是十分不易的，一开始，在东道主社区，总是一小部分文化的先知者去传承传统文化，即使在后台，那里的不少人也会由于经济利益的驱使，对传统文化进行符号化贩卖，就像九寨沟，那几个寨子，本来朴实的墙体画上了藏传佛教寺院的八宝图案，搞得花枝招展，这叫贩卖文化，即贩卖文化符号。前台大量地充斥着旅游符号化，许多地方仅仅就是贴一个文化标签而已。所以，一开始，在东道主社区，只有一部分人会唤起本民族、本地方的文化自觉，这些人太重要了，是该民族、该地方的先知先觉者，他们会组织团队、社团来传承文化。通过这种传承，东道主慢慢处于文化的自觉状态，游客进去后就可以实现与东道主真正的对话，这样，东道主和游客的文化价值观才是平等的。

尤其是在这个自媒体时代,人人都是信息发布者,微博的传播、微信圈等将"前台"与"后台"联系在一起,虽然,空间的分隔管理依然很重要,但最值得信赖的还是东道主的抗病毒能力,最终有赖于东道主在文化上的自信和自我强大。

以上这些问题是全球旅游学者关注的难题。如果把旅游主要当作一种经济行为,我们必将自食苦果。我们只有更加重视将旅游视为文化行为和社会行为,才能找到治疗旅游行为带给人类病症的良方。

第一篇,作为本书的总论,回答了旅游的本质问题,旅游真实性问题,旅游作为文化符号的创造者如何创造东道主社区的文化,以及提出前台、帷幕、后台模式如何解决好旅游目的地文化保护与开发之间的矛盾冲突问题。旅游作为游客到异地居住的行为,游客通过参与体验发现到自我,这一过程要通过与东道主建立对话关系才能完成。

第二篇,通过对丽江古城的田野调查,探讨了东道主与游客的新型关系,是从凝视走向对话,对话关系的确立,是东道主在游客面前找回文化的自信,寻找到文化的自觉,并使自己的文化得到游客的充分尊重,"我者"与"他者"之间建立了平等的文化互信关系。

第三篇,通过对拉萨及其周边地区的田野调查,发现在旅游的影响下,西藏传统的手工艺人和手工艺品与游客之间形成了一个巨大的旅游场域,传统的手工艺人和手工艺品面临完全不同的生存状态,在现代市场经济的浪潮中,传统手工艺及其传人何去何从?东道主的文化命运如何?通过大量的田野调查找到了答案。

第四篇对九寨沟的表演者进行了集中的调查和深度访谈,这些来自各个藏区的演员,为了生存到九寨沟为游客表演,他们有舞台化真实吗?他们能肩负起传承民族文化的重任吗?他们为游客提供了真实的文化?游客能探寻到东道主文化的真实性吗?通过调查,我们发现,游客对东道主的文化影响比我们想象的更复杂,那些在"前台"从事商业化表演的表演者,来自更广袤的后台,很快将在"前台"向游客学到时尚的东西并带回家乡,成为居于后台的家乡人追逐效仿的对象。

第五篇通过对茂县羌族聚居区的调查,以及汶川地震灾后重建对羌族文化及其生活影响的研究,进一步明确了"前台、帷幕、后台"理论在空间重构和空间管理上的重要意义。

对青藏高原地区的田野调查,已经大规模进行了四次。2002年4月开始,组织了大量人力(计100多个人/天次)对九寨沟、丽江古城、

4 东道主与游客

茂县等地进行调查，获得有效问卷1300多份，其后用了500多个人/天次对问卷进行统计分析，调查重点是旅游业发展对东道主社区居民社会文化的影响。2005年8月，20多位教师和学生在丽江古城做了一个月的调查，这一个月就生活在丽江古城，调查的重点是丽江古城的商业业态与游客空间行为的关系，此次调查几乎对古城的每个铺面、每一个客栈、每种传统和现代的业态都进行了详细调查分析，并获得很多的深入访谈资料。2009年系统的调查情况都记录在本书里。2013年夏天，又对部分地区重点人物进行回访，尤其是在汶川地震灾后重建之后，对这些人物的生活境遇进行了跟踪访谈。此外，在近10年中，笔者去丽江古城做访谈、体验式参与生活、观察不少于15次；去拉萨访谈和观察研究不下5次；去九寨沟不下10次。

通过旅游人类学的田野调查，我们发现，旅游人类学的基础研究将为我们认识旅游带来新的视野和新的认知，许多时常难以解决的问题，在这里能找到答案。因此，我们认为，旅游人类学将是研究旅游问题的一种好的视野和方法，如果我们的努力没有白费，也就心满意足了。

第一篇

旅游研究的几个基本问题

之所以将以下几个问题称为旅游研究的几个基本问题，是因为本书要研究的问题都从这儿发端出去，实际上旅游研究的其他许多问题也都从这儿发端出去，而这些"基本问题"往往为研究者所忽略。比如，旅游的真实性，核心问题是要回答游客到东道主所在地去旅游，是否是去寻找旅游的真实性？是否能寻找到文化的真实性？东道主所在的前台，日常生活都可能成为表演，东道主真实的文化又在何处？旅游的本质究竟是什么？它涉及游客去拜访东道主时，以什么样的方式存在于这个世界上？对它的认识不同，游客与东道主的存在方式也就不同。旅游的符号化与符号化旅游，揭示了游客到目的地去与东道主共同创造新的文化符号的实质，那么，在东道主社会的文化变迁中，应如何有效解决文化保护与开发的矛盾？本篇提出了前台、帷幕、后台的发展模式。

第一章 关于旅游的本质问题

旅游的本质是什么？旅游的旅游性是什么？旅游如何存在？为何存在？迄今为止，我们触及旅游的真正本质了吗？

第一节 本质是什么？

"本质"是西方哲学最重要的范畴之一，一部西方哲学史在很大程度上就是围绕着"本质"范畴而展开讨论的。"本质"一词最初是指一个事物真正所是的意思。被誉为西方"第一位哲学家"的泰勒斯（Thales）首先思考事物的本质是什么，他的答案水是万物的本质[①]。阿那可西米尼（Aanximenes）提出了气是万物产生的原级物质，是构成万物的基础[②]。毕达哥拉斯（Pythagoras）认为事物是由数构成的，一切事物的性质都可以归结为数的规定性[③]。赫拉克利特（Heraclitus）认定火是万物的基本元素，是世界秩序永恒不变的原则[④]。留基伯（Leucippus）和德谟克利特（Democritus）创立了原子说，认为世界的本原是原子和虚空[⑤]。早期的希腊哲学是一种以自然界为研究对象的自然哲学，哲学从本体论出发，寻求物质结构和事物的本质，从而促成哲学与科学的分离，也使我们意识到，自然科学的思维是难以解决哲学问题的。

柏拉图（Plato）把表示事物确定所是的那个东西叫作"理念"[⑥]，

[①] 参见［英］伯兰特·罗素《西方哲学史》，何兆武、李约瑟译，商务印书馆2006年版，第16页。
[②] 同上书，第17页。
[③] 同上书，第22页。
[④] 同上书，第27页。
[⑤] 同上书，第41页。
[⑥] 参见［希腊］柏拉图《理想国》，郭斌和、张竹明译，商务印书馆1986年版，第101页。

柏拉图认为日常感觉到的个别事物是不确定、不真实的，"理念"是万事万物的共相，是对事物抽象形成的普遍共相，是事物的本质。一切具体的感性的事物，都是分享了它自身的理念才成为这样的事物。理念是事物存在的根据，事物存在的目的就是实现它的本质。亚里士多德对于柏拉图的理念论持反对立场，他认为理念不能脱离具体事物而独立存在，却并不反对普遍共相的存在。他提出了"四因"说来解释事物的本质，即形式因、质料因、动力因和目的因[①]。柏拉图和亚里士多德对事物本质的理解导致了中世纪唯识论和唯名论的争论，唯识论否认个别事物的客观实在性，认为一般、共相是先于个别事物并派生出个别事物的实体。唯名论认为实际存在的只是个体事物，一般和共相只是代表同类事物的一个名称。本体论的研究从探究世界的本原转向了探讨事物的本质与现象、共相与殊相、一般与个别等的关系，只是对事物的本质是否可以脱离具体事物而存在持有异议。

　　唯识论和唯名论后来被经验主义和理性主义所吸取，经验主义认为人类知识起源于感觉，并以感觉的领会为基础，他们着重从经验方面得到实证知识，对于超出经验范围的知识抱有怀疑和否定的态度。理性主义是建立在承认人的理性可以作为知识来源的理论基础上的一种哲学方法，他们认为，人的理论高于并独立于感官感知。古代哲学认识论尚未从本体论中分化出来，古代先哲们并没有意识到他们所研究的实物只是反映在他们头脑中的实物，因而着重探讨万物的始基与事物的本质。而近代哲学开始思考意识中的世界是否反映外部世界，对事物本质的思考也开始转向了对认识如何可能的探讨。经验主义的开山鼻祖弗朗西斯·培根（Francis Bacon）认为人对外部存在的反映分感觉和理智两个阶段，感觉是认识事物的起点，强调感性经验对人的认识的重要性，但培根没有把他绝对化，他认为感觉也有缺陷和局限，需要理智的指导[②]。笛卡儿（Descartes）提出为了认识事物的本质，必须对一切原有的知识进行普遍怀疑，因此提出了"我思故我在"的命题，把普遍怀疑把理性确定为判断真理的唯一标准，"我思故我在"是笛卡儿哲学的出发点，他从这个确定的命题出发，推导出物质的根本属性是广延，心灵的

---

① 参见［希腊］亚里士多德《形而上学》，苗力田译，中国人民大学出版社2000年版，第333页。
② 参见［英］培根《新工具》，许宝骙译，商务印书馆1984年版，第26页。

根本属性是思维①。洛克（Locke）区分了事物的"名义本质"和"实在本质"，认为实体观点只是名义上的本质，实在的本质是存在于具体事物中的内在组织，而我们根本没有达到这种知识的官能，由于实在的本质是我们感官所达不到的，所以不要用实在的本质来区分事物②。莱布尼茨（Leibniz）对以笛卡儿派为代表的将物质的本质视为广延的理论进行了批判，他认为物质不仅具有广延性，更具有一种不可进入性，进而提出了"单子论"学说。世界万物由单子构成，单子是万事万物真正的原子，因为单子没有部分，不占有空间，是绝对不可分的，这样的原子才是终极的实在③。在本体论转向认识论的过程中，哲学家们首先对意识中世界是否反映外部世界进行了深入的思考，在研究事物本质之前进行如此的思考是非常有必要的，但可能由于受到近代自然科学的影响（有的本身就是自然科学家），在事物本质的结论上自然科学思维的意味浓厚，并显得机械了些。

康德（Kant）对事物本质的认识从外在对象彻底转向了认识主体，康德认为我们拥有一种无须诉诸经验就可以获得知识的能力，人类对事物的认知取决于人类的先天认知能力，康德认为正是这些具有普遍有效性和客观必然性的先天认知能力，决定了人类知识普遍有效性和客观必然性。④ 在康德这里，本质从指事物的本质发展到指人的认知能力特征。然普遍有效的知识是否反映了世界的本质，康德认为对象自身完全是不被我们所知道的。因此人的感性和知性才是本质性的东西。黑格尔（Hegel）反对康德把现象和物自体截然分开，主张"本质不在现象之后，或现象之外，而即由于本质是实际存在的东西，实际存在就是现象"⑤。黑格尔从关系方面界定本质，"本质映现于自身内，或者说本质是纯粹的反思；因此本质只是自身联系，不过不是直接的，而是反思的自身联系，亦即自身同一"⑥。换言之，只有通过反思某事物与他事物之间的必然联系，才能获得它自己的规定。他认为事物本身的发展和深入事物本质中的认知都是绝对理念的展开，人类把握本质性的知识就是

---

① 参见［法］笛卡儿《第一哲学沉思集》，庞景仁译，商务印书馆1986年版，第161—162页。
② 参见［英］洛克《人类理解论》，关文运译，商务印书馆1959年版，第398—399页。
③ 参见《十六—十八世纪西欧各国哲学》，北京大学哲学系编译，商务印书馆1975年版，第483页。
④ 参见［德］康德《纯粹理性批判》，蓝公武译，商务印书馆2005年版，第30—32页。
⑤ ［德］黑格尔：《小逻辑》，贺麟译，商务印书馆1980年版，第275页。
⑥ 同上书，第247页。

把握绝对理念。绝对理念是万物最初的原因与内在的本质，是先于自然界与人类社会永恒存在的实在。康德和黑格尔对事物的本质探讨，已经完全转向了认识论，在康德那里变成了人的认识能力，在黑格尔那里已经转化为规律，都已经偏离了本质的原初含义。

探究世界的起源是一个哲学问题，哲学将万物的起源问题引向了对本质观念的追求。现象学的出现给我们提供了一种认识事物本质的全新方法，它运用描述法探寻研究对象的"本质"，现象学对事物的研究直指本质，现象学研究的不是物之现象，而是物之本质，所谓现象，是自身显示自身①，所谓现象学是说："让人从显现的东西本身那里，如它从其本身所显现的那样来看他"，就是胡塞尔（Husserl）所说的"走向事情本身"②。现象意味着显现，现象学直指本质，揭示被遮蔽的存在。胡塞尔认为本质属于现象，是可以直观到的东西，而不是躲在现象背后的东西。为了彻底认识事物，就必须将这一事物的一切观念、信仰、理论加以"悬置"，从直接直观到经验出发寻求事物的本质。

海德格尔（Heidegger）探究物的本质，实际上是研究物之物性，其认知源于亚里士多德。物性是探究物是其所是，不仅仅是物之质料。海德格尔关于桥和水壶的本质的研究给了我们许多启示。桥的本质是连接河流两岸，并使两岸景观得以聚集。水壶的本质是作为器具的容纳本性，容纳性之所以能成立，在于水壶的物性是由壁和底构成的包容与虚空，即空间。所以，水壶的物性并不在于由之构成的质料③。因此，水壶不是因被制造而成为水壶，而是因为水壶有容纳的本性而被制造。容纳才是事情本身，这就是水壶的本性。海德格尔运用现象学解释凡·高的油画《农鞋》，以展示如何走向事情本身。在海德格尔看来，现实的农鞋只是一件器具，凡·高的《农鞋》作为艺术品，它将隐蔽在农鞋背后的另外一个世界揭示出来，一位挣扎在贫瘠大地上农妇艰辛、苦难的生活和命运，她对大地无限依恋和热爱，她内心的忧愁、烦恼、憧憬……它是艺术作品中最本质的东西，涉及了人的存在及存在方式。海德格尔对物的思考与传统的物的概念有很大的区别，物不再是一个独立自主的物，而是一个非独立自主的物。物的存在体现了天、地、人、神

---

① 参见［德］马丁·海德格尔《存在与时间》，陈嘉映等译，生活·读书·新知三联书店1987年版，第39页。
② 同上书，第43页。
③ 参见［德］马丁·海德格尔《诗·语言·思》，彭富春译，文化艺术出版社1991年版，第148—149页。

四位一体。物不是被人观察、感知、分析和获取知识的对象，不再是满足人类欲望的外在关系，物成为与人的此在共存的伙伴，于是，人与天地万物共存共融。

从西方哲学对本质的探讨可以看出，现象学对本质的研究更直指本质本身。事物的本质是使物成为物的本质属性，是一事物区分另一事物的根本属性，是物之所以为物的根本。

第二节 旅游的本质是体验吗？

一 旅游本质研究的简要回顾

由于旅游现象的复杂性和思考问题的方法不同，学者们对旅游本质的认识存在较大的差异，所以旅游的定义多如牛毛。张凌云通过对国际上具有代表性的 30 个旅游定义的综述，归纳出旅游概念的几个本质特征，具体包括：①旅游是人的空间位置的移动；②旅游可以有一个或多个动机；③旅游活动需要一定的基础设施、营销系统、游憩（或康乐）和景区服务的支持；④旅游不仅仅是游客个人的一种休闲和游憩（或康乐）的消费方式，还是由客源地、通道和目的地构成的一个完整的空间系统；⑤旅游整体的空间系统，不仅是一个经济系统，更是一个文化系统和社会系统。①

笔者对旅游定义进行了梳理，发现这些定义大体上可以分为三类。一是从空间和时间的转换角度来定义旅游，世界旅游组织（WTO）在《旅游统计国际大会建议书》中把旅游定义为：旅游是指一个人旅行到一个其惯常居住环境以外的地方并逗留不超过一定限度的时间的活动，这种旅行的主要目的是在到访地从事某种不获得报酬的活动。二是从目的和动机的角度来定义旅游，谢彦君认为旅游是个人以前往异地寻求愉悦为主要目的而度过的一种具有社会、休闲和消费属性的短暂经历。②三是从旅游所引起的现象和关系之和的角度出发来定义旅游，美国旅游学者戈尔德耐和里奇（C. R. Goeldner 和 J. R. Brent Ritchie）将旅游定义为在吸引和接待旅游与访客过程中，由游客、旅游企业、当地政府、当

---

① 参见张凌云《国际上流行的旅游定义和概念综述》，《旅游学刊》2008 年第 1 期。
② 参见谢彦君《基础旅游学》，中国旅游出版社 2004 年版，第 73 页。

地居民相互作用而产生的现象与关系的总和。① 在对旅游本质的研究回顾之后，我们发现这些定义把着眼点放在了旅游的空间、时间、动机、保障系统和空间系统上面，这些要素或为旅游活动的表现形式，或是旅游发展的必要条件，即使我们谈到旅游的目的和动机，也是有关旅游活动的驱动力（而不是本质本身），它们都属于旅游现象的范畴，未触及旅游的本质。所以关于旅游的所有定义，迄今为止，都是对旅游现象的思考，是将旅游作为一种社会、经济等现象来定义，而没有追问到旅游的本质。旅游是什么？它的本性为何？它来自何处？这是在现象层面难以解答的问题。

二 体验不是旅游的本质

从文化学方面给旅游下定义的学者很多，但影响比较深远的是贾法瑞（Jafari）的世俗世界与神圣世界，他认为旅游是旅游者离开世俗世界走向神圣世界，又回归到世俗世界的过程。世俗世界的大众通过对自己的"去宗教化"过程使自己从迷信中解脱出来，用自身的理性去认识世界。随着人类理性和科学的发展，世俗世界的大众感到焦虑和不安，他们希望通过某种宗教仪式来安抚自身的心灵。贾法瑞关于世俗世界和神圣世界的划分，某种程度上揭示了旅游的文化学意义。② 但其"神圣世界"的提法是不准确的，因为"神圣世界"常出现在神学与宗教领域。朝圣是旅游者的一种行为，但旅游行为并不都是朝圣般的庄严肃穆。所以，走向神圣世界也不是旅游的本质。

目前许多学者认为旅游的本质是体验，为了对"体验"一词有深刻的理解，我们首先考察其词源。"体验"（Experience）一词源自拉丁文"Experientia"，其意为探查、实验（to go through）。而"Experientia"在希腊文中引自"Emperia"。亚里士多德将"Emperia"解释为从感觉产生记忆，并由多次相同记忆串联而成。③ 其最基本的含义是"实践"，体验作为一个概念，在心理学、哲学、经济学、教育学等多门学科中都有阐述。在心理学中，体验是指人类认识世界的一种方式，是情感活动的一种形式。在哲学中，"体验"一词往往是作为"理性"的对立面而

---

① 参见［美］查尔斯·戈尔德耐《旅游业教程：旅游业原理、方法和实践》，贾秀海译，大连理工大学出版社2003年版，第13—40页。
② Jafari J., "Tourism Models: The Sociocultural Aspects", *Tourism Management*, Vol. 8, No. 2, February 1987.
③ 参见陈才《意象·凝视·认同》，博士学位论文，东北财经大学，2009年，第27页。

存在的，强调生活的意义和存在的感性状态。海德格尔把这些人的情绪化的存在状态诸如体验等认为是"领会"，而"领会总是带有情绪的领会。既然我们把带有情绪的领会阐释为基本的生存论环节，那也就表明我们把这种现象理解为此在存在的基本样式"。① 所以，体验是一种情绪，是人存在的基本方式，是人生活中的情绪化感受。经济学认为体验是一种经济提供物，是最耐久的商品，是一种难忘的商品，它的价值在于满足人们心理上的需求。美国学者约瑟夫·派恩（B. Joseph Pine）与詹姆斯·吉尔摩（James H. Gilmore）在《体验经济》一书中，对体验做了较为系统的阐述，认为体验是继农业经济、工业经济、服务经济之后一种新的经济提供物。② 教育学中的体验指在对事物的真切感受和深刻理解的基础上对事物产生情感并生成意义的活动。

由此可见，不同学科对"体验"有着不同的见解，这些学科各取所需，把体验这一概念阐述得多种多样。但总的来说，这些学科对体验的不同理解基本上有共同之处，即体验是一种"实践"和"领会"，是对世界的认识而产生的情感感受，尽管经济学强调的是经济提供物，而体验这一经济提供物显然有所不同，它是提供独特感受的经济提供物。所以，体验强调的是心理感知和认识的过程，实践也好，领会也罢，人们在这一过程中获得了体验。所以，体验是对行动过程的感受。

旅游学也同样借用"体验"一词，形成了旅游体验的概念。布斯汀（Boorstin）首先将"体验"一词引入旅游学中，他将旅游体验（tourism experience）定义为一种流行的消费行为，并坚持把旅游者（tourist）和旅行者（traveler）区别看待。③ 麦坎内尔（Mac Cannell）（1973）认为旅游体验是对现代生活所遭遇困难的积极响应，旅游者是在寻求"真实"的体验以克服这些困难。④ 科恩（Cohen）在《旅游体验现象学》一文中使用了"旅游体验"（tourist experience）一词，将旅游体验定义为个体与各种"中心"之间的关系，体验的意义源自个人的世界观，

---

① ［德］马丁·海德格尔：《存在与时间》，陈嘉映等译，生活·读书·新知三联书店1987年版，第174—175页。
② 参见［美］约瑟夫·派恩、詹姆斯·吉尔摩《体验经济》，夏业良译，机械工业出版社2002年版，第19页。
③ Boostin D. J., *The Image: A Guide to Pseudo-Events in America*, New York: Harper & Row, 1964, pp. 77 – 117.
④ Mac Cannell D., "Staged Authenticity: Arrangement of Social Space in Tourist Settings", *American Journal of Sociology*, Vol. 79, No. 3, 1973.

对个体来说代表着终极的意义①。瑞安（Ryan）在《旅游体验：新导论》一书中收录了 20 世纪 90 年代旅游体验研究的一些代表性成果，并着重分析了影响旅游体验质量的各种因素②。国内中山大学王宁通过对存在主义哲学的研究，提出"存在主义真实性"的概念，认为旅游本质是寻找存在的真实，这已经触及了旅游的本质，但最后却把旅游的本质归结为体验。然而王宁的真实目的并不是要廓清旅游的本质，而是站在游客体验的角度来诠释真实性，认为旅游地事物的真实性无关紧要，关键是游客欲通过旅游来激发生命中的潜在状态及发现自我，因此存在性、真实性与旅游地事物的真实性无关③。所以，王宁所谓的真实性与以往讨论的真实性毫不相干，他强调的是游客真实的旅游体验，是游客通过真实的体验来确认和追求自己的存在性。至此，真实性问题的探讨已变成一个哲学问题。其实王宁已经远离真实性问题的讨论，而触及旅游的本质，但王宁又是在讨论"真实性"问题，就使此问题更扑朔迷离④。谢彦君也明确地提出旅游的本质是体验，并成为国内学术界主流观点。他通过现象学的实验方法，得出结论：旅游是人们利用余暇在异地获得的一次休闲体验。换言之，旅游的本质就是一种体验，而余暇和异地将这种体验与其他体验分离出来，赋予其独有的特征⑤。

其实，我们已看到，关于旅游的本质问题的讨论，基本上是苍白无力的。我们在前面的讨论中谈到，所谓事物的本质，是决定事物是其所是、真正所是的根本属性，是一事物的存在性与其他事物的存在性根本区别的属性。所以，桥和水壶的本质属性决定了桥就是桥，水壶就是水壶。虽然，体验作为一种独特的行为过程，它是与旅游相伴而生的，旅游的过程就是体验的过程。我们可以如是说：体验是旅游的基本特征，但却不是旅游的本质属性。因为，体验虽然是旅游的基本特征，但旅游不能因为有体验而使旅游与其他事物区别开来。世界上以体验作为基本特征的事物很多，如听音乐、看电影、谈恋爱等，凡是在这些行为过程中，能有独特领会和心理感受的，都是体验。因此，体验对于旅游来

---

① Cohen E.，"Rethinking the Sociology of Tourism"，*Annals of Tourism Research*，Vol. 6，No. 1，1979.
② Ryan C.，*The Tourist Experience: A New Introduction*，London: Cassel，Wellington House，1997，pp. 112 – 136.
③ Wang N.，"Rethinking Authenticity in Tourism Experience"，*Annals of Tourism Research*，Vol. 26，No. 2，1999.
④ 参见杨振之《关于旅游真实性的批判》，《旅游学刊》2011 年第 12 期。
⑤ 参见谢彦君《旅游的本质及其认识方法》，《旅游学刊》2010 年第 1 期。

说，不具有本质的属性，它不能将旅游与其他事物的物性区别开来。所以说，体验并不是旅游的本质。

第三节 旅游的本质：人诗意地栖居

旅游的本质问题，仍然要追问人在这个世界上的存在方式。因为旅游行为不过是人离开自己惯常居住地而选择到另一个地方短暂居住。人，以何种方式存在于世界上，是哲学家们追问的重要问题，而旅游也不过是人存在于世界上的一种存在方式。

从哲学上思考，人如何栖居于大地上？我在哪里？我是谁？依然是一个问题。笛卡儿（Descartes）提出了"我思故我在"，确立了我在的依据是我思，却没有言说我在的存在方式。因此，海德格尔批评笛卡儿，"在这个'激进的'开端处没有规定清楚的就是这个能思之物的存在方式，说得更准确些，就是'我在'的存在的意义"[1]。海德格尔提出了"栖居"的概念，认为"栖居乃是终有一死的人在大地上存在的方式"[2]。居住是人存在于大地上的本质，"人的生活"乃是"居住地生活"[3]。那么，旅游只是人的生活的一部分，它是人改变惯常居住行为的一种栖居方式，不管人在旅途中是居住在建筑内，还是居住在野外的帐篷里。

海德格尔说，栖居"在大地上，就意味着'在天空下'……从一种原始的统一性而来，天、地、神、人'四方'归于一体"[4]，当天、地、神、人四重性融合互现时，人才诗意地栖居在大地上。"人诗意地栖居"[5] 是海德格尔在《诗·语言·思》一书中思想的高度浓缩。问题是，人真的能诗意地栖居在大地上吗？

海德格尔将人存在于世界上的方式概括为"烦忙"，"因而可以把

---

[1] ［德］马丁·海德格尔：《存在与时间》，陈嘉映等译，生活·读书·新知三联书店1987年版，第31页。
[2] ［德］马丁·海德格尔：《演讲与论文集》，孙周兴译，生活·读书·新知三联书店2005年版，第156—157页。
[3] Heidegger M., *Poetry, Language, Thought*, New York: Harper & Row Publishers, 1975, p. 200.
[4] ［德］马丁·海德格尔：《演讲与论文集》，孙周兴译，生活·读书·新知三联书店2005年版，第156—157页。
[5] Heidegger M., *Poetry, Language, Thought*, New York: Harper & Row Publishers, p. 213.

此在（人——笔者注）的平均日常生活规定为沉沦着展开的、被抛地筹划着的在世[1]，此在的人的日常生活即是沉沦在世。"无论在存在者状态上还是在存在论上，烦忙在世都具有优先地位"[2]，"因为此在本质上包含有在世，所以此在的向世之存在本质上就是烦忙"[3]。人作为存在者，此在于世界中，"此在的本质在于它的生存"[4]，而生存"在世本质上就是烦"[5]。烦，或者说烦忙，是人的生存的惯常状态。我们生活在追名逐利的现实中，生活在喧嚣的城市里，而栖居的大地早已千疮百孔，天地神人难以归为一体，世俗的生活栖居，难以寻找到诗意[6]。罗洛·梅说：人生活在焦虑、孤独、喧嚣的世界。根据他本人和他的心理学、精神病学同事们的临床治疗实践，他认为"20世纪中期人们的主要心理问题是空虚感"。人成为"空洞的人"，其根源在于"自我感的丧失"[7]。所以，排除精神的短暂遨游，在人居住的生活中，天地神人归于一体要么是一种理想，要么只能在旅游过程中获得体验。

此在本质上就是：存在在世界中。此在作为一个有意义的存在者，一直在寻找着存在于世界上的意义和价值。此在存在着，说明此在的这一存在者是有意义的。旅游是此在存在于世界中的一种方式，此生存方式有助于更直观地展示此在的存在意义。此在获得存在的意义，是人追寻的目标，也是人存在着的本质属性。此在获得存在，其实是人寻找到精神归宿，艺术、宗教生活能澄明人的存在意义；此外，人通过旅游寻找到自我，尽管时间很短暂，但其价值就在于这一短暂的自我寻找，让人回归自我，而又不耽误人回到世俗生活。

于是，人们要出行旅游，人在旅游中，通过体验激发自我、认识到本我，感悟到天地神人归于一体，通过忘记世俗生活获得本我的回归，使人们真正体悟到"人诗意地栖居在大地上"。

旅游的动机是逃避在世的烦忙，游客通过旅游中的体验获得自我的回归。旅游目的地吸引力的关键就是能让游客逃避在世的烦忙。比如丽江古城，狭窄的街道、独立的庭院为来自各地的城市人提供了一种高度

---

[1] [德] 马丁·海德格尔：《存在与时间》，陈嘉映等译，生活·读书·新知三联书店1987年版，第220页。
[2] 同上书，第72页。
[3] 同上书，第71页。
[4] 同上书，第52页。
[5] 同上书，第233页。
[6] 参见杨振之、胡海霞《关于旅游真实性的批判》，《旅游学刊》2011年第12期。
[7] [美] 罗洛·梅：《人寻找自己》，冯川等译，贵州人民出版社1991年版，第38页。

集中的小城镇体验，体验一种与日常生活毫不相同的狂热的社交生活。游客在此卸下了日常生活中的面具、焦虑、冷漠，与其他游客、当地居民积极互动，喝茶、看书、聊天、晒太阳、听音乐、遛狗、喝酒、泡吧、唱歌、跳舞等，从中体会到一种真切的古城生活文化，安逸、闲散、随性、自我，这正是他们真实生活中所缺乏的要素，也是吸引他们脱离惯常生活的真实动力。游客在丽江获得了回归，获得了自我，并激发了自我，从而诗意地栖居在丽江的大地上。

通过体验，游客在旅游目的地完成了短暂的"诗意地栖居"，从而实现了在迷茫的世俗生活中短暂地找回了自我、回归了本我、发现了自我的目的。

人作为此在的存在物，在失落的世界里，人性得到遮蔽，在诗意的世界里，人得以现身。现身，即发现并获得自我，即人的本性获得敞开和澄明。

人们通过旅游体验而使人寻找到自我，这是常人都能获得的便捷途径。海德格尔说，人诗意地栖居于大地上，这便是人居住之本质。

我们来分析海德格尔特别推崇的特拉克《冬夜》一诗①。

冬夜
雪花在窗外轻轻拂扬，
晚祷的钟声长长地鸣响，
屋子正准备完好，
餐桌上正备满丰盛的筵席。

漫游的人们，只有稀少的几个，
从幽暗的道路走向大门。
恩惠的树木闪着金光，
吮吸着大地之中的寒露。

漫游者静静地跨进，
痛苦已把门槛变成石头。
在清澄耀眼的光明照耀中，

---

① ［德］马丁·海德格尔：《诗·语言·思》，彭富春译，文化艺术出版社1991年版，第183—184页。

是桌上的面包和美酒。

对这首诗,海德格尔认为是一个伟大的作品,并做了详细解读,《场所精神》一书开篇也做了言说①,但笔者认为诺伯舒兹的解说并不到位,下面就笔者对特拉克一诗的理解陈述于兹。

《冬夜》的第一节,前三行描写的是外部世界,冬天的夜晚,窗外飘着雪花,教堂的钟声在悠扬地鸣响;后两行描写内部世界,在房内,灯光暖和,餐桌上正备满丰盛的筵席。虽然是寒冷的冬夜,但人居于建筑内,却更显出温馨和幸福。这种描写充满了原乡性,尽显出人类向往的原乡意境。第一节写的是原乡地的居住生活。第二节和第三节,作者又将目光移向外部世界。第二节,窗外雪花飞扬的天空下,几个旅行者在幽暗的道路上行走,特拉克开始了对事物本质的言说。旅行者融入大自然,大自然以恩惠的树木庇护着旅行者。第三节,旅行者旅行的归宿仍然是居住,他必须居于屋中,海德格尔说:"那些'旅行者'必须首先超过他们旅程的黑暗而漫游通往屋子和桌子之路。"② 旅游者旅行的本质"是换一个地方过生活"③。旅行者到外乡,必须"走向大门",跨进门槛。当旅行者跨进门槛的一瞬间,门槛具有了存在的意义。④ 特拉克用过去时态,说明了门槛作为旅行者居住于建筑中的分离线,痛苦在此得以分离,惯常生活的裂痕在此集结,痛苦在此变为石头。跨进门槛,在光照中,是桌上的面包和美酒。旅行者在异乡居住,实现了诗意地栖居,从而获得存在的意义。海德格尔说:"落雪将人带入夜的黑暗的天空之下,晚祷钟声的长鸣,将作为短暂者(人——笔者注)的他们带到神圣者面前。屋子和桌子使短暂者和大地结合。那被命名因此被呼唤之物,自身聚集为天空、大地、短暂者和神圣者。这四者原初统一于相互存在之中,在四元之中。"⑤

其实在今天的居住之中,"哪里还有为诗意留下的空间和积攒的时

---

① 参见〔挪〕克里斯坦·诺伯舒兹《场所精神》,施植明译,华中师范大学出版社2010年版,第7—8页。
② 〔德〕马丁·海德格尔:《诗·语言·思》,彭富春译,文化艺术出版社1991年版,第175页。
③ 杨振之、郭凌、蔡克信:《度假研究引论——为海南国际旅游岛建设提供借鉴》,《旅游学刊》2010年第9期。
④ 参见〔德〕马丁·海德格尔《诗·语言·思》,彭富春译,文化艺术出版社1991年版,第78页。
⑤ 同上书,第74页。

间？如果真有的话，人们将用来从事美的精神研究"①。也即是说，在世俗生活中，诗意地栖居对大众来说，几乎是不可能的，只有寄希望于旅游了。

荷尔德林著名的《远景》一诗②描述了人类旅居生活的美好场景。

> 当居住的生活走向遥远，
> 在那遥远的地方，
> 葡萄藤的季节闪耀光辉，这也是夏季空旷的田野，
> 森林赫然耸立，
> 它的形象黑暗般地显现。
> 自然如此完整地描绘了四季，
> 它停留，但它们如此快速地滑行，
> 这源于完善，
> 然后，天空光芒的极顶，
> 如同花朵装扮了树木，
> 使人类获得了光明。

人类通过旅游，将居住的生活走向遥远，去寻找遥远的自我现身，获得自我。人在旅途，体验到大自然的完美，并因完美而停留，在旅游中，在天空下，大地之上，人类获得光明。这就更揭示了旅游的本质：旅游，虽然是人的形式上的空间移动行为，但本质上却是走向遥远生活的居住，是获得自身显现的诗意地居住。人，因此获得存在的意义。

第四节 认识旅游本质的路径

人如何才能认识到旅游的本质，这是一个路径和方法问题，路径很多，殊途同归。认识旅游的本质，各个学科皆可企达。认识旅游本质的理性工具，不外有三：一曰哲学，一曰数学，一曰规划设计。哲学是认识事物本质的最好的方法和工具，社会学、人类学、逻辑学乃至管理

---

① ［德］马丁·海德格尔：《诗·语言·思》，彭富春译，文化艺术出版社1991年版，第185页。
② 同上书，第200—201页。

学、经济学等无不源于哲学，且用这些学科方法研究旅游本质，最终必回到哲学。甚至数学与哲学也是相通的，数学讲述的是数理逻辑，是思维的推演，如果仅仅将数学理解为建立一个模型来推演解释旅游行为，则出发点又错了。而数学的推导实际上也可能是错误的，因为模型可能是伪的，原始数据的采撷也可能不科学。数学是一门真科学，但是，凡事标榜数学，就有可能使数学成为伪科学。海德格尔说："貌似有最严格构造的最坚实的科学，即数学，陷入了基础危机。"[1] 其实更近于科学的模型是规划设计模型，规划图纸和建筑设计模型可以更直观、更明了地表达对象的存在状态，更能理解"人诗意地栖居"这一旅游本质，因为它们本身就在为人能诗意地栖居而构造空间、设计环境。但如果将规划设计当作一门技术，则也可能走向非科学。因为规划设计模型的建构仍依赖于前期科学系统的分析研究和对事物本质尤其是对旅游本质的思考。归根结底，科学是工具，技术是科学中更末流的工具，关键在于思考的人，能洞悉事物本质的人。所以，胡塞尔呼吁，让科学重新回到哲学，以免科学越来越走向技术，越来越偏离人的本质，最后走向人的反面。比如，经济学的计量化潮流最终使经济学远离了它原初的目标，远离了道德和人伦，最后让人类自尝苦果。所以许多明智的经济学家提出，让经济学回归亚当·斯密时代，重新思考经济学的本质。

海德格尔说，原子弹对于人类，并不是致命的东西。人的本性中威胁人的，应该是技术。[2] 技术使人进入漫长的冬夜，使人失去保护，失去幸福，使世界变得不健康。这个世界，幸福已然灭绝。

计算的方法无孔不入，抹杀人的本性，甚至抹杀人对美的体验和感受，成为压抑这个世界的统治力量。"技术统治的对象化特性越来越快，越来越无所顾忌，越来越充满遍及大地，取代了昔日所见和习惯所谓的物的世界的内容。它不仅把一切物设定为在生产过程中可制造的东西，而且它通过市场把生产的产品送发出来。在自我决断的制造中，人的人性和物的物性，都分化为一个在市场上可计算出来的市场价值。"[3] 所以，计算实质上也越来越商业化。

计算的结果，是科学扼杀人性，科学离心灵越来越远，越来越背离

---

[1] ［德］马丁·海德格尔：《存在与时间》，陈嘉映等译，生活·读书·新知三联书店 1987 年版，第 13 页。

[2] 参见［德］马丁·海德格尔《诗·语言·思》，彭富春译，文化艺术出版社 1991 年版，第 105—106 页。

[3] 同上书，第 104 页。

人性。

> 时空在缩短,
> 宇宙在变小,
> 全然由于科学。
> 但有的物,
> 看起来很远,
> 而实际很近。
> 有的物,
> 看起来很近,
> 却遥不可及。

科学能统御这个世界吗？经济学和管理学也已误入歧途久矣，他们以计算的名义，以科学的名义扼杀人性，消灭人伦，人类自身终将受其害，所以人类不幸福。

请各位注意，"人诗意地栖居"，"栖居"是可以计量化、模型化、理性化的，而"诗意"只能是心灵的感受、感悟和体验。旅游的体验归根结底是心灵的感应，而心灵的感应是不可计算化的，心灵的不可见性比逻辑的计算性更加不可测知。"与笛卡尔同一时代，巴斯卡发现了不同于计算理性逻辑的心灵的逻辑。心灵的内在的不可见的领域不仅比属于计算再现的内在性更加内在，也更加不可见，它也比仅仅可制造的对象的领域，伸延得更加深广。唯有心灵的不可见的最内在性中，人才可能倾向于为他所爱的东西：祖宗、死亡、童年，那些到来者。"[①] 更可悲的是，"人把时间和空间当做计算的量，而且不知道时间的本性乃至空间的本性"[②]。所以，感觉、感性、体验也是企达旅游本质的路径。而且，认知虽然是理性的，但感性也能促进认知。思想永远是最可贵的。海德格尔说[③]：

> 在思想的行业中，从这些同伴里，
> 不少人会成为工匠。

[①] [德]马丁·海德格尔：《诗·语言·思》，彭富春译，文化艺术出版社1991年版，第116页。
[②] 同上书，第117页。
[③] 同上书，第16页。

　　　　于是其中一人出乎意料地成为大师。
　　　　哪怕是工匠，思想的工匠亦越多越好，人类的曙光又有所望。

　　旅游者"诗意地栖居"在异乡的大地上，去寻找真实的自我，去寻找真实的生活。因此，关于旅游的真实性问题就成为全球性的话题。

第二章　关于旅游真实性问题

第一节　旅游真实性问题研究的回顾

真实性问题和旅游的真实性问题究竟是什么？其实一直就没有弄清楚过，尽管它已经成为旅游研究的一大理论热点，并且有关真实性问题的研究已经扩展到了许多学科。戈夫曼（Goffman）在社会学领域提出了前台、后台理论，将人的日常生活看作一种舞台化的表演，通过前台与后台区分不同的社会表现形态和社会角色，这个社会就是一个大舞台[①]。麦坎内尔（Mac Cannell）将戈夫曼前台后台理论引入旅游研究，提出了"舞台化真实性"理论（Staged authenticity），认为旅游者的旅游过程，其实是对真实性追求的过程，旅游者期望融入旅游地的生活中，看到当地人的日常生活，但其实旅游地的旅游活动与设施是以布景的方式呈现给旅游者的，游客在前台所见的只是舞台化真实性[②]。舞台化真实性后来被归纳为客观性真实性[③]。客观性真实性是指一个物品的原本性（original），而此种真实性是能透过一种固定标准与知识的事实来判断的，其追问的是旅游地事物的真实性问题，即旅游地的旅游活动、文化等的真实性和真实程度。

科恩（Cohen）在此基础上提出了建构性真实性与自然生成的真实性（constructed authenticity，emergent authenticity），对麦坎内尔的舞台化

---

① Goffman E., *The Presentation of Self in Everyday Life*, New York: Gardencity, Doubleday, 1959, pp. 258 – 263.
② Mac Cannell D., "Staged Authenticity: Arrangement of Social Spacein Tourist Wettings", *American Journal of Sociology*, Vol. 79, No. 3, 1973.
③ Wang N., "Rethinking Authenticity in Tourism Experience", *Annals of Tourism Research*, Vol. 26, No. 2, 1999.

真实性加以发展。建构性真实性是由游客或旅游业者的期待、偏好、信念和力量所共同投射的产物，所以同一种物品有可能有多种不同的"真实性"，而且旅游的经验与所参观的真实性事物相互影响，以至于所得到的真实性是一种象征性的真实性。自然生成的真实性则是时间的创造物，在刚开始阶段有可能是非真实的，但是随着时间的演变，也被认为是真的。科恩的理论体系主要沿袭了客观性真实性的理论方法，尽管他提出的建构性真实性带有较强烈的主观色彩，他认为旅游的真实性是游客的偏好、经验与旅游地的真实性事物相互发生作用的结果，所以不同的游客有不同的真实性的认知，要把真实性说清楚是一件十分困难的事[1]。科恩认为，麦坎内尔没有将风景的真实性纳入旅游的真实性中研究是一大缺憾，于是提出"旅游情境形态"，风景的形态有"真的"和"舞台化的"，而游客的印象也有"真的"和"舞台化的"[2]，真山真水是"真实的"，而旅游设施的舞台化布景也可能使游客认为是"真实的"，游客也可能认为"不是真实的"。

正当以麦坎内尔和科恩为代表的一大批研究者在不断地追求旅游目的地的旅游活动和事物是否存在客观真实性的时候，王宁却独辟蹊径，提出了存在性真实性，他站在游客体验的角度来诠释真实性，认为旅游地事物的真实性无关紧要，关键是游客欲通过旅游来激发生命中的潜在状态及发现自我，因此存在性真实性与旅游地事物的真实性无关[3]。所以，王宁所谓的真实性与以往讨论的真实性毫不相干，他强调的是游客真实的旅游体验，是游客通过真实的体验来确认和追求自己的存在性。至此，真实性问题的探讨已变成了一个哲学问题。其实王宁已经远离了真实性问题的讨论，而触及旅游的本质，但王宁又是在讨论"真实性"问题，就使此问题更扑朔迷离。

伊薇特·赖辛格（Yvette Reisinger）、卡罗尔·J. 斯坦纳（Carol J. Steiner）通过回顾真实性概念在旅游中被建构起来的历程，梳理了过去40年中现代主义、建构主义和后现代主义不同流派关于真实性概念的各种讨论，其后利用海德格尔（Heidegger）的哲学体系分析后认为，

---

[1] Cohen E., "Authenticity and Commoditization in Tourism", *Annals of Tourism Research*, Vol. 15, No. 3, 1988.

[2] Cohen E., "Rethinking the Sociology of Tourism", *Annals of Tourism Research*, Vol. 6, No. 1, 1979.

[3] Wang N., "Rethinking Authenticity in Tourism Experience", *Annals of Tourism Research*, Vol. 26, No. 2, 1999.

学者应该抛弃客观性真实性这一概念，因为学者对于它的存在、含义或重要性没有达成一致；学者们应该让旅游对象成为他们面对的游客那样，摒弃试图定义和控制客观真实性的概念与含义，她们认为直接研究旅游者体验的多样性及个人特性，比系统研究体验的真实性，将会洞察旅游者和旅游业中更有价值的特性[1]。同时，她们从海德格尔的存在性框架出发，认为存在性真实性概念是清晰而明确的；学者从海德格尔的视角去研究存在性真实性，应该少关注空姐或旅行商的职业性微笑、叙述或客体的真实性，而是应该追问世界和人的存在，思考为什么主客在一起跳舞会有特别的感觉，为什么不同族群对待旅游者的方式如此不同[2]，等等。

笔者认为，旅游的真实性问题如果放在旅游地事实的"真"与"不真"的讨论上，放到"舞台化真实性"的真实与否的探讨上，是永远说不清的。还有一个研究前提也是预设错误的，那就是认为游客旅游的动机和目的是追问真实性问题。事实上，专家、学者、文化研究者可能更关注旅游地事物的真实性，而大众游客对真实性的兴趣并不大，这就说明我们预设的前提出了问题，这就为我们设定了一个假逻辑和假命题。因此，综观以往的研究，笔者发现，关于真实性问题的探讨，研究者是站在不同的逻辑层面上进行的，有的是在哲学层面（如客观性真实性、存在性真实性、自然生存的真实性），有的是在文化事实层面（舞台化真实和生活的真实性），这些本属于不同逻辑层面的问题被混淆在一个逻辑层面上来争论，使"真实性"问题的讨论至今仍混乱不堪。以下的研究，是在建构真实性逻辑结构图式的同时，对以往的研究进行逻辑上的梳理，使其逻辑明晰，以进一步推动这一问题的研究走向深入。

第二节　关于真实性问题的结构构建及其解析

在这个世界上，真实性问题是否确实存在？如何辨析它就是真实的？它又是如何存在的？笔者通过建立真实性结构体系图（见图2-1）

---

[1] Reisinger Y., Steiner C. J., "Reconceptualizing Object Authenticity", *Annals of Tourism Research*, Vol. 33, No. 1, 2006.

[2] Steiner C J., Reisinger Y., "Understanding Existential Authenticity", *Annals of Tourism Research*, Vol. 33, No. 2, 2006.

来回答这些问题。

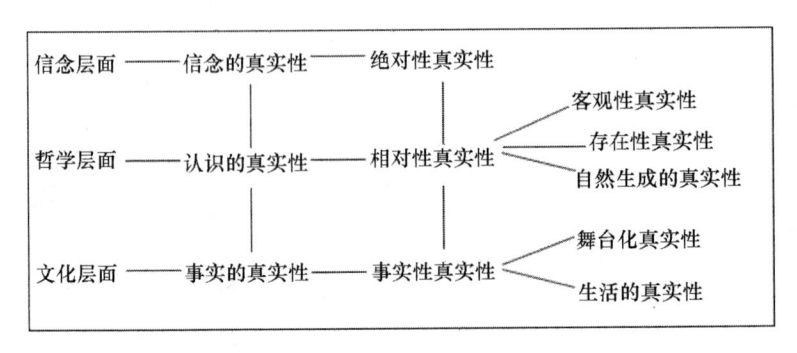

```
信念层面 ──── 信念的真实性 ──── 绝对性真实性
                                        ┌── 客观性真实性
哲学层面 ──── 认识的真实性 ──── 相对性真实性 ├── 存在性真实性
                                        └── 自然生成的真实性
                                        ┌── 舞台化真实性
文化层面 ──── 事实的真实性 ──── 事实性真实性 └── 生活的真实性
```

图 2-1　真实性结构体系

笔者认为，真实性由以下三个层次构成一个逻辑整体：信念的真实性，即绝对性真实性；认识的真实性，即相对性真实性；事实的真实性，即事实性真实性。这三个层次分别对应着信念、哲学和文化三个层面，不同的层次所追问的真实性问题是不同的，不能混为一谈。

在此，笔者对文化、哲学、信念这三个层面的逻辑关系做一梳理。文化的概念自19世纪中叶以来欧洲人类学研究中已有大量论述。1871年，爱德华·伯内特·泰勒（Edward Burnett Tylor）撰文，认为文化"包括知识、信仰、艺术、道德、法律、习惯以及作为社会成员的人所获得的任何其他才能和习性的复合体"①。马林诺斯基（Bronislaw Malinowski）认为文化是处理在满足需求过程中所面临的各种问题的手段工具，包括人体的或心灵的习惯，包含物质设备、精神文化、语言和社会组织几个方面。② 维克多·埃尔认为文化是决定某个人类群体生活的独特性和真实性的行为、物质创造和制度的总和。③ 虽然文化定义多如牛毛，但它的中心意义仍是人类创造的各种物质和精神现象的总和。比如，宗教信仰和哲学作为一种现象和存在着的事实是文化，但对宗教信仰的认知则是哲学的思辨，对宗教信仰的坚守则是信念。所以，从逻辑

---

① ［英］爱德华·伯内特·泰勒：《原始文化》，连树声译，广西师范大学出版社2005年版。
② 参见［英］布罗尼·斯拉夫·马林诺斯基《文化论》，费孝通译，华夏出版社2000年版，第4—7页。
③ 参见［法］维克多·埃尔《文化概念》，康新文等译，上海人民出版社1988年版，第54页。

上讲，人类对世界的态度不外乎这三个层面，即文化层面、哲学层面（科学层面，现代科学诞生后许多属于哲学认知的范畴让位于科学，本文所涉及的真实性问题的探讨都不包含科学层面）和信念层面。由于文化是现象和事实，所以在不断的变迁中，而且现象和事实很容易被仿制与伪造，所以，其真实性容易被质疑。而哲学是对世界的认知，是一种思辨，主观性很强，相对性很大，在哲学层面谈真实性问题也难以达成共识。信念是对自己信仰的执着和坚守，坚信有绝对真理，坚信真、善、美及其绝对性存在，这些已在古希腊哲学里做了详细论述。所以绝对的真实性活在信念里，但它并非乌有。篇幅所限，不宜展开。

如前面所讨论的舞台化真实，游客在目的地所看见的前台的表演和生活场景的演示，游客就某个事实、活动、场景的真伪判断，属于客观性真实性范畴，它实际上是对旅游地文化这一事实的真实性的判定。此外，旅游地居民的日常生活也是一种事实。居民如何生活，对游客也是有强大吸引力的。但处于前台的居民生活大多是舞台化真实，生活就是表演，或者表演即是生活，如婚俗的表演、歌舞演出或民族服饰与舞蹈的街头演示、手工艺作坊的演示等，均是舞台化真实。而处于后台地区的原住民，他们的日常生活不是为吸引游客，而是真实性的生活，反映出生活的真实性。而后台是一般人很少去访问的，游客也很难体验到，并且随着旅游业的发展，后台的原住民的生活应列入文化保护范畴。

问题在于，舞台化真实也不全是真实的。它带有表演性质，不等于生活本身。即使后台居民的生活的真实性，也不完全都是真实的，或者说，即便是真实的，游客短暂的停留，也未必能真正体验到生活的真实性。从终极追问来说，原住民生活的文化信息和文化符号，也肯定不全是真实的，因为它们也是不同时代的文化融合和变迁的结果。例如丽江大研古镇除了环境、建筑、空间具有纳西民族文化的真实性之外，纳西民族文化在城中所见寥寥，所见者皆为纳西文化的舞台化表演，各种不同的文化包括其他民族的、现代时尚的、西方的文化在这里相融共生，而游客在这种环境与氛围中参与个性化创造，是"符号化旅游"（游客参与旅游地社区文化创造，创造出新的文化符号）的典型特征，这些个性化创造，也使第一次来这里的游客恍如进入真实性空间，进而产生迷恋，从而形成新的文化的真实，但这一新的文化的真实已远离了纳西文化的真实，对未来的游客来讲却又是真实的。这有点类似于科恩的"自然生成的真实性"①。另外，迪士尼的布景本身是不真实的，它并非真实存在，而是以声、光、电和空间等元素构成一个虚拟的"真实世界"，如迪士尼的"穿越太空山"，完全是非真实的，但游客在体验过程中却恍若"真实世界"，也感受到了穿越太空的"真实性"，并激发出"生命的潜能"。也就是说，非真实的布景也能让游客体验到"真实的欢乐"。这些就是前面所述的客观性真实性、存在性真实性所纠缠不清的问题。其实，从认识层面来看，客观性真实性也是相对的。认识者认识的立场不同、认识的角度不同，其思辨的结论就不一样，这本身就是一个哲学问题。所以说，真实性问题的讨论最后上升到哲学层面上的讨论，而哲学问题的讨论最终只是思辨而已。

相对性真实性是相对的，一方面，囿于认识，即认识的立场、角度不同，对真实性的看法就不一样；另一方面，世俗中的真实性本身就是相对的。正如前述的迪士尼所构建的虚拟的"真实世界"，是幻想的产物，是人造和人为的布景，就物质载体而言，它没有任何"真实性"可言。即使如此，但我们却不能说迪士尼是伪的，因为它带给游客的是"真实的体验"，而且一段时间以后，它最终也会成为当地文化的一部分。所以，迪士尼现象是典型的相对性真实性，它不但有客观性真实性作为依据，还能产生存在性真实性。

科恩所说的"自然生成的真实性"更是相对性真实性，在旅游目的地文化变迁的过程中，游客的文化融入产生新的文化，这些文化虽然不为旅游目的地居民所推崇，但随着时间的推移将成为旅游地的真实文化。我们现在设计的大量的仿汉、仿唐、仿宋、仿明、仿清、仿近代建筑，是一种伪的建筑文化，因为它们不是汉、唐等时代的人建造的，但随着历史的演进，它们又会成为后人研究我们当今社会的重要史料，而成为真实的文化。所以，文化是在不断地调适和变迁的，它在每个时代都要融入新的时代内容以适应环境的变迁，因而文化的真实性是相对的，具有相对性特征。旅游地居民的生活也在发生着不同的变化，包括生产、生活工具和生产方式，都在不断变化着。因此，我们所见到的居民的生活的真实性也在不断地变化中。

如此说来，我们这个世界还有无绝对的真实性存在？所有的真实性都是相对的吗？笔者认为，这个世界存在着绝对性真实性，只不过它超

---

① ［德］马丁·海德格尔：《存在与时间》，陈嘉映等译，生活·读书·新知三联书店1987年版，第31页。

越了哲学层面，不会为人们所关注，去追问它的人也不多，游客就更不会去思考这个问题，它属于信念、信仰层面。如果没有绝对性真实性存在，相对性真实性也就没有存在的依据，相对性真实性的合法性就得不到确认。到目前为止，关于真实性问题的讨论都还没有触及这一层面。

可以说，因为有相对性真实性的存在，事实性真实性才有存在的依据；因为有绝对性真实性的存在，相对性真实性也才有存在的依据。

以九寨沟为例，由于它地处于安多藏区和白马藏区的过渡区，对藏文化而言，已属边缘地带，藏族文化在这里并不深厚，但为了迎合游客需求，这里相继开了10多家表演场，进行了商业化运作。这些歌舞表演早已不是九寨沟当地的安多文化的舞台化表演，服饰、歌舞都是泛藏化的表演，从表演的内容来看，与九寨沟当地藏民的生活已相去甚远，事实性真实性成分已经不多。由于这些舞台化表演背靠广袤的藏区，以整个藏区的文化作为其存在的合理依据，表演者也来自各个藏区而不仅仅是九寨沟当地人，甚至还有汉族人表演者，虽然事实的真实性不多，但相对性真实性却存在，因此，这些表演也能得到游客认同，更何况一般游客无法区分当地藏区与其他藏区在服饰、歌舞等方面的差别，所以游客会认为这是一种文化的真实。然而事实上，藏区由于其文化传承、生活的地理环境、与周边文化的融合等因素的不同，在服饰、歌舞等方面分成了若干个文化单元，每个文化单元的差异性很大，这些构成了藏文化的相对性真实性。尽管藏文化具有丰富多彩的一面，但其文化内核是存在的，作为文化内核层面的元素也很多，比如生产方式和生活方式、婚姻形态、宗教信仰等。这些文化内核在文化的变迁中也在不断调适、变迁，可能生产方式的变化、生活方式的变化、婚姻关系的变化会较大，但作为藏民族文化内核的藏传佛教信仰却没发生大的变化，只要这一信仰不变，藏民族文化的内核就不会被改变，这就是藏族文化的绝对性真实性。一切的文化在这里找到了真实性之源。

绝对性真实性是一种信念的真实性，它坚信这个世界有绝对真实性存在，因为有它的存在，虚假的东西最终会无地自容。这个世界充斥着许多虚伪，但虚伪的东西始终怕见到真的，也就是信"真"的存在，"伪"在终极上才会败下来，尽管有时"伪"会掩盖"真"。这如同上帝与撒旦的关系，没有上帝，撒旦也就不会存在，在上帝面前，撒旦永远只能是撒旦。因此，"真"是绝对性真实性，"上帝"是绝对性真实性。

但绝对真实性之"真"，并非简单地判断真伪，因为简单地判断真伪依然还是认识论层面上的。它远非真伪，而是信仰，是真理。绝对性真实，即真理，海德格尔说，"真理意味着真实的本性"①。这里的真理，并非如笛卡儿认为的正确性，真理也不是是非判断，"真理是真实的本质"②。真理的本性如何显露？真理的本性即存在物的显露（古希腊语 aletheia③），存在物的显露即存在，因而存在即真理。所以，真理是绝对的，如同上帝一样，它真实地存在于世界之中，它向获得存在意义的人敞开，是这个世界意义的源泉。它难于被人发现，但它却时时在召唤着人们。对于大众游客而言，一般是不会去追问绝对真实性的，但部分游客却能在旅游中感悟到真理，获得存在的意义，寻找到自我。所以，绝对真实性是真理的显现。

如前所述，关于旅游真实性问题的探讨，事实上是专家们预设的命题，而对这一命题的研究，似乎是毫无意义的。其实，王宁已经认识到这一点，从游客体验的角度来解释真实性，认为游客欲通过旅游来发现自我，王宁的认识是正确的，但却仍然纠结于真实性问题，而提出存在性真实性命题。

只要旅游者在旅游目的地这个舞台上寻找到真实的自我，他们就认为这种旅游体验是真实的和诗意的。他们甚至愿意走上这舞台，与表演者共舞，共同创造旅游地新的旅游文化。

丽江的旅游文化就是在这种共舞中创造的，它是旅游者和旅游经营者在互动中形成的，包括酒吧文化、餐饮文化、商品文化、客栈文化、新纳西文化等，共同形成了一种包容、多元而和谐的文化氛围，对游客产生极大的吸引力，甚至成为一种麻醉剂或兴奋剂。游客进入丽江古城，犹如着了魔一样，女人们纷纷穿上色彩斑斓的长裙、吊带，身披披肩或围巾，男人们则每人一顶牛仔帽、一件东巴文字 T 恤，这是游客进入古城后的一种换装，也是一种进入休闲状态的标志。游客将古城变成自我展示和自我释放的舞台，自身也成为古城一道独特的文化风景线。纯净的天空、温暖的阳光、静静的街巷、喧嚣的夜晚，此时的古城，是一个客观性真实、存在性真实、舞台化真实及生活性真实性的混合体，亦真亦幻。游客在这种亦真亦幻的场景中寻找到另一个真实，一种生命的真实感。自 20 世纪初以来，从约瑟夫·洛克（Joseph F. Rock）、顾彼

---

① ［德］马丁·海德格尔：《诗·语言·思》，彭富春译，文化艺术出版社1991年版，第50页。
② 同上书，第49页。
③ 同上书，第50页。

得（Goullart Peter）到今天的普通游客，无不是受这种真实性所吸引，由我者走向他者，并融入他者，由前台穿过帷幕，成为古城的新居民。

对大多数都市人来讲，他们的日常生活枯燥到每天只是公司和住所之间的两点一线。而丽江古城狭窄的街道、独立的庭院为来自各地的城市人提供了一种高度集中的小城镇体验，体验一种与日常生活毫不相同的狂热的社交生活。游客在此卸下了日常生活中的面具、焦虑、冷漠，与其他游客、当地居民积极互动，喝茶、看书、聊天、晒太阳、听音乐、遛狗、喝酒、泡吧、唱歌、跳舞等，从中体会到一种真切的古城生活文化，安逸、闲散、随性、自我，这正是他们真实生活中所缺乏的要素，也是吸引他们脱离惯常生活的真实动力。一些游客从最初的观光客，到小住三五天，到长住一两年，成为古城文化的创造者，与其说他们是真实性的寻找者，不如说是事实性真实性的创造者。对于那些来过又离开的旅游者而言，丽江便会幻化为一个认知的真实性，丽江对于其本身是客观真实性存在的，同时又激发出游客在真实中寻找到自我，即所谓的存在性真实。游客在丽江获得了回归，获得了自我，并激发了自我，从而诗意地栖居在丽江的大地上。

第三节　结语

自真实性问题引入旅游学术界，其在旅游研究中的应用已由最初的旅游动机问题延伸到游客满意度、旅游体验、旅游发展、旅游形象、旅游冲击、旅游营销、文化商品化、游乐园管理、遗产旅游、民族旅游等形形色色的领域，成为一个时髦词汇和研究热点，甚至成为一种指导旅游开发的重要工具。但是"真"与"非真"的判定和争论在众多的学说中难以被统一，关键在于真实性本身的定义很难统一。

绝对性真实性认为，在这个世界上真实性不仅是存在的，还是绝对的，否则这个世界的秩序将会颠倒，历史将会被重写，价值观和信仰都会发生根本性的颠覆。但人们所争论的大多为相对性真实性和事实性真实性，或者将二者混淆在一起，以至于长期理不顺真实性问题，争论到最后，真实性是什么也说不清楚。

我们通过事实的、认识的、信念的三个层面来考察"真实性"，从逻辑层面上理顺并构建了一个"真实性"的体系，这个体系相互关联而又层次分明，形成了事实性真实性、相对性真实性到绝对性真实性的

"真实性"的体系。同时，也将以往学术界提出的舞台化真实性、客观性真实性、存在性真实性、自然生成的真实性等理论进行分层并纳入这一体系，通过对大量的旅游案例的解析，使真实性问题更加明晰。

事实上，事实性真实性的"真"与"伪"的争论是无关紧要的。因为就一个事实去言说"真"与"伪"，确实难以说清，只有在信仰的层面上，才会有绝对真实性。而目前大多数所探讨的都是相对性真实性，既然是相对的，也就无法用"真""伪"去判断。对于旅游地呈现出来的旅游活动、旅游事实，都应该被称为"事实性真实性"，否则，主题公园、文化型旅游区就没有存在的合理性。值得肯定的是存在性真实性通过哲学思辨来辨析自我存在的"真"与"伪"。真实的存在即人们自我认知并坚持自我，由此，地方舞台化真实对游客来讲是伪事件，但却是东道主的存在性真实；而真实性是体验导向的，是短暂的，是不持续的，时刻都在改变，因此也没有所谓真或伪的游客。由此来认识真实性，使人们对真实性的认识越来越接近"真实性"本身，离绝对真实性越来越近。

所以，对事实性真实性和相对性真实性的讨论，在本质上是没有多大意义的，游客去旅游目的地追问"真实性"，很大程度上是学者们设定的一个"假命题"。其实，游客对所谓的东道主文化"真实性"并不感兴趣，他们只对在旅游地的体验和特殊经历感兴趣，通过体验，在旅游目的地完成了短暂的"诗意地栖居"，从而实现了在迷茫的世俗生活中短暂地找回了自我，回归了本我，发现了自我的目的。因此，游客感兴趣的是旅游生活的真实，发现自我价值的真实。如前所述，旅游的本质，是人诗意地栖居在大地上。正因为旅游能让人诗意地栖居，旅游才成为世俗生活的人们生活之所必需，精神之所向往。仅此而言，旅游对于人类生活，功莫大焉。

旅游者去目的地旅游，进入原住民的生活，他们是一味地追寻"真实性"、探寻所谓的"文化真实性"？是被动地消费原住民地区的文化符号，还是积极地参与进去，与原住民共创新的文化价值？这种游客参与原住民的价值共创，是否会影响原住民的文化？

第三章 旅游的"符号化"与符号化旅游

第一节 旅游的"符号化"现象

20世纪流行于西方的现代哲学流派符号学认为,人是符号的动物。人类生活的典型特征,就在于人能发明、运用各种符号[1]。人的意识过程就是一个符号化的过程,思维是对符号的一种组合、转换和再生的操作过程[2],这让符号成为人类认识事物的媒介。旅游过程也是一种符号化的过程。人们通过旅游,与客观世界互动,形成了内涵丰富的广义旅游符号系统。旅游之所以具有强烈的吸引力和号召力,很大程度上在于旅游本身的符号意义。旅游符号系统的表意功能[3]、传递功能、开放性与"自生性"可以用来表现人生,传达人们对自然与文化的理解,以引起人们在情感、心理和精神上的共鸣。旅游符号迎合了人们情感和精神的需要,其力量是理性的语言永远都无法比拟的。人们在旅游过程中所见所闻的许多熟悉或陌生的东西都富有魅力的含义,同时,旅游符号系统也产生新的符号意义,它是人们利用旅游符号、创造新文化的过程。卡西尔认为,人的使命是运用符号来创造文化,人不能成为文化符号的被动接受者,否则,人就成为其他动物。人类的全部文化都是人自身以他自己的符号化活动所创造出来的"产品"。[4] 人类的旅游活动是

---

[1] 参见[德]恩斯特·卡西尔《人论》,甘阳译,上海译文出版社1985年版,第31—53页。
[2] 参见[德]马克斯·本泽、伊丽莎白·瓦尔特《广义符号学及其在设计中的应用》,徐恒醇译,中国社会科学出版社1992年版,第78—79页。
[3] 同上。
[4] 参见[德]恩斯特·卡西尔《人论》,甘阳译,上海译文出版社1985年版,第31—53页。

人类全部文化活动的一部分,因此,旅游活动是人自身以他自己的符号化活动所创造出来的"产品"。

符号化旅游,是对旅游文化的创造过程。因为,旅游在根本上是一种文化活动,旅游活动从根本上讲是创造文化的活动。在旅游文化的创造过程中,旅游者必然把自己塑造成"文化旅游者",而不是文化的旁观者。只有旅游者参与旅游地社区的文化创造,才能真正促使旅游地社区居民对自身文化的觉醒,以促使社区居民对自己文化的创造,社区居民就不会乐于敷衍旅游者,只对文化的表象进行肤浅展示。许多学者会认为,旅游者参与旅游地社区的文化创造,会破坏或影响旅游地社区的所谓原生文化形态。其实,在今天的世界上,真正意义上的"原生文化"是不存在的。当下存在的所有的文化形态,包括正在濒临灭绝的文化,都不是绝对意义上真正的"原生文化"。因为所有的文化类型在千百年的历史进程中,都曾经历了各种变迁,都曾与周边的文化及"外来文化"进行过交流、融合。其实,文化的内核就像遗传基因一样稳固,我们不会担心它发生质的变异,自身的文化与"外来文化"越融合、交流,文化的内核也就越会觉醒。所以,旅游者参与旅游地社区的文化创造,反而会促使原住民对自身文化的觉醒。相反,自身的文化在"外来文化"的冲击下,若没有唤醒自身文化的精神,这种文化就易被同化,直至消失。因此,原住民只是肤浅地认为,通过对自己文化的"舞台化"表演,可以唤醒自己的文化意识,那就大错特错了。

我们曾对青藏高原东缘藏区旅游地的社区进行过详细的调查,调查发现:在旅游业发展的初期,由于当地居民对外来游客和外来文化的好奇,他们开始在各方面模仿和学习外来文化,甚至对自己的文化和风俗习惯产生怀疑与否定。但随着旅游业的深入发展,当地居民意识到,他们自己本民族的文化和风俗习惯才是最宝贵的,是对外地游客产生吸引力的资源,是旅游业得以发展的根本。在此时,当地居民开始了自觉的文化回归,原来被破坏了的民居建筑得以恢复,甚至早已失传的民族制作工艺和各种文化表达方式纷纷被挖掘出来。所以,旅游业对文化的负面影响只是暂时的,它从根本上还有利于民族传统文化的保留。这是游客参与了旅游地社区的文化创造的结果,游客参与创造,唤醒了社区居民的民族文化意识;旅游者深入原住民社区,甚至生活在社区,与社区居民进行真正的交流,反而会促使原住民对自身文化的"自省",诱发原住民对自身文化价值的认定,旅游者与原住民的相互凝视(gaze),会提升原住民传承与创新自身文化的内在激情,并促使东道主和游客走向平等的对话。

相反,旅游的"符号化"是旅游者被动接受旅游目的地文化符号的过程,而不是通过这种"符号化"活动来创造文化。旅游者仅仅满足于旅游地社区的文化符号的表象的表达或"舞台化"表达,对原住民文化浅尝辄止。旅游的"符号化"就是旅游符号的表象化,它将旅游的行为与过程简单地看作一种形式,旅游目的地和旅游活动场景被简单地看作一个表演舞台,旅游的一切内涵,特别是文化内涵被简单化、表象化,文化的内在精神被忽略。旅游符号表象化的过程是一种简单的文化复制,如民族歌舞只停留在表演上,民族服饰只停留在敷衍旅游者观赏的穿戴上,民族餐饮只出售给旅游者而自己却很少享用,民居建筑只停留在外观的风貌整治上。旅游者享用的只是文化的"符号化"大餐。这代表了"当代的消费者呈现出一种共性:强烈的符号消费欲望。人们对事物关注带有越来越明显的符号迷恋的色彩"。[1] 旅游者在这里只是作为旁观者,作为一个观赏者,没有参与到原住民社区与居民一同去创造文化。因此,原住民也不知道游客的真正需求,使旅游地社区所有的文化符号都停留在表面上,最终会导致社区文化的衰落,旅游地社区会失去自己的文化吸引力。

第二节 符号化旅游的内涵

随着旅游的大众化和普遍化,旅游的一种危机却在悄然滋生——旅游的"符号化"倾向越来越明显。这一倾向的严重性最终会导引旅游活动和旅游开发走向歧途。旅游的"符号化"集中表现在旅游体验的"符号化"、旅游规划设计的"符号化"、旅游产品的"符号化"三个方面。旅游体验带给游客的是一种精神过程或情感经历,旅游的"符号化"让游客停留在对目的地文化的表面参与上,没有真正投入到社区文化当中去。由于大部分游客在旅游目的地的体验时间有限,体验的质量参差不齐,旅游目的地常常用一种类似舞台剧和舞台表演的形式来集中展示旅游地的文化,这样的结果导致旅游活动的象征性体验,而非文化真实性的体验。这往往误导游客,游客以为目的地的"原生文化"就是这些东西,实际上他们所见所闻或未见未闻的文化往往更富有内涵,

---

[1] 吴晓隽:《文化遗产旅游的真实性困境研究》,《思想战线》2004年第2期。

他们的体验仅依附于旅游符号的一种外在的、简单的表现形式而已，而这些花花绿绿的东西背后的文化精神内涵他们却无法了解。游客误认为跳跳锅庄，吃吃烧烤，唱唱藏歌就好像进入藏区了，已经感受到当地人的文化了，其实这种旅游感受却只是对旅游符号的表象感受。景区的规划设计也迎合了大众游客的这种"符号化"消费的欲望，只对目的地的文化做浅层的认识和理解，因而规划设计大多停留于文化符号的表象的表达。这样的规划设计理念直接导致了销售给游客的产品只是一种符号表象进行消费的产品。如此一来，旅游需要的不再是丰富的想象能力和创造能力，而是简单的模仿复制能力，致使旅游者将被动接收到的符号应用在旅游活动中。旅游者无法通过凝视去了解甚至创造丰富的符号意义。因此，旅游的符号化倾向之所以越来越严重，可以说是规划设计师与旅游者"合谋"的结果。尤其是规划设计师，更有推卸不掉的责任。因为规划设计师肩负着对当下和未来游客教育引导的历史使命，而不是放弃自我去迎合当下人们粗浅的需求。比如，现在的景区和城市设计，都在力求风貌整治、街区的立面打造，这看起来是在追求环境与文化的和谐，其实这种认识是十分肤浅的。它提供给受众的仅仅是一种文化的符号表象，文化一旦追求文化符号的表象，实际上也就没有文化可言，因为这种做法仅追求外观形似，而忽略对建筑空间个性、建筑功能、建筑材料的继承和创新。游客与社区居民通过舞台表演或类似于表演的场景进行交流，游客通过表演来接触社区居民的文化，满足符号表象化的娱乐和体验，旅游符号系统的表意功能与"自生性"被遏制，这样可能导致"文化符号本身在审美、精神需求方面的逐渐枯竭"[①]，目的地的文化因为被游客肤浅的认识误解为与其他地区的文化相似，而失去长久的可持续发展的魅力。同时，舞台化的表演和场景，容易使目的地居民丧失文化创新的动力，这会促使目的地的旅游业走向衰落，目的地的文化精神希望通过旅来复兴的计划也落空。如果说旅游的"符号化"对应于"快餐式"的旅游体验以及对旅游地文化认识的表象化，符号化旅游则对应于旅游主体对旅游地社区文化的文化本质、文化精神的深刻理解，是一种沉静的而非浮躁的、深入思考而非浅尝辄止的文化体验，在对旅游地的旅游体验中，旅游者、规划设计师、社区居民等主体广泛参与了旅游地文化的创造过程。比如建筑本来是一个民族、一个

---

① 曹晋、曹茂：《从民族宗教文化信仰到全球旅游文化符号——以香格里拉为例》，《思想战线》2005年第1期。

地域特定的文化本质的物质载体，是文化精神得以传承的最稳固的文化符号。可是我们现在对传统建筑的理解，却仅停留在对建筑的外观、立面上面，而对它的建筑材料、建筑工艺、建筑空间、建筑环境和建筑艺术的表现却知之甚少，所以才有一味追求形式的平改坡、穿衣戴帽、风貌整治这些在旅游目的地和城市街道改造中的拙劣行迹。因此，符号化旅游要求规划设计者对乡土建筑文化符号与乡土建筑环境的"批判与继承"的辩证统一关系有着深刻的理解。在继承乡土建筑的文化符号和建筑环境时，在保留传统文化元素的基础上，也应适当借用现代先进的科技和材料，使建筑的空间更具有舒适感、更人性化，这样可以弥补乡土建筑不适宜人居住的某些不足。风景区的新建建筑，就应该在这样的理念指导下进行创新，才能满足游客对舒适感的要求。笔者在中国的规划设计中发现了一个普遍的现象，即在景区、古镇规划设计的现代建筑完全仿古或完全仿乡土建筑，但这些新建筑在建筑材料、建筑工艺、建筑技术等方面都不能与真正的乡土建筑相比，结果做得四不像，反而制造了一大批建筑垃圾，对乡土建筑的环境造成了很大的破坏，所以我们的规划设计应该力图深度挖掘原生文化，展示、传承原生文化，并批判地创造出新的文化，而我们的规划设计缺少的就是这样的一种批判精神。在进行旅游产品设计的时候，也应立足于满足不同游客的精神文化需要，引导游客从追求旅游符号表象的行为转向对原生文化的体验与追求中去，从"流水作业化"的旅游活动过程转向对美的品读和对愉悦的享受中去，从"机械化"的匆忙旅游体验中解放出来，广泛参与社会文化互动，追求人性与"本我"。对于游客对这些不稳定的、难以量化的和非理性的体验，规划、策划师在产品开发时需要在"科学与非科学之间"进行创造——引入各种具有丰富意义的符号，只有恰当运用符号，巧妙运用符号，才能增添旅游产品的生命活力。旅游产品开发，特别是产品创意更多需要使用非科学的思辨与创新思维。具有丰富象征意义的符号可以创造性地被用于产品主题设计、宣传口号设计、游客参与方式的设计中去，这使得旅游产品的表现形式与文化内涵更生动、更有趣、更合乎人性，更有排他性、吸引力和竞争力。符号化旅游理念在旅游产品设计方面的应用，也是对游客的旅游行为与审美取向的有效引导与启示。另外，符号化旅游在目的地市场营销领域，旅游目的地的符号学分析、游客对旅游地和旅游产品符号的感知、游客角色、游客偏好、自我观念（selfconcept）、社会角色①，旅游符号的传播、旅游产品品牌的打造等领域中的应用，也都值得研究。符号化旅游本身是一个文化创新的过程，它造就了人们对旅游符号系统及其要素的认知和创造；符号化旅游的过程，也是规划、策划师运用符号，展现和演绎原生文化，并实现与游客的认知互动的过程。这让符号成为一种中介，促进人类文化与自然环境之间的互动，旅游地居民与游客之间的互动，游客中不同群体之间的互动，规划、策划师与游客的互动，以扩充旅游符号系统的内涵与外延，传达人们的精神共鸣，实现文化的创新。

第三节　旅游的"符号化"的路径解析

旅游符号的表象化现象也被众多学者特别是英美学者所认识，并被社会学家、人类学家界定为"无深度文化"②，旅游的"迪士尼化"、"麦当劳化"③、"假事件"（pseudo. events）④、"传统的凝固"（the freezing of traditions）⑤、"后时髦现象"（retmchic）。较早研究这些现象的是美国社会学家麦坎内尔（Mac Cannell），麦坎内尔将戈夫曼（Goffman）的"拟剧论"（dramaturgicalperspective）大胆地应用于研究旅游活动的尝试最引人注目。戈夫曼把人生比作一个大舞台，并提出了"前台"（the front stage）与"后台"（the back stage）的理论。"前台"指演员演出及宾客与服务人员接触交往的地方，针对陌生人或偶然结识的朋友的行动叫"前台"行为；"后台"指演员准备节目的地方，这是一个封闭性的空间，只有关系更为密切的人才被允许看到"后台"正在发生的一切。外来者不能随便进入"后台"，否则就会给社会带来"不安定因素"，甚至使这个社会遭到破坏，因为"后台"的东西是"玄乎"和"神秘"的，是不能向外人随便展示的。麦坎内尔将这一理论演绎到对

---

① Charlotte M. Echtner, "The Semiotic Paradigm: Implications for Tourism Research", *Tourism management*, Vol. 20, No. 1, 1999.
② 参见［英］迈克·费瑟斯通《消费文化与后现代主义》，刘精明译，译林出版社2004年版，第21—22页。
③ Jafar Jafari, *Encyclopedia of Tourism*, London: Routledgell New Fetter Lane, 2000, p. 91.
④ Daniel J. Boorstin, *The Image: A Guide to Pseudo-events America*, New York: Vintage, 1961.
⑤ Frank A. Salamone, "Authenticity in Tourism: The San Angel Inns", *Annals of Tourism Research*, Vol. 24, No. 2, 1997.

旅游现代性关系的研究中后也认为，为了保证前台表演的"真实性"和"可信度"，必须保证后台的封闭性和神秘感。[①] 然而，也许正是旅游地文化符号的"前台"展示，招致了旅游的"符号化"危机，旅游地的"前台"成为旅游"符号化"的大舞台。众多学者对"真实性"这个主题进行探讨，他们提出的理念无疑对符号化旅游及其实践具有一定的借鉴意义——从戈夫曼及麦坎内尔的"前台"与"后台"和"舞台真实"理论[②]，到科恩（Cohen）、王宁[③]的旅游社会学理论，从客观主义者（objectivist）视角[④]、社会结构视角（social construction pempective）到后现代主义、存在主义者（existentialist）视角，这些理论追求意义上的"真实性"或"本真"，引导"旅游者凝视"——不管是旅游者参与旅游活动获得真实旅游经历或体验，还是旅游规划、策划师运用旅游地文化符号进行文化的传承与创新，也都是追求旅游地"原生文化"的过程。但是，这一过程由于缺乏机制和模式的保障而难以成功。诚然，由于大众旅游的组织形式的不同，旅游者（如团队游客）体验的时间和质量有限的原因，旅游的"符号化"也有其存在的合理性，实际上这种现象在现实中也无法完全阻止或避免，景区规划中也可以根据这种需要考虑开发旅游"符号化"的区域——在这一区域不需要游客去过问深刻的文化内涵，特别是对于现在的团队游客也没时间和精力去过问的这些东西。但关键在于，旅游体验和旅游开发不能仅仅停留在旅游的"符号化"阶段，不能让旅游者只停留在"符号化"的"前台"，很多旅游者也不会仅仅满足于"前台"，他们也希望走进"后台"。符号化旅游要求旅游活动从只满足于表演性的"前台"体验到一种深层的、对具有丰富含义的文化内涵的"后台"文化的追问和互动中去。所以对于部分散客、文化旅游者来说，旅游目的地规划应着重考虑旅游主体的文化体验的时间与空间特征，在旅游规划中也必须有这样一个空间，能让旅客深入了解原生文化的内涵，因为游客可能长时间停留，或去"深入调查"。只有让旅游者以适当的方式走进"后台"，才能真正

---

① Mac Cannell, "Staged Authenticity: Arrangements of Social Space in Tourism Settings", *American Journal of Sociology*, Vol. 79, No. 1, 1973.

② John P., Taylor, "Authenticity and Sincerity in Tourism", *Annals of Tourism Research*, Vol. 28, No. 1, 2001.

③ Ning Wang, "Rethinking Authenticity in Tourism Experience", *Annals of Tourism Research*, Vol. 26, No. 2, 1999.

④ Shanl Kelner, M. Phil, "Narrative Construction of Authenticity in Mage Touring", *96th Annual Meeting of the American Sociological Association Anaheim*, 2001.

实现与旅游地原生文化的互动。只有这样，才能实现旅游地社区居民对自身文化的觉醒与创造。所以，"后台"文化不可能完全封闭，将其理想主义似的"保护起来"也是不现实的。毕竟，"前台"与"后台"是两种类型的文化展示空间，"前台"是符号化旅游的"实验区"，"后台"是"核心区"，旅游者在这两类空间中会有区别明显的两类体验方式、参与方式和游览方式，这对旅游经营者和当地居民来说也会有不同的效益。同时，"前台"与"后台"也需要一个"缓冲区"，它是"前台"与"后台"的过渡空间。"缓冲区"类似于舞台上的帷幕，它将"前台"与"后台"分割，它"封闭"了后台，使后台更加神秘，同时也保护了"后台"。"后台"一般情况下秘不示人，只有与"后台"相关或"后台"允许进入的人才能进入"后台"。"缓冲区"是一个象征，其空间范围根据实际需要可大可小。这样，旅游目的地（如景区）规划就形成了"前台""帷幕""后台"的新的理念模式，并将对旅游活动产生巨大的影响，该模式对旅游地的功能空间进行了与以往理论不同的阐释（见后面有专章论述）。该模式展示了旅游目的地（如景区）的旅游的功能空间和不同空间的旅游活动性质，有助于从根本上解决原生文化开发与保护的关系，规范游客的行为。由于清楚界定了文化的演绎与保护、旅游者对旅游社区文化的观赏与"凝视"的关系，使旅游目的地的文化演绎区与保护区有了各自明确的界域，从而避免了旅游活动和旅游开发对旅游目的地不同类型的文化功能空间的无差别对待。

第四章　前台、帷幕、后台
——文化保护与旅游开发新模式

在旅游开发的过程中，如何对传统文化、民族文化进行有效的保护，在20世纪末期引起了国内研究者的注意，近年来日渐成为学术界关注的焦点，也是一个理论研究与实践的难点。一些学者近年来提出了文化保护与旅游开发的模式，试图从根本上解决这一矛盾。余青、吴必虎提倡引入生态博物馆的模式，即将整个社区作为一种开放的博物馆，对社区的自然遗产、文化遗产进行整体保护，以各种方式记载、保护和传播社区的文化精华并推动社区向前发展①；马晓京"针对生态博物馆的模式"提出了"建立民族生态旅游村"的构想，并提出了小规模发展、游客限制、局部开发的原则②；另外，吕一飞、郭颖提出建立文化保护区的模式对民族文化进行保护③，而这一构想受到刘晖的质疑④。

从实践来看，生态博物馆只能算一种新型的博物馆形式，它忽视了市场化运作的重要性⑤，所以效果不容乐观（当然这还受其他多方面的因素影响），文化保护要实现既定的目标任重而道远，民族生态旅游村模式的部分理念值得我们参考，但其"局部开发"和"小规模开发"的局限性显然不能满足民族地区发展经济的要求，也无法解决民族文化保护与旅游开发的根本矛盾问题。

---

① 参见余青、吴必虎《生态博物馆：一种民族文化持续旅游发展模式》，《人文地理》2001年第12期。
② 参见马晓京《民族旅游保护性开发的新思路》，《贵州民族研究》2002年第2期。
③ 参见吕一飞、郭颖《论泸沽湖摩梭人文化保护区的建立》，《旅游学刊》2001年第1期。
④ 参见刘晖《"摩梭人文化保护区"质疑——论少数民族文化旅游资源的保护与开发》，《旅游学刊》2001年第5期。
⑤ 参见马晓京《民族生态旅游：保护性开发民族旅游的有效模式》，《人文地理》2003年第6期。

如何进行旅游开发又能使民族文化得到最好的保护？研究者需要以新的视角和新的理论对民族文化的保护问题进行研究，并在实践上进行不断总结与探索，使理论研究能够接受实践的检验。本文的"前台、帷幕、后台"模式是在保护理念和策略层面的探索，它的提出提供了文化保护与旅游开发的新模式，也可指导旅游开发在实践中进行有益的探索。

第一节　背景分析

从我国旅游开发的实践来看，在民族文化开发中存在民族文化社区迎合旅游消费者的严重倾向，造成了民族文化商品化的危机，这种危机主要表现在：旅游目的地社区为了追求商业利益而对民族文化的庸俗表达或对民族文化做粗浅的展现；受这种误导，游客的旅游体验也停留在对民族文化的表面参与上，游客没有真正投入到社区的民族文化当中去；旅游目的地社区为迎合游客体验的短暂快感，在发展旅游的时候采取了"舞台化"的表现手法。前面提到，这些现象被西方学者描述为"无深度文化"[1]，这样，可能导致"文化符号本身在审美、精神需求方面的逐渐枯竭"[2]，社区居民也丧失了文化创新的动力，最终的结果就是导致民族文化被同化，甚至消失。大部分西方人类学者曾一度认为旅游者走进民族社区是一种文化殖民，旅游开发对民族社区文化的影响是完全负面的[3]。

另外，旅游开发又确实带来了民族地区的经济发展，社区居民也成为旅游经济的直接受益者。旅游经济作为民族地区经济发展的重要途径，能够超越区域生产力发展总体水平，使民族地区实现经济的跨越式发展，民族地区要发展经济，而发展旅游业所带来的负面影响比发展工业对民族文化、生态环境所造成的负面影响要小得多。但无论如何，发展旅游业仍对民族文化保护造成了威胁，商业化发展引起东道主道德观念的变化、宗教信仰的变化等，都是不争的事实。"民族文化保护与旅

---

[1] 参见［英］迈克·费瑟斯通《消费文化与后现代主义》，刘精明译，译林出版社2004年版。
[2] 曹晋、曹茂：《从民族宗教文化信仰到全球旅游文化符号——以香格里拉为例》，《思想战线》2005年第1期。
[3] 参见宗晓莲《西方旅游人类学研究述评》，《民族研究》2001年第3期。

游开发"的关系问题,由于其客观上存在上述的矛盾冲突,引来了国内外不同领域专家学者的广泛关注。

随着研究的不断深入,西方主流人类学者的态度转向认为"旅游是一种涵化和发展形式"[①];社会学家和经济学家的研究则得出了"总体上积极的前景"的结论。这是一个逐渐认识到旅游对社会、文化的影响是"相关"关系而非"因果"关系的过程,也使更多的人能够"价值中立"地看待旅游活动对社会、文化的作用,以便客观分析这些影响,实施相关文化保护战略。因此。在民族地区通过旅游业发展区域经济的同时,探讨一种更切实可行的模式,既能发展民族经济,又能将旅游业发展对民族文化的负面影响降到最低限度,是今后我们研究要实现的主要目标。本文借用西方学者的"前台、后台"理论,提出了"前台、帷幕、后台"的民族文化保护与旅游开发的新模式。

第二节　文化保护与旅游开发的"前台、帷幕、后台"模式

"前台、后台"的理论,最初是美国社会人类学家麦坎内尔将社会学家戈夫曼的"拟剧论"大胆地演绎到研究旅游活动及研究旅游与"现代性"关系的尝试。

麦坎内尔的理论告诉我们:在旅游开发中,由于东道主将他们的文化(包括他们自己)当作商品展示给游客,从而导致东道主社会生活真实性的"舞台化"前台与后台是一种以某一地点的社会表演和社会角色为基础的社会整体。游客希望分享参观地的真实生活,或至少看到真实的生活方式,但是,并非所有的游客都注意观察参观地幕后(后台)的东西,也并非所有的游客都有机会观察到后台的东西。

戈夫曼与麦坎内尔的"前台、后台"理论,为我们寻找文化保护的新途径带来了启示。前台是目的地社区居民展示、表演的空间,旅游目的地通过民族文化展示、表演,让游客了解民族文化,参与到文化互动中去,对民族文化进行体验。但这些展示、表演、体验实际上都是对民族文化的"走马观花",是表象化的认知,是文化的快餐化。因为在前

---

① 曹晋、曹茂:《从民族宗教文化信仰到全球旅游文化符号——以香格里拉为例》,《思想战线》2005 年第 1 期。

台，东道主社会生活的真实性已经"舞台化"，游客所见所闻都出自东道主的表演，而不是东道主的真实生活。一方面，游客通过分享民族文化的快餐，在短暂的时间内了解了东道主文化，体验到了东道主文化。另一方面，前台只有通过这一方式才能接待大规模的、源源不断的游客，促进当地经济的发展。

如果让旅游目的地社区全部打开大门，毫无屏障地迎接游客的到来，那么，整个社区都成为前台，东道主社会生活的真实性也就没有了存在的空间，文化的存续将会出现严重的危机。也就是说，旅游目的地发展旅游业，是要有所限制的，是要有个度的。为了不让前台的商业浪潮席卷整个旅游目的地社区，为了使东道主社区的文化形态有一个保留其原生性的空间，需要设置一道屏障，那就是帷幕。帷幕，是前台与后台之间的一个"缓冲区"，它是前台与后台的过渡空间，其功能类似于舞台上的帷幕。它将前台与后台分割，它封闭了后台，使后台更加神秘，同时也保护了后台。"缓冲区"是一个象征，其空间范围根据实际需要可大可小。

后台一般情况下秘不示人，只有与后台相关或后台允许进入的人才能进入后台。后台是供游客基于"凝视"的态度去审视民族文化的场域，即游客融入社区中去，在凝视和融入中，发现民族文化的真正价值，游客与社区居民的相互"凝视"反而会带来东道主民族文化的"自醒"，带来民族文化精神的复兴。但这需要游客与当地居民的凝思和沉静。不再需要前台的热闹和喧嚣，前台与后台是两种类型的文化展示空间。前台是文化的"实验区"，后台是文化的"核心区"。旅游者在这两类空间中会有区别明显的两类体验方式、参与方式和游览方式、这对旅游经营者和当地居民来说也会有不同的效益。

这样，旅游目的地社区就形成了"前台、帷幕、后台"的新的理念模式，并将对旅游开发系统产生巨大的影响，该模式对旅游地的功能空间进行了与以往理论不尽相同的阐释，其关系如图4-1所示。

前台、帷幕、后台的划分具有重要的意义。前台的设置，为民族地区带来了经济效益，同时，民族文化的商品化也带来了民族文化危机。笔者认为，前台的商品化是不能避免的，但也不是洪水猛兽，在前台发展旅游经济，也能唤醒民族文化意识，振兴民族文化。笔者曾对青藏高原东缘藏区旅游地的社区进行过详细的调查。2002年4月，笔者组织了大量的人力（计100多个人/天次）对四川省的阿坝藏族羌族自治州、甘孜藏族自治州、云南省的迪庆藏族自治州的旅游开发现状进行了调

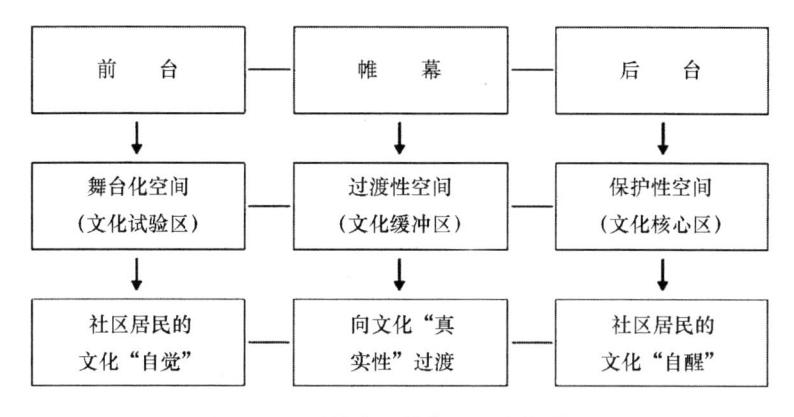

```
┌─────────┐   ┌─────────┐   ┌─────────┐
│  前 台  │───│  帷 幕  │───│  后 台  │
└────┬────┘   └────┬────┘   └────┬────┘
     ↓             ↓             ↓
┌─────────┐   ┌─────────┐   ┌─────────┐
│舞台化空间│   │过渡性空间│   │保护性空间│
│(文化试验区)│ │(文化缓冲区)│ │(文化核心区)│
└────┬────┘   └────┬────┘   └────┬────┘
     ↓             ↓             ↓
┌─────────┐   ┌─────────┐   ┌─────────┐
│社区居民的│   │向文化"真 │   │社区居民的│
│文化"自觉"│   │实性"过渡 │   │文化"自醒"│
└─────────┘   └─────────┘   └─────────┘
```

图 4-1　"前台、帷幕、后台"模式

查，历时 20 多天，重点调查了九寨沟、黄龙、川主寺、松潘古城、康定及云南的香格里拉景区等多个景区和城镇，获得有效问卷 1300 多份。在调查工作完毕后，又利用 500 多个人/天次对问卷进行分选和统计工作。通过调查发现：在旅游业发展的初期，由于当地居民对外来游客和外来文化的好奇，他们开始在各方面模仿和学习外来文化，甚至对自己的文化和风俗习惯产生怀疑和否定，但随着旅游业的深入发展，当地居民意识到，他们自己本民族的文化和风俗习惯才是最宝贵的，是对外地游客产生吸引力的资源，是旅游业得以发展的根本。此时，当地居民开始了自觉的文化回归，原来被破坏了的民居建筑得以恢复，甚至早已失传的民族制作工艺和各种文化表达方式纷纷被挖掘出来，旅游业还促进了民族传统文化的保留。这是游客参与了旅游地社区的文化创造的结果，游客参与创造，唤醒了社区居民的民族文化意识；旅游者深入社区，甚至生活在社区，与东道主居民进行真正的交流，反而会促使旅游地社区居民对自身文化的"自醒"，诱发社区居民对自身文化价值的认定，前台通过经济发展，为民族文化振兴带来了机遇。所以，前台的舞台化表演和体验，可促使社区居民对自身民族文化的"自觉"。

前台商业化是一个事实，然而，商业化、舞台化会使民族文化距离其"原生性""真实性"越来越远，它毕竟是一个"表演"空间，是民族文化的快餐化。所以，帷幕和后台的设置就显得很有必要。

帷幕是一个文化过渡区，是后台的缓冲空间和保护性空间，是后台的屏障。帷幕是一个商业文化空间和原生文化空间的文化"过渡区"，在这个"过渡区"里，文化的商业化逐渐减弱，文化的真实性逐渐增强；帷幕又是一个旅游开发的"缓冲区"，从旅游开发强度上讲，帷幕的开发强度是介于前台和后台之间的，在这个"缓冲区"里，实行有控制性的开发，大规模的建设是不允许的，这样使其文化形态和社区的社会生活基本保持原貌，没有大型的宾馆、购物、娱乐设施，只有旅游功能上必需的设施；此外，帷幕是保护后台的屏障，游客进入帷幕区以不损害生态容量、经济容量、心理容量为前提。虽然大众游客是可以进入的，但游客的行为受到较严格的限制，东道主社区的行为也受到制约，商业化的表演受到严厉禁止；从经济形态上讲，帷幕区照样发展旅游业，只不过原有的生产方式、生活习俗也不会因为发展旅游业而过多地加以改变，是传统产业和旅游业并重的一个区域，它不像前台，居民从事耕作都可能是为了表演。所以，如果说前台是高强度发展旅游业的区域，后台是受到保护的民族文化的原生地，帷幕就是前台的文化商业空间与后台的文化原生空间的过渡性空间。旅游业发展所带来的商业化热浪在帷幕区得以大大缓解。帷幕的屏障功能，阻止过度的商业化热浪席卷后台，它让后台原汁原味的文化得以留存，使后台的文化得以保护。

后台既是一个文化空间，又具有独立的文化意义，它相对于前台而言，是文化的保护性空间。后台是相对封闭的，游客人数、游客行为受到限制，是严格的民族文化旅游管理模式。从经济形态上讲，后台保留传统的生产方式和生活习俗，保留传统的产业结构，不像前台为发展旅游业对产业结构做重大调整。后台的经济发展，一方面吸引少量的受到控制的高消费游客来发展经济；另一方面通过建立前台、帷幕、后台的统一的政府管理，通过前台的"收入"来补偿后台因丧失部分发展机遇而付出的代价，对前台收入进行统一的调剂和分配。前台和后台采用同一社区的不同管理方式，促使利益再分配。通过这种利益再分配方式，使后台的经济得以发展，后台居民生活得以富裕，但又保留了传统的生产方式和生活方式，这样会促使后台居民的文化"自醒"承担起传承民族文化的历史责任，有意识地保护好自身的民族文化。

这样"前台、帷幕、后台"的模式，展示了旅游目的地（如景区）的旅游的功能空间和不同空间的旅游活动性质，有助于从根本上解决原生文化开发与保护的关系，规范游客的行为。这一模式清楚地界定了民族文化的演绎与保护、旅游者对旅游社区文化的观赏与"凝视"的关系，使旅游目的地的文化演绎区（前台）与保护区（后台）有了各自明确的界域，从而避免了旅游活动和旅游开发对旅游目的地不同类型的文化功能空间的无差别对待。在前台、帷幕、后台，文化功能不同，文化使命不同，文化意义不同，经济发展模式不同，而达到的目标则是同一的，即既保护了民族文化，又发展了旅游经济。

第三节 基于"前台、帷幕、后台"的丽江古城保护与开发思路

在处理民族文化保护与旅游开发关系的实践方面，国外的一些成功经验为我们提供了启示。以美国印第安人文化保护为例，美国制定了国家、州、部落三级组织层面的法律体系，统称为"美国印第安人法"。美国在20世纪60年代开始认识到了保护印第安人文化的重要性，并选择了利用法制保护印第安人文化的道路，同时开始建立印第安人自治区。自20世纪70年代中叶开始，美国政府开始对印第安人文化进行了全面的保护。美国《印第安人部落法》中的《部落分区法》从地理维度和文化维度上严格规定了印第安人自治区的保护措施。在印第安人聚集区内，规定了产业布局和用地性质及产业区（类似于本书所说的前台——笔者注）的土地使用方式，规定在划定的印第安人产业区，可以进行商贸、旅游或工业生产，即为了发展印第安人聚集区的经济，可以进行高密度的开发，根据其资源优势发展特色产业。在发展旅游业时，允许游人进入印第安人聚集区。而在"文化敏感区"（类似于本书所说的后台——笔者注），则规定对印第安人村落、习俗等文化要素进行严格保护，不允许开发，限制游客的进入。在"文化敏感区"的土地利用方式上，保留印第安人原生的生产生活状态。在此以后，印第安人文化才得到有效保护。在处理前台与后台关系时，美国的法制化道路值得我国借鉴，它为我们结合中国的国情制定相关法律和实施法制化的规划管理提供了宝贵的经验与启示。同时，我们也需要总结国内处理民族文化保护与旅游开发关系的失败教训，以求探索出新的方法。

以世界文化遗产丽江古城为例，丽江古城是由三大古镇构成的体系：大研古镇（丽江古城的主体）、距离大研古镇西北四公里处的束河古镇和大研古镇北面八公里的白沙古镇。纳西人在进入丽江坝子后，最早在玉龙雪山山前建立了白沙古镇，建镇格局是其他两镇的原版。随着民族的迁徙，建立了束河古镇；随着社会经济发展的需要，建立了大研古镇。从城镇的空间布局和环境建筑特色来看，白沙古镇是束河古镇的原版，束河古镇是大研古镇的原版。也就是说，白沙古镇和束河古镇保

留了丽江古城最原始的文化因素，反映了人与自然和谐相处的文化内核。

如果用前述"前台、帷幕、后台"民族文化保护与旅游开发模式来审视今天的丽江古城，大研古镇应为前台，束河古镇为帷幕，白沙古镇为后台。也就是说，大研古镇是纳西民族文化的舞台化空间，大众游客可参与其间，体验纳西民族文化，是旅游经济发展的主要区域；而束河古镇作为纳西文化的过渡空间，游客人数应适当加以控制，旅游规模也要适当控制，禁止旅游房地产开发等过度商业化的行为，使其真正起到对纳西文化保护的屏障作用；白沙古镇及其周边的纳西村落，是后台的保护性空间，应根据环境容量严格控制游客进入，游客的行为受到严格的管理，使这里的一切能保持原汁原味。但是由于丽江古城的规划和前期管理失控，使得前台大研古镇过度商业化，外来移民代替了当地纳西居民，成为大研古镇的主体居民，而纳西人纷纷外迁。目前，束河古镇和白沙古镇保留了纳西人原始的生活状态与民族文化。束河古镇只能适当发展旅游业，不能走大研古镇的老路，其原有的生活方式和生产形态应该得到保留，更应该限制大规模的房地产开发。但是，当地政府现在并没有把束河古镇当作帷幕来看待和保护，而是将其作为丽江古城深度开发的后续旅游资源来看待，因此，束河古镇在短短几年内必将变成前台，这种表现就是，其旅游房地产开发的大肆泛滥，造成过度商业化，同时也必将造成大量外来移民进入束河古镇，成为其主体居民。这样的结果是，不出两年，束河古镇就会变成现在的大研古镇，帷幕区的功能丧失殆尽，纳西文化的核心地带将受到极大的威胁。同样，如果不将白沙古镇作为后台，再过几年，白沙古镇又会继续被当作丽江古城的深度开发的旅游资源，重走大研古镇和束河古镇的老路，致使纳西文化在丽江古城的文化根基丧失殆尽，到那时我们只有在遥远的村落才能看到真正的纳西文化了。可以说，由于没有用"前台、帷幕、后台"的模式来对丽江古城进行统一的规划、管理，丽江古城的纳西文化保护正面临着前所未有的危机。

如果用"前台、帷幕、后台"的开发模式，大研古镇每年的直接旅游收入，完全可以以适当的方式补偿束河古镇、白沙古镇为保护文化遗产所做出的牺牲。所以，在束河古镇适当开发旅游业、在白沙古镇限制开发旅游业是完全能够实现的，这样才利于纳西文化从根本上得到保护。丽江古城发展旅游业的案例是处理民族文化保护与旅游开发关系的典型案例。当然各个不同的民族社区，前台、帷幕、后台的划分有不同的维度和形式。比如，正在申报世界文化遗产的四川阿坝藏族羌族自治州的桃坪羌寨，位于理县与汶川县交界处，行政区划属于理县，由于交通便利，旅游开展得较好；而位于汶川的黑虎羌寨离主干公路较远，但其羌碉建筑和文化风俗保留得更完整；位于茂县九顶山上的萝卜羌寨在汶川地震前羌族文化更是原汁原味。按照"前台、帷幕、后台"模式，桃坪羌寨应为前台，黑虎羌寨应为帷幕，萝卜羌寨应为后台。可是，由于三个羌寨分属于三个不同的行政区划，三个羌寨争相发展旅游业，最后的结果就是三个羌寨都变成前台，致使我国最美的三个羌寨的羌族文化的可持续发展受到威胁。因此，三个羌寨应由自治州按照上述理论在实践中进行统一的规划管理。

值得说明的是，到目前为止，我国的旅游开发与旅游活动，都没有按照"前台、帷幕、后台"的模式进行实际运作，这正是我国在文化旅游开发与保护方面教训深刻的原因。地方政府为了发展旅游经济，将整个旅游目的地文化都变成前台，最终必然造成脆弱的传统文化的衰落和消失。"前台、帷幕、后台"的理论模式，不仅仅适合于民族文化旅游资源的保护与开发，也适合其他各类文化旅游资源的保护与开发。笔者在旅游规划的实践中，多次运用这一理论与方法，收到了一定效果，但都没有引起政府和投资商的足够重视。比如成都市东郊洛带古镇的开发，笔者在1999年主持的总体规划中，发掘了客家文化，将该镇定位为客家文化的古镇进行规划、开发。古镇被定位为前台区；古镇与后面山地之间的过渡地带类似于帷幕区；在古镇后面的山地和水库，有1000户左右的客家人生活在那里，随着旅游业的发展和成都市的东移，这些客家人原汁原味的文化将受到损害。为了保护这里的文化，规划将其划定为"客家文化保留区"（后台），规定限制游客进入，对山上的客家文化进行保护。现在，古镇每年接待游客达70多万人次，2005年10月12日，全球客家人恳亲大会在洛带古镇召开，成都市在该会上获得的海外客家人投资达100亿元人民币，现在的洛带古镇，年接待游客已经超过200万人。但是，到目前为止，政府还是没有意识到当时划定"客家文化保留区"的良苦用心，"客家文化保留区"的文化保护没有得到足够的重视。

综上所述，笔者提出的"前台、帷幕、后台"模式，是处理文化保护与旅游开发矛盾的新模式，为文化的保护及旅游开发提供了理论指引，在旅游开发实践中，便于实施，可操作性也较强，从文化保护和经济发展模式上能够切实解决文化保护与旅游开发之间难以调和的矛盾冲突。

以下的篇章通过田野调查研究进一步论证东道主与游客的关系，即：

东道主与游客在前台如何相互凝视，又如何才能走向对话，构建平等的文化价值观，游客在目的地实现"诗意地栖居"，这在丽江古城的田野调查中得到了答案；

通过对西藏手工艺人的调查，我们看到，那一群已文化觉醒的手工艺人，是如何坚守执着于自己民族的文化传统的，而另一群人如何在旅游场域中既要应对游客的需求，又要执着自己的民族文化；

通过对九寨沟的表演者的表演和生活状态的调查，我们看到一群来自后台的年轻人为了理想和生存，到前台以表演谋生，他们的观念和文化是如何发生变迁的，这些变迁了的文化又是如何影响后台的；

通过对茂县羌族村寨的调查，我们看到了传统村落与现代移民新村、地震灾前和灾后羌族人生活的变迁，这些使我们明白了在旅游业发展过程中，"前台、帷幕、后台"的空间管理模式对原住民文化的保护和发展是何等的重要，于是，前台与后台的内涵已经远离了麦坎内尔的本意，前台、帷幕、后台有了更深远的意义。

第二篇

从凝视到对话：
丽江古城主客关系研究

东道主—游客关系（主客关系）研究并不是一个新的课题，却是值得学术界持续研究，并在社区旅游经济文化发展实践中加以运用的一个课题。主客交往、主客关系及其对主客双方个人及社区的影响是东道主—游客研究的核心问题，它对旅游社区的可持续发展起着关键的作用。本篇将聚焦历史文化社区中的主客关系这一主题，对现代旅游业环境中的主客关系形式的理论基础——凝视理论进行反思，并通过丽江古城主客关系的实证研究，揭示在后大众旅游时代，主客凝视应转向主客对话，才能保持旅游社区持续的生命力和吸引力。

第五章 研究背景

第一节 选题背景

一 历史文化社区旅游方兴未艾并亟待转型升级

社区是聚居在一定地域范围内的人们所组成的社会生活共同体，人类社区的历史和人类文明的历史一样悠久。一些历史悠久、具有强烈地域性的社区，如古城、古镇、古村及民族社区，由于有丰富的文物、集中成片的历史建筑、传统的街巷空间等物质遗存，以及民风民俗、传说、音乐、绘画、历史名人或重大事件等非物质文化符号，成为人类珍贵的文化遗产。但由于现代经济的发展、人口的增多、交通方式的改变等原因，很多历史文化社区已经不再适应现代社会新的生产生活方式，不能再起到区域的政治、经济、文化或交通中心的作用，一些社区陷入发展低谷，出现了产业空心化、人口老龄化、低收入、生活水平下降等问题。世界各国政府及国际组织纷纷开展了对历史文化社区的保育工作，以抵御现代城市化进程对其建设性的破坏。但在实践过程中，保护资金的来源、对历史文化社区产业类型的限制、对社区居民扩大生活空间的限制等都存在很大问题。

自由伸展的街巷、宜人的空间、浓郁的文化氛围、独特的地域景观，以及与自然山水环境的有机融合，历史文化社区的这些要素，极大地满足了现代社会人们对传统文化的价值回归和跨越时空的后现代体验，吸引着越来越多的人走进古城古镇古村，享受其舒适闲逸的生活。渐渐地，这些历史文化社区的价值得到社会的普遍认可，并吸引了世界各地的人群到访，旅游业的逐渐开展，使这些特色文化社区发展成为旅游社区。许多古城古镇古村在旅游业的发展方面取得了显著的成绩，社区旅游已经成为世界各国旅游业的重要组成部分，如英国的社区旅游业2010年吸引了4000多万海外游客及6000多万国内度假游客，成为吸引海外游客的主要力量，每年约28%的旅游收入来自社区旅游；而到访意大利各个古城的游客几乎占游客总量的90%以上。我国保留较好的一些古城古镇旅游业也非常发达，如2011年，丽江市（丽江古城）接待游客达1150万人次，大理市（大理古城）接待游客1545万人次，凤凰县（凤凰古城）共接待游客600.14万人，平遥县（平遥古城）游客达到130万人次。

旅游业的发展为历史建筑功能的更新、产业的更新提供了可能，也为众多处于衰落边缘的社区带来了新的活力。但历史文化社区往往面积较小，景观生态环境和经济环境较为脆弱，游客的到来和增多，给社区经济、文化、社会生活带来了负面影响和压力，如对历史建筑的损耗、拥挤嘈杂、主客冲突、主人外迁、文化变迁等。

对社区与旅游业的关系问题，学术界、地方政府和当地社区有不同的认识和争论。一方面，旅游业的开展确实为社区带来了繁荣和复兴；另一方面，旅游业也为社区带来了新的困境，有人认为它带来了繁荣，同时也破坏了历史性的场景；有人认为它带来了通货膨胀，同时也有利于对历史建筑的保护。这些争论都是社区旅游发展面临的挑战和机遇。

旅游社区不仅是当地居民长期生活、生产和消费的空间，也是旅游者短期停留、观光、休闲、度假和消费的空间。这一特征，使社区旅游不同于自然旅游或专为旅游者开发设计的人工景区（如主题乐园等），这一社区由于旅游者的进入而发生了重大变化，其面临的最大挑战就是游客与东道主的关系问题。在同一个空间内，东道主与游客如何相处？如何面对游客带来的文化影响？东道主是否愿意参与旅游？他们为什么会迁出社区？东道主的迁出和游客的进入，将使社区文化发生什么样的变迁？这种变迁对社区的未来有什么影响？在同一区域内不同角色的主体人如何实现矛盾的统一？这些问题，是社区旅游发展必须解决的问题，其实质也都是主客关系问题。

二 主客关系是旅游理论研究的核心问题

主客交往范式、非常规的旅游行为以及旅游地生命周期是旅游理论研究中三个最具有活力的领域,①国内外的学者对其进行了大量的研究。人类学、社会学等一些传统人文学科从20世纪60年代开始关注到旅游现象这一非主流的研究课题,并产生了旅游人类学、旅游社会学等交叉学科。他们着重从文化、社会结构的角度去解释旅游现象,并对旅游事实中的人、社区及关系系统特别感兴趣,东道主与游客成为他们的研究重点之一,只不过关注的视角和侧重点不一样而已。

对旅游本质的研究,对旅游业给东道主地区和居民带来的影响的研究,是旅游人类学研究的两个主要命题,其中都涉及对主客关系的研究。旅游人类学先驱史密斯认为,旅游是一种特殊的文化交往过程,旅游者在其中扮演着"文化交往使者"(agents of cultural contact)的角色,②旅游中"主人"和"客人"两种文化的接触与交往(尤其是西方旅游者与非西方主人的交往),使得东道主文化不断地借鉴和适应游客文化,并由此引发了文化商品化、文化自信、文化变化以及文化个性等现象的产生。

旅游社会学对主客交往关系的研究,主要从社会交换和跨文化交际两个视角出发,以社会交换理论(social interaction)、符号互动主义(symbolic interactionism)、凝视理论等结构主义、符号学、现象学为理论依据,研究主客之间的交往形式和交往意义。即来自不同文化背景的旅游者和旅游接待地社区居民的接触和相遇以及这种交往给东道主地区所带来的文化整合、文化同化或文化变迁的研究,对旅游社区的社会关系的影响研究。旅游凝视是旅游社会学研究旅游者对东道主的态度和行为的主要理论工具。在西方文化中,"看"不仅仅是一种纯粹的生理过程,而总是和政治与意识形态联系在一起的,是一种有着复杂内容的社会行为。按照黑格尔的观点,人类历史开始于两个具有自我意志的个体之相遇,双方都在凝视对方的过程中,从"他者"眼中看出了自我的欲望,正是在凝视与被凝视者的相互运动中,人类原初的主客体关系即"主—奴关系"才开始建立起来。③ 1992年,英国社会学家约翰·厄里

---

① Julio Aramberri, "The Host Should Get Lost: Paradigms in the Tourism Theory", *Annals of Tourism Research*, Vol. 28, No. 3, 2001, pp. 738 – 761.
② [美]瓦伦·L.斯密斯主编:《东道主与游客》,张晓萍等译,云南大学出版社2007年第2版。
③ 参见王宁、刘丹萍、马凌等《旅游社会学》,南开大学出版社2008年版,第30、106页。

(John Urry)提出了"游客凝视"(tourist gaze)①的概念,表达旅游者对"地方"(place)的一种作用力,在这种作用力下,旅游地成为游客权利作用的空间,并由此引发旅游地文化变迁。

主客关系与社区旅游研究相互交织、密不可分。对主客关系的研究,其研究内容主要集中在旅游对目的地社区影响、旅游与社区居民态度、社区参与、社区旅游发展、社区旅游规划等各个方面,其实践用途主要是运用于社区旅游的规划与开发。大多数学者都认同社区旅游应该从社区的角度考虑旅游目的地的规划和建设,强调社区参与旅游开发和管理,实现旅游业及东道社区经济效益、环境效益和社会效益持续发展的协调统一和最优化。

人文社会学科对主客关系的理论研究,往往从凝视的立场出发,将发展旅游的社区视为地域闭塞、文化脆弱的区域,将游客视为闯入社区的"陌生人",将旅游视为引起社区社会文化异化变迁的罪魁祸首,对主客关系研究的主要目的是保护社区的文化、消除旅游的不利影响,这实际上是一种被动的研究,难以产生对社区与旅游和谐发展的积极推动作用。而对社区参与旅游的理想化认识,忽略了社区居民参与旅游业所遭遇的文化性障碍、操作性障碍和结构性障碍,以及是否有参与的意愿,出现了学术界的积极倡导而实践中成功者寥寥的反差现象。人类学、社会学以批判思维见长,本篇对主客理论进行反思,希望借此找到对社区主客关系、社区文化发展有积极作用的理论支持,并从田野调查中探寻既能够达到社区参与旅游的目的(当地居民享受到旅游发展带来的利益),又能让社区旅游可持续发展的模式。

第二节 选题意义

一 透视主客关系在休闲时代的新发展

大多数学者认为,主客关系是短暂的(偶然的和表面的)、商业性的、不对称的和不平衡的;在旅游业发展的不同阶段,主客关系会呈现出不同的表现形式,如旅游发展的初期,只有少量游客到访,当地人对旅游和旅游者的态度是漠然的,旅游者被视为与他们有一定距离的"陌

---

① 参见[英]约翰·厄里《游客凝视》,杨慧等译,广西师范大学出版社2009年版。

生人"；当一部分居民开始从旅游业中获取利益时，越来越多的东道主会对游客的到来表示欢迎；随着更多游客的到来，当地人开始讨厌甚至憎恶游客，因为他们带来了拥挤、嘈杂等消极因素。然而，当一个工业社会转变为一个"后工业"或"后现代"社会时，旅游者和东道主的价值观都在变化，休闲伦理逐渐复苏，旅游者不再满足于走马观花式的大众团队旅游，他们需要深度的体验，或是换一个地方诗意生活，历史文化社区深厚的文化氛围和与现代城市化生活截然不同的生活方式深深吸引了现代游客。在休闲时代，主客关系是否有新的发展变化呢？本课题的研究，是探寻在休闲时代背景下主客关系问题的新发展，为这一旅游研究的重要课题提供素材。

二 探寻历史文化社区持续发展的新源泉

历史文化社区确立了其保存价值以来，对它们的保护就被提升到了前所未有的高度。而保护工作历来都很重视保护社区的建筑外表和空间格局等有形因素，却较为忽视社区存在和生存的内在机制，忽视无形的人文文化因素。地域历史建筑是当地文化的载体，但这些实体可能与现代人的生活联系相去甚远，即使生活在其中的人也早已与建筑本身失去了联系。历史文化社区保存了有形要素，满足了视觉的需要，存留了念想，却无法让其回到活生生的过去，事实上，很多历史文化社区已随着逝去的主人而跌落于历史的故纸堆，进了"建筑博物馆"。它们就这样"死"去了吗？它们只能成为游客照片中的背景，或是学者研究的对象，或是面向公众的展品吗？我们还能寻找到让它们"复活"的基因吗？笔者认为，历史文化社区"复活"的基因就在于人，在于居于其中又能与现代社会对话的人，只有找到这些人，才能让其重新焕发活力，成为一个个具有生命力的文化遗产地和栖居地。

历史文化社区旅游业的发展为其生命力的持续提供了机会。但在休闲时代，人们的休闲方式逐渐增多，社区能否保持对游客的持续吸引力，是社区未来旅游发展的关键。因此，在强调保护有形建筑及其空间格局的同时，更应探究隐藏在建筑内部的人文因素。不但要研究游客对社区旅游的满意程度，更重要的是研究如何激发游客的重游意愿，提高游客的忠诚度，同时也提高东道主对旅游发展的满意度，由此才能促进社区旅游业的可持续良性发展。

未来东道主对发展旅游的支持动因，不再仅仅局限于经济利益，特别是在经济较为发达的社区，很多东道主是不愿意接待游客的，因为区域的经济发展已经为他们提供了足够的就业机会和生活保障，他们不需要从游客身上获得经济利益。为了更好地回应现代人对历史文化社区的兴趣，规避旅游者与东道主双方负面的知觉和文化冲突的问题，旅游研究者、旅游业规划者、旅游地开发者都应该重新调整他们的态度和视角，更多地关注旅游者与东道主及其社区之间的良性社会交往的机制。本课题的研究就是发掘社区旅游持续吸引力的新源泉，为社区发展旅游所面临的可持续发展问题提出一个解决方案。

第三节　研究方法

旅游现象是涉及社会、经济、文化、管理、地理等多领域的一个复杂现象，对其研究，必然涉及多学科综合研究，只从单一视角难免偏颇，因此，我们采取了跨学科的综合研究方法。

本篇的目的是为社区旅游的开发所面临的主客关系问题提出合理的解决方案，为此采用的方法是首先进行理论研究和批判性思考，然后综合运用文化人类学、社会学方法进行田野调查和社会调查，运用旅游学思维进行分析，从个体层面及群体层面深入研究社区旅游中主客关系的实际状况，从实际调查结果中归纳、提炼新思想、新观点，并以此重新审视主客关系问题。

文化人类学研究最大的特征是对人及其文化的关注，并通过对个体行为的考察来推导群体行为，注重参与观察式的田野调查方法，本文也采用了这种传统人类学的田野工作方法，通过角色扮演、参与观察等方式，对案例地的主客交往现象进行深描。在田野调查过程中，我们希望既能避免"主体的对象化"所带来的主体性迷失，又能够避免客位观察所带来的"帝国主义式"的误解。[①] 因此，在田野调查工作中，除了参与观察，对旅游社区的当地居民、新社区成员及游客进行深度访谈也是田野调查的主要工作。同时，本篇还从历时性的视角，对丽江主客关系的发展历程进行了研究，通过对历史照片、典型案例的重点分析，寻找到其新型主客关系的历史文脉。此外，还运用符号学以及符号人类学

---

① "帝国主义式"误解是指文化上相对强势的研究者对相对弱势的研究对象在进行客位视角研究时，以一种不平等的"文化中心主义"观点来分析问题，从而导致对研究对象的污蔑和歪曲，其本质上是文化霸权主义的反映。

的方法，对网络上旅游者的摄影照片、博文游记、论坛留言等文化文本进行解构分析，以期了解主客关系的文化结构和意义结构。

社会学研究不涉及个体层次，而把社会层次作为研究领域，往往采取问卷调查、数理统计的方法，以得到有关社会现象的一般规律。笔者在研究过程中，也运用了旅游社会学的理论研究方法，通过问卷调查、网络调研、数理统计等方式，对案例地的主客关系现象进行调查。综合运用人类学和社会学方法，避免单用某种方法对视角和客观性的限制，如人类学深入观察个案时的主观主义和社会学调查的模型主义，试图在微观个案层面及宏观普遍层面都获得有关主客关系的新现象和新发展。

第六章 关于凝视理论的探讨

第一节 主客关系基本概念

一 东道主/游客

(一) 东道主

主客关系中的"主",是指主人,或东道主。东道主亦称"东道主人",原指东路上的主人。典出于《左传僖公三十年》,春秋时晋秦合兵围郑,郑文公使烛之武说秦穆公,曰:"若舍郑以为东道主,行李之往来,共其乏困,君亦无所害",意思是如果保全了郑国,让郑国作为东方道路上的主人,给秦国来来往往的使者供应住宿与费用,对秦国会大有好处。郑国在秦国东面,接待秦国出使东方的使节,故称"东道主"。现在人们一般把接待宾客的当地主人或宴客的主人称为东道主。在旅游目的地,东道主是指接待或接触游客的当地社区的居民。

从旅游人类学视角来看,旅游接待地东道主即是"他者",是边缘地区、少数民族、前现代社会的居民。"他者"研究是人类学的核心内容,人类学的传统正是研究他民族的文化差异。他者是一个与主体既有区别又有联系的参照,由于他者的存在,主体的意识才得以确立,通过选择和确立他者在一定程度上可以更好地确定和认识自我。随着传统社会向现代社会转型,他者的内涵已由歧视性意义逐渐向中性化过渡[①]。

从旅游社会学视角来看,东道主即旅游接待地社区的居民。笔者认为,对于游客来讲,从他们到达旅游接待地的那一刻起,他们遇到的当地人都会被视为东道主,包括旅游服务人员、旅游管理人员及当地社区

---

① 参见彭兆荣《旅游人类学》,民族出版社2004年版,第21、321、191页。

居民。也许旅游服务人员来自外地，但游客无法区分他们和当地居民的区别，特别是在跨文化的旅游中，由于语言的障碍，旅游者对东道主的认知范围将会明显扩大，在旅游社区居住和常住的人员，都被视为东道主的一分子。这部分常住者中许多是外来经商和工作的人员，他们被本地人视为外地人，却被游客视为东道主。还有部分人是从游客转化为当地居民，这部分人也不在少数。他们由于认同接待地及其社区文化，长期居住或候鸟式地居住于此，于是也演化为当地居民，成为东道主。

（二）游客

主客关系中的"客"，指与"主"相对的外来的人。游客，也称旅游者，不同学者对此有不同定义。人类学家对游客的定义通常有几分嘲弄，如游客是"一群在导游带领下结队而行、身着旅游者服装、不懂当地语言并且四处访古拍照的人"[1]，这确实是早期大众游客的真实写照。史密斯认为游客是"为体验变化的目的，自愿远离家庭参观某一地方而暂时闲适的个人"[2]，这一定义把重点放在了游客的旅游目的上。

社会学对游客的理解，以"陌生人"的概念最有特色。德国社会学奠基人奥里格·齐美尔在一篇题为《陌生人》的文章中，对"陌生人"概念做了一个精妙的诠释。他说："天狼星的居民对我们来说并非是真正陌生的"，因为他（它）们根本不是为了地球人而存在的，因而与我们地球人之间，没有远近之分[3]。齐美尔进一步指出："陌生人是群体本身的一个要素……它的内在的和作为环节的地位同时包含着一种外在的对立……叛逆的和引起疏离作用的因素在这里构成相互结合在一起和发挥作用的统一体的一种形式。"也就是说，齐美尔将"陌生人"定义为群体的要素和环节，但"陌生人"并不在群体内部，而是从群体的外部定义群体的实质，他们通过"叛逆"与"疏离"，与群体构成"统一体"。"陌生意味着远方的人是在附近的"，从这个角度来看，旅游者似乎就是齐美尔所言的"陌生人"，对当地人而言，旅游者来自远方，并生活在他们中间，甚至是他们的工作对象。旅游者是陌生人，同时又是社区的一分子。主客间的互动成为熟悉与疏离的混合物，对待彼此既

---

[1] 徐新建：《人类学眼光：旅游与中国社会——以一次旅游与人类学国际研讨会为个案的评述和分析》，《旅游学刊》2000年第2期。
[2] 彭兆荣：《旅游人类学》，民族出版社2004年版，第12页。
[3] ［德］齐美尔：《社会是如何可能的》，林荣远译，广西师范大学出版社2002年版，第342页。

像同类，又如远客①。"陌生人"的出现，一方面强化了当地人的族群认同，另一方面也打破了社区成员的单一性，使社区主体特色呈现多元化。社会学"陌生人"概念与人类学"他者"概念正好可以对应起来，前者是游客，后者是东道主。

从旅游统计意义上看，各国所采用的旅游者术语各不相同，有的根据出游距离界定，有的根据停留时间界定。目前政府、企业、旅游学术界普遍接受的"游客"概念是由世界旅游组织所界定的艾斯特定义，即"任何到其惯常环境之外的地方旅行，停留时间在12个月以内，且主要旅行目的不是通过其活动从被访问地获取报酬的人"②。当然学术界对此定义也有质疑，认为该定义排除了商务旅行者，但这一类人实际是游客中的重要一员。也有学者提出工作旅游者的概念，主要指利用假期在各旅游地打工以赚取其在旅游地的食宿费用的一类旅游者。如果仅从停留时间来看，一个人到异地生活，只要不超过12个月，游客的身份还是游客，但他们可能已经成为该社区的暂住人口③。对这种介于东道主和游客之间的身份模糊的人群的界定，有助于对主客关系的认识。

二 主客关系的传统内涵

对于主客关系的内涵，中西方文化对其都有自己的理解。中国素有"礼仪之邦"之称，孔子曰："有朋自远方来，不亦乐乎。"中国文化中的"来者都是客，宾至如归，以礼相迎，以德待客"是对主客关系的传统认识，如果是客人，一定要入乡随俗，客随主便，不给主人添麻烦；如果是主人，则一定要殷勤备至，让客人感到宾至如归。西方则有一个古老的说法，宾主之间第一个要素是安全，即一旦一个陌生人成为客人，那么在主人的领地内，客人选择停留或主人允许他留下来期间，客人的人身和财产是受主人保护的，这是主客之间神圣的约定。第二个要素是互惠，当主客身份转换时，当初的客人成为主人后，也要招待现在的客人，这种关系与金钱无关，而是"当初你有恩于我，现在我理应回报"思想下自由平等的约定。第三个要素是主客关系还意味着一系列"双方的责任"，主人要保证客人的安全，客人实质是主人家庭的临时

---

① 参见赵红梅《旅游人类学理论概谈》，《广西民族研究》2008年第1期。
② [美] 威廉·瑟厄波德：《全球旅游新论》，张广瑞等译，中国旅游出版社2001年版，第16—17页。
③ 暂住人口，是指常住户口不在其生活所在地的外来经商办企业、探亲、旅游、从事劳务和生产经营，年满16周岁，在暂住地超过三日的人员。

成员。在古罗马,客人像任何一个家庭成员一样,不但要遵守庄园的规则,也要尊重主人,不论是让他们干什么或是给他们什么,客人都不能有怨言。客人一旦不守规则,就要受到处罚,甚至被流放。从中西传统文化对主客关系的理解可以看出,主客关系意味着安全、互惠和责任。但这一传统的主客关系模式还能解释现代旅游中的各种主客交往现象吗?

三 旅游情景中的主客关系

在旅游情景中,狭义的主客关系是指游客与东道主社区(个人)的关系。笔者认为,作为游客个人来讲,一旦他到达目的地,他就踏入了一个由各种人构成的关系场中,他将会与东道主居民、服务者、管理者、其他游客发生社会交往,而他与东道主社区所遭遇的任何人之间的关系,都形成了他与东道主的主客关系。这是对主客关系的广义认识。一方面,在人口流动频繁的现代社会,游客已很难分清谁是真正的当地居民,除他自己外,目的地的其他人都构成了东道主社区,包括居民、服务者、管理者和其他游客;另一方面,从这个角度来探讨主客交往,会发现一些新型的主客交往形式,如游客与社区新居民、暂住者的交往。通常来说,背包游客、工作旅游者、自由行游客等散客比团队游客有更多机会和东道主发生直接的、有意义的主客交往。

大部分学者认为:由于旅游业的商业特性,在经济的作用下,旅游变成了一种类似"帝国主义"的形式,主客关系被打上了现代性的烙印;传统意义上的感情色彩浓郁的宾主关系,已经演化为一种冷冰冰的利益关系、交换关系,甚至是冲突关系。有的学者强调旅游和旅游者的经济—政治身份,认为旅游者的背后隐藏着他们的"文化资本"[社会学家布迪厄(Bourdieu)的术语,即人们通过国家教育体系所获得的主流性价值观和思维模式],旅游过程将决定他们对"他群"—"他文化"的理解和评价,也会影响着主客关系。这样看来,旅游情景中纯粹的宾主关系似乎已和现代旅游业绝缘,也许只有在未开化的、远离现代社会的偏僻角落才能找到。但它真的绝迹了吗?事实果真如此的话,对那些寻找纯粹生活、逃离现代社会的旅游者而言,岂不是极大的悲哀?为什么有的旅游目的地游客愿意一次又一次地到访,并长期居留,甚至成为当地的新居民?这些问题值得研究和探讨。

第二节　对凝视理论的反思

一　凝视的内涵

在主客关系的研究中，凝视理论占有重要地位。"凝视"（gaze）一词的本义很简单，就是看，但是一种专注的、长时间的、审视的"看"。这种看的特征，在于对看者与被看者的个人身份及二者关系的探究，并引申为个体存在及其社会关系的哲学、宗教和伦理问题。在文艺学、美学以及视觉文化研究领域里，凝视暗含有凝视主体的强势与主动和被凝视客体的无力与被动，例如男性对女性身体的凝视，西方游客对东方异国情调的凝视，等等。

1992年，英国社会学家约翰·厄里（John Urry）在其著作《游客凝视：当代社会的休闲与旅行》（*The Tourist Gaze: Leisure and Travel in Contemporary Societies*）中提出游客凝视（tourist gaze）理论。他从社会学和认识论的角度，详细分析了游客的"视觉器官"的使用以及旅游景观视觉效果的设计、塑造和呈现。厄里认为现代游客的凝视是社会建构的行为，具有大众化、浪漫化、多元化的符号化特征。与此同时，厄里强调凝视主体和凝视对象之间的社会权利关系的操作与展演，具有社会性和不平等性的特点[①]。特别是对第三世界的东道主而言，游客凝视对东道主行为有着一种规范化、标准化的权威。厄里认为凝视是旅游体验的核心，视觉感受起着支配性作用，旅游就是一种收集照片、收集符号的过程，而摄影是旅游凝视的有形化和具体化。

刘丹萍指出厄里的游客凝视其实是一种隐喻的说法，它不仅仅指观看这一动作，而是将旅游欲求（Needs）、旅游动机（Motive）和旅游行为（Tour或Travel）融合并抽象化的结果，代表了游客对地方（Place）的一种作用力[①]。在这种作用力下，旅游接待地会尽量迎合外来游客的欣赏口味，以获得经济效益。而游客在出发之前，也已经受到了旅游广告、旅行指南、杂志电视中一系列图像的指引，知道他们到旅游地去看什么，去拍什么。旅游地被暴露在游客凝视的目光之下，成为一种公众性的场景。当地人为了减少这种被观看的影响，往往会布置一个看上去

---

① 参见刘丹萍《旅游凝视：从福柯到厄里》，《旅游学刊》2007年第6期。

很美的，但却非真实的前台，让游客只能看到前台的演出，这种前台演出和游客出发前看到的旅游影像是一致的，是符合他们想象的，因此他们相信他们看到的前台的一切是真实的（这就是马康纳所称"舞台化真实"），拍了照片保存记忆之后，旅游的过程也就结束了。这样的过程让旅游陷入一个地方生产符号—中介传播符号—游客验证符号—收集符号的符号化过程，旅游之于人类交流交往的精神意义和文化意义消失殆尽。

从另一方面来看，凝视不仅仅属于游客，当地人也会凝视游客，他们并非只能接受这种凝视的被注视者。针对"游客凝视"表达的是游客对地方的权利，Darya Maoz 提出"地方凝视"（local gaze）[①]，用来表示第三世界旅游目的地国家东道主的权利。她认为地方凝视是和游客凝视互补的一个词，地方凝视来源于一种更复杂的双向情景，在这种情景中，既有游客的凝视，也有地方的凝视，由此又产生了"双向凝视"（mutual gaze）。

游客凝视往往是游客到达旅游地之前就已经被媒体所建构，对真实性的追寻并没有必然地让他们深入研究和理解当地人与当地的文化，结果自称前来寻找真实性的游客距离真实越来越远。东道主的凝视则是在和无数游客打交道的过程中逐渐被建构的，他们的凝视更接近于真实。大部分东道主清楚游客的凝视及其凝视的内容，并充分利用这种凝视来谋取利益。

双向凝视中充满这双向的"控制"和"被控制"，当地人在游客的凝视下行动，游客也在当地人的凝视下行动，但这种有距离感的双向凝视有可能导致双方的避让、疏远、消极的态度或行为，甚至是怀疑和敌对，这种感觉反过来加强了先前的成见，阻碍了信任关系的建立和发展，消耗着主客双方的情感，使彼此的距离渐行渐远。

游客凝视理论诞生于学术界对游客最为重视与关注的时期，对游客凝视的大量研究，为目的地创造迎合游客凝视的舞台化真实提供了理论支持。在历史文化社区，为了满足游客观光凝视的需求，散落的文化要素和历史记忆被挖掘整理出来，地域的历史文化在短时间内被固化表征或恢复重现，并作为社区的传统文化和历史来重新叙述。从目的地东道主角度出发创造出来的"地方凝视""东道主凝视""双向凝视"等概

[①] Darya Maoz, "The Mutual Gaze", *Journal of Travel Research*, Vol. 33, No. 1, 2006, pp. 221–239.

念有助于描述一个游客和东道主都有凝视的双方面的场景。但是，笔者认为，无论是游客凝视，还是东道主凝视、双向凝视，都将游客及东道主置于一种"一方对另一方的权力"的场景中，对主客双方发展和谐的人际关系、文化关系是十分不利的引导。主客之间如果仅仅只有远距离的凝视，那么他们永远无法真正了解对方、理解对方的文化，旅游对于跨文化交流的积极作用将受到极大的限制，旅游的经历只是强化了固有的偏见，验证了先前的想象，甚至是加深了误解。因此，笔者认为十分有必要认清凝视的视角对发展主客关系的消极影响。

二 游客凝视：摄影与主客关系

摄影行为是旅游凝视的有形化和具体化，是游客对东道主的观察，是自我对他者的观察；照相机是游客观察东道主的又一双"眼睛"，照片就是这种观察的记录。本部分笔者通过分析游客摄影照片的内容，揭示游客凝视对主客关系的意义和影响。

自1839年摄影技术发明以来，摄影已经成为人类社会生活中一个不可或缺的内容和行为。摄影和旅行密不可分，成为旅游活动中的一个重要的有机组成部分。最早对旅游中的摄影现象产生研究兴趣的是人类学家。1979年美国人类学教授卡尔芬（Chalfen）研究了摄影在旅游中的角色，他认为摄影不仅是一种普遍的旅游者行为，而且提供了一种旅游者和目的地社区居民进行交流的机会[①]。人类学家使用摄影最早只是作为一种辅助记录方式，而美国人类学者Albers和James研究了摄影、种族和旅行的关系。他们通过对1900年至1970年发行的600张名信片的分析，追溯了大湖印第安地区图片上的印第安人的形象，指出摄影和旅游联合在一起强化了西大湖区印第安人的固有形象[②]。他们在1988年进一步的研究中，仍然利用名信片作为证物，运用内容分析法和符号学分析法研究了摄影、种族和旅行的关系[③]。他们检验了照片内容的种族含义，把摄影交流作为一种更广泛的意识形态的语言，讨论了民族形象的特征和广泛的摄影表达之间的相互作用。

---

① Chalfen, Richard M., "Photography's Role in Tourism: Some Unexplored Relationships", *Annals of Tourism Research*, Vol. 6, No. 4, 1979.
② Albers, James, "Tourism and the Changing Photographic Image of the Great Lakes Indians", *Annals of Tourism Research*, Vol. 10, No. 1, 1983.
③ Albers, James, "Travel Photography: A Methodological Approach", *Annals of Tourism Research*, Vol. 15, No. 1, 1988.

20世纪90年代，社会学、传媒学、管理学、游憩学、旅游学等学科纷纷开始注意到旅游中的摄影行为这一有趣的课题，从各自的学科角度切入，运用各自的方法进行研究。以色列社会学者 Erik Cohen、人类学者 Yeshayahu Nir 和传媒学者 Uri Almagor 运用陌生人社会学、交换理论和现象学研究了摄影照片中当地社区居民和陌生人之间的相互作用①。他们比较了19世纪的宗教圣地、当代的非洲和泰国三种完全不同的文化与地理背景下，旅行者、人类学家和旅游者分别和当地居民通过摄影反映出的一系列问题。

这一时期，对旅游摄影的研究视角主要集中在批判性分析上，如美国社会学家 Wayne Martin Mellinger 分析了1893年至1917年间有关美国南方黑人的摄影名信片，认为名信片摄影者将黑人描述为"他者"，将黑人置于种族主义制度的表述中，是一种特殊的文化策略②。Edwards 认为名信片趋向于把当地人作为具有异域风情的、仍然生活在"处于改变边缘的古老文化"中的"他者"，这样会刺激游客产生"尽早去看看"的心理③。

近年来，一些学者基于后殖民主义理论的批判视角，关注于目的地、东道主和文化在西方媒体中的表述，已经注意到旅游照片中所反映的后殖民主义色彩。Lutz 和 Collins 对国家地理杂志上的照片进行了分析，发现该杂志上的照片倾向于强调第三世界的传统服装、传统仪式，并将这些传统文化要素和现代西方符号并列起来④，人为地将现代西方文化和第三世界的传统文化二元化，并且暗示在后者的美景和异域风情消失之前必须赶紧去猎奇。Echtner 和 Prasad 研究了加拿大对12个"第三世界"国家的推广手册上的照片，发现这些照片对这些国家的描述反映出三个共同特征，即"未改变的"（unchanged），"无限制的"（unrestrained）和"未开化的"（uncivilized）⑤。"未改变的"指照

---

① Erik Cohen, Yeshayahu Nir, Uri Almago, "Stranger-local Interaction in Photography", *Annals of Tourism Research*, Vol. 19, No. 2, 1992.

② Wayne Martin Mellinger, "Toward a Critical Analysis of Tourism Representations", *Annals of Tourism Research*, Vol. 21, No. 4, 1994.

③ Edwards, *Postcards: Greetings from Another World.* // T. Selwyn, *The Tourist Image: Myths and Myth Making in Tourism*, New York: Wiley, 1996, pp. 197 – 222.

④ C. Lutz, J. Collins, *Reading National Geographic*, Chicago: University of Chicago Press, 1993, p. 150.

⑤ Echtner, Prasad, "The Context of Third World Tourism Marketing", *Annals of Tourism Research*, Vol. 30, No. 1, 2003.

片内容强调古建筑、古遗迹和传统服装，缺少现代建筑和服装的内容，使西方和"第三世界"国家的活力/静止、现代/古代、先进/腐朽的两极分化更加严重。"无限制的"指将旅游目的地的表象描述为富饶的自然天堂，在那儿，殷勤谦卑的人们乐于迎合每一个旅游者的需求，主/仆二元关系使得"殖民者和被殖民者的不对称关系被复活"。"未开化的"指通过强调野生植被、危险的动物和佩戴独特民族饰品的当地人的影像，将非西方世界视为异域的、原始的、野性的和等待去发现的地方，这些描绘激发了先进/原始、文明/未开化、有控制的/未驯服的和自立的/依赖的二元对立。Kellee Catona 和 Carla Almeida Santos 分析了在一次海外修学旅行活动中学生们所拍摄的 203 张照片，通过对照片的内容分析，发现了五对二元概念：传统/现代、主体/客体、主人/仆人、中心/边缘、懒散/勤劳①，证实了游客所拍摄的照片确实被植入了殖民主义话语的解释体系，以及种族主义和在西方旅游媒体中的文化他者的内容。

由此可见，照片在构建西方人的想象、控制旅游者的意识倾向方面扮演了重要的角色。照片的这种能量来自它能产生鲜活的形象，隐藏被构建的痕迹。正如 Hall 所言，摄影不是现实的直接表述，而是"让事物更有内涵的积极劳动"②。但是它的视觉可信度隐藏了这种劳动，人们相信"照相机不会撒谎"。

摄影照片还是"指引—印证"循环中的重要介质。根据拍摄者和拍摄目的不同，旅游摄影照片可以分为两种类型：一种是目的地机构出于宣传或商业目的拍摄的照片；另一种是旅游者出于保留记忆而拍摄的照片。前者帮助人们形成对目的地的预期，指引旅游者的凝视对象；后者是旅游者在旅游过程中，受着前者的指引去凝视他们出发前就已经内化的地方和文化的表象，并用他们的相机记录下来，以便日后可以重复和强化尚存的感知。这样，一个表述解释学的循环（Albers and James, 1988）③ 就形成了。Jenkins 对澳大利亚背包客的研究表明，对自然旅游

---

① Kellee Catona, Carla Almeida Santosa, "Closing the Hermeneutic Circle: Photographic Encounters with the Other", *Annals of Tourism Research*, Vol. 35, No. 1, 2008, pp. 7 – 26.

② S. Hall, *The Rediscovery of Ideology: Return of the Repressed in Media Studies.* //M. Gurevitch, T. Bennett, J. Curran, J. Woollacott, *Culture, Society and the Media*, Methuen, London, 1982, pp. 56 – 90.

③ Albers, James, "Travel Photography: A Methodological Approach", *Annals of Tourism Research*, Vol. 15, No. 1, 1988.

感兴趣的游客拍摄的照片通常和导游手册里的照片非常类似①,这印证了游客在旅游活动中所拍摄的照片是对先前印象的固化。不过,也有学者如 Sobel 通过分析美国犹太人到以色列旅游所拍摄的照片,认为照片并不总是包含人们体验中所有的突出要素②。

三 旅游摄影中的主客关系

在"图像帝国"时代,摄影行为似乎已成为旅游者必不可少的活动和需求,照相机成为旅游者必不可少的装备,特别是随着数码照相机的普及,摄影成本的大幅度降低,使得一些旅游者成为"狂热"的符号收集者、传播者,他们拍下看到的一切,证明自己"到此一游",自我实现并建构他者。为积极响应旅游者的摄影需求,旅游地也正在按游客的摄影需求塑造自身的形象,如充满历史感的修旧、干净整洁的街道、摆满鲜花的阳台、穿着民族服装的当地人等。旅游地给游客提供他们想看到的场景,以吸引游客到访,"谋杀游客的菲林"③,并鼓励游客"除了照片,什么都不要带走"。

在凝视—摄影行为的引导下,主客关系变成了"摄影者—被摄影者关系"(Photographer-photographee interaction, Erik Cohen, 1992)④。这种关系区别于其他类型的人际关系最主要的特征是"不平等"。造成这种不平等的主要原因有三点。第一,摄影常常是单方面的行为。例如,拍摄者为了获得自然生动的人物照,往往趁人不备时抓拍陌生人,之前和之后都跟被拍摄者没有交流。社会交往理论认为:个人在交换行为时,必定考虑过可能牵涉的利益和赏酬。换言之,在交往过程中,个人必先估量自己与他人互动所可能产生的利益。如果在交往过程中双方不能得到满意的结果或赏酬,则没有交往的必要。拍摄者带走了照片,什么也没给被拍摄者留下,对被摄者而言是不平等的交往关系。长此以往,一些被摄者意识到此种不平等关系,开始为了自己的利益而采取一定措施。由此,在一些目的地,出现了两种情况:一种情况是一些当地人穿

---

① Jenkins, "Photography and Travel Brochures: The Circle of Representation", *Tourism Geographies*, Vol. 5, No. 1, 2003.
② Sobel, *Imagineering Israel: (Re) Constructing History through Travel Photographs.* //A. Greenspoon, R. Simkins, *A Land Flowing with Milk and Honey: Visions of Israel from Biblical to Modern Times*, Creighton University Press, Omaha, 1998, pp. 179 – 200.
③ 菲林即胶卷,"谋杀游客的菲林"之意是太漂亮了,使拍摄者消耗了大量的胶卷。
④ Erik Cohen, Yeshayahu Nir, Uri Almago, "Stranger-local Interaction in Photography", *Annals of Tourism Research*, Vol. 19, No. 2, 1992.

着色彩艳丽、特征突出的民族服装，成为"专业"模特，专供游客拍照或和游客合影，并收取一定费用。另一种情况就是直接拒绝拍照，如若发现被偷拍，要么遮挡，要么怒目而视或大声斥责。这两种状态下的主客关系确实是紧张的、商业的。第二，摄影者对被摄者的态度。摄影者可能将被拍摄者视为一个对象，把被拍者本来具有的主观性有意进行"客体化"，例如身穿具有地方风情服装的、可识别度高的当地人是最适合的拍摄对象，拍摄者还会搜寻、捕捉、抓拍那些最能体现当地人特征的面部表情、身体姿态等。一般地，逗留的时间越长，对环境的感受就越细致，拍摄出的照片也相对不那么千篇一律。而游客作为停留时间很有限的陌生人，他们与当地人接触短暂，且可能不会再重游，因此一般游客都尽可能地多拍照片，也不会太在意当地人的感受。他们捕捉当地文化中那些在他们看来最典型的、最真实的，当然也是最明显的、最容易辨认出的特点，去体验、消费和拍照。也正因为这样，他们容易将地方文化"模式化"。第三，最终产品的使用。摄影者—被摄影者关系总是发生在瞬间或者某一短暂时间，它一旦发生，便伴随着与其他关系不一样的结果——照片，而且这张照片可能被公开，可能会有无数观众，而被摄影者却对此无法控制，他们沦为一架照相机凝视的对象（见图6-1、图6-2）。

图6-1 丽江古城中和游客合影的当地人

图 6-2　丽江古城中被偷拍的当地人以手遮面

社会交往是建立在交往双方有来有往的基础上，责任和义务并不是立即发生与兑现的，它更多的是相关者之间的相互信任和尊重。然而，这种摄影者—被摄影者的关系引发诸多社会交换问题，如对当地人的不尊重、肖像权的缺失等。由此，在凝视主义大行其道的时代，主人成为客人观看的对象，旅游成了收集符号的过程，主客之间少有交流，缺乏相互了解，游客和当地人之间的责任与义务可能永远都不会兑现，旅游之于诗意栖居的意义也很难实现。因此，我们有必要去找寻一种新型的主客关系。

第七章 主客对话理论的构建

第一节 主客对话理论

一 关于对话理论

通过前文分析，笔者认为在凝视理论的引导下，很难真正发展和谐的旅游主客关系，特别是对于历史文化社区而言，由凝视而引发的冷漠的、商业的及刻板的主客关系，不利于社区文化旅游的可持续发展。

那么，东道主与游客的良好关系应该是一种什么关系？什么样的关系才能有效促进社区旅游业的可持续发展，并促使东道主从内心产生文化自信和文化自觉？我们认为，东道主与游客的关系应该是对话关系，东道主与游客的关系应从凝视走向对话，以对话的视角，来认识和发展新型的主客关系。

对话理论来源于20世纪20年代西方文学批评领域。俄国文艺理论家米哈伊尔·巴赫金（Mikhail Bakhtin）是对话理论的提出者和最重要的代表性人物之一，其对话思想对人类认识对话之于人际交流的意义产生了开创性的影响。巴赫金认为对话是人类真实生活的体现，"一个声音什么也结束不了，什么也解决不了，两个声音才是生活的基础，生存的基础。人们生活，意味着相互交往，进行对话和思想交流，人的一生都参与对话，人与人的这种关系，应当渗入生活的一切有价值的方面。"① 从狭义上来说，巴赫金认为对话就是"言语相互作用的形式之

---

① ［俄］巴赫金：《陀斯妥耶夫斯基的诗学问题》，白春仁等译，生活·读书·新知三联书店1992年版，第11页。

一"①，这种定义明确指向了语言和话语，对话的前提是语言和话语。"语言、话语——这几乎是人类生活的一切"②。在没有语言、没有话语的地方，不可能有对话关系，语言是对话的基础。从广义上来讲，对话包括不同范围、不同层次的言语相互作用的形式：（1）人与人之间的现实的、面对面的直接大声的言语交际。（2）书籍、报刊等印刷出来的言语行为，包括现代的、历史上的作者展开的语言交流。如我们阅读、研究历史流传下来的文字，就是在同古人、外国人进行言语交际和对话。（3）书籍、报刊所包含的语言交际因素，如评论、专题报告、调查报告、文艺作品等。（4）扩而大之，其范围包括不同国家、不同民族、不同党派的意识形态对话和种种言语交际行为③。巴赫金还从本体论角度强调存在与他性的紧密联系，认为人的自我意识的获得必须靠"他人眼中之我"才能实现。这种"我"与"他者"生生不息的依存关系则衍生出人类社会存在的根本，即对话关系。

与巴赫金同时代的马丁·布伯（Martin Buber）是一位德国宗教哲学家，他认为"存在"并非"我"自身所具有的特性，而是发生在"我"与"你"之间；"我"不应当把他者视为客体而形成"我—他"关系，应当建构平等的"我—你"关系，使人与世界、与他人之间构成平等的相遇，这种"我—你"关系和敞开心怀便被称为"对话"④。也就是说，人类生活仅有自我存在是不够的，"一个真正地会交流的生命才是真正人的生命"。在布伯眼里，真正的交流应该是人在找寻自我的途中，不间断地与他者发生对话式的交流关系。由此可见，布伯的对话思想强调人与人的相遇和平等，以及交流对人的重要意义。

英国的物理学家、思想家戴维·伯姆（David Bohm）从 20 世纪 70 年代开始研究对话理论，他认为，"对话仿佛是一种流淌于人们之间的意义溪流，它使所有对话者都能够参与和分享这一意义之溪，并因此能够在群体中萌生新的理解和共识"⑤。也就是说，对话是人类交流中意义的自然流动、汇集与分享，对话是来自不同文化背景的人将意见汇合

---

① ［俄］巴赫金：《马克思主义与语言哲学》，载《巴赫金全集》第 2 卷，白春仁等译，河北教育出版社 1998 年版。
② ［俄］巴赫金：《文本·对话与人文》，河北教育出版社 1998 年版。
③ 参见李衍柱《巴赫金对话理论的现代意义》，《文史哲》2001 年第 2 期。
④ D. Ronald, C. Arnett, *Communication and Community*, *Implications of Martin Buber's Dialogue*, Carbondale: Southern Illinois University Press, 1986, pp. 77 - 78.
⑤ ［英］戴维·伯姆：《论对话》，王松涛译，教育科学出版社 2004 年版，第 4 页。

起来，进行直接的交流，不断形成创造性的意义的交流过程。伯姆主张的"对话"是一种"求同存异"，强调包容与分享。

从以上三位对话理论家的思想我们可以看出，在对话关系中，参与对话的各方是一种自由、和谐、平等的关系，对话的话语可以互不融合，各自具有充分的独立的价值，对话的主体保持各自平等，因而对话的意义不在于评判话语的对错，而在于对话这一过程本身所带来的关系意义。由此可见，西方学者的对话思想在人类深入认识人与他人的关系中发挥了重要作用。

按照现象学哲学家海德格尔的观点，语言的真实本性是："存在在思想中形成语言。语言是存在的家，人以语言之家为家。思想的人们与创作的人们是这个家的看家人。"[①] 语言和思想是存在的家园，语言和思想的显现与敞开，显示着存在的状态。语言不同于言语，它以各种方式言说，以达到真实的存在状态的澄明。言语是语声的表达，它用以表达人的思维和习惯。海德格尔说："我们言说，因为言说是我们的本性"，"唯有言说使人成为作为人的生命存在"[②]。"语言言说，人言说在于他回答语言。这种回答是一种倾听。他倾听，因为他沉默的安排属于倾听"。因此，语言的显现和敞开，显示着人的存在状态，而人要获得存在的真理，要回答他人的语言，必须对话，这种对话是一种倾听，是一种心灵的敞开。我们认为，人只有在对话中，才能获得存在的价值。也就是说，对话是人在社会中的一种存在方式，这应该是对话的哲学含义。

二 主客对话的概念与内涵

游客和东道主的交往，是人际交往中的一种特殊形式，由于旅游业突出的社会文化作用，在游客彰显自我意识、东道主自我意识也逐渐觉醒的今天，凝视理论已越来越不能解释主客间的新关系，因此，我们认为，游客和东道主的文化关系应由凝视转向对话。东道主和游客，通过相互倾听，相互对话，获得自身存在的意义。

事实上，在游客与东道主的交往中，对话关系一直都存在，只是由于这种关系长期处于内隐状态，研究者不易发现，也不被研究者所重

---

① ［德］海德格尔：《海德格尔选集》，生活·读书·新知三联书店1996年版，第358页。
② ［德］海德格尔：《诗·语言·思》，彭富春译，文化艺术出版社1991年版，第165页。

视。主客对话从狭义的角度来说，就是主客在旅游地相遇之后发生的语言交往，交谈式主客对话是最简单和最直接的对话方式。而广义的主客对话，是游客和东道主之间的意义的交流与表达，它可以在场或不在场的方式进行，不受时间、空间的限制。主客对话不仅仅是信息的交流，更是主客情感平等的交流和表达。从这种意义来说，旅游应从游客凝视或东道主凝视，走向主客的"对话"，从以眼睛为主要感官转向以语言为主的包括眼、嘴、耳、身体及心灵在内的通感。双方的对话虽然不能完全消除某些文化偏见，但总比一方对另一方的凝视更容易直接地消除一些文化误解。

在大众旅游时代，由于旅游者数量与旅游地居民的数量悬殊、旅游者的个性和文化背景的影响，与原住东道主的交谈式对话不可能发生在每一个游客身上，只有少数人有机会通过对话触及社区的后台（马康纳所称真实性之所在）。但每个游客是避免不了与东道主地区的人接触的，如客栈和餐厅的服务者、经营者、导游、商店店主或售货员。放下相机，以对话的态度与东道主相遇，是每个游客都可以做到的。

三 对话与凝视的本质区别

笔者总结了对话与凝视的本质区别，见表7-1。对话是一种双向的交流方式，这种交流中伴随有目光注视、口头语言、肢体语言等多种信息传播媒介，是一种互动性的表达和交流过程。对话双方旨在表达自己的见解和观点，并倾听对方的意见，因此对话的目的是求同存异，达成共识，或在对话中激发出新的思想，这是一种相互欣赏的交流。同时，对话既是目的又是方式，它强调对话参与者的投入，没有使对话参与者产生变化的交谈不能称为对话。对话是人们达成共识的最有效的办法和最便利的途径。

而凝视是一方对另一方的单向的目光注视，是一种单方面的权力表达。对话的双方是平等的，对话的参与者都具有各自的独立性，如果没有平等，就失去了对话的平台和基础。对话的目的不是拒绝差异，或为差异辩护，而是在于寻求某种使交流者面对差异并探讨差异的方式，实际上，差异是对话的前提和基础。凝视则是一种居高临下的、审视地看，凝视双方可能没有直接的语言交流、肢体交流；凝视者是主动而有意识的，被凝视者只是一个被观察的客体，是被动而无意识的。

对话的表达方式主要是语言，对话的前提是语言和话语，在没有语言、没有话语的地方，难以有对话关系。通过对语速、语调、语气及用语的感受，对话双方可以体验到对方的态度、情感、情绪和观点，是一种动态的过程。对话不仅是语言的对话，还可以是超越语言的心灵的对话，是一种心灵体验，正如巴赫金所言，"人是整个地以其全部生活参与到这一对话之中的，包括眼睛、嘴巴、双手、心灵、整个躯体、行为。他以整个身心投入话语之中，这个话语则进入到人类生活的对话网络里"①；凝视是一种静观，着力点是在眼观，是一种视觉感受。

表 7-1　　　　　　　　对话与凝视的本质区别②

要素		对话	凝视
特性	互动性	互动的、双向的	静态的、单方面的
	目的性	相互欣赏	一方对另一方的审视
	权力性	平等的、包容的	孤立而不平等
参与感官		嘴、眼、手、躯体、心灵，着力点在心灵	眼，着力点在眼观
感受		心灵体验	视觉感受
对主客文化的影响		让东道主相信自己的文化，产生文化自信与文化自觉	让双方误解对方的文化，甚至游客始终保持强势文化地位
对主客关系的影响		加深了解、互相尊重	各执己见、互相疏离
真实性		获得更多的后台真实	舞台化真实

第二节　对话对主客关系的影响

主客间的对话，使主客从"我—他"关系转变为"我—你"关系。"我—他"关系是一种以我为中心的主客关系，"在这种关系模式中，世界仅仅是主体作用的对象，是我征服和主宰的对象，人与人的关系也就沦为主客体关系或人与物的关系，而不是彼此交融的生存关系和本真的亲密关系"③。"我—他"关系来源于生存论哲学中的个体主义，张扬人之存在的个体性、独特性，认为人的存在就是基于人的主体性而形成

---

① ［俄］巴赫金：《关于陀思妥耶夫斯基一书的修订》，载《巴赫金全集》第5卷，白春仁等译，河北教育出版社1998年版。
② 参见胡海霞《凝视，还是对话——对游客凝视理论的反思》，《旅游学刊》2010年第10期。
③ 王晓东：《生存论视域中主体间性理论及其理论误区——一种对主体间类存在关系的哲学人类学反思》，《人文杂志》2003年第1期。

的自我参与、自我选择和自我实现。极端的个体主义要么否认他人的存在，如祁克果（Soren Kierkegaard）的"孤独的个体"、尼采"桀骜不驯的生命超人"；要么认为与他人共在是一种消极、沉沦和无奈，如海德格尔的"共在与沉沦"思想。由此可见，"我—他"关系带来的是主体间的疏离、矛盾与冲突。旅游中的"摄影与被摄影"关系正是"我—他"关系的具体表现。

"我—你"关系是将我的存在视为因世界的存在而存在，我将世界视为你，这是一种相互交融、休戚与共的关系。马丁·布伯在《我与你》的论著中对"我—你"关系做了这样的解释："当我放下预期和目的，而以我的全部本真与一个人或任一事物建立关系时，我就会与这个存在的全部本真相遇，这种没有掺杂着任何预期和目的的关系，即是我与你的关系。"[1] 这是一种无比美好和纯净的主体与主体之间的关系、人与人的关系，虽然只是时间长河中的一瞬，但正是这永恒的一瞬，让生命拥有了意义。"我—你"关系带来的是主体间的真诚、爱心与交流。

旅游社区的主客关系若是"我—你"关系，那么，通过和东道主的近距离接触和平等对话，游客将有可能触摸到东道主真实的文化，寻找到后台生活的真实，建立起相互尊重和相互理解的和谐关系。而凝视所反映的主客关系则是一种权利的表达，是一种"我—他"关系，在这种关系里，我凝视他、观察他，他被当作"事物"来利用，被视为与己无关的外在"对象"。由此产生的关系是一种工具性的、利用性的关系，因为"他"是满足"我"之需要的某种角色，或实现某种欲求的工具。在这种关系中，游客最多只能看到舞台化的布景真实。无疑，"我—你"的相遇关系比"我—他"的工具性关系更有助于发展主客之间健康的文化关系。

"我—你"关系的建立需要通过真正的对话来实现，但并不是所有形式的对话都称为真正的对话。有一种对话虽然表现为对话形式，例如双方有语言交流，但却根本没有想到要从开放的相互关系中去了解对方，我在说话，但只是为表达自我，这样的对话实际是装扮成对话的独白。有一种对话是出于客观理解的需要而进行的为对话而对话，是技术性对话，日常生活中大量的对话是属于技术性对话。真正的对话是"每一位参与者都真正心怀对方或他人当下和特殊的存在，并带着在他自己

---

[1] ［德］马丁·布伯：《我与你》，陈维纲译，生活·读书·新知三联书店2002年版。

与他们之间建立一种活生生的相互关系的动机而转向他们"[1]。也就是说对话方要转向对方,在开放的相互关系中去领悟对方的存在,并对对方做出回应。对话是双方在思想、精神和情感上发生真实的沟通与交流,若仅仅停留于言语层面的对话,而排除行动、思想和心灵层面的对话,也达不到对话的真正目的。

真正的对话是全身心的活动,要投入全部的思想、情感与行动,"我—你"型主客关系正是要通过主客间这种真正的对话来实现。人们为什么要出门旅游,学者们对这一问题的研究已经提出了很多理论,如需求层次理论、旅行生涯理论、推拉理论、逃避—追寻理论、"家"与"到达"理论。很多人认为,对于大部分人来说,在大多数情况下,旅游更多地意味着"逃避"与"追求",逃避过于紧张或过于平淡的日常生活,逃避熟悉的惯常的人际关系。用这些理论可以解释人们的休闲动机,而对人们不是在家休闲或到户外休闲,却愿意安排时间花费不菲出门到陌生的地方去旅行却无法更好地解释。此外,为什么游客愿意再次到访同一个旅游地,则是旅游时代更值得研究的问题。

笔者同意马康纳的观点,排除游客的个人特质背景,"所有的游客都在某种程度上渴望深度介入社会与文化——这才是一个基本的旅行动机"[2]。所谓深度介入,最基本的层次就是凝视,观看东道主,其次是通过对话交流体验东道主社会及其生活方式,体验东道主的文化,而少部分人则可能通过对话融入东道主的生活,成为社区的新成员。当然,大部分游客处在凝视这个阶段,少数成熟的游客处在体验这个层次,只有为数不多的游客能够达到融入(integrate into)这个阶段,融入东道主社区的文化和日常生活中。这种"融入",是一个陌生人进入一个相对陌生的环境时,与这个环境逐渐适应的一个过程,是外来文化对东道主文化及生活方式的核心精神的认可,是在保持自己原来文化的基础上取纳一种新的文化认同。"融入"也可以理解为与异文化更加和谐、合拍、和平共处,可以避免或减少游客与东道主的隔离,使服务与被服务的工具性关系转而回归到情感性的主客关系的本意上去。另外,旅游社区和他们的日常生活相分离的现象会逐渐缓和并逐渐消失,特别是在旅游业发达的区域,旅游者和当地人的实际生活的界限开始模糊,甚至完

---

[1] [德] 马丁·布伯:《人与人》,张健等译,作家出版社1992年版。
[2] [美] Dean Mac Cannell:《旅游者休闲阶层新论》,张晓萍等译,广西师范大学出版社2006年版。

全消失。在这些地方，旅游业和当地的社会与文化紧密结合在一起，以至于无法区别什么是当地社区真实的生活，什么是舞台化的外部形象。巴厘岛就是一个典型的例子，那里已经发展了一种旅游文化，旅游业在巴厘岛已经不是某些影响当地文化的外部因素，而是这一地区文化整体中的一部分，这种新的旅游文化与当地民族文化混合而成为巴厘岛的现代文化。更为广阔的地域文化代替了狭隘的民族文化或历史文化成为旅游社区的新形象。

总之，旅游是主客间我与你的相遇，在相遇中通过真正的对话实现游客和东道主真正的交流与理解。那么，游客在拿起照相机之前，是否该先静下心来体验与沟通？收集符号对旅游的意义何在？政府为发展旅游业而搬迁社区居民时，是否考虑了为游客创造与东道主对话的机会？规划师在勾画蓝图时是否考虑了为游客与东道主创造对话的场所？创造符号，还是创造对话场所？从"我—你"对话关系的视角思考这些问题，答案将不言自明。

第三节 对话对主客文化的意义

主客对话的思想，不仅具有深刻的理论内涵，也有着十分重要的现实意义。主客之间的对话关系，使游客在对话中得以认知自我，使东道主的文化自信和文化自觉在对话中产生，使主客双方从"一方对另一方的凝视"走向了解与尊重，这对主客双方的文化交流和传播、对东道主文化的创新和可持续发展都具有极其重要的影响。

一 对话传承文化

文化的发展和变迁总是以传统为基点的，那么在文化的演进过程中，传统如何保存并传递下去呢？传统文化是文明演化而汇集成的一种反映民族特质和风貌的民族文化，是民族历史上各种思想文化、观念形态的总体表征和积淀。传统文化中有许多有价值的东西，反映了事物本质和规律，或反映了人们在改造自然和社会中的一些重要经验，是应继承的。但传统文化也是在特定时期形成的，有其时代局限性，且离现代生活已经较远，它的传承必须和现代社会生活融合才能真正实现，才有意义。例如历史文化街区的名人故居、当铺、商行等场所，民俗活动、传统手工艺等技艺，是历史生活的一部分，但是现在它们的原始功能不存在了，原有主人也消失了，要使这些传统文化恢复生机，就必须有新主人、新传人来传播和弘扬，使它们生发新的功能，并融入现代生活。

主客对话，正是传统文化走向现代化的一个重要途径。通过主客对话，传统文化找到了现代的意义。巴厘岛的传统文化就是在与现代文化的对话中传承的。20世纪30年代，一些西方艺术家来到巴厘岛，他们感动于巴厘岛的艺术和文化，长期生活在巴厘岛进行艺术创作，而他们的艺术和文化又激发与启示了巴厘岛原有的艺术传统和现代艺术的结合。现在，到巴厘岛的游客，无论来自哪一种文化背景哪一个国家，大家都希望能在这里欣赏一场精美的雷公舞，走访那些手工艺人聚集的木雕村、银器村、蜡染村，到乌布的一间间小店去感受丰富而又多样的巴厘岛艺术和文化。由此可见，对话让旅游社区文化持续发展，让更多的人参与到文化的维护和传承中。

只有通过对话，人类才能正确地面对差异，交流者个体才有可能达成精神上的相遇。东道主不需要再一味地迎合游客凝视，不需要为了游客的视觉需求而去装饰场景，而是通过对话建立起文化自信、自觉，并将精力转移到如何传承自身文化上来，由此真正认识到自身文化的价值，从对话当中觉醒，从觉醒中通过文化的自觉来发展自身的文化。对话将外来文化对东道主文化的影响大大化解，从根本上保持东道主文化的可持续性发展。游客若是为了满足视觉的需求而到访旅游地，拍摄一大堆照片后匆匆回家，却对旅游地一无所知，甚至不知道所拍场所的名字，这种旅游仅仅是"到此一游"。若以对话的态度到访旅游地，游客则通过对话交流可以关注到东道主文化的传承，以至于积极参与其中维护东道主文化的可持续发展。

二 对话创新文化

创新是文化发展的关键环节，文化多样性是文化创新的重要基础。《世界文化多样性宣言》指出："每项创作都来源于有关的文化传统，但也在同其他文化传统的交流中得到充分的发展。"文化在对话中产生、创新并传播。实现文化创新，需要博采众长，进行文化借鉴，学习和吸收各个群体的优秀文化成果，以延续本地文化的发展。不同地域文化之间的互动，如借鉴、交流和融合等，是文化创新必然经历的过程。

进入社区的游客，是社区的陌生人，会给社区带来不确定因素，但他们也是外界向社区输入的一项重要人力资源，这是很多非旅游社区想方设法也难以引入的。历史文化社区在发展现代旅游产业的过程中，东道主若得以与不同背景的游客交流互动，获得思考的新思路，观念得以更新，一些文化自觉者便会开启心智进行创新，从而推动某一文化样态的发展。

由以上分析可见，随着主客关系的发展，主客文化互动也呈现出不同表现，它们之间可以形成一个映射，如图7-1所示。

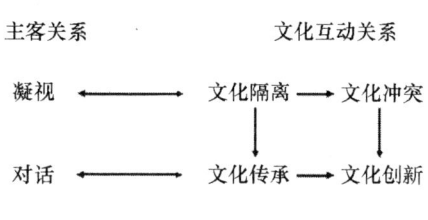

```
主客关系              文化互动关系

凝视    ←——→    文化隔离  ——→  文化冲突
                   ↓              ↓
对话    ←——→    文化传承  ——→  文化创新
```

图7-1　主客关系与文化互动表现对应

文化隔离与冲突的产生源于旅游者与旅游地居民都以凝视的视角去看待对方的文化，仅停留在对自己本位文化"各美其美"的高度。凝视其实就是一种前台思维、舞台化思维，是游客的一种"看客"心理，即游客对东道主的观赏，是带有文化优越感的，是具有先在性的，而"前台"的应用性和经济价值，使得东道主大量地投身到前台，参与贩卖本地文化符号，这既是典型的东道主不成熟，也使得游客与东道主处于不平等的位置。若变凝视为对话，则文化冲突会转为文化传承。"前台"的经济价值会逐渐唤起东道主中有文化、有知识的一部分人走向文化自觉，来保护传承文化，成为"先知先觉者""先进人物"。这部分人逐渐形成团体，形成后台区域，引导本民族、本社区走向成熟，成为成熟的东道主。相比"凝视"，"对话"反映了一种后台思维，东道主和游客都认可对方的文化价值，只有尊重东道主文化，通过对话，才能达到诗意地栖居。而到了主客融入阶段，双方的文化对话也达到了一个新的高度，甚至已经能够创新出新的文化样态。这部分融入旅游地社区的游客，由于兼具外来文化和东道主文化的精神，往往会成为内外文化之桥梁，并由此生发出一个个文化创新点，他们会不断吸引同一文化背景且对东道主文化感兴趣的人聚集在其周围，逐渐形成一个新的富有活力及创造力的圈子，成为社区文化持续发展动力的新源泉。

第八章 从凝视走向对话
——丽江古城的案例分析

丽江古城，位于滇藏横断山区的丽江坝子，始建于宋末元初，最初只是几个小村子，明洪武十六年（1383），纳西族先祖木得集村成镇，建造了大研镇，也就是今天所称的丽江古城的主体部分（见图8-1）。由于其处于汉藏地区的接合部，建城伊始，丽江就不断和外界发生经贸往来和人员交往，扮演着东道主的角色。我们在2002年到2009年曾多次深入丽江调查研究，多次深入体验、观察、访谈和进行问卷调查，其中2009年的调查重点是主客关系（图8-2为丽江古城田野调查点分布图）。仅以最后一次调查（2009年8—9月）而言，共访谈115人，138人次，拍摄照片4117张，录制长约173小时的录音资料和长约93分钟的录像资料。在丽江古城发放现场问卷120份，网络问卷50份，收回有效问卷154份。在进入田野之前和之中，我们不带任何理论命题或范式，只是用心去观察、体验、倾听。

本章首先分析丽江历史上主客交往的主要形式，客人从陌生人到旅居者到融入社区的文化变迁；接着分析旅游开发时代，丽江的游客凝视反映出的主客关系；然后以近代丽江主客交往从凝视转向对话的典型人物——约瑟夫·洛克为例，分析他的转向对丽江文化的自觉和传承的影响。此外还重点分析了丽江商业发展对主客关系的影响和意义；并探讨了丽江的对话型主客关系对游客动机、文化传承和创新的意义。

图 8-1 丽江古城

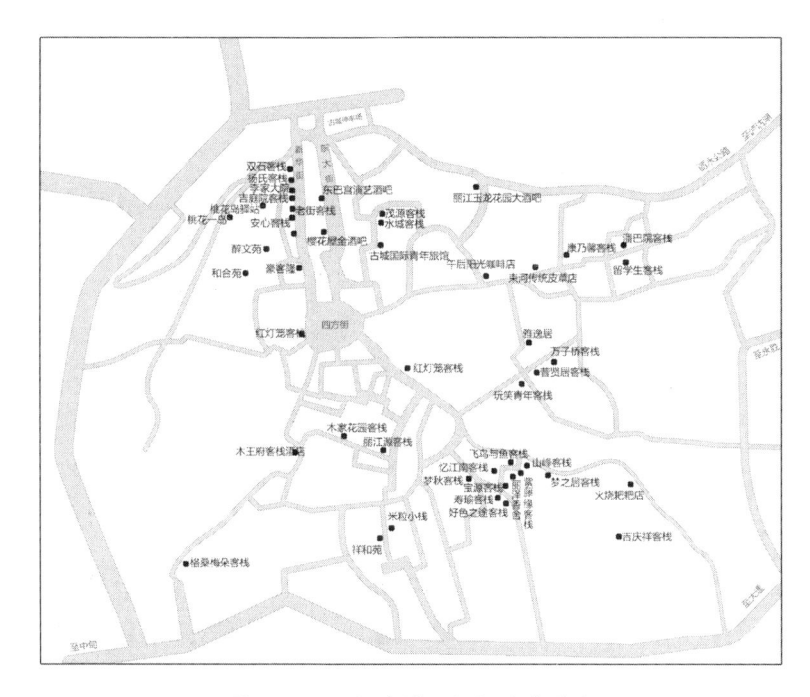

图 8-2 丽江古城田野调查点分布

第一节　从陌生人到旅居者的变迁

从明代移民、20 世纪的探险家到 21 世纪的旅居者，对丽江文化、经济的发展都产生了重要的影响。此处节选这三个时间段，对其基本情况做简要阐述，以了解丽江主客关系的发展历程。

一　明代外来移民

明代，木氏土司崇尚汉文化，与汉族文化人交往密切。据清乾隆八年（1743）纂修的《丽江府志略》记载，明代文人蓟羽士、周月泉、担当和尚，画家马肖仙等先后来到丽江传播汉文化。为发展地方的手工业及文化，木氏土司广纳人才，招募了很多汉族人（职业多为工匠、医生、教师、道士、裁缝、厨师等）到丽江府城定居。外来人口不仅带来了技术，而且也带来了不同地域的文化，经过与东道主纳西人的长期交往，他们逐渐"变其服，从其俗"纳西化了，并发展创造了纳西文化。

丽江的杨氏家族始祖杨辉就是湖南常德府武陵县汉人，明时应丽江土知府木氏聘请而到丽江行医。《杨翁十世起源一记》（木耘号长水老人撰）曰："杨氏始祖讳辉乃楚人也。游学至滇，由滇至丽。少而工医，救济多方。与丽之土地相宜，遂择其府之东南，其地脉从象岭之蜿蜒而来，倚于黄山台至台殿而止焉。观玉水银涂漾回如带，因木片居之。成家立业，亦乐，胜之地也。"① 又《续杨氏十氏谱》曰："长水老人发明言吾十氏可谓详且备也，兹赘先生传授数语，并高祖实录放后。始祖讳为辉，字德升……素号国手，数年累验奇方。"① 杨氏家族今已有 24 代，120 多户人，分住在古城五一街等地，无论是语言还是生活习惯已被纳西化了。汉族医学技术的引入，改变了纳西族明代以前主要靠东巴医药的传统。

铜器制造是丽江手工业史上享有盛名的行业，制铜业中最有名的杨氏家族，其先祖原籍四川巴州县瑶池巷人，明代应木土司之邀，到丽江为其制作各种铜器，从此定居丽江，至今已 12 代，约 200 户。

丽江的制银工艺，也由明代从中原、江南传入。如来自江苏的李氏家族被木氏土司聘用到丽江传授制银技艺，据李氏宗谱记载："吾宗李

---

① 丽江纳西族自治县政协委员会、文史资料委员会：《丽江文史第八辑》，1999 年版。

氏原籍江苏省江宁府上元县人，到丽以后，世以冶银为业，兼之力农，忠厚传家，故至今裔叶藩衍人文蔚起皆先世积德之报也。"① 从始祖到今代，李氏家族在丽城居住者约 50 户，集中在七一街兴文巷（旧称打银巷）。

丽江的造纸技师李氏家族先祖来自陕西，据《李氏家谱》载："原李氏之兴也，始于周，盛于唐，相传公元前八百多年至九百多年间，渊源自陇西分脉一带也。余家自明以来，由江南任仕于滇南，后寄居于鹤庆松桂辛五营村，以造纸为业，厥后被木氏土知府聘为纸师移于丽矣。"① 李氏家族后定居在狮子山下玉河村畔，即今之新义街积善巷（旧称造纸村）。

道教也于明代传入丽江。道士蓟羽士来丽江，每日手写《黄庭经》，木公以礼相待，以诗相赠，并修建第一批道观，包括古城玄天阁、中海寒潭寺等。

此外，还有一些汉人因做官而到丽江，如明代木氏土司的幕僚赵氏来自陕西，据八河《赵氏家谱》载："赵氏出自天水，支派迭出，一时难稽。兹据宗谱所载，原籍广东，明时指挥使得胜公，从沐国公征云南，落籍昆明石碧中村，至四氏祖维鼎公来丽贸易，维繁公木氏聘为掌书官，遂家焉。"①汉人做官，加大了汉文化对纳西文化的影响。

外来移民带来的技术极大地推动了丽江手工业、医学的发展，但由于移民数量有限，且土司压制平民入学，并将移民都改姓"和"②，许多移民与丽江当地人通婚后，逐渐被纳西文化同化，外来文化的影响被限制在一定范围内。但丽江的手工业、宗教在这一时期已体现出明显的多元文化共存的特征。如丽江银器成为体现多元民族文化的载体，其上通常会用汉、藏、东巴文刻制"吉祥如意""长命富贵""万事如意""岁岁平安"等字样；图案有纳西"八宝"（八仙过海之法器），东巴"吉祥花"，汉族的龙、凤（"龙凤呈祥"）、"鱼"（寓意"年年有余"）、"牡丹富贵花"、"吉祥花"；造型有纳西风格的银筷子（寓意"快生贵子"）、发簪、梳子、麒麟；融合蒙古族文化的"六方壶"，寓意为"六六大顺"。纳西民居的基本式样与中原特别是江淮一带的造型并没有太大的区别，而典型的院落布局"三坊一照壁、四合五天井"则是照搬白族的民居风格，"走马转角楼"则带有藏族的风格。藏传佛

---

① 丽江纳西族自治县政协委员会、文史资料委员会：《丽江文史第八辑》，1999 年版。
② 清代丽江改土归流后，外来移民才改回原姓。

教、汉传佛教、道教多种宗教文化也在这一时期传入丽江，形成多元宗教并存的局面，且丽江成为多元宗教的南北分界线，从丽江开始再往南已没有藏传佛教，再往北也没有汉传佛教、道教。这种"大融合"的民族包容性也正是明代以来的，由外来文化与纳西文化对话后产生的纳西新文化。

二 清至民国时期丽江的旅居者

清雍正年间，丽江开始实行"改土归流"，废除木氏土司世袭土知府，派流官任知府，将木氏降为土通判。流官来自汉族地区，到丽江后推行汉学、修建城墙，对纳西文化的冲击非常巨大，一些学者甚至认为丽江古城传统的纳西文化就是在那时消亡的。但外来文化的进入，对丽江古城的发展也起了极大的推动作用，如古城水系的疏通、四方街每日洗街的习俗都是在汉人流官的倡导下推行的，而这些习俗已经成为纳西文化的一部分。

民国时期，国内外的一些探险家、文化人来到丽江，他们被丽江的自然人文环境所吸引，一方面将纳西文化介绍给世界，另一方面对纳西文化与外来文化的交往也做出了巨大贡献。这其中的代表人物包括约瑟夫·洛克、李霖灿、顾彼得等。

约瑟夫·洛克，美籍奥地利人，1922年受美国农业部派遣到中国西部进行考察，长驻于玉龙雪山下的玉湖村（后期搬到了丽江古城）。洛克开始的目的是考察植物和地理，为此他跑遍了丽江及其周边地区的山山水水，采集了大量动植物标本。美国地理学会也资助了洛克的考察，他在《美国国家地理杂志》上发表了若干文章和照片。这些照片和文章的问世，引起了西方世界对丽江的极大关注。随着洛克在丽江逗留时间的增加，与纳西人的接触交往越来越多，他被纳西族独有的东巴文化吸引，从最初只是远远凝视丽江的山水人文，到后来与纳西人对话、学习纳西语，最后发展到将所有的时间精力转到了学习研究东巴文化上。洛克先后拜三位东巴人为师，他翻译纳西古文，研读了8000多册东巴经书，完成了关于纳西历史地理文化的巨著——《中国西南古纳西王国》及《纳西语英语百科词典》（辞书分上下两卷，共1094页，收录了英语释读的东巴象形文辞条4600多个，附图片57张）。由于洛克在东巴文化研究领域做出的突出贡献和产生的巨大影响，被西方学术界称为"纳西学之父"。丽江作为一个小城从20世纪上半叶就开始受到世界的关注，跟洛克的工作是分不开的。晚年的洛克仍时时惦念着遥远而美丽的丽江,他在告别人世的前夕在给友人的信中这样写道:"与其躺在夏威夷凄凉的病床上,我更愿意死在开满鲜花的玉龙雪山怀抱中。"表达了他对丽江的无限眷恋。

李霖灿(1913—1999),河南省辉县人。1938年他从国立杭州艺术专科学校毕业之后,由昆明北上经大理到丽江去做边疆民族艺术调查。在此期间,他被丽江的民族文化所折服,转而致力于东巴文化研究,学习和研究东巴文化,参与丽江县志编撰,写下了《么些象形文字字典》《么些标音文字字典》《么些研究论文集》等重要著作。后来,李霖灿自称"丽江人",并申请加入丽江户籍,当地人则叫他"么些先生"。李霖灿与丽江结缘深厚,离开丽江后,一直怀念着金川玉壁的美丽,并写了《阳春白雪集》《新雪山盟》《金江玉龙巡礼》等诸多有关玉龙雪山的佳作。1993年丽江县人民政府授予李霖灿"丽江县荣誉公民证书"。他在83岁的高龄时,仍信誓旦旦:"我必归来!"并以发明志,以寄托遥远的相思。

顾彼得,俄国人,1941年受国际援华组织"中国工业合作社"派遣到丽江发展民间工业。顾彼得生性谦虚、待人诚恳、乐于助困,加之他的工作需要各方人士的参与和支持,因而他在丽江的社会接触面极为广泛。他以一个普通人的平等心态与眼光对待这里的事物,带着情感的体验全身心融入丽江的生活。1949年顾彼得离开丽江,临上飞机的那一刻,他感叹道:"已经实现的梦想就这样结束了,经过互相了解得到的幸福了结了。"离开之后他"一直梦想找回并重新生活在重重大山使它与外部世界隔绝的美丽地方"。①

1955年他在英国出版了《被遗忘的王国》,在书中他把自己作为纳西人中的一员来陈述,以细腻的笔触详细地描写了20世纪40年代丽江古城居民的生活画面,包括日常起居、耕读劳作、文化娱乐以及宗教活动等。从他的自述中可以看到,作为一个陌生人,面对"他者"及其"异"文化,从"初识"到"相知",也经历了从凝视到对话的过程。到丽江之前,他认为丽江"那个地方在中国之外,是'边远蒙昧之地',是沉没在不通汉语的野蛮民族中的无人之地。根据各种传闻,那里的食物,对于一个有教养的汉族人来说,是无法吃的。……更糟糕的是,一切食品都用牦牛奶油来烹调。那里有许多汉人被刺杀或被除掉。

---

① [俄]顾彼得:《被遗忘的王国:丽江1941—1949》,李茂春译,云南人民出版社2007年版,第9—10页。

穿过街道是危险的，因为街上，尽是凶猛如野兽的蛮子，腰间佩带大刀和短剑，随时准备使用。"①但初到丽江，他立即被丽江的美丽给震惊了，他写道："翻过山口向下走，啊，美丽的丽江坝，使我为之倾倒。每当春季里我走这条路来到丽江时，我都赞叹不止。我得下马凝视这天堂的景色。"随后，顾彼得便从来之前的偏见、初到时的凝视，很快地融入丽江，成为丽江居民中的一员。这一方面与丽江本身的包容性有关，丽江共有 12 个世居民族，除了纳西族，还有汉族、藏族、白族、彝族、苗族、普米族、羌族、傈僳族等各族的人杂居一处，因此，纳西人习惯与各族人相处，对洋人也一视同仁。"洋人并不使纳西族敬畏，或激起他们的反感和仇恨。他不会被当作白鬼子或西方蛮子，他正像纳西人中的另一个人一样，会得到相应的对待，没有任何特殊照顾或好奇感。"另一方面外来者的"行动和态度"，决定了他们的融入程度，"这个人是好是坏，是小气或是大方，是富是穷，人们凭他接下来的行动和态度来判断，并采取相应的态度对待他。"顾彼得来到丽江后，把自己当作一个普通人，一个在这里长期居住的居民，所以他尽心尽职于自己的工作，开办工业合作社，为当地人谋福利，还利用美国红十字会提供的药品，免费为穷人看病，以此赢得信任与尊重。在日常生活中，他与邻居、与当地人打成一片，与各部族的人成为朋友，去他们的家中做客，参加他们的节日、婚庆丧礼。顾彼得还喜欢在他熟悉的"高级酒店"里，和老板娘聊天、喝酒、打量四方街。久而久之，一个洋人、一个外来者也就慢慢成了地地道道的丽江人。他分享丽江人的喜怒哀乐，当危机来临的时候，又与他们共患难。当丽江人抗击匪帮的入侵时，他便充当了医者的角色，"如果丽江失守，我想分担他们的耻辱与不幸，正像我在过去许多年中分享了他们的生活与幸福一样。"

可以说，这个时期前来丽江的探险者、学者等外来者，在很大程度上已经超越了普通的旅游者，以及为了研究而深入到土著部落中生活的文化人类学者。他们不再仅仅是"旁观者"，而是通过对话成为社区中的一员，体验到许多"旁观者"无法看到的东西。正如顾彼得所说："没有一个地方可以找到传奇式游记中所描写的可爱而又天真的土著。在这些人中只待了几个星期或几个月的探险家和旅游者，是不可能准确地评估这些'大自然的孩子'的气质的。只有长期生活在他们当中，密切地与他们的思维方式相联系，了解他们的喜怒哀乐，遵循他们的风俗，人们最终才可能瞥见事实的真谛。"

三　旅游时代的新丽江人

新中国成立之后，丽江经历了和中国其他小城市一样的发展道路。古城内曾经设立了丽江县委、县政府、地委、专区行政公署及一些政府机关。由于古城面积较小（约2.6平方公里），这些机关设在古城内不能满足正常运转的需要。于是，20世纪50年代，在古城外的西北、西南区域开辟了新城区，古城内的大部分机关、工厂、商店迁往了新城，这一举措使丽江古城得以最大限度地保存了下来。

1985年丽江县成为乙类对外开放的地区后，一些外国背包客开始到访丽江，他们在古城的小河边看书、晒太阳、住在古城外的招待所，条件虽然简陋，但体验很独特。他们将在丽江的经历发表在有较大影响的报纸上（如香港《南华早报》1987年3月26日曾经发表过一名叫萨拉·默里的外国游客在丽江的旅游见闻[①]）。充满生活气息的古城吸引了更多外国背包客的到来。古城积善巷的居民最先发现了国外旅行者的需要，他们在临街的铺面开了一些小食店，取名叫"西餐厅"，在招牌上写上了英文。居民和旅行者共同将积善巷改造成了"洋人街"，由此拉开了古城现代旅游业的序幕。90年代，国内游客开始到访，自1997年丽江被评为世界文化遗产后，游客数量每年呈两位数以上增长，丽江进入大规模的大众旅游时代。至2011年，丽江古城年游客量已经突破600万人次。

我们在丽江的田野观察发现，有一些游客长期停留生活在丽江，既不像普通游客潮来潮去，走马观花，又与社区土著居民有着明显区别，他们的身份有着模糊性，但对社区及游客而言，他们有着非常重要的影响力，我们称他们为新丽江人。对社区土著居民而言，他们是陌生人，对游客而言，他们是东道主，他们已成为社区居民的一分子。他们和单纯到丽江经商做生意的外地人不一样，不是以赚钱为目的，他们大都是由于喜欢丽江的生活方式，在游览丽江后决定移居丽江，成为旅游移民。通过调查发现，这些人的年龄段跨度较大，22—60岁的都有，有的是大学刚毕业，有的是已经退休，但年龄段主要集中在30—45岁。他们的受教育水平普遍较高，一般都受过大学教育，并在大中城市有过工作经历。

新丽江人的生计模式有这样几种。第一种是在丽江经营客栈、酒

---

① http://ckxxb.com/read.php?tid=286046.

吧、书吧。这种工作的时间比较自由，自主性强，休闲时间相对较多，是很多人的选择，但前期资金投入较大，很多人是将在城市的固定资产如房屋出售或出租，或依靠积蓄作为前期投入。第二种是工作弹性较大者或自由职业者，如教师、作家、学者。他们在大城市有一份工作和收入，可以维持他们在丽江3—6个月的生活。第三种是通过在丽江打工获得收入，如一些学生通过在客栈做义工，可以在丽江度过一个暑期。

新丽江人的生活方式有以下几种类型。

眷念型。这种类型的人对丽江的生活方式非常迷恋，来过丽江几次之后，就辞掉以前的工作，放弃城市的生活方式，只身或与家人一起来丽江创业，经营客栈、书吧、会所、画廊等文化含量较高的行业。这类人往往是文化型游客，热爱艺术、文学、民俗、收藏、摄影等，他们有的是举家搬迁到丽江，有的是在丽江遇到情谊相投的人而结婚，有的则干脆与本地人结婚而定居。他们以丽江为文化根据地、创作基地。他们虽然大部分是草根文人，但其故事广为流传，形成了丽江新的文化圈，吸引了一大批粉丝。如加拿大华人于涌（李霖灿先生学生）于1999年到丽江古城创办了以霖灿先生书斋之名命名的茶馆"绿雪斋"，茶馆的主题定为"茶与艺术"，用纳西族传统工艺用品来做茶馆装饰，被人称为"比古城更为古老的地方"，2002年创办"丽江绿雪斋民俗旧器私人博物馆"，专门展示收集而来的民俗旧物。来自台北的女作家宁育华女士2005年游览丽江，2006年初即和老公、儿子、女儿一家四口移居云南丽江，2007年在台湾出版《我在丽江有个门牌号码》一书；目前是全职妈妈，兼职客栈女主人。对于为何在中年选择移民丽江，她说："现在重新检视选择丽江这个决定，无关《丽江柔软时光》那套虚妄的小资梦想，而是可以穿透这个山城浮夸的旅游面貌之下，亲身体验本地人身体力行的一种生活方式：自由简单，无所事事的、略带粗糙却极为真实的生活质地。中年期的人生疑惑像是慢性病，在你还没意识到的时候，已经悄悄袭来。还好，我们在丽江找到出口。"① 江措，1970年生于四川，4岁去了英国，专业是油画，在英国曾有自己的广告公司、画廊、朋克乐队，以及纪录片团队。2002年江措第一次来丽江，从2005年开始，他大部分时间留在了丽江。2006年他在丽江成立了"边缘2416m"艺术工作室，力图成为"边缘"艺术家的一个聚集地，成为丽江原生态音乐博物馆。自由艺术家马鱼，西北人，2003年1月，马鱼

---

① 《隐居云南系列》第14期，《云南信息报》（http://news.ynxxb.com/zt/yjyn/14/）。

第一次到玉龙雪山，被雪山之美震撼，从此与雪山结下缘分。2004 年，他再次回到丽江，并把自己藏匿于此，在古城开办了"丽江混混"工作室，执着地画着"不合时宜"的画。除此之外，他还坚持拍摄纪录片，用镜头透视人生，用场景解析世相①。小若，东北人，曾是北京某大学的教师；胡子哥和呼呼嫂，成都人，曾是成都某艺术院校的教师，他们都是到丽江游玩后，爱上这里，毅然辞去教职，来到丽江开办客栈，过上了自由随性的田园生活。小若是这样描述自己的生活："离开的理由有很多种，留下却只有一种——喜欢，喜欢这里蓝的天，白的云，喜欢这里的小桥流水人家，学数学的人本该是理性的，但我这次决定任性，任自己迷失在丽江。喜欢和天南地北游客神侃的热闹，喜欢三五好友钓鱼抓虾的温馨，最喜欢阳光灿烂的午后，抱一本喜爱的书，静静坐在满园的花草中，那一刻心是自己的，没有羁绊，甚至没有欲望。也许不会在丽江生活一辈子，但这一刻我在丽江，并乐在其中。坐在这里看时光流过，你的心在哪里停泊……"对于为什么选择旅居在丽江，他们认为丽江本身不是最根本的原因，"很难跟别人解释当初为什么会在丽江开客栈，只是笑笑说因为喜欢那里。其实丽江不是最根本的原因，最根本的原因是，那才是我想要的生活，只是恰好在丽江而已。从小到大认真学习，努力工作，是因为觉得应该，而不是喜欢。从小就不想上班，人生梦想就是开个自己的店，书店、花店或者咖啡店，种种花、养养草，过一辈子。丽江的生活，或者说生活状态一直是自己想要的，也许没有想象中那么完美，但我选择，我喜欢。"小若的话代表了很大一部分留在丽江的年轻人的想法，那就是要按自己想要的生活方式生活，诗意地生活于大地。而胡子哥也是有着类似想法的中年人的代表，他说："辞掉工作，对于我们这个年龄的人来说的确是一件非常难的决定，完全可以用疯狂来形容。何况我们的工作还是许多人向往的。丽江的吸引力主要在于思想、感情、各种文化表达的碰撞。美景，何处没有？"

候鸟型。这类人是将丽江作为生活驿站，每年到丽江小住一阵。如山峰客栈的老板安娜，女，香港人，1999 年第一次来丽江后，就爱上丽江，2002 年在丽江和朋友合开了一家客栈，此后，她会在每年寒暑期带子女来客栈短居一段时间，打理客栈事务，会会老朋友，为周边的贫困孩子募集资金和物品，其余的大部分时间她仍然是在惯常的轨道上

---

① 《隐居云南系列》第 6 期，《云南信息报》(http：//news.ynxxb.com/zt/yjyn/6/)。

工作生活、相夫教子。豪客隆老板陈女士是福建人，在福建有家族企业，每年夏天暑期时间会带上上小学的女儿前来客栈，其余时间则回福建经营工厂，客栈平时由亲戚和管家管理。这类型的人一般是中年人，女性居多，他们热爱丽江，每年在丽江工作一段时间，但由于有学龄子女需要照顾，仍需定期回到城市生活。他们的家庭大都有较高的收入，在丽江的经营不是以赚钱为主要目的，他们往往热心公益事业。如安娜每次到丽江都会到德钦县奔子栏镇日尼贡卡村的白马雪山社区藏文学校去看望那里的师生，发动游客及朋友捐款捐物，并利用自己的关系网络，为单亲家庭孩子联系资助对象。

养老型。这种类型的人往往是50岁以上，孩子已成家立业不需要照顾，由于喜欢丽江的气候和新鲜空气而留在丽江。如梦之家客栈的崔哥和王姐，新华客栈的张姐，他们都是退了休从北京、东北来到丽江，租下一个院子，开起了客栈，只是为了享受丽江的好气候、新鲜的空气和悠闲的生活。

从以上调查发现，丽江的生活方式和生活环境是吸引这些游客成为居民的主要原因。丽江是一个偏居一隅的西南小城，与大城市有足够远的距离，因而受大都市文化影响较小，还保存着悠闲缓慢的生活节奏。旅居于丽江，成为新丽江人，大部分是为了追求工作与休闲的平衡，用他们自己的话来说就是"一半经营、一半生活"，这实际上是现代人对现代社会工作伦理的反抗，对休闲伦理的追求。

人们对于休闲和工作这一组对立的伦理概念的态度曾经发生过变迁。在古希腊和罗马时代，休闲享有崇高的地位和文化价值，工作的希腊语是"ponos"，来自拉丁语"poena"，是悲哀的意思。早期的希腊人认为休闲比工作更高尚，因为"工作使思想野蛮"[1]。亚里士多德认为，勤劳只是获得闲暇的手段，闲暇与和平则是生活的最终目的，个人的幸福在于闲暇。在他看来，"人类天赋具有求取勤劳服务同时又愿获得安闲的优良本性，勤劳与闲暇的确都是必需的"，但"闲暇比勤劳更高尚，而人生所以不惜繁忙，其目的正是在获致闲暇"。此后一直到工业社会，休闲伦理受到了漠视，人们视休闲为浪费时间，工作成为生活的主题，休闲的目的是更好地工作。到了近现代社会，人们的物质欲望不断膨胀、"消费主义"盛行，学者们开始反思批判工作伦理，休闲的意

---

[1] Tilgher A., *Homo Faber: Work through the Age*, Translated by D. C. Fisher, New York: Harcourt Brace, 1930, p. 150.

义被重新认识,如马克思认为休闲是人的生命组成部分,是社会文明的重要标志,是人类全面发展自我的必要条件,是现代人走向自由之境界的"物质"保障,是人类生存的追求目标。进入 20 世纪 90 年代以后,西方社会已普遍接受了"休闲是生活的中心"这一观点。1990 年,在洛佩尔媒介调查公司(Roper Organization)所做的民意调查中,41% 的人选择休闲作为生活中最重要的因素,只有 36% 的人选择工作。而在 1985 年,选择工作的人占到 46%,选择休闲的人占到 33%①。

将休闲作为生活中心,这一新的价值观正在被越来越多的人所认知,而丽江这样的小城市,则一直秉持着这样的生活态度。丽江人的时间观念与工业社会的时间观念完全不同。在工业社会,大部分人把时间花在赚钱上,"时间就是金钱",剩下来的时间用一种成为惯例的和刻板的方式消磨掉。而在丽江,时间具有不同的价值,时间是"良师益友",时间是"神奇的财产"。在这里,人们有着充分的时间享受美好的事物,正如顾彼得写道:"街上的生意人会停下买卖欣赏一丛玫瑰花,或凝视一会清澈的溪流水底。田里的农夫会暂停手头活计,远望雪山千变万化的容颜。集市上的人群屏住呼吸观看一行高飞的大雁。匆忙的白族木匠也会停下手中的锯和斧,直起身来谈论鸟儿的啼叫声。鹤发童颜的老人健步顺山而下,像孩儿般有说有笑,手持钓竿钓鱼去了。当工人们突然想到湖边或到雪山上野餐时,工厂就干脆关门一两天。然而工作未受影响,而且干得更好。"② 正是这种面对时间流逝的从容感,塑造了丽江生活的特别气质,也吸引着追求工作与休闲平衡的人们移居丽江。他们透过丽江喧闹的旅游表象,通过与丽江生活的对话,寻找到了自我的意义。

从前文所述的丽江主客交往的历史来看,丽江在自身发展的各个历史时期都是主动与外界交往,古城居民在长期与各族群交往的过程中,形成了对陌生人的包容和对自我的坚守。外来文化在这种包容中逐渐融入,形成多元而和谐的社区文化氛围。古城的新老居民都可以在这一方土地上充满诗意地生活。

---

① 参见刘慧梅等《西方休闲伦理的历史演变》,《自然辩证法研究》2006 年第 4 期。
② [俄] 顾彼得:《被遗忘的王国:丽江 1941—1949》,李茂春译,云南人民出版社 2007 年版,第 9—10、91、67、302、56、277、60 页。

第二节　游客凝视与主客关系

马康纳和戈夫曼的"前台、后台"理论认为"前台"是演员演出及宾客与服务人员接触交往的地方，东道主将他们的文化（包括他们自己）当作商品展示给游客，从而导致东道主社会生活真实性的"舞台化"。在丽江的田野调查中，我们发现，前台已经不仅仅是东道主表演的舞台，主客关系不是简单的看和被看的关系，旅游者已经登上前台，成为舞台的主角之一。

在视觉与其他感觉器官的较量中，人们特别重视视觉。"较之其他感觉，我们都特爱观看。理由是：能使我们识知事物，并显明事物之间的许多差别，此于五官之中，以得于视觉者为多（亚里士多德）。"① 皮亚杰的认知心理学研究成果表明："人所获得的知识，其中60%来自视觉，20%来自听觉，15%来自触觉，3%来自嗅觉，2%来自味觉。"② 人类认识世界的两种主要感觉器官——视觉与听觉——一直在争夺着对真理的统治权和阐释权，而这种权力之争在某种程度上也反映了两种不同的文化取向和求真意志之间的冲突。以视觉为中心的文化催生出当代以图像为中心的文化，视觉力量占据了统治地位，技术手段、人的目光和资本形成三位一体的共谋格局，无孔不入的图像权力把人们定位于对他者的凝视、开发和利用上。文化也脱离了主体，被卷入经济过程，成为可欲和所欲的对象③。

在游客凝视的目光中，丽江异化为一个符号的舞台。丽江的典型形象是小桥、流水、人家，它被符号化为古旧建筑、大水车、小桥、流水、东巴文字、纳西服饰、红灯笼、纳西古乐、店招等符号的集合体（见图8-3）。游客对古城的凝视，就是一个符号寻找、收集与消费的过程。同时，游客本身也遭遇了一个被符号化的过程，成为别人眼中的风景。游客进入丽江后，便仿佛被施了魔法一般，女人们纷纷穿上色彩斑斓的长裙、吊带衫，身披披肩，男人们则每人一顶牛仔帽，身着东巴文字T恤（见图8-4）。这种装扮已经成为一种符号性打扮，在古城中

---

① 亚里士多德：《形而上学》，吴寿彭译，商务印书馆1959年版，1997年重印。
② 阎立钦主编：《语文教育学引论》，高等教育出版社1996年版，第219页。
③ 参见张德明《沉默的暴力——20世纪西方文学/文化与凝视》，《外国文学研究》2004年第4期。

随处可见。游客将古城变成自我展示的舞台，其自身也成为古城一道独特的风景线。

图 8-3　丽江古城符号

图 8-4　丽江游客的典型打扮

摄影是游客收集符号的一种行为，也是东道主展示自己的媒介。如今每个游客都可以拿起摄像机、照相机行使自己图像话语的权利，东道主也深谙游客这一需求，为在游客镜头中展示自己美好的一面而进行着装扮。笔者对丽江的图像（旅游照片）进行分析，以此寻找游客凝视所反映出来的主客关系。在此笔者不探讨照片所反映出的色彩、光线、构图、平衡等技术层面问题，而是采用内容分析法来研究摄影者所记录的主要内容，更多地关注摄影者的凝视背后所反映出来的人类学意义及东道主和游客的关系。

内容分析法是对各种文本或图像材料进行客观、系统和定量的描述，通过分析特定的词语、对象、人物及概念的出现频率，总结材料中所表现的内容、特点及规律。因此，它可以用作分析照片的内涵，它不仅揭示照片表征的范畴和类型，也通过批判分析进一步揭示其含义和特性[1]。

内容分析法的关键技术是对照片进行分类。应详尽地、排他地和普遍地进行分类，事先不要有任何假设。乔亚和李托亚把旅游摄影照片分成了11类[2]，包括：自然风光、历史遗产和建筑、文化设施（博物馆、艺术中心、音乐厅等）、公园和花园（城市居民休闲的地方）、旅游商品、旅游设施和基础设施（交通、旅馆、便利设施等）、文艺节目/节日、地方美食、运动/游憩活动（各种室内外体育运动、购物、水上运动）、游客/当地居民、其他（地图、旗帜等）。但这种分类方法会产生非排他性，如旅游者在自然风景中的照片和旅游者在历史建筑前的照片的归属问题，交叉重叠较多，不能直接反映旅游的背景。但恩根据照片中主客是否存在及主客旅游活动的空间进行了分类[3]，克瑞彭佐夫对这一分类方法进行了一致性检验[4]。哈恩特尔对但恩的方法进行了空间简化，提出根据照片所反映的空间和主体进行分类[5]。空间是指照片中所展示的旅游物质环境，可分为自然风景、人工风景、文化遗产和物质文化、旅游产品（包括交通工具、住宿、游船）4种类型。主体是指照片中的人，也有4种类型：没有人、仅有主人、仅有客人、主客都有。4

---

[1] G. Jennings, N. Nickerson, *Quality Ttourism Experiences*, Elsevier Butterworth-Heinemann, Oxford, 2005. p. 120.

[2] Soojin Choia, Xinran Y. Lehtoa, Alastair M., Morrison, "Destination Image Representation on the Web: Content Analysis of Macau travel Related Websites", *Tourism Management*, Vol. 28, No. 1, 2007.

[3] Dann G. M. S., "Tourist Images of a Destination: An Alternative Analysis", *Journal of Travel & Tourism Marketing*, Vol. 5, No. 2, 1996.

[4] Krippendorff, *Content Analysis: An Introduction to Its Methodology* (3rd ed.), New York: Routledge, 2003, p. 123.

[5] William Cannon Hunter, "A Typology of Photographic Representations for Tourism: Depictions of Groomed Spaces", *Tourism Management*, Vol. 29, No. 2, 2008.

种主体在4种物质环境中,形成了16种旅游表征,见表8-1,这种分类方式具有排他性和普遍性,还可以较好地反映旅游者在目的地的旅游体验中的各种事件和社会动因。

表8-1　　　　　　　　　旅游照片视觉表征的分类

(A) 旅游表征的空间类型

空间:

· 自然风景:自然风景是纯粹的没有破坏的山脉、海洋、海滩、森林、湖泊、野生动物、田野或天空。

· 人工风景:人工风景是经过修整过的、有花园的或有其他某种人工改变的美丽的开敞空间,如修剪过的花园、植物园、公园、园林、喷泉、有少量人工设施如躺椅和阳伞的海滩。

· 物质文化:物质文化包括一个民族创造出来的所有历史的和现存的物质要素,包括建筑、遗址、艺术品、雕刻、遗迹或其复制品、寺庙、神殿、地标、城市、城镇、村落风光,少数民族和他们的服装、生活方式。

· 旅游设施:旅游设施包括娱乐休闲空间(SPA、商场、集市、广场、游船、博物馆、动物园、艺术中心、音乐厅等)、健身空间(高尔夫球场、游泳池、室内健身场所等)、食宿空间(前厅、客房、餐厅、菜肴等)。多半是在露天小广场、餐厅、街道。

(B) 旅游表征的主体类型

主体:

· 没有人:四种空间中都没有人,是等待被享受、被体验的修饰空间。

· 只有旅游者:只有旅游者的情况往往是旅游者正在休闲。在人工风景中他们往往是在体验为他们准备好的风景;在自然风景、遗产和物质文化空间他们往往是在进行视觉消费(带着相机或摆着pose);在旅游设施空间中往往是在享受或消费。

· 只有东道主:只有东道主的情况,往往是东道主在从事各种当地的娱乐活动,生产当地的文化产品或干着当地的农活,也有的是做一些日常的活动,包括为旅游者的到来做准备。他们看上去总是"快乐"和"热情"的。

· 旅游者和东道主:主客一起的时候其本质关系是服务者和被服务者。游客在享受时,主人往往是导游、翻译或设施操作者,他们处于一种服务或商业交换的关系,很少是一起娱乐,相互凝视。

注:据哈恩特尔(William Cannon Hunter, 2007),有修改。

我们对哈恩特尔的空间类型做了适当修改,对所收集到的照片样本进行了归类分析。于2009年7月24—28日,通过百度以"旅行社""旅游电子杂志""旅游博客""旅游社区"进行了搜索,根据网站的影响力、是否有目的地照片分别选择了3个网站,加上云南省旅游局官方网站,总计13个网站作为样本网站,收集了有关丽江的图片共计5221

张，排除不适当的图片 191 张，剩余 5030 张照片作为研究样本，见表 8-2。

表 8-2　　　　　　　　　　　　样本数据来源

网站	网站样本	样本来源	样本数量（张）
政府旅游网站	云游网	云南景区、体验云南、云南美图、民族云南、云南民俗、旅游攻略栏目	810
旅行社网站	中国青旅遨游网	旅游景点—云南—丽江、古镇度假	28
	云南海外旅游	云南旅游景点介绍	69
	昆明国旅/云南国旅	景点大全、云南风情	198
旅游社区	携程旅行网	优秀图片	766
	艺龙旅行网	目的地指南	174
	乐途旅游网	云南旅游	58
旅游博客	搜狐旅游网	旅游博客—图片公园—地理名胜—旅行类	
	优客旅游	优客图片	655
	新浪博客	畅游中国	1159
电子杂志	时尚旅游	第 1—13 期	28
	中国国家地理	2009 年第 1—5 期 2009 年第 1—7 期	30
	易游人	第 1—20 期	54
总计			5030

根据表 8-1 的分类方案，对 13 个旅游相关网站有关丽江的 5030 张照片进行逐一归类统计，结果如图 8-5 和表 8-3 所示。

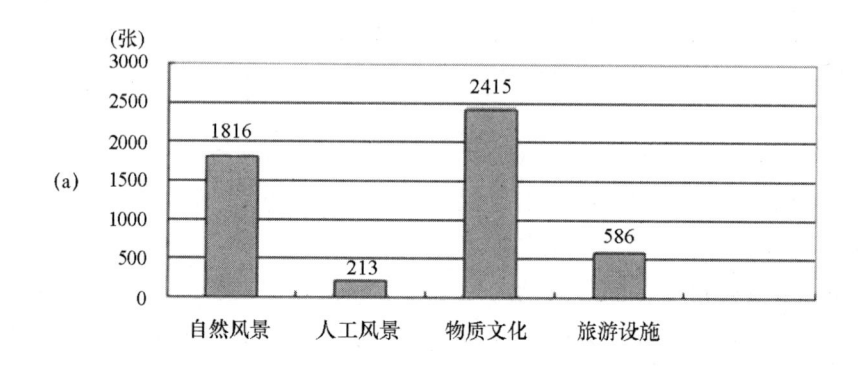

(a) 自然风景 1816、人工风景 213、物质文化 2415、旅游设施 586（单位：张）

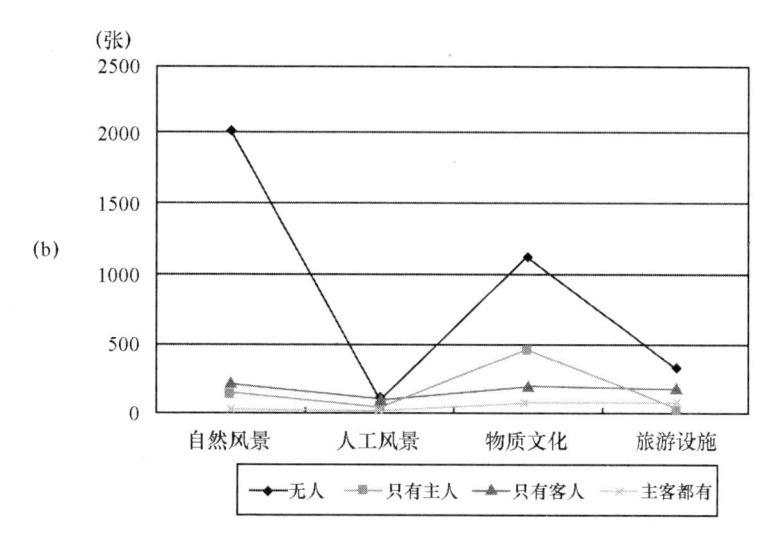

(b) 图表：样本照片的主体类型数量折线图，横轴为自然风景、人工风景、物质文化、旅游设施，图例为无人、只有主人、只有客人、主客都有。

图 8-5　（a）样本照片的空间类型数量　（b）样本照片的主体类型数量

表 8-3　　　　　　　　　　　样本照片类型比例

空间类型数量及比例	主体类型	数量及占空间类型的比例	数量及占总量的比例
自然风景 1816（36.1%）	无人	1113（61.3%）	1113（22.1%）
	只有主人	139（5.8%）	139（2.8%）
	只有客人	189（10.4%）	189（3.8%）
	主客都有	64（3.5%）	64（1.3%）
人工风景 213（4.2%）	无人	91（47.2%）	91（1.8%）
	只有主人	23（10.8%）	23（0.5%）
	只有客人	95（44.6%）	95（1.9%）
	主客都有	4（1.9%）	4（0.1%）
物质文化 2415（48%）	无人	2042（84.6%）	2042（40.6%）
	只有主人	450（24.8%）	450（8.9%）
	只有客人	207（8.6%）	207（4.1%）
	主客都有	27（1.1%）	27（0.5%）
旅游设施 586（11.7%）	无人	320（54.6%）	320（6.4%）
	只有主人	29（4.9%）	29（0.6%）
	只有客人	172（29.4%）	172（3.4%）
	主客都有	65（11.1%）	65（1.3%）
总计 5030（100%）		5030	5030（100.1%）

从表8-3的统计结果可以看出，照片中最常见的类型是无人/物质文化类（2042张，见图8-6），占总量的40.6%，占物质风景类的84.6%，数量上占据了绝对的优势。第二大类是无人/自然风景类（1113张，见图8-7），占总量的22.1%，占自然风景类的61.3%。第三大类是只有主人的物质文化类（450张，见图8-8），占总量的8.9%，占物质文化类的24.8%。第四大类是无人/旅游设施类（320张），占总量的6.4%，占旅游设施类的54.6%。其余各类的数量很少，占总量的比例低于5%。由此可见，旅游照片所反映的丽江的视觉形象是具有明显倾向性的，即试图将丽江塑造成干净的、整洁的，为游客准备好的空间，如本例中没有人的自然风景照片和没有人的物质文化照片总计3155张，占样本总量的62.7%。这种无人空间实际上是经过修饰了的空间，并不能反映目的地的真实性。据统计时的观察，自然风景类照片以雪山、湖泊、田野为主，物质文化类照片以传统的、民族的文化为主，如纳西民居建筑、村落、寺庙、身穿纳西民族服装的女性和儿童。

在四种空间环境中，主客共同在场类型的照片160张（见图8-9），仅占样本总量（5030张）的3.2%，东道主往往是在牵马、划船、向导、泡茶、表演节目，客人是在接受服务，或是和穿着民族服装的当地人合影，只有主人的照片有641张，占样本总量（5030张）的12.7%，其中450张照片是主人身处物质文化空间中，根据经验观察，其中大部分是身着民族服装的当地人。

图8-6 无人/物质文化类照片

图 8-7　无人/自然风景类照片

图 8-8　只有主人的物质文化类照片

图 8-9　主客共同在场类照片

从以上的照片分析可以看出,游客凝视中的主客关系是一种服务和被服务的关系或是商品交换关系,正如哈恩特尔所言,他们"很少互相凝视"[①],更不要说相互交流与对话。也就是说,游客凝视目的地的自然风光和人文风物者占大多数,游客的视野很少进入东道主的生活,更没有深入到东道主的文化之中,他们看到的大多是前台的风光快餐和文化符号。如果游客仅仅停留在凝视的层面,只是拍照与收集符号,是无法真正体验到东道主的精神文化世界的。而丽江是幸运的,因为近代以来,已有一大批外来者、游客已从凝视转向对话,他们在与丽江的对话中找寻到自我,也让丽江这一边陲小镇声播西方。

第三节　约瑟夫·洛克从凝视到对话的转向

约瑟夫·洛克就是与丽江从凝视转向对话的一个突出代表,他在丽江的 27 年中,从一个冷漠傲慢的探险家,成为一个狂热的纳西文化研究者,正是经历了从凝视到对话的过程。在这个过程中,洛克为纳西文化的传承和与西方世界的对话做出了重要贡献。本节通过对洛克拍摄照片的分析和对洛克经历的回顾,来说明只有对话才能真正理解东道主生活的真谛,并乐于与东道主一起传承文化、创新文化。

一　洛克的凝视:对其照片的分析

自 1860 年第二次鸦片战争之后,西方摄影师才获准在中国内地自由地旅行、拍摄。从此,一大批西方探险者、官员、商人、传教士及游

---

① W. C. Hunter, Y. K. Suh, "Multimethod Research on Destination Image Perception: Jeju Standing Stones", *Tourism Management*, Vol. 28, No. 1, 2007.

客来到中国，用他们的照相机拍下了珍贵而别有意味的近代中国影像。从于勒·伊蒂埃、菲利斯·毕托、弥尔顿·米勒、约翰·汤姆森、约瑟夫·洛克到埃德加·斯诺、罗伯特·卡帕、卡蒂埃·布勒松和马克·吕布，他们拍摄的中国照片，构成了一个东方学①的视觉链条，塑造了西方人想象中的中国。这些照片的内容有几个鲜明的特征：第一，强调东方文化的历史悠久、古老神秘、衰败凄凉和东方社会生活中的奇风异俗、奇装异服和体力劳动；第二，强调东方社会的"父权制"特征；第三，关注雄奇的自然风光；第四，反映中国的酷刑②。其中，约瑟夫·洛克所拍照片，就是中国雄奇自然风光的代表。

1922年，洛克受美国农业部、美国地理学会派遣到中国西部进行植物地理考察，其间他拍摄了大量反映滇西北山脉、河流、植物群落及其生态环境的照片。其后，他在《美国国家地理杂志》上发表了9篇文章，包含彩色照片243幅、黑白照片503幅。笔者通过哈佛大学图书馆的网站，收集了约瑟夫·洛克在中国拍摄的1140余张黑白照片，对照片内容的逐一判别、分类，并按照片拍摄的年代进行了统计，见表8-4。

表8-4　　　　　　　　洛克照片内容分析分类统计

照片内容分类			1922年		1924—1925年		1926年		1931—1936年	
			数量（幅）	%	数量（幅）	%	数量（幅）	%	数量（幅）	%
自然环境（植物植被地貌风光）			161	57.7	235	58	284	74	—	—
人文	城镇村落建筑		68	24.3	93	23	30	7.8	29	37.7
	人物	百姓	20	14.7	33	15.6	25	16.1	19	59.7
		侍卫	20		3		10		0	
		贵族	—		4		20		2	
		神职人员	1		23		7		25	
		洛克	0		1	0.2				
		洛克与当地人	5	1.8	2	0.4				
		洛克与外国人	3	1.1	0				2	2.6
	考察生活记录		1	0.4	14	3.5	8	2.1		

---

① 美国学者萨义德认为东方学有三个含义：一是由西方人做出的、关于东方的知识体系；二是一种思维方式，西方将"东方"视为与自己有区别的一个对象，并将这种区别作为思考东方、界定东方的出发点；三是西方用以控制、重建和君临东方的一种方式。
② 南无哀：《东方学视野中的中国照片》，《中国摄影》2012年第1期。

续表

照片内容分类	1922 年		1924—1925 年		1926 年		1931—1936 年	
	数量（幅）	%	数量（幅）	%	数量（幅）	%	数量（幅）	%
合计	279		408		384		77	

注：普通百姓中有老人、妇女、儿童、藏人、小学生、老师、流浪者、马帮、士兵、普洱师范学校学生、侍从（植物采集员、厨师、翻译）、喇嘛、驼队、牦牛商队、牧民、纳西人、摩梭人；城镇村落建筑包括丽江府、大理府、街道、城门、店铺、三塔、龙王庙、制盐作坊、洱海边的村落、苍山前的市场、桥梁、思茅、栈道；生活记录包括渡河、集市、宗教游行、传教士、制盐、榨糖、建房、葬礼，其他记录考察生活的照片，还包括搭建帐篷、驼队在路上行走、坐羊皮筏渡黄河等场景。

从以上统计可以看到，洛克在 1922—1926 年间拍摄了 1068 张照片，占他所拍照片总量的 94%；从照片内容来看，这一时期拍摄的自然环境类照片（见图 8-10）共 680 张，占该时期拍摄总量的 64%；城镇村落建筑类照片（见图 8-11）共 191 张，占 18%；人物类照片（见图 8-12）173 张，占 16.2%，他与当地人在一起的照片，仅有 7 张。从照片的内容和数量来看，这一时期，洛克关注的重点是中国西部雄奇险峻的自然风光，照片传达的信息是中国西部是尚未开发的、资源丰富的区域，生活其中的人民是贫穷的、落后的，是一个奇特的与现代文明社会相隔绝的世界，这无疑具有鲜明的东方学特征。

云南丽江玉龙雪山，1922-05　　云南塔关河（Ta-kwan River）峡谷，1925-01-15

第八章 从凝视走向对话　105

云南丽江玉龙雪山，1922 - 05 　　　　西藏 H'tchachen 河谷，1926 - 07 - 17
图 8 - 10　自然环境类照片

城门、街道和人，1922 - 05 - 02 　　　山脚下的村落、清真寺，1922 - 05 - 03

主街，1922 - 05 - 03 　　　　　　　　两座塔，1922 - 05 - 04
图 8 - 11　城镇村落建筑类照片

106　东道主与游客

着当地服装、拿着棍子的男人全身像，
1922－05－10

着传统服装的妇女，1922－03－08

跳舞的喇嘛（带着精美帽子，着刺绣长袍，一
手执礼仪斧，一手执匕首），1925－12－11

三个摩梭妇女，拍摄时间不详

图 8－12　人物类照片

　　和文字描述、绘画等其他记录形式比较起来，摄影最为真实，摄影者和被摄影者的关系最为直接。特别是在洛克时代，摄影是对事实和现象的记录式翻拍，是一种历史研究材料，它的真实性更加可贵。当然，拍摄什么，不拍摄什么，永远是摄影者的权利，如同文字记录一样，反映着极其强烈的主观性。

　　摄影者表现内容的一种常用方法是：摄影者自己选择与决定拍摄对象的主题，然后将对象组织在符合题材的环境下，组织在摄影者的构思环节上，使它呼应题材的构思与观念，最后再进行拍摄。在此情况下，摄影者好似一个导演，被摄对象则像一个个陈列品，摆好姿势任人欣赏。在洛克的镜头下，我们也能看到部分这样的照片，在图 8-12 中，着传统服装的妇女照是明显的摆拍照片，其中一些妇女低着头，不愿正视镜头，也可能由于这个原因，两天后，洛克又找来这些妇女在同一地点拍摄了同样题目的一组照片。图 8-13 照片题目为 14 岁的 Fan-tze 新娘和 13 岁的新郎，洛克对新娘的服装、服饰和头饰很感兴趣，拍摄了正面全身及背面全身照，拍摄此照片的目的很显然是记录其服饰背后的细节，当然新娘紧缩的眉头和新郎的面无表情也同时被记录下来。洛克在当时的日记中写道："新娘 14 岁，她的丈夫是一个瘦弱的 13 岁小男孩。新娘头上戴着镶珊瑚的帽子，脖子上悬挂着大型银饰，背后一长串银盘从头顶一直垂落到地上。男孩丈夫戴着狐狸皮帽子，穿藏装。"无论是照片和文字都可以看出，此时洛克的照片虽然真实地记录了 20 世纪二三十年代中国西部地区的自然环境、村镇风貌和人物风情，是极为宝贵的历史影像资料，但在这种图片语境下，在凝视的目光中，我们也仿佛看到"人类博物馆"的阴影和对未知地区的猎奇心态。

图 8-13　14 岁的 Fan-tze 新娘和 13 岁的新郎，1926-02-28

在不少反映某个特定的植物种类的照片中（见图 8-14），洛克喜欢让一个或几个随从站在树下，人物在整个画面占的比例非常小，有时不仔细分辨几乎发现不了人的存在，很显然，这时候的人只是作为一个比例尺或参照物。在反映细节的部分，如树干的照片中，洛克仍然喜欢让一个人站在树旁做参照，这种做法虽然是一种科学考察的需要，但也反映出当时的洛克对随从和助手的态度。在后来的人物照片中,人物逐渐出现在画面的前景。但洛克拍摄的人像基本都是全身像,只有少数几张半身像。而要得到一张鲜明的、栩栩如生的人像照,摄影者不单单要看到对象,而且要深入地研究他的对象。但洛克对人物像的拍摄仅仅停留在记录阶段,他从来没有拍摄过人物的肖像。

图 8-14 植物类照片

1922—1926 年,洛克的照片内容以自然山水为主,很少出现人像,这与这一时期洛克的主要任务是动植物考察有关,但也与这一时期的主客关系特征密切相关。这期间洛克聘请了数十个纳西人作为他的侍卫、厨师、翻译和随从,还有 190 人的步枪护卫队负责考察队的安全。洛克在野外考察中，仍然保持着西方人的生活方式，随身带着折叠浴缸、折叠椅、吃西餐、听西洋歌剧，他"举止很傲慢，更与他周围衣衫褴褛的士兵形成鲜明对比的是，他的衣着十分考究，穿着马裤、皮靴、戴着遮阳帽"①（见图8-15）。丽江一开始也并未给他留下好印象，他描述丽江古城是："一片土砌的小房，还有一个集市，如此而已"②。这一阶段他作为一个来自西方的外来者，有着不加掩饰的优越感，他用照相机，用凝视的目光远远地看着当地人，当地人也只是把他当作一个有钱的陌生人，主客关系在这一时期主要是主仆关系。

图8-15 洛克和他的纳西卫队

1927年以后，洛克没有再拍摄自然环境类照片，他拍摄的77张照片全部是对身边人文环境的记录，其中城镇村落建筑类照片29张，占37.7%，人物照片48张，占62.3%，人物有纳西巫师、东巴、纳西族人、摩梭人、傈僳人等，场景有做法事的现场、寺庙的宗教舞蹈、家庭的祭祀仪式等。这一方面是他已完成了植物地理考察的工作，另一方面是他的研究和考察逐渐转向丽江纳西族的宗教与文化，而这一转向则源自纳西文化对他的吸引力。这一时期洛克没有得到任何机构的资助，他的研究完全是在自发状态下，出于对纳西文化的热爱而开展的。图8-16上面两张照片是洛克拍摄的纳西巫师正在做法术时的照片，照片上

---

① ［美］迈克·爱德华兹：《约瑟夫·洛克在中国》，白枫译，《美国国家地理杂志》1997年第1期。

② 李燕：《洛克——永伴纳西人》，《中国民族》2004年第3期。

的人物动作生动、表情惟妙惟肖，场景层次分明，抓拍非常成功。左下侧照片记录了纳西人过新年期间到户外祭祀的场景，右下侧照片则记录了宗教节日期间在喇嘛庙前跳舞的戴面具的舞者。受资金的限制，这一时期的照片虽然不多，但都反映了洛克的兴趣已经深入到当地人的生活、文化和精神领域，而不再仅仅停留在表面的自然风光、服饰和建筑上。

纳西巫师（戴红头巾和祷告纸，手持锣），1931 　　纳西巫师（戴红头巾和祷告纸，拿着公鸡正在施催眠术），1931

纳西家庭的户外祭祀仪式，1931－02 　　头戴鹿头面具、手持匕首的舞者在喇嘛庙前，1931

图 8－16　洛克后期拍摄的人文照片

洛克的凝视充分反映在他所拍摄的照片中，那是一种陌生人对当地人的打量、窥视和掠夺，如果洛克仅仅止步于此，那他只是"留下了脚印"，带走了标本和照片，当地人所能给他的评价最多是"一个傲慢的白人"，他也会被淹没在众多的西方探险家之中。而洛克今天之所以仍被东道主念念不忘，被东西方学术界誉为"纳西学之父"，这一转变，正是从他放下照相机，与当地人对话开始的。

二 凝视的转向对主客双方的影响

约瑟夫·洛克与当地人的关系随着他的态度的转变而发生了深刻的变化：一开始洛克是一个傲慢自负的白人，远远地凝视着纳西人，这些贫穷的纳西人只是他的仆人、随从。几年后，一个偶然的机会，他接触到纳西东巴文化，独特的异族文化激发了他的好奇心，他开始学习纳西语，拜东巴为师，观察东巴的舞蹈，东巴们则向洛克解释象形文字的含义。洛克开始以欣赏、尊重的态度对待异文化，热情地置身于他生活和工作周围的人们——纳西人中，学习纳西文化、翻译纳西古文。洛克对东道主从单方面的凝视转为与当地人对话，此时的主客关系已逐渐变成充满感情色彩的相互理解的宾主关系。

尽管由于生活艰苦，社会动荡，洛克曾多次发誓永远离开中国，并且也确实离开过好几次，但他还是不断地回来。一方面是因为他发现自己被那个"充满汽车狂热的美国"和"所谓的文明社会"所排斥，已经不再适应西方的工业文明，1930年他曾写道："我过去的十年是生活在激动之中，这以后随之而来的单调生活，对我来说将是难以忍受的。①"另一方面是他对纳西文化的迷恋，他忍受着孤独和寂寞，锲而不舍地研究着他收集的4000多本深奥的东巴经文。他陆续撰写了50多篇有关纳西文化的论文②，还花费了十多年时间完成了关于纳西历史地理文化的巨著——《中国西南古纳西王国》和《纳西语—英语百科全书》等著作。20世纪30年代初，洛克已完全没有了收入来源，然而却义无反顾地变卖所有家产，带上所有用来养老的积蓄回到丽江继续研究工作。这些研究耗尽了洛克的积蓄，以至于他在年过半百时不得不变卖了旅行中所收集到的艺术品。但在研究纳西文化的过程中，孤独的洛克

---

① [美]迈克·爱德华兹：《约瑟夫·洛克在中国》，白枫译，《美国国家地理杂志》1997年第1期。
② 参见和匠宇《洛克与纳西文化》，《今日民族》2001年第1期。

也找到了自己的精神归宿，这不能不说是洛克另一个更为重要的收获。洛克熟练地掌握了纳西语，他带来了西方的牙具、手术刀给村民治病，教会了藏人摄影、教会了纳西人吃西餐、制作植物标本、讲英文，他甚至曾带着他的纳西助手去美国学习标本制作。洛克对当时的腐败政权相当蔑视，当士兵进村要抓壮丁时，洛克把村民藏在自己的屋里，以避开一劫。他给周围的村民治病、送他们礼物，此时，宾主关系已经成为朋友关系。他因为会治病而得到了纳西人的尊敬。村民们尊称洛克为"洛博士"，不少村民至今仍保存着洛克当年从美国带给他们的东西，或是洛克最后离开时留下的物品。这时，洛克也已经融入纳西社会，在《中国西南古纳西王国》的前言中，洛克深情地写道："当我在这部书中描述纳西人的领域时，逝去的一切又一幕幕地重现在我的眼前，那么美丽的自然景观，那么多不可思议的奇妙森林和鲜花，那些友好的部落，那些风雨跋涉的年月和那些伴随我走过漫漫旅途，结下深厚友谊的纳西朋友，都将永远铭记在我一生最幸福的回忆中……深深感激那些真挚诚实的纳西人，他们始终是那样勇敢无畏，真诚可靠。"①

洛克从一个专横自负的探险家变成了真挚的纳西文化研究者，成了纳西人的朋友，经历了从傲慢凝视到虔诚对话的过程。在外来文化与少数民族文化在对话中，所谓的弱势文化并没有被强势文化所同化，反而是相互借鉴、交融发展。洛克寻找到自我，纳西文化也在洛克那里获得了自信。约32万人口的纳西族在中国56个民族中算不上是一个大民族，但是它的东巴文化却因为洛克等人的研究和介绍而名扬中外，引起世人极大的兴趣和关注，成为学术研究的一个专门领域及当今前往丽江旅游探秘的热点之一。尽管洛克不是最早到丽江考察的外国人，但他之所以能够在中西方学术界及民间享有如此高的声望和知名度，就在于他通过与丽江人的朝夕相处和对话，为传播丽江文化做出了突出贡献。

第四节　对话型主客关系的发展历程

丽江因商而设，曾因商业退出而衰落，也因商业而再次复兴，商

---

① ［美］约瑟夫·洛克：《中国西南古纳西王国》，刘宗岳译，云南美术出版社2005年版，第4页。

业发展是古城生命活力的重要因素。尽管商业业态的类型在此过程中经历了很大的变迁，丽江的东道主和客人也在这一过程中更新换代，但对话型主客关系一直在这种商业背景下存在着、发展着。特别是近20年来旅游业的发展，新一代丽江人的进入，为古城社区注入了新鲜血液，成为延续主客对话的一个桥梁，为古城文化的传承和创新提供了新的动力。

一 古城商业发展历史

商业活动是城市的重要功能之一，早在农业社会和手工业经济社会就开始发展，形成了零售和批发的集市贸易，并在城镇出现了市场、商店和商业街。对于古城来说，建筑、环境、街区、文化是构成古城的基础要素，而与古城相生相融的商业则是其生命力之所在。

（一）丽江古城商业发展的历史

丽江古城的历史就是商业发展的历史。丽江古城在纳西语中称"衣古芝"，意思是"衣古地的集市"；丽江坝区的农村居民则称古城为"古奔"，意思是"用背来的货物做生意之地"[①]。古城最初就是以露天集市——四方街为基础，以其为中心逐渐发展出四条街道，进而形成古城今天的街巷骨架。

古城地处川滇藏交界地带，是由滇入藏的交通咽喉要道，加上纳西族非常善于与汉族和藏族交往，古城从唐以来便成为滇藏茶马贸易的重要枢纽和主要市场。茶马贸易的发展和南来北往的客流，使丽江商业日益繁盛。到明清时期，丽江每年接纳的"藏商就有千余人，每天来往的骡马就有二三百驮"[②]。客商的会聚，出现了专供客人住宿的马店（旅店），也推动了古城手工业的发展，出现了皮革、染布、毛纺、纺织、打铜、打铁、织毡等行业，以及一条专门制作铜器、铁器的"金鑫街"。古城商品的集中，使之成为周边各县及乡村的商贸中心，至清初已成为滇西北最大的贸易集市之一。据乾隆《丽江府志略》记载，当时丽江古城的商贸已形成了"环市列肆""午聚酉散，无日不集，四乡男妇偕来"[③]的繁荣景象。除此之外，丽江还有"桥市"，特定的桥卖

---

① 杨福泉：《"茶马古道"老镇丽江古城忆旧》（http://blog.sina.com.cn/s/blog_48a464120100o8o9.html）。

② 段增庆：《把丽江建成滇西北商贸中心和国际旅游城市的构想》，《创造》1998年第1期。

③ （清）管学宣修，万咸燕纂：乾隆《丽江府志》上卷《建置志·市肆》。

特定的货，如四方街头跨西河有两座石拱桥，北桥卖鸡豆，名卖鸡豆桥，南桥卖鸭蛋，名卖鸭蛋桥；大石桥则是山民卖麻布、兽皮、黄鹰、草药等山货的地方①。到清末民初时，丽江纳西族中已有了10家较大的商号，主要从事对藏贸易，他们一方面转销内地的茶叶、丝绸、布、毡、沙金、盐、铁、金、银等，另一方面收购藏区的药材、皮毛、绿松石、橙植等②。

20世纪40年代，抗日战争全面爆发后，国内许多地区沦陷，由于沿海及缅甸通道被日军封锁，而丽江是内地通往西藏拉萨再到印度的必经道路，茶马古道成为运送各种抗战及民用物资的通道，丽江也由此成为中印贸易的货物转运站和集散地。"丽江当时的马帮商号就有30多家，其中本地商号的骡马数，'仁和昌'有180匹，'达记'有300多匹，'裕春和'有600多匹。此外，云南省内以及北京、山东、四川等地的商家纷纷在丽江设号经营，如鹤庆帮的'恒公盛'，喜洲帮的'永昌祥'，腾冲帮的'茂恒'，藏区帮的'铸记'都在丽江设了商号，组织马帮运输。据估算，当时每年滇藏线茶马古道上的货物约有25000驮，其中到丽江的约有10000驮"③。铜器和银器制造进一步繁荣，有近300户铜业户和30多户银业户，并形成打铜街和打银街④。外来商人积聚在一起经营，形成了极具地方特色的商业街。如古城新义街从大石桥到积善巷一带，是藏商聚集区，经营的商品以皮货、毛毯、药材、山货、马匹为主。为满足藏商的需要，这一带还出现了卖马草的市场、卖炒面的市场和卖其他马具的市场，这一带的旅店也以服务藏商为主，纳西店主能讲流利的藏语，房间布置均为藏族风格，并提供卖马草、马具、炒面、酥油等特色服务⑤。光义街现文巷，北起四方街南侧，也叫大理巷，是大理白族商人聚集的街区，主要经营食盐、火腿、腊肉、酥油、马料等，抗战时这里有"小上海"之称，其商业和服务都体现出浓郁的白族风格。五一街则以汉族商人为主，经营的商品主要有茶叶、棉纱、布匹、日用百货等。兴仁街有十几家店铺，主要是四川客商的集

---

① 参见杨福泉《丽江古城，一块诗意栖居的乐土》，《民族论坛》2006年第5期。
② 参见王志汉《"茶马古道"与纳西族》，载《丽江东巴文化博物馆论文集》，云南人民出版社2002年版。
③ 魏鸿：《丽江古城：茶马古道一重镇》，《驾驶园》2007年第7期。
④ 参见杨金山等《话说茶马古道重镇丽江》，载夫巴《丽江与茶马古道》，云南大学出版社2004年版，第214页。
⑤ 参见杨宁宁《对丽江古城的定位与旅游发展的思考》，《中央民族大学学报》（哲学社会科学版）2009年第3期。

中区。到抗日战争胜利时,丽江有大小商号110多家,古城内的商铺到达了1200多家,分布于古城几乎每一个角落。

对丽江街人头攒动的商贸繁荣景象,20世纪40年代一直居住在丽江的顾彼得有如此描写:"一大早,几股人流从远处的村子出发,沿着5条大道,向古城集中,街道上挤满了驮着柴火的马匹……石头铺成的路上马蹄声嘈杂,人声鼎沸。市场上喧嚣声很高,人群都拼命挤过去,抢占四方街广场上最好的位置……稍过中午集市到了热火朝天的程度,人和牲口乱作一团,开了锅似的……大约在3点钟集市达到高潮,然后开始回落。到4点钟光景,'鸡尾酒会'正在热闹中"①(见图8-17)。

图8-17 四方街上忙碌的妇女②

来自各地各族的商人在丽江与当地人互通有无、和平共处,不但发展出繁荣的商业文化,让丽江古城充满生机,也创造出和而不同的地方特色文化(见图8-18、图8-19)。例如,丽江的民居建筑和建筑装饰融合了纳西族、汉族、白族的民居风格(见图8-20);纳西人信奉藏传佛教(见图8-21),和彝族、白族一样都过火把节。

---

① [俄]顾彼得:《被遗忘的王国:丽江1941—1949》,李茂春译,云南人民出版社2007年版,第60页。

② Peter Goullart, *Forgotten Kingdom*, London: The Readers Union, 1957, p.162.

图 8-18 从 hsiakwan 到丽江的马帮①

图 8-19 丽江市场上的藏族人②

图 8-20 丽江民居

① Peter Goullart, *Forgotten Kingdom*, London: The Readers Union, 1957, p. 158.
② Ibid., p. 160.

图 8-21　丽江文峰寺喇嘛庙及庙内喇嘛①

20世纪40年代末至70年代末，由于货物运输量减少、通货膨胀及新中国的土改运动、合作化、公私合营、禁止经商等政策及多种因素的影响，丽江古城的商贸走向衰落。1946—1949年，古城许多中小商人纷纷破产，土改运动后，许多商家房屋财产全被没收。到1953年，丽江全县（绝大多数集中在古城内）有个体户1262户，1956年合作化后，个体商业仅剩5户5人了②；从1958年起，由于禁止集体、个人搞经销，丽江古城的经商者已非常稀少了。

20世纪90年代以来，随着丽江旅游业的发展，丽江古城的商贸活动又迎来一个新的发展阶段。一些专门服务于游客的业态开始出现，如纪念品店、民族服饰店、地方特产店、酒吧、酒店旅馆、客栈、旅行社、表演场所等。据笔者调查，古城内有商户近2000家（有准营证的1657个），其中旅游纪念品商店80.8%、住宿6.1%、餐饮和酒吧7.8%、其他5.5%。商业店铺主要集中在以四方街为中心的核心区域，包括东大街、五一街、新华街黄山上下段、七一街、光义街（见图8-22）；酒吧主要集中在新华街（见图8-23）；客栈则主要集中在七一街八一上下段、光义街、新义社区等古城的东部和南部地区（见图8-24）。

---

① Peter Goullart, *Forgotten Kingdom*, London: The Readers Union, 1957, pp. 167, 168.
② 任点：《丽江古城的今生前世》（http://blog.sina.com.cn/s/blog_592334a70100030z.html）。

图 8-22　东大街、五一街上的商铺

图 8-23　新华街上的酒吧

图 8-24　新义社区的客栈

2003年，联合国教科文组织对丽江古城的评价是"商业味浓厚"。在这之后，无论是普通游客，还是专家学者，对丽江的评论大都建立于这样一个基调之上。但这并没有影响更多的游客对这个世界文化遗产的向往——与过去相比，每年到丽江的游客都在大量增加。对于学术界和游客对丽江古城"商业化"的批评，丽江政府工作人员和丽江本地人则不太赞同。事实上，通过前文对丽江商业发展历史的分析可以看出，丽江是因为商业发达才繁荣起来的,新中国成立后至20世纪80年代商业停止期间,丽江古城变成了一个毫无生气的小城。在访谈中,笔者了解到,四方街在1960年曾被铺成了水泥地面,古城内民居破旧,常常是七八家人共住一个大杂院(见图8-25),一家三代蜗居在一个铺面改成的房间里。古城里很多道路没有铺上石板,到处是泥泞。由于没有路灯,古城一到晚上就黑乎乎的,几乎没有行人。"有本事的人都不愿意住在古城,只有我们没本事的才留到现在",笔者在调查期间的一位房东这样说。丽江市副市长在谈到对丽江过度开发的指责时回应道:"古城也有发展的需要,古城百姓也有共享旅游业发展成果的权利,当今社会不可能把一处文化遗产完全隔离在现代商业之外,丽江当地群众担心旅游往下滑。过去丽江穷,靠着旅游业,生活才好起来。其实,丽江本来就是茶马古道上的商贸重镇,是一个由商而起、因商而兴、经商而盛的城市,现在的商业还没有达到历史上鼎盛时的规模。既保留相应的商业气氛,又不至于过度开发,合理结合是必由之路,关键是掌握合理的度很难。"①丽江市委书记王君正则表示:"有一种声音认为,商业化是对古城人文环境的破坏,必须要全盘还原古城原住民生活的本真,我认为,古城的过度商业化会破坏文化生态,但如果没有商业,就会成为一座死城"②。

图8-25 丽江古城大杂院

对古城商业化的质疑,反映了对旅游地价值"神圣性"的追求与旅游开发对经济利益追求的"世俗性"之间的矛盾。一些学者和游客往往认为旅游地,特别是少数民族旅游社区应该是淳朴的、没有商业意识

---

① 周丽艳:《古城古镇古村落游:有底蕴,更要有创新——对话全国政协委员、云南省丽江市副市长杨一奔》,《人民政协报》2011年8月19日。
② 《云南丽江坚持走文化旅游特色发展之路》,《中国旅游报》2011年3月11日。

的。这种潜意识实际是不愿正视旅游地的商业发展,将旅游地置于想象的与现代社会相隔离的真空中。旅游地社区并不仅仅是供游客观赏的,它更为重要的功能是社区居民的生活居所、游客的短暂栖息地,应充满人气与生机活力,而不是看似整洁精致却死气沉沉。

(二)商业业态对古城的意义

古城镇是保存有一定数量和一定规模的历史建筑物、构筑物和传统风貌的历史城镇,是传统建筑、街道、环境、文化和人的集合体,它记载了某段历史时期某民族某地区的文化特色,包含了大量的历史信息。随着社会生产力的发展和现代化城市化进程的推进,不少古城逐渐衰落,居民外迁,老房子被拆除,道路被拓宽,古城风貌丧失,这无疑是人类文化遗产的重要损失。而对古城的保护不是单纯的静态保存,《内罗比建议》提出,保护历史地段的目的在于"保存城市历史传统地区及其环境,并使其重新获得活力";《马丘比丘宪章》也提出"保护、恢复和重新使用现有历史遗址和古建筑,保证这些文物具有经济意义并继续具有生命力"[①]。由此可见,古城活力的恢复及延续,并与我们时代的社会生活融为一体,才能最终实现其社会的、历史的和实用的三个方面的普遍价值。

商业活动是人类社会最频繁的活动之一,有人居住的地方就有商业活动。城镇的商业活动带来了物流、客流、资金流和信息流,也是古城镇恢复活力、延续生命力的关键因素。古城镇的建筑和街道记录的是空间的历史,而古城镇的商业则记录着文化的变迁。商业业态丰富了古城镇的时空感。古城镇原有商业业态是自然形成的,生活空间、生产空间和消费空间有机相融,虽然看似混乱,但这种业态是古城镇在长期的发展中自然而然形成的,是在当地原住居民的生活需求和生活习惯下形成的,构成了历史街区空间的丰富性和多样性。这种业态的多样性恰恰是生活的多样性和需求的多样性的诉求。而生产生活消费空间本身也是该地的物质文化遗产,对原有历史业态的挖掘整理和再现,也有利于对非物质文化遗产的保护和利用。

古城镇在今天已经成为一类重要的旅游吸引物。它不仅是当地居民长期生活、生产和消费的空间,也是旅游者短期停留、观光、休闲、度假和消费的空间。其商业业态应根据新的需求加以构建、调整与升级,以激发和延续古城镇的生命力。随着旅游者的进入,古城镇应发展旅

---

① 李德华:《城市规划原理》,中国建筑工业出版社2001年版,第533页。

商业业态，向旅游者这一特定顾客群提供具有地域性特色的商品和服务。这种旅游商业业态一般可以分为两类：一类是向游客在旅游地观光、休闲、度假时提供的商品零售业态，如便利店、旅游纪念品店、旅游土特产品店等；另一类是向游客提供的旅游接待服务业态，如餐厅、酒吧、客栈、宾馆等。①

20世纪90年代，丽江新华街逐渐发展为酒吧一条街，超市、精品店、饭店、货币兑换机也进入古城，那么，从前的丽江消失了吗？每年洪水般涌来的旅游人流已卷走了让洛克着迷的丽江吗？丽江已经死去了吗？事实上，丽江人像以前一样，仍然从容面对外来文化，并在商业发展中发展了多样态的主客关系，文化的自信和自觉在外来文化面前越发突出。

二 古城人口变迁历史

丽江古城从明代以来就不断吸收外来移民，在清代成为茶马古道上的商业重镇之后，一部分往来于滇藏贸易线上的藏族和白族人、回族人也纷纷落籍丽江古城。因此，丽江古城的人口是由移民和原住民逐渐融合而形成的。丽江古城及近郊在20世纪50年代之前有138个姓，20世纪50年代后新增的姓有89个，如张、王、李、赵、杨、孙、钱、江、蒋、桑、姚、吕、曹、曾、黄、易、赖、苏、姚、阙、邱、宣、吴、杜、傅等常见和不常见的姓氏，在丽江古城都可以找到。②

新中国成立后至改革开放之前，商业被禁止发展，丽江古城成为居民区，20世纪90年代后期旅游业进入社区后，丽江古城成为旅游商业区。据1996年的统计数据，丽江古城内的居民共6269户，25379人，其中纳西族16999人，占总人口的66.7%。③旅游开发后，1996—2010年，古城内居民搬迁2392户，12411人。据2010年统计数据，古城内有新华、新义、光义、七一、五一、义尚6个社区，共3877户，12968人，其中纳西人11282人，占87%，汉族1100人，占8.5%，白族、藏族、彝、傈僳等其他少数民族586人，占4.5%。迁入暂住人口1331人，见表8-5。④当然，由于大部分旅游者未统计为暂住人口，古城实

---

① 参见胡海霞、杨振之《古城镇旅游商业业态研究》，《软科学》2010年第9期，第138—141页。
② 参见杨福泉《保护丽江古城：不仅是原住民的责任》，《华夏地理》2008年第1期。
③ 此数据来源于丽江古城区大研办事处公开统计数据。
④ 同上。

际常态居住的外来人口比统计数据要高得多。

表8-5　　　　　　　　古城区内居民人口状况

范围		居民人口	纳西族	汉族	其他民族
新华社区	萃文段、双石段、黄山上段、黄山下段	476户，1604人	1416人	35人	白族35人、其他民族118人
新义社区	积善巷、密士巷、四方街、百岁坊	475户，1512人	1357人	119人	36人
光义社区	现文巷、新院巷、官院巷、忠义巷、光碧巷、金星巷、金甲巷、木府巷。	820户，2687人	2453人	199人	35人
七一社区	关门口、崇仁巷、八一上段、八一下段、兴文巷	749户，2509人	2117人	256人	白族80人、其他民族56人
五一社区	文治、文明、振兴、文华、兴仁上段、兴仁中段、兴仁下段七个巷段	1032户，3486人	2800人	汉460人	白族143人、其他民族83人
义尚社区	文明、文华、文林三个村民小组	325户，1170人	1139人	31人	
合计		3877户，12968人	11282人	1100人	586人

　　古城本地居民迁出的原因有很多，如古城住房拥挤，很多院子里居住着五六家人，生活条件差（见图8-25）、交通不便等。还有一个重要原因是随着古城旅游业的开发，古城民居的商业价值被挖掘出来，很多人来到丽江开办客栈，一个普通院子的租金每年能达到10万—15万元，在这种情况下，很多当地居民将自家的院子出租，自己则搬迁到新城居住。古城商业的发展，人口结构的变换，古城逐渐成为旅游者和新丽江人的社区，如此一来，丽江古城的文化底蕴是否就失去了呢？是否就成为一个空壳了呢？

　　自从可持续发展理论提出以来，地方政府对环境保护的重视就被提到了一个前所未有的高度，相继出台了各种措施，如《云南省丽江古城保护条例》《丽江古城传统民居保护维修手册》等，对古城里房屋的修缮必须按照规范来执行，拆除与古城风貌不相协调的建筑，严禁在古城街巷摆摊设点，等等，这些措施对维护丽江自然和视觉环境的协调起了很大的作用，但只有这些是远远不够的，古城的魅力在于其中的活的文化，它不再是一个简单的居住区，而是一个多元文化符号系统的空间，需要与此文化相适应的人来承载这一文化空间。政府虽然鼓励原住民在古城居住，以保持纳西文化传统，但这种鼓励政策（每人每月补助10元）的力量显然不能够和市场的力量相抗衡。

在丽江城市功能发生转变后，寄希望于丽江本地居民再返回古城居住，以承担起丽江在新时代下的新功能是不切实际的，事实上，古城原有居民大多数也是20世纪50年代后迁入的，文化上已经断代。因此，政府和专家团体应着眼于建设能与世界对话的丽江，将丽江社区居民的迁入迁出放在一个更广阔的视野中去看待，让丽江成为一个开放包容的社区，成为永具生命力的全人类共同财富。现阶段的重点不是如何极力挽留原住民，而是如何激发新丽江人对丽江文化的热爱，仅靠单方面的通过行政手段强制外来经营户穿民族服装、学习纳西语已经不符合时代发展的精神了。丽江历来是多元文化汇聚之地，在旅游发展的新时代，虽然一部分本地居民迁出了古城，但更多不同背景的文化人、经营者来到了丽江，古城并非文化空心，而是会成为新文化的诞生地。人口的流动正是保持古城镇生命活力的重要因素，通过吸引更多世界范围内的文化人来丽江古城定居，通过新丽江人与当地居民的对话、游客与新丽江人的对话，旅游社区会创造出新的文化，并推动传统文化和现代文化相互融合，形成了丽江的文化新形象。这就是"符号化旅游"的功用。

三　旅游时代的主客关系

通过对丽江主客关系的田野调查，笔者发现，古城中有游客对东道主的凝视，有东道主对游客凝视的响应，这无疑吸引了众多的观光游客到访丽江，但对于那一群每年都到访丽江、在丽江小住的游客来讲，丽江的符号显然不是其动因，古城独特的吸引力来自游客在此找到了一个对话的平台，并可以诗意栖居于此。

（一）对话型主客关系

丽江的主客关系，最早的形态是旅马店的老板和客商关系。丽江的客栈从茶马古道鼎盛时开始发展，因为服务于茶马古道上的客商及其马匹，所以叫作旅马店。旅马店的老板往往成为客商的经纪人，他们能讲汉语、藏语、白族语，为客商的生意牵线搭桥，长久下来，一些旅马店就成为固定接待某一区域客商的场所，如在北善村的17家旅马店主要接待藏族马帮，现云阁的13家旅马店主要接待大理客商，兴仁街的十来家旅马店，主要接待四川盐源、盐边的客商。随着旅马店的发展，为马帮服务的卖草场、卖草桥、酥油专营户、饲料专营户、马帮用物营摊点也遍布丽江街头①。此后，随着马帮的减少，旅马店也大部分歇业。

20世纪80年代旅游业发展起来后，丽江开始出现由民居改建成的客栈。至2009年前后，丽江客栈业蓬勃发展，据调查不完全统计，古城内的客栈已达1000余家，其中90%是来自全国各地的游客所开。来到丽江的游客惊讶地发现，当他们在大城市拼命工作的时候，在丽江这样一个偏居一隅的所在，人们正在悠闲地享受生活。客栈是古城内部一个个独立而相对封闭的空间，将四方街、酒吧街、东大街的嘈杂阻隔在外。客栈不再仅仅是客人住宿的地方，而是老板和客人生活、休闲、娱乐的空间。这些客栈的外观还保持着纳西民居传统的样式，但内部的空间已经做了较大的改造和提升，舒适的庭院，摆着摇椅、木桌和茶具，可三三两两聚在一起小酌聊天或看书休闲；别致的客房、个性的装饰，为客人营造了闹中取静的度假生活氛围（见图8-26）。可以说，丽江的客栈生活是吸引很多人一而再再而三地重游丽江的重要原因。

图8-26　丽江客栈舒适的庭院及别致的客房

---

① 参见于洪《丽江古城形成发展与纳西文化变迁》，博士学位论文，中央民族大学，2007年，第4页。

现代社会工作时间和休闲时间被严格隔离，特别是法定假日制度的确立，使得大部分人只能在固定的时间里行使度假的权利。丽江的生活状态是自由和随意的，工作、休闲的界限被打破。对客栈老板来说，客栈经营总是混合着生意和乐趣，客栈的工作与消遣是永远无法分开的。很多客栈的房间也许一般，但对公共空间的打造一定不遗余力。每个客栈都有庭院，每个庭院中，都会有摇椅、茶盘、桌子、遮阳伞、一两条宠物狗。庭院的公共空间成为娱乐、旅游信息发布、旅游经验交流的场所（见图8-27）。这种住宿方式给往来游客提供了大量对话和社交的机会，是标准化的酒店住宿所无法提供的。

图8-27 主客交流的客栈空间

丽江客栈是游客与东道主交往的重要场所。客栈中的主客关系，颠覆了传统观念对主客关系的认识。游客和当地人的交往不再是短暂的、浮浅的和纯粹商业性的，而是一种深入的、朋友式的交往。客栈就像一个私人会所，传统酒店中"客人就是上帝"的观念在客栈中转变成为"客人就是朋友"，服务与被服务的商业关系转变成为朋友与朋友之间的关照和友谊。客人和主人同吃同住，以朋友相处，一些客人待长了，变成了半个小工，没事的时候就帮忙招呼客人、看院子。所以，客栈改变了东道主和游客的关系，双方的角色在客栈实现了从凝视向对话的转变。这是一个客人给 HHCT 客栈老板的留言："住在 HH 草堂的三天难以忘记，心里总涌动着温暖和幸福。真希望能和爱人早点再去到 HH 草堂，再带上爸妈一起。说实话，想起胡子哥和嫂子对我们的好，眼睛竟然有点湿润。希望所有去丽江的朋友都去 HH 草堂住几天。"客栈老板对客人真诚热情，客栈老板娘自述道："这也是我家的独家美味。今年春节来我家的客人还有硬行带走的。今年的水晶腊肉是用村子里的小猪做出来的，味道更为爽口啦。夫君待客真是不计成本，对任何在家蹭饭的客人都是这么大盘大碗地整，水晶腊肉快没啦！！！哈哈……""来了一位小妹，叫弯弯，准备在家里住 20 天。晚上，我带上她去古镇吃饭、逛街。第一次来丽江的人都容易被这里的气氛感染。弯弯一路都有购物的冲动，然后一次次被我拦截下来。""姐姐你真好，还陪我逛街，我爸爸妈妈除了给我钱，从来都不陪我逛街的。""我突然感到这是个孤独孩子。看起来陪伴孩子比给孩子钱更重要。"① 至此，东道主与游客之间已经能生出一分亲情来了。

此外，和一般酒店开门迎客、追求利润最大化不同，丽江客栈老板有着充分的选择住店客人的权利，对于不喜欢的客人，客栈老板会以没房，或大幅度提高房价加以拒绝，甚至直接将一些行为不端的客人赶走，充分体现了"我的地盘我做主"。很多客栈老板之所以在丽江开客栈，是发自内心地真心喜欢丽江的环境和生活方式，而非单纯地为了追求利润。因此，尽管客栈业的竞争越来越大，客栈老板并不会因此而有违自己的意愿。相反，极具个性的个人魅力，使客栈往往能吸引一群忠实的客人，这些客人甚至会成为客栈老板的"粉丝"，例如阿文、安娜就拥有这样的一大群粉丝客人。安娜在丽江开客栈 7 年，有人就追随安娜的客栈 7 年，每年去丽江都住安娜的客栈。

一般而言，对旅游地东道主生活方式的体验与名胜古迹、自然风光游相比具有入侵性且会产生更大的社会紧张度。而对于丽江新一代主人——客栈老板而言，他们的生活方式是欢迎游客参与的。丽江的每一个客栈都会欢迎游客的进入，即使不住店；只有极少极少的客栈会谢绝参观。

丽江的新主人和游客之间的关系非常融洽，这一方面是因为两者之间相互依赖，另一方面是这些"主人"很多也是由"客人"转变而来

---

① http：//www.tianya.cn/techforum/content/686/2/10059.shtml.

的，他们大多数都是旅游爱好者，常常外出旅游，他们首先是丽江的客人，然后才是丽江的主人。此外，新一代丽江人大量使用互联网络，许多游客和客栈老板在没来丽江之前就通过客栈的网站、QQ 群建立起联系（例如阿文的"我在丽江等你"QQ 群），旅游后仍然和老板保持长期的松散的联络。丽江客栈的独特魅力，在于它创造了生活与工作结合的生活方式，快乐、闲散，这与现代社会生活与工作的割裂形成了鲜明的对比。只有了解对话对游客的意义，才能理解丽江对游客为什么有如此大的吸引力。而丽江能将有共同兴趣的人凝聚在一起，又吸引了越来越多的人聚集，由此而获得持续不断的生命力。

（二）对话型主客关系与文化传承创新

面对全球化对于民族文化的影响和冲击，民族文化不创新就会失去活力，必须自觉地实现文化的融合与创新。所谓文化融合，就是各民族文化通过交流、互渗和互补，不断突破本民族的地域和民族的局限性而走向世界，不断超越本民族文化的界域，从全人类的批判和取舍中得到认同，不断将本民族文化的区域资源变为人类共享、共有的资源。换言之，文化融合就是对不同的价值观的选择、融合、创新的过程。文化融合是文化创新与发展的动力，具有十分重大的意义。而每年到访丽江的外来游客，为丽江文化与外来文化的对话和交流创造了机会。

很多古城的新丽江人出于对丽江的感情，自发地抢救挖掘丽江的民俗文化，如加拿大华人于涌，1987 年拜李霖灿先生门下学习中国美术史，聆听了先生的丽江经历后，对丽江的风土人情、文化艺术产生了浓厚兴趣。他 1999 年就来到丽江，开办绿雪斋茶馆、民俗旧器私人博物馆，被称为"民俗旧器的守护者"。来自国内外的一些艺术家被丽江所吸引，纷纷在丽江设立工作室，为丽江文化的创新做出了贡献。如当代水墨艺术家一墨将其工作室设立在束河，独立音乐人颜振豪创作了新民歌《我在丽江等你》，成为丽江市旅游形象歌曲，并在古城设立了主题文化品牌"我在丽江等你电子出版物文化艺术工作室"，独特的文化氛围和理念深深吸引来自全世界的文化界人士。一些民间艺人也纷纷到丽江制作、展示独具纳西族风情和东巴文化魅力的工艺品与旅游纪念品，如雕刻工作室、烙画工作室、东巴画室、东巴蜡染、东巴纸坊等，使独具特色的丽江文化更加充满风韵。

（三）对话型主客关系与旅游动机

人们为什么要外出旅游？为什么会选择丽江作为目的地？更为重要的问题是，人们为什么会重复选择同一个地方作为目的地？笔者认为，与东道主对话是一个重要的旅游动机。

大众游客与旅游地的社区是隔绝的,他们组成旅行团,按照事先计划好的行程游览,到事先预订好的餐厅吃饭,由于有餐费的控制,团队餐往往是没有地方风味的大众菜;每个团都有导游或领队,游客对于地方的了解很大一部分来自导游;这样,旅游者和旅游地的关系看起来很近,实际上却很远。凝视是游客唯一能了解旅游地的方式。

对很多景区,人们通常只会凝视一次,换言之,游客的凝视是喜新厌旧的,凝视总是在寻找新鲜的、不同的事物。在我们的传统文化、习俗、生活方式,甚至隐私、禁忌、工作过程都已经拿出来向游客展示、供游客凝视后,我们还有什么东西去招徕游客?靠什么吸引游客再次到访?在旅游设施、旅游项目可以很容易复制、搬迁的今天,我们靠什么来吸引游客?真实的场景已经无法吸引游客的凝视,精心布置的假场景(如主题公园、大型展会)也会让游客心生厌倦,一味地引导这种凝视,制造这种凝视,总有一天,可能会到达无物可看、无景可观的境地。

旅游的动机是什么?如果我们观察人们如何旅行,他们在度假时做什么,他们主要谈论什么,我们就会发现,探索新的事物、学习新的东西只是促使他们旅游的极小一部分动机。据调查,欧美主要国家的旅游者全都把"与当地人交往、了解当地文化和生活方式"当作出境旅游的三大动机之一。吉特尔森和克若普顿认为情感依附、获取知识、向他人进行展示等旅游动机是促使游客产生重游行为的内在原因[1]。英国旅游理事会与英国旅游局的研究报告表明,基于探亲访友目的的旅游者在重游顾客中占75%[2]。

游客是在寻在真实性吗?事实上,所有游客都有某种强烈的渴望,渴望深度介入目的地的社会与文化,这是一个基本的旅行动机。作为劳动者的个人,他的社会关系是固有的、有限的,是在工作伦理的压力下不得不去面对的。在复杂的劳动分工中,个人只是社会大机器上的一颗螺丝钉,被局限于一个单一的位置;而作为旅游者,就可以迈出脚步,走向目的地社区,去了解居于异地的东道主文化及生活。旅游者既是在逃避日常生活中的某些东西,又是在异地寻找某些东西,人们在日常生

---

[1] Gitelson R. J., Crompton J. L., "Insights into the Repeat Vacation Phenomenon", *Annals of Tourism Research*, Vol. 11, No. 2, 1984.

[2] 参见汪侠、梅虎《旅游地顾客忠诚模型及实证研究》,《旅游学刊》2006年第10期。

活中积累起来的对城市化环境、功利化社交关系的不满,引发寻求新的生活环境和人际关系的渴望,这种"逃避"与"寻找"的动机,实际上是现代性的缺失造成的。人们的每一次"出逃",都是一次对现代性不满的发泄,都是对自己和日常生活关系的重新审视,但也正是现代性的存在,促成了旅游的发生,这也是现代性好恶交织的反映(王宁等,2000)[①]。人们在自然环境中放松身心,但人们终归不能长久地停留在纯粹的自然界生活,人是社会的人,而什么地方是平衡这种矛盾的生活家园呢,旅游者一直在寻找。

旅游地生活与日常生活的分离,带来了极大的心理反差,而一些人为了将其结合在一起,从现实社会中脱离出来,来到旅游地开始全新而自我的生活,这个时候,旅游地对他们来说,不再是一个旅游地,而是一个他们愿意在此生活、栖息的所在地,这是一种从城市社会向小镇社会的运动和转型。是的,充满诗意的古城镇是可以让人们逃避现代性、获得平衡生活的家园,而主客的对话,正是通往诗意生活的重要管道。

第五节 结语

对古城社区旅游背景下的主客关系的研究,是一次探索性的理论跋涉,幸而丽江古城主客关系的多样态为本文的研究提供了丰富的素材。笔者首先注意到的主客关系是游客的集体凝视,这种凝视暗含着凝视主体的强势与主动,和被凝视者的无力与被动。在旅游情景中,东道主地区为迎合游客凝视的诉求,在地域性符号的强化上做了很多努力,特别用心于对游客凝视之处的精心装饰,尽其所能展示业已消失的传统文化,如对丽江古城的修旧如旧,修复名人故居院落,恢复古城茶马古道马帮景观,要求经营人员穿纳西民族服装,设置东巴纸制作、民族生活器具打造等民间手工艺作坊,尽力挽留古城原住民,而在20世纪80年代政府还在为如何降低古城人口密度而苦恼。丽江政府所做的这一切对历史文化的修复,都是为了还原一个游客凝视下的丽江,一个充满异文化趣味的所在,仿佛若非如此,游客便会弃丽江而去。而这只是单方面的一厢情愿,是对纳西族群历史碎片的简单拼凑,以及对自我的舞台化和符号化。尽管丽江的商业化和空心化多遭诟病,但依旧挡不住游客进

[①] 参见王宁、刘丹萍、马凌等《旅游社会学》,南开大学出版社2008年版,第55页。

入古城的脚步，也挽留不住去意已决的原著居民，后者显然是资本的力量在作祟，那么前者呢，是什么吸引他们来到丽江，并一来再来？中国的古城古镇数以万计，小桥流水人家的景象非丽江所独有，若仅以满足游客凝视而言，偏居一隅的丽江并非唯一选择。

旅游的动机是什么？游客是在寻真实性吗？真实性是相对性的，地方舞台化真实对游客来讲是伪事件，但却是东道主的存在性真实；而且真实性是体验导向的，是短暂的，是不持续的，时刻都在改变，存在性真实性也是相对的。只有在信仰的层面上，才会有绝对的真实性。而游客通过对话，在旅游地"诗意地栖居"，在对话中找回了自我，这才是一个基本的旅游动机。

传统及普遍的观点认为，东道主与游客是一种对立的、商业性的关系，游客到来会破坏当地文化或改变当地文化，游客文化对东道主文化是一种涵化，学者们总是先入为主地将东道主置于弱势地位，对东道主文化贴上了"原始""落后""弱势"的标签。表面上他们尊重他者文化，但实质上他们的尊重来自无谓的怜悯与同情，他们是抱着凝视的态度，而非对话的态度看待东道主与游客的关系。

笔者认为，旅游的对话时代已经到来。来自广阔社会背景的游客，他们中的一部分人从陌生人变成旅居者，进而成为旅游地社区的新主人。虽然来自全国各地、世界各地，带着不同的文化背景，但他们都是被丽江地域文化感染和熏陶的一批人，他们融入东道主社区，传承和延续了古城的生活方式，让丽江的魅力历久弥新。对话，不仅限于在传统文化层面上，那只是单方面的主题。携后现代性而来的新一代东道主，对现代工作伦理的反叛，与同样来自现代生活场景中的游客，更可能达成精神上的相遇，跨越时间、空间、方式的限制进行主客情感平等的交流和表达，从而展开一段新型的主客关系。正是这部分融入东道主社区的文化和日常生活中的游客，成为社区旅游持续发展动力的新源泉，在他们身边，将逐渐形成一个新的富有活力及创造力的圈子。旅游社区和他们日常生活相分离的现象会逐渐缓和并逐渐消失，特别是在旅游业发达的区域，旅游者和当地人的实际生活的界限往往已不明显，甚至会完全消失。在这些地方，旅游业和当地的社会和文化紧密地结合在一起，以至于无法区别什么是当地社区真实的生活，什么是舞台化的外部形象。当地居民由于受到种种限制，缺乏旅游技能和资金支持，是很少能够参与旅游开发的；而新一代东道主对促进旅游交流和旅游吸引力的增长具有重要价值。因此，一方面，东道主地区的管理者应更多地关注如何给游客创造与当地人对话的机会,将主客关系摆到一个正确的位置,让有利于东道主文化在现代化冲击过程中能继续保留传统,并创造新文化,走上可持续的健康发展道路;另一方面,游客只有放下照相机,由凝视转向对话,才能真正发现自我,获得旅游的真谛。

21世纪对旅游地的研究,应从对话的视角出发。只有通过对话,人类才能正确地面对差异,消除沙文主义,消除单边优越性,从凝视转为倾听,从倾听转而对话,从而实现主客的相互理解,确立认同双方的文化价值观,才能真正明确自身的优势和劣势,才能真正取长补短,产生融合。古城是一个独立的文化单元,也是一个经济载体,对于希望吸引游客到访、发展旅游业的地域而言,长久的吸引力是至关重要的。是靠突变创造出来的特色,还是靠对话自然衍生的特色去保持这个吸引力?每个游客都会用脚去投票。在对话理念的指导下,人们能诗意地栖居于大地,并最终实现"各美其美,美人之美,美美与共,天下大同"[①] 的理想社会,旅游之于现代生活,则善莫大焉。

---

① 费孝通:《"美美与共"和人类文明》,载《费孝通九十新语》,重庆出版社2005年版,第316页。

第三篇

旅游场域：西藏手工艺品、手工艺人与游客

民族手工艺品有着丰富的文化内涵，它承载着一个民族的情感、价值观念、精神信仰和审美情趣。随着旅游业在全球范围内的全面开展，旅游已成为人们的一种生活方式，而且成为一种必不可少的生活方式，我们已经俨然进入旅游时代。人们乐于离开自己的惯常环境，到异国他乡做一段短暂的停留。人们对那些体现着历史气息和民族地域特色的手工技艺感到惊奇甚至震撼，对那些精美的、独特的在现代社会中已变得稀缺的手工艺品产生迷恋，对民族手工业产生了参观、参与和体验的需求。于是民族手工业开始和旅游业相结合，在中国的很多旅游胜地都出现了旅游手工艺品市场，如拉萨的八廓街、丽江的四方街等。这种结合既迎合了时下游客的需要，同时也符合民族地区发展的需要和当地人民的利益。但是民族手工业与旅游业的结合有相当的复杂性和多样性。在拉萨的八廓街上我们看到来自西藏各地的优秀的民族手工艺品，也看到外地的手工艺品以及由外来手工艺人生产的产品，后者在市场上占据了主体，与此相对应的是本土手工艺品被边缘化了；一些完全机械化制作的产品也披上了"民族手工艺品"的外衣；来自不同地区、不同社会文化背景、不同家庭的游客会集在八廓街，他们购买手工艺品的诉求各不相同，有的更追求文化真实性，有的更追求外观，有的更追求名气，有的更追求实用价值……他们一方面要求手工艺品有特色、有独特性，另一方面又把自己一贯的审美习惯、生活品位转移到对手工艺品的选择上；手工艺人通过其生产的手工艺品与游客发生联系，西藏本土手工艺人通过销售手工艺品获得收益，为了让自己的产品受到旅客的喜欢，他们有的选择了恢复传统技艺的方式，有的选择了改革的方式；外来的手工艺人为了获得更多收益，则给自己的产品贴上"西藏民族手工艺品"的标签……所有这些现象让人眼花缭乱，也让人生出很多疑问：产生这些现象的原因是什么，游客、手工艺人这些行动者的行为的合理性在哪里？格尔茨曾说："一部具体的民族志描述是否应该引起注意，并非取决于它的作者能否捕捉住遥远的地方的原始事实，并且把它们像一只面具或一座雕塑那样带回家，而是取决于它的作者能否说清在那些地方发生了什么，能否减少对在鲜为人知的背景中的陌生行为自然要产生的那种困惑——这是些什么样的人？"① 因此，民族志描述至少有三个特点："它是解释性的；它所解释的是社会性会话流（the flow of social discourse）；所涉及的解释在于将这种会话'所说过的'从即将逝去的时间中解救出来，并以可供阅读的术语固定下来。"② 在他看来人类学的研究即是"我们从我们自己对调查合作人正在做什么或我们认为他们正在做什么的解释开始，继而将之系统化"③。对上述问题做出合理的解释也就成为本研究的初衷，本篇就是想建构对于旅游开发背景下西藏民族手工业，从更大范围上讲是民族地区正在发生之事的一种理解。这比简单地做出赞成或反对旅游开发的判断要有意义得多。

从 2009 年 8 月开始我们赴西藏拉萨和山南地区，对西藏民族手工业进行深入调查，选点情况见调查路线图。选择的访谈对象主要包括：山南地区泽当镇毛哗叽的制作者，杰德秀邦典、氆氇的手工编织者和国家非物质文化遗产传承人，乃东地毯厂、杰德秀围裙厂管理人员，拉萨太阳岛珠峰路的金银器手工艺人，拉萨旅游纪念品市场上品牌知名度最高的两家企业"巴扎童嘎"和"卓番林"的负责人，相关政府机构的管理人员。通过访谈得到了大量的第一手资料，包括 1000 余张照片、长约 32 小时的录音资料和长约 4 小时的录像资料，还获得了一些珍贵的内部资料。从这些调查出发，有关西藏手工艺品、手工艺人以及游客的话题就此展开。

---

① ［美］克利福德·格尔茨：《文化的解释》，韩莉译，译林出版社 1999 年版，第 17 页。
② 同上书，第 27 页。
③ 同上书，第 19 页。

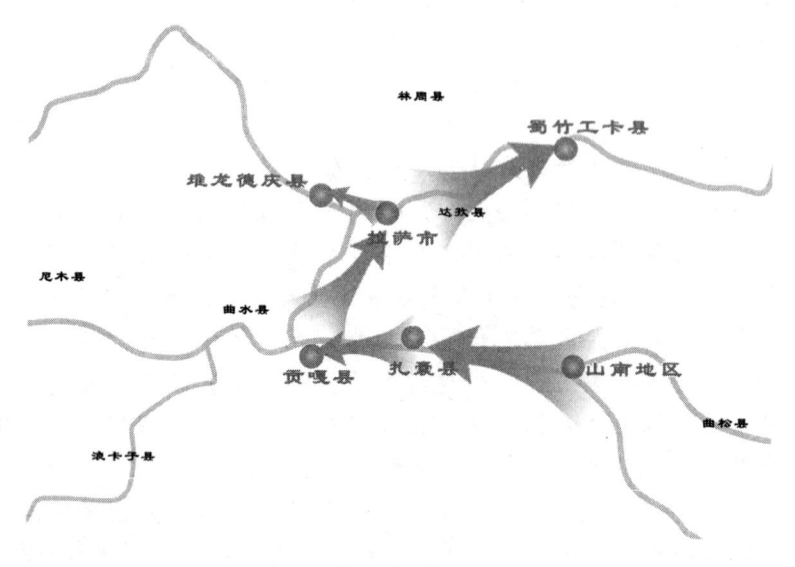

调查线路图

第九章 西藏手工艺品

第一节 以八廓街为中心的旅游手工艺品市场的形成

八廓街又名八角街,位于拉萨市旧城区,是拉萨最著名的转经道和商业中心。旅游业发展起来之后,这里成为到拉萨的游客必去之处,以八廓街为中心逐渐形成藏区最大和最有名的旅游手工艺品市场。

一 八廓街的历史与传奇

八廓街原本是一条佛教信徒转经的道路。公元7世纪,藏王松赞干布迎娶尼泊尔的尺尊公主,尺尊公主从加德满都带来了一尊明久多吉佛像,即释迦牟尼8岁等身金像。为了供奉这尊佛像,松赞干布下令在卧堂湖修建大昭寺。金城公主进藏之后,把尺尊公主带来的释迦牟尼8岁等身金像移到了小昭寺,而把原本供奉在小昭寺的文成公主带进藏的释迦牟尼12岁等身像迎请到大昭寺。12岁等身佛自被迎入藏地,日益为藏人虔信,逐渐成为所有藏人的精神支柱。有了这尊珍贵的佛像,大昭寺便在藏区寺院群中被尊为圣殿。大昭寺建成后,引来了众多朝圣者朝拜,日久逐渐踏出一条环绕大昭寺的小径,这就是八廓街的雏形。其实,围绕着大昭寺,有三大转经道:环大昭寺内中心的释迦牟尼佛殿一圈称为"囊廓";环大昭寺外墙一圈称为"八廓";以大昭寺为中心,将布达拉宫、药王山、小昭寺包括进来的一大圈称为"林廓"。这从内到外的三个环形,便是藏民们行转经仪式的路线,称为转经道,"八廓"在藏语中就是"中转经道""中圈"的意思。后来寺院周围陆续修建了18座家族式建筑,为远道朝圣的信徒或商人提供住宿,八廓街也伴随着大昭寺的发展而建设和发展起来。15世纪后,大昭寺成为佛教传播的中心,其周围相继出现僧人宿舍、宗教学校、小寺庙建筑,众多信佛者迁居大昭寺周围生活，街上逐渐出现了大量民居、店铺、旅馆、手工作坊等设施。八廓街的商业功能也逐渐显现出来，那些来自偏远牧区的牧人，除了转经磕长头，还有就是和拉萨周边农区的农民进行农牧产品的交换，用牛羊肉换青稞粮油，而这样的物物交换，也是西藏由来已久的传统。以后八廓街又出现了来自蒙古、汉地、克什米尔、尼泊尔、不丹、印度等地区和国家的众多商贩、香客、游民，逐渐发展成为集宗教街、观光街、民俗街、文化街、商业街和购物街于一身的街区。历经1300多年的岁月沧桑，今天的八廓街以大昭寺为中心，东连拉萨医院和林廓东路，西接藏医院大楼，南临沿河东路，北至幸福东路，由八廓东街、八廓西街、八廓南街和八廓北街组成多边形街道环，周长1000余米，有街巷35个。八廓街是历史悠久的城市街区的代表，其中保存的29处重点文物和56个古建筑大院更是西藏社会从古至今发展的缩影，2009年入选首批"中国历史文化名街"。

二 拉萨旅游纪念品市场的兴起

拉萨的旅游纪念品市场是伴随着旅游业在西藏的发展而逐步发展起来的。布达拉宫、大昭寺、小昭寺是藏民族宗教信仰中的圣地和西藏最负盛名的文化遗产，因而成为到西藏的游客的必游之地，在这些地方集中了大量的游客。

改革开放后，八廓街逐渐恢复了过去的繁华，来大昭寺朝拜的佛教信徒多了，来自牧区的藏民多了，往来的商人也多了。这些商人向当地居民、寺院的僧侣、朝圣的信徒出售藏区及周边地区的农副产品、宗教用品和生活用品。随着游客的日渐增多，他们开始向游客出售藏地的土特产品和民族手工艺品。今天的八廓街街道两侧店铺林立，有120余家手工艺品商店和200多个售货摊点，经商人员1300余人，经营商品8000多种，有铜佛、转经筒、酥油灯、经幡旗、经文、念珠、贡香、松柏枝等宗教用品，卡垫、氆氇、皮囊、马具、鼻烟壶、火镰、藏被、藏鞋、藏刀、藏帽、酥油、酥油桶、木碗、青稞酒、甜茶、奶渣、风干肉等生活日用品，西藏各地土特产品，唐卡绘画、藏毯、泥塑、围巾、披肩金银首饰、珠宝玉石等手工艺品以及古玩。另外，还有来自印度、尼泊尔、缅甸、克什米尔等地的商品。八廓街的繁华带动了周边地区的商业，以八廓街为中心，沿着宇拓路、朵森格路、鲁固路、丹杰林路、东孜苏路等分别向外拓展，逐渐形成藏区最大的旅游纪念品市场，它北以北京东路为界，南以江苏路为界，东以林廓东路为界，向西包括布达拉宫的范围，如图9-1所示。来自世界各地的游客流连于此，完全沉浸在充满藏域风情的旅游纪念品中。

图9-1 拉萨旅游纪念品市场范围

第二节 西藏本土手工艺品

西藏手工业历史悠久，早在四五千年前西藏高原先民已经开始了早期的毛纺织生产活动。① 到民主改革之前，西藏的手工业约计有45个行业，包括纺织、缝纫、鞋帽、制革、金银、铜铁、木石、造纸、印刷、雕塑、磨面、造酒等。西藏手工艺人创造了丰富灿烂的手工艺文化，也创造了一大批优秀的手工艺品。据说，五世达赖喇嘛时期曾在拉萨召开过一次"全藏区手工艺品展评会"，当时评选出来的优质产品包括昌都的唐卡、日喀则的金银器、江孜的卡垫、杰德秀的邦典，② 朗杰秀的氆氇，③ 拉萨的缝纫品、墨竹工卡塔巴的陶器。民主改革前家庭手工业主要是为满足领主和个人家庭生活的需要，手工艺品很少以商品的形式在市场上出售。卡垫、金银器、缝纫品的生产者在领主家的劳动基本是无偿的，一些生产者在本社区或去外地务工，也只是以劳务形式出售自己

---

① 参见康·格桑益希《绚丽多彩的藏族编织工艺》，《西藏艺术研究》2002年第4期。
② 藏族妇女使用的围裙，多以羊毛为原材料进行加工生产。
③ 一种羊毛织物，是制作藏袍的原材料。

的技艺，而不是出售商品。唐卡的制作技艺则基本由喇嘛掌握，唐卡也主要满足寺庙的需要。只有邦典、氆氇和陶器中的一部分会转化为商品，生产者将在满足领主和个人家庭需要之后剩余的部分在市场上出售。八廓街及其周边市场成为它们的集中销售点。冲赛康是陶器的专销点，专门销售来自墨竹工卡塔巴和帕热村的陶器，冲赛康东南面还有一个氆氇和围裙的室内销售点，其产品都来自山南地区。① 到笔者调研时冲赛康已经不再出售塔巴村的陶器；来自山南地区的氆氇和邦典也已经走出室内而在八廓南街附近的小型露天市场上出售；倒是唐卡店、金银器店、卡垫店走出了原产地在八廓街及其周边街巷中落脚。随着西藏旅游业的发展，这些产品也进入旅游市场，成为重要的旅游商品。另外，在沉重的文化责任感和巨大的旅游需求的刺激下，西藏本土一些有识之士开始在拉萨设立手工艺品专卖店，对外宣传和展示西藏本土手工艺文化，卓番林和巴扎童嘎就是最负盛名的两家手工艺品专卖店。店内集中了西藏各地的手工艺品，如氆氇、挂毯、皮革、木器、雕刻、绘画等。这些产品记录了藏民族的生活习俗、历史文化信息，具有很强的民族特色和地方特色，尤其一些稀有的产品和工艺，更是具有很高的历史文化价值。从整体上看，西藏本土手工艺品具有如下特点。

一　浓郁的民族风情

西藏的手工艺人把自己民族的审美观念、历史与文化融入了手工艺品的制作中，手工艺品上的图案与符号无不传递着自己民族的信息。

西藏手工艺品最常采用的图案符号是藏式建筑。建筑是人类适应自然、利用自然的结果，是人类在大地之上的伟大创造。那些历经时间的涤荡流传于世的伟大建筑成为这一地区和民族精神的象征，也成为手工艺品经常采用的象征符号。布达拉宫是历代赞普和达赖的居所，也是西藏最高权力中心，它已经成为西藏的象征和标志，因而布达拉宫也成为手工艺品最为常见的象征符号，如图9-2所示。西藏手工艺品最常采用的符号还有文字。文字是一种典型的符号系统，藏文是藏民族学习借鉴外族文化，再根据藏语的特点而创造的一种文字。手工艺人常通过本民族的文字对作品的主旨加以说明，或表达一种信仰、祝福，从而赋予了作品更深刻的文化内涵。当这些作品进入旅游市场时，这种文字形式

---

① 参见罗绒战堆《西藏手工艺品的交换与市场》，载北京大学社会学人类学研究所、中国藏学研究中心《西藏社会发展研究》，中国藏学出版社1997年版。

成为最具藏文化风情的符号。

图9-2　卡垫上的布达拉宫图案

二　厚重的宗教气息

西藏是一个佛教圣地，藏族是一个全民信教的民族。自松赞干布时期，从尼泊尔和汉地引入佛教以来，伴随着朝代更替，佛教与西藏本土宗教——苯教的势力此消彼长，最终吸收苯教的一些教义、神祇和仪式，形成了具有浓厚地方特色的藏传佛教。西藏的民族手工艺品中有相当一部分是宗教用品，各类佛塔、佛像，供人们转经用的转经筒，为观修、礼佛、积善祈愿而绘制的唐卡、壁画，用来供养诸佛菩萨的曼扎、神灯，焚香用的藏香，以及装饰寺院建筑屋顶的铜鸟、宝瓶、金鹿法轮等都是西藏传统的民族手工艺品。就是在民用品中，很多时候也以宗教图案作为装饰，图9-3是乃东地毯厂生产的卡垫，它就以藏传佛教中的"吉祥八宝"①之一的白海螺为题材；图9-4为乃东县民族哗叽手工编织合作社的手工艺人正在织好的围巾上绣上吉祥八宝的图案。

---

① "吉祥八宝"，藏语称"扎西达杰"，大多运用在壁画、金银铜雕、木雕刻和塑像中，这八种吉祥物符号与佛陀或佛法息息相关。八宝吉祥图分别为：宝伞、金鱼、宝瓶、莲花、白海螺、吉祥结、胜利幢、金轮。白海螺，佛陀的语，藏语称"东尕"，又称法螺贝。佛经载，释迦牟尼说法时声震四方，如海螺之音。故今法会之际常吹鸣海螺。在西藏，以右旋白海螺最受尊崇，被视为名声远扬三千世界之象征，也即象征着达摩回荡不息的声音。

图9-3 乃东地毯厂的卡垫图案　　　　图9-4 毛哗叽围巾的图案

三　强烈的地域色彩

除了具有浓郁的民族风格和厚重的宗教气息，西藏民族手工艺品有着强烈的地域色彩，反映了西藏独特的气候条件和自然物产。比如藏袍就是当地人适应独特气候条件的产物，藏袍主要由氆氇制作，氆氇具有冬季保暖、夏季透气的特点，很好地适应了青藏高原独特的气候，氆氇编织也成为西藏最常见的家庭手工业形式。西藏的手工艺品制作大都就地取材，也正是由于独特的自然资源和物产才奠定了知名手工艺品原产地的地位。山南作为优质羊毛产地的地位奠定了扎囊等地繁荣的氆氇纺织业基础；杰德秀优良的水质造就了杰德秀邦典色彩鲜艳、历久弥新的特点；塔巴、帕热两村后山的红土为塔巴村的陶器制作提供了优质的原材料。当人们谈起知名的手工艺品时总要在其前面冠以地名，民族手工业深深地打上了地方烙印。

四　传统的制作工艺

今天，在全球化和现代化的浪潮中，汉族地区早已对低效率的传统手工业技术进行了革新，很多时候传统手工业已经被机械化生产所替代。而在西藏的广大农区和牧区，很多传统的手工业技艺被保留、传承下来，继续在人们的物质生活和精神生活中发挥着作用。手工编织是藏区最为常见的一种手工业技术，西藏的氆氇纺织和邦典生产至今仍保持着传统的手工工艺。一块邦典的制作至少要经过染色、捻线、编织、修剪、裁缝5道工序，每一道工序都主要依靠手工劳动。

第三节 外来手工艺品

旅游业的发展加速了外来手工艺品在西藏的扩张；而外来手工艺文化与本土手工艺文化之间的接触与交流，又促进了新产品的诞生与发展。根据在拉萨旅游纪念品市场上的走访调查，笔者将有代表性的外来手工艺品整理为表9-1的内容。无论是青海的湟中县、云南的鹤庆县，还是印度、尼泊尔和克什米尔地区，它们的手工业历史悠久、产品制作精良、知名度高，且历史上与西藏之间的商业贸易较为发达。近代以来鹤庆白族商人一直活跃在"藏彝走廊"，从事手工业生产和贸易。20世纪70年代以后白族商人凭借手工业再一次在"藏彝走廊"地区崛起和壮大。① 80年代开始，白族手工艺人进入拉萨地区，从事铜器和金银器的生产、加工。今天一部分人已经在八廓街市场上开设店铺，主要销售银质手镯、项链等饰品和藏刀等装饰用品。印度、尼泊尔、克什米尔的手工业非常发达，它们与西藏之间的文化渊源颇深，商业贸易往来频繁。印度的木雕、布料，尼泊尔的木雕、陶制品，克什米尔的羊毛制品，以其浓郁的民族风格和优良的品质在国际市场上的知名度很高，在拉萨旅游纪念品市场上也受到欢迎。另外，最近几年内地的仿藏手工艺品也大量涌入西藏市场，以广东、浙江、福建等地商人为代表，他们生产的佛像、法器在拉萨旅游纪念品市场上占据了相当高的份额，而天珠、绿松石饰品的生产几乎全部为他们所控制。

表9-1 外来手工艺品目录

产地	青海省湟中县	云南省鹤庆县	印度	尼泊尔	克什米尔	内地
产品	铜器（主要为佛像、灯、净水碗等宗教用品）、堆绣	铜器（主要为火壶、火盆、香炉、香筒、蜡台等民用品）、金银器（包括手镯、戒指）、藏刀	木雕、布料（包括手工艺染花布和带金丝布匹）、铜银装饰品（包括壶、盘、盒等类型）、矿物质颜料	木雕、陶制品、传统手工纸制品、手绘或印刷版的佛像、民族服装、尼泊尔军刀（又称廓尔克军刀）、铜银装饰品（包括壶、盘、盒等类型）	羊毛地毯、披肩、围巾、木雕、皮革制品	佛器、法器、天珠、绿松石饰品

---

① 参见李灿松、周智生《"藏彝走廊"地区白族商人商贸活动的持续性探讨》，《云南民族大学学报》2009年第4期。

第四节 仿冒的手工艺品

拉萨旅游纪念品市场上还充斥着许多来自外地的机械化产品，它们也打着"民族手工艺品"的旗号。这类产品的特点是：机械化生产，已经不能被称为手工艺品；在形式上吸收了藏文化符号，像布达拉宫、吉祥八宝的图案以及"西藏旅游"的文字被大量运用；价格低廉，一般游客都能接受，像一条围巾十几二十元钱就可以买到。这些产品质量良莠不齐，各种假货充斥其间。比如：以人工合成的绿松石来仿冒天然绿松石，通过浸胶、注胶、染色等手段以劣等绿松石冒充上等绿松石；藏银首饰其实不含一点银的成分；而号称纯银的产品其含银量也不高；等等。八廓街上的货摊上出售的20元以下的产品多属于这类，但是这些产品也不乏游客光顾，除了是被游客"误识"当作货真价实的民族手工艺品之外，还有一个原因就是这类产品迎合了部分游客的需要。

根据笔者对拉萨手工艺品市场的调查，目前市场上有60%—70%的商品来自内地，很多商品就是当地商家从浙江义乌和成都荷花池小商品批发市场批发过来的；有10%—20%的商品来自尼泊尔、印度、克什米尔等地区；剩下的10%—20%才是西藏本地的民族手工艺品。大量西藏本土优质产品或养在深闺人未识，或沦为街边货摊上的产品，其现状令人堪忧。

第十章 西藏手工艺人

第一节 民主改革前的西藏手工业与手工艺人

一 民主改革前的西藏手工业概况

农业和畜牧业一直是西藏传统的主要经济生产活动，除此以外的生产活动几乎都集中在了手工业领域。农业提供青稞、蔬菜等以供食用；畜牧业除了提供牛奶、酥油、肉等食物外还提供了皮革、羊毛等手工业生产的原材料。手工业生产主要为自给自足的封建农奴经济服务，一方面满足了僧侣贵族的物质和精神需要，另一方面也满足了生产者生产和生活的需要。农业、畜牧业和手工业并称为西藏的三大传统产业。

西藏手工业历史悠久，从人类学的研究成果看，藏族先民在石器时代就开始了原始的手工业。1956年，中国科学院的考古工作者在藏北发现了数十件打制石器，包括几件旧石器，后来又在藏北的申扎、双湖、普兰、古隆等县发现了许多手工打制的用于农耕和日常生活的工具和器皿。[①] 根据罗绒战堆等人的研究，进入阶级社会后一直到1959年民主改革，西藏的手工业发展经历了吐蕃时期、一世达赖喇嘛时期和五世达赖喇嘛统治时期3个重要阶段。五世达赖喇嘛罗桑嘉措曾委任桑结嘉措为第五任第巴，管理西藏政教事务。正是此时，西藏的封建庄园制度和各种差役制度得到了巩固与完善，西藏的手工艺人开始缴纳实物差并服劳役。差役制度体现了领主集团对手工艺人的压迫与剥削，但也在一

---

① 参见罗绒战堆《西藏民族手工业的格局与发展》，载北京大学社会学人类学研究所、中国藏学研究中心《西藏社会发展研究》，中国藏学出版社1997年版，第96—123页。

定程度上促进了手工业的专门化发展。到民主改革之前，西藏的手工业约计有45个行业，包括：纺织、缝纫、鞋帽、制革、金银、铜铁、木石、造纸、印刷、雕塑、磨面、造酒等，职业手工艺人约8250户，25000人①。当时手工业生产非常落后，所用的工具非常简单，比如做香就用一个牛角，铁匠就是几把锤子、钳子和牛皮风箱，织氆氇就是一把羊毛梳、一架木制编织机。

二 民主改革前的西藏手工艺人概况

西藏的手工艺人分为非职业的和职业的两种类型，前者在领主那里有土地，主要从事农业生产，手工业作为一种副业只在农闲时才从事；后者没有土地或者只有非常少的租种的土地，主要从事手工业生产。

（一）非职业手工艺人

非职业的手工艺人分布在农村，农事耕种的季节性使得农村劳动力出现季节性剩余，发达的畜牧业生产又为氆氇、邦典等手工业生产提供了丰富的原材料，因此在很多地区一边从事农、牧业生产一边从事家庭手工业的现象非常普遍。根据扎嘎等人的研究成果②，民主改革前山南地区的农民在耕作之余从事于纺织生产，每年平均纺织时间为3个月。手工业生产是以家庭为单位组织进行的，几乎没有雇用外人的情况。手工技艺的传承也在家庭内部就完成了，小孩子从懂事起就帮着父母做一些简单的工作，往往十几岁就可以独立操作了。生产出来的产品主要有3个方面的用途：首先是给自己消费，满足家庭生产生活的需要；其次是缴纳差税，比如民主改革前山南地区的农户除了缴粮差、自营地税、地皮税、人头税之外还要缴纳氆氇差，每户按土地多少给宗政府缴纳氆氇，宗政府将缴纳品分等级后付给农奴极少的藏银；最后如果还有剩余才能作为商品交换，当时的交换方式又包括了以物易物和货币交换两种形式。

（二）职业手工艺人

与非职业手工艺人不同，职业手工艺人一般都要加入行会组织。17世纪，也就是五世达赖时期为了加强对手工艺人的管理，以便更好地为三大领主服务，创立了西藏第一个手工业行业会。以后，其规模不断扩

---

① 参见李坚尚《西藏手工业的历史考察》，载李坚尚《西藏的商业与手工业调查研究》，中国藏学出版社1999年版，第209—233页。

② 参见扎嘎《西藏民主改革前的山南地区农村手工业——氆氇与邦典》，《西藏研究》1993年第1期。

大，在拉萨、江孜和亚东等地都建立了行业会。从已有的研究资料来看，拉萨有5个独立的行业会，即泥、木、石等行业的"多辛基杜"，缝纫行业的"索康"，金、银、铜、铁业的"雪白夺当巴"，绘画、雕刻行业的"晋素"和制鞋业的"桑贾巴"。在江孜有织毯业的"错巴"，亚东也有手工业行业会，数目不详。行业会由噶厦政府统一管理，各行业会都有独立的组织体系，由行政管理系统和技术管理系统两部分构成。进入行会的手工艺人有着严格的技术级别划分，根据诺布旺丹等人的研究成果①，泥木石行会和五金行会下面有乌勤、钦莫、乌穷、基巴四种技术职称；鞋业行会有大野、乌勤、乌穷、基巴四种技术职称，这些职称表明了手工艺人的技术等级。基巧、仲多和列参夺当巴组成了行业会的管理阶层，其中列参夺当巴是行业会的直接管理者，他的职能是负责税收和根据政府需要调派差役，并负责统计各种生产情况，了解人员变更，评议手工艺人的技术职称和相应的待遇等。行政管理系统和技术管理系统也有交叉的时候，仲多通常从钦莫中产生，再从仲多中产生基巧。除了有职称的手工艺人外，一般的手工艺人分为三种：第一种是雄民，意为政府直属人，这些人要向政府缴税，其主要形式是劳务，一般每年要服一个月左右的差役，即向政府和寺庙提供劳役，此间可以得到微薄的工钱，但这种人遇到困难时没有人出面保护；第二种属于贵族和寺庙的人，他们每年除要按规定向领主缴纳人头税外，还要支差役；第三种既属于政府，也属于贵族，他们既要缴税又要支差，负担最重。除去支差的时间，手工艺人可以从事手工艺品的生产和销售。由于深受三大领主的盘剥和压榨，手工艺人的资金都很小，很难扩大生产规模，因而除去少数行业（如绘画、雕刻），极少有雇用工人或学徒的情况，一般都是以家庭为单位自己生产，产品主要在西藏本地销售，也有一些产品如藏香销往康区、青海、尼泊尔和不丹等地。手工技艺的传承分为两种，一种是在家庭内部完成，比如五金匠人几乎都是世袭的，因为在崇尚"骨系"的西藏旧社会，他们的身份注定是卑贱的，他们的子女除了重复父母的老路外，无路可走；另一种是在师徒之间传承，一些少地或失去土地的农民进入城镇拜老手工艺人为师学习技艺并以此谋生。而绘画、雕刻等技艺的传承几乎都是在寺院中进行的，由于绘画、雕刻甚至缝纫等技艺都被视为僧侣的修行内容，部分僧侣在这方面也受到了

---

① 参见诺布旺丹《西藏手工业及其行业会》，载李坚尚《西藏的商业与手工业调查研究》，中国藏学出版社1999年版，第234—268页。

严格的训练。

尽管遭受着三大领主的残酷剥削，西藏手工艺人还是创造了丰富灿烂的手工艺文化。1959年，西藏的民主改革推翻了封建农奴制度，手工艺人摆脱了三大领主的剥削压迫，民族手工业迎来了一次发展高峰。"文化大革命"期间，民族手工业被当作"四旧"和资本主义的尾巴，遭受了极大的破坏。但是，十一届三中全会以后，西藏民族手工业获得了恢复和发展，不过与此同时民族手工业也受到了现代化的冲击。旅游业的发展、旅游时代的到来又为西藏手工艺人带来了怎样的机遇和挑战呢？

第二节 本土手工艺人在当代的艰难选择

社会的变迁、时代的发展、人们生活方式的转变，这是本土手工艺人必须面临的现实。藏袍、邦典这些原来人们每天生活中必不可少的东西在很多地方已经成为节庆时的装饰；藏式家具也逐渐少了，人们更青睐于时尚、轻便的现代家具；家庭生活中的陶罐、竹器、木器也正在被物美价廉的塑料、五金制品所替代……手工艺品的市场规模一年年萎缩，本土手工艺人的生存环境变得越来越艰难。但是，伴随着时代的发展，新的市场机会也出现了，而与新的机会一同到来的还有挑战。以下几位手工艺人的经历、遭遇说明了这点，他们是西藏众多手工艺人的代表。

一 国家非物质文化遗产传承人格桑

格桑：男，54岁[①]，藏族，山南贡嘎县杰德秀人，山南贡嘎县杰德秀格桑羊毛民族手工业厂厂长，2007年被评为国家级非物质文化遗产（Ⅷ—21藏族邦典织造技艺）传承人。据说邦典源自印度的"格勒邦典"围裙，当时藏印之间的民间贸易十分频繁，商人们将这种围裙销售到了杰德秀，当地的能工巧匠在氆氇纺织的基础上模仿"格勒邦典"的织法，最终掌握了邦典的纺织技术，并且发展出更高质量的"谢玛邦典"。从此，邦典成为藏族妇女特别是卫藏地区妇女日常的装饰用品。格桑大叔从小跟着父母学习羊毛纺织技术，七八岁的时候就已经掌握了一些简单的编织技术，12岁的时候就开始独立上机操作了，练就了高超的纺织技艺。杰德秀镇会织

---

① 书中所介绍的年龄均以2009年为准。

邦典的人很多，但是会染色的人很少，会植物染色技术的人更是少之又少，而格桑大叔掌握了最全面、最高超的植物染色技术。格桑大叔的创业之路始于1998年，当时他向县里申请了5万元的无息贷款，又把村里那些家里比较贫困、没有工作的人召集起来，教他们技术，大家一起从事邦典和氆氇的纺织，最初的作坊就设在自己家里。2004年格桑大叔又向县里贷款30万元扩大生产规模，不到两年时间就还清了银行的贷款。2007年格桑大叔出资，同时贡嘎县文化局资助了一部分，将作坊搬迁到了目前的地方，生产规模进一步扩大，也开始生产卡垫。按照当年和政府的约定，第一年也就是2007年厂房的租金是2000元，2008年为4000元，2009年为8000元，以后每年租金将不能超过10000元。2008年贡嘎县新县长上任之后曾到这里视察，决定免除租金以支持民族手工业的发展。格桑羊毛民族手工业厂总共有20多人（我们调查的时间为8月，正值农忙季节，厂里的工人大部分都回家收割庄稼，只剩下几个人在那里），其中一大半是本地村民，另外有一部分是学员。学员来自附近的一所中学，学习期间，学员没有工资但是也不用缴费，食宿由政府提供。目前已经有40多名学员从这里毕业，一部分人以邦典编织为主要生计。近年来，格桑大叔不断开发新产品，除了生产邦典，也针对市场需要生产围巾、披肩、卡垫等产品，每年能生产邦典、围巾、披肩约4000条，一条邦典的价格大约为120元，一条围巾的价格大约为80元，披肩有大、中、小3个型号，其售价分别为300元、250元、200元。2008年，厂里营业收入达到50万元，净利润15万元左右（见图10-1）。

图10-1　格桑大叔

格桑大叔入选国家级非物质文化遗产传承人后，知名度不断提高，一些旅游团队也慕名而来，这给格桑大叔以及杰德秀邦典制造业带来了新机遇。从以下的访谈记录中，① 我们可以看到格桑大叔对杰德秀传统手工业的坚守，在坚守的同时也开始主动适应旅游市场的需要。

笔者：从什么时候起，游客开始到这里来购买？
翻译：去年开始。
笔者：是旅行社带游客过来，还是游客自己过来？
翻译：导游带过来的。
笔者：游客最喜欢购买哪些产品？
翻译：其实什么都买。

笔者：叔叔有没有给自己的产品注册商标？
翻译：商标已经申报上去了，但还没批下来。
笔者：您的这个产品有没有一个名字呢？
翻译：德庆措吉。这个是传统邦典的名字。传说最初邦典是一个名叫德庆措吉的女人织的，所以邦典就叫德庆措吉。我们的品牌也用这个了。

笔者：厂子扩建后，大叔还是会用现在这种工艺吗？会不会去考虑用机器？
翻译：大叔说不用机器的话，可以解决好多人的就业，然后还有就是很多外国的还有很多中国内地的都喜欢手工，所以他还没想用机器。上次政府有说过要联系国外的游客，他们来的话，亲眼看到一个一个步骤，真正知道是怎么做的，他们会更喜欢。而且现在很多人生活都富有了，他们只会去看质量不会去看价格贵不贵。所以大叔正在恢复谢玛邦典的制作，工艺包括12个环节，全部为手工操作。

笔者：听说扎囊那边在搞一个手工业基地，想把各个地方的手工业和小作坊迁到那个基地里面去，来组成一个大的加工工厂，然后进行大的加工生产，如果政府来动员大叔到扎囊，那大叔愿不愿意去？

---

① 由于访谈员与格桑大叔之间存在语言不通的问题，格桑大叔的话都是经过向导翻译过来的。

翻译：大叔说他不会去，因为邦典历史上就是杰德秀的不是扎囊的，他觉得如果他去了，邦典这个牌子就会成为别人的，牌子就没了，没意义了。各个地方的特色不一样，他还是要在这个地方。大叔说那边的老板是拉萨的，就是政府有些官员，他只是做官，水平不高，如果让大叔去那边的话，把手工业带到那边的话，有可能以后那些老板，把这个卖给其他人，这样不好，大叔说在他手里他就不会卖出去，要一直传下去。

可以看到格桑已经开始意识到传统手工业在当代的价值，这也成为他坚持传统手艺、恢复更为复杂的手工工艺的主要动力。他有着神圣的使命感，他希望杰德秀的邦典技艺能在他手中发扬光大。杰德秀传统羊毛邦典曾一度受到外来涤丝邦典的强烈冲击，这种邦典采用现代化纤材料和化学染色剂，工艺流程较简单，机械化程度高，产品成本低，在市场上的价格也便宜。一时间，杰德秀的一些家庭手工作坊也开始生产涤丝邦典，传统羊毛邦典编织业一度陷入困境。但是，以格桑为代表的杰德秀优秀手工艺人并未丢掉传统，反而向传统学习，在工艺上精益求精，恢复历史上谢玛邦典的制作技艺，保全了杰德秀"邦典之乡"的地位。同时关注新兴市场需要，为杰德秀邦典织造业找到新的出路。笔者整理了格桑大叔的谈话内容，并参考部分文献资料[①]将谢玛邦典的12道工序（见图10-2至图10-5）整理如下。

图10-2 工序3——梳理羊毛　　　图10-3 工序4——捻线

[①] 参见扎嘎《山南地区的氆氇与邦典手工业》，载李坚尚《西藏的商业与手工业调查研究》，中国藏学出版社1999年版，第332—350页。

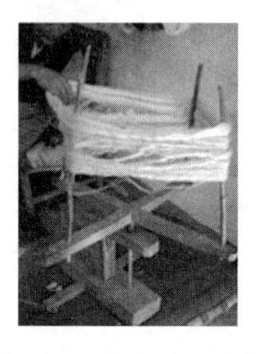

图 10 - 4　工序 5——绕线　　　　　图 10 - 5　工序 7——卷轴

（1）洗羊毛：人们将自家羊身上剪下的羊毛或者市场上购买的羊毛放在冷水中浸泡，掺入黄土揉搓后再在清水中漂洗去掉油脂和脏物。杰德秀的"谢玛邦典"，选用的是羊颈下之毛，质地最为柔软。

（2）软化羊毛：为了让织出的邦典手感柔软，还需要对羊毛进行软化。

（3）梳理羊毛：将洗净的羊毛用梳毛工具进行梳理，待疏松后，毛质松软，类似棉花，做成卷状便于捻线。以前人们都是用木质工具手工进行梳理，现在人们大都采用机械，这样梳理出来的羊毛质地更为松软。

（4）捻线：捻线工具是一根两头削尖的木棍，将羊毛戳成线绕在木棍上。

（5）绕线：将捻好的线绕在如图 10 - 4 所示的木质工具上形成线圈。

（6）染色：绕好的线要根据需要染成不同的色彩，这需要各种染料。很多藏族老艺人掌握着独特的植物染色技术。格桑大叔之所以能够成为国家非物质文化遗产传承人，不仅在于其高超的纺织技术，更是由于他掌握着全面、丰富的植物染色技术。他列举了几种植物，如"秋洛"，一种野生草本植物，将其根晒干碾细，加少量水煮沸，呈橘黄色；"秋朵"，一种野生草本植物，取其茎晒干捣碎，加水煮沸，呈金黄色；"蒀"，一种野生灌木，取其根晒干捣碎，加水煮沸，呈紫红色。"打巴"即胡桃果皮，可做驼色染料。染色过程中，要使浅色变深，还需要加入碱，它有加速染物着色的作用。经植物染色的羊毛织物具有色泽鲜艳、不易掉色且健康、环保的特点，现在已经成为一种时尚。除此以外，也有一些染料来自外地，比如草绿色的染料来自内地，为化学染剂，而一种大红色的染料则来自印度。现在在很多手工业作坊，化学染料正在替代天然植物染料。植物染料如图10-6所示。

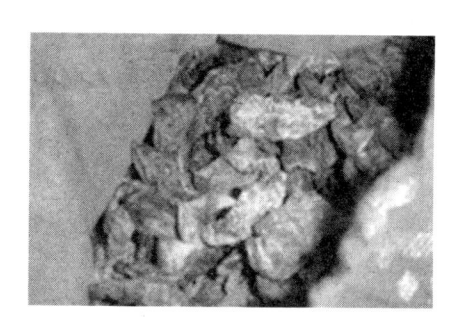

图10-6 植物染料

（7）卷轴：染色后的线圈将通过木质卷线机卷到若干个长约20厘米的线轴上，纺织时可以根据需要选择不同的颜色线轴。

（8）编织：在上述工序完成后就可以上机编织了，藏民们使用的织机，藏语称"他赤"（ཐགས་ཁྲི），其结构与汉地乡间老式织布机近似，是木质结构，长约150厘米，高约140厘米，宽约97厘米。辅助编织的工具有下列几种：其一，机梭子，藏语称"捉布"（གྲུ），呈船形状，两端尖形，镶嵌有牛角，长约30厘米，捉布中间有一根铁棍（或木棍），可插上绕线的竹棍，藏语称其为"苏布"（བསུ）；其二，"达"（དར），竹篾制成，在两根横列的竹棍（每根长38厘米）间扎有密密的细竹篾，呈篦状，分大、中、小三种（由50—80根细竹篾构成），编织时，每股经线依次穿过"达"的篦间空隙；其三，"载"（རྩེ），长约40厘米、宽约2厘米的可弯竹片。使用时，两端插在织出的氆氇或邦典上，呈弓形横向绷在所织氆氇或邦典上，是检验氆氇和邦典宽窄及是否平直的工具；其四，"综"，织机上借以降经线的织具。两根长约35厘米的细竹棍，在中间拴上一个个的羊毛线套，系在两根竹棍之间，其作用为调节交叉的经线；其五，踏板（བགས་འགུ），由4块木板或木棍构成，每块长60厘米，宽10厘米，直径6厘米。将每块踏板连在4个"综"上，在纺织机架上横放两根木棍，每根棍套上两个木质滑轮，藏语称"科东"（འཁོར），拴上绳子，"综"的上端两两相连，套在滑轮上。纺织者按照顺序踩踏4块板；其六，"加尕"（སྒྱ་དཀར），长80厘米的一根铁棍。其用途为调节经线的松紧，斜放在纺织机架旁；其七，"朗珠"（སྣམ་འབྲུ），长97厘米、直径4.5厘米的长圆木棍,在其20厘米间有4个小洞,用一根小木棒固定在机架上,其作用在于将织好的氆氇或邦典卷起,此外还有拉紧经线的作用。① 邦典的编织方法与氆氇大致相同,唯一不同的地方在于编织邦典需要不停地更换各种色彩的毛线,以织成五颜六色的色带。"纺织时先将经线上下交叉,每股经线竖穿过'达'的每个竹条之间的空隙。将梭子往返穿过交叉的经线,梭子每穿过经线1次,需用'达'击纬线3次。织机下边有踏板4根,纺织者按顺序用脚踏动踏板,手、脚配合操作,使纬线上下变动,用手将经线(梭子)来回穿梭,与纬线交织,用板拍紧,反复上述动作,即可织出氆氇和邦典。"② 杰德秀的邦典色彩鲜艳夺目而又和谐自然,为了保证合作社的每一个社员都能织出高质量的邦典,格桑大叔设计了多种样品,将各种颜色的毛线绕在一个木条上,色彩之间的排列组合以及色带的宽窄都经过精心的设计(有的色阶达到十余种),色带排列于自由活泼中显现和谐、生动,五色、七色作近似彩虹的色彩分布,更显有序合理。编织时,每个社员都严格按照样品的配色方案,从而保证了产品的质量。完成的织物被称作条色氆氇,呈条状,宽度约为25厘米,长度约18米,这种织物既可用来制作邦典,也可用作藏袍衣襟和袖口以及鞋帽的装饰。

(9)修剪:为了让邦典看起来整洁、平整,人们还要用剪刀轻轻修剪,去掉线头等。

(10)烤:质量最好的邦典在修剪之后还要在火上轻轻烤一下,以使手感更好,最后卷成卷状,备用或者出售。

(11)缝纫:邦典有长款和短款之分,生产者按照需要从氆氇中裁剪长度合适的三段,再经过手工或机器缝合,有的还要用绸缎对其进行局部的装饰,最终形成一块邦典。按照其外形,邦典也有方形和梯形之分。

(12)熨:上等"谢玛(ཞང་མ་སྦྲུག་) 邦典",经过上述处理后,还须熨斗熨平,使氆氇显得更加平整美观。至此,代表着最高品质的谢玛邦典才算制作完成。

---

① 参见扎嘎《西藏民主改革前的山南地区农村手工业——氆氇与邦典》,《西藏研究》1993年第1期。
② 扎噶:《山南地区的氆氇与邦典手工业》,载李坚尚《西藏的商业与手工业调查研究》,中国藏学出版社1999年版,第332—350页。

二 为复兴"毛哗叽"而努力的巴桑

巴桑（见图 10-7），男，40 多岁，藏族，山南乃东县泽当镇人，民间画师，乃东县民族哗叽手工编织专业合作社负责人。他 16 岁开始学画唐卡，先后拜 5 位画师为师（其中有两位是汉族老师）。1983 年参加全国农民画展获得文化部二等奖，之后个人经济生活得到很大改善。当时泽当有很多小孩不上学，在社会上流浪，巴桑收他们为徒，教其习画。2006 年，巴桑希望能够教授更多的孩子学习唐卡，在泽当居委会的帮助下，租用了目前这个房子。当时，仅存于世的几位懂得毛哗叽制作的老人以及社会上的几位热心人士和巴桑商量，希望能够把这里也作为毛哗叽的培训基地。于是 2008 年，由巴桑、白玛更参、达瓦扎西、仓卓玛、米玛、尼玛德吉、卓玛央宗 7 人发起，出资总额 15 万元，成立了乃东县民族哗叽手工编织专业合作社。

毛哗叽又称泽帖，"泽"是山南地区行政公署所在地泽当镇的简称；"帖"是藏语音译"帖玛"的简称。"帖玛"是藏氆氇中的极品，是用最柔软的羊颈毛编织而成，泽当的帖玛最为有名。"泽帖"意为山南地区泽当镇本地独有的纯手工精羊毛哗叽纺织产品，是氆氇工艺中技术难度最大、面料最精细、做工最为复杂的一种。藏族的手工编织工艺有着悠久的形成发展过程，根据考古发掘，藏族手工编织工艺的源头可追溯至距今四五千年前的西藏昌都卡若文化新石器时期。吐蕃时期，文成公主进藏，"扶桑织丝兮，编竹为缝兮，灰岩为陶兮"，藏氆氇纺织工艺得到了很大的发展，据说泽当的哗叽制作也就是在这一时期发展起来的。后来，经过不断探索与改进，人们将经线、纬线双线改为经线双线、纬线单线，使哗叽变得更加柔软舒适。民主改革前，毛哗叽成为西藏权贵，包括达赖本人的专用氆氇，当时制作的地点在寺庙内，产品要接受噶厦政府派出的官员的检验，合格的打上一个特殊的印记，如图 10-8 所示。如果不合格则用木炭划黑再返回去。而为达赖制作的毛哗叽则要由喇嘛念经祈福之后才能制成衣服。"文化大革命"期间，民族手工业被当作"四旧"和资本主义的尾巴，遭受了极大的破坏，农牧民家中的编织机被砸掉、毁坏，为旧西藏权贵服务的毛哗叽制作更是无人敢从事。随着老艺人的逝世，毛哗叽的制作几近失传。直到巴桑等人通过 3 年艰苦努力和反复实验，才又恢复了毛哗叽的生产工艺。从 2006 年起，那些还掌握毛哗叽制作技艺的老艺人被邀请成为培训老师。毛哗叽生产分为 5 个核心工艺，每个工艺的负责人被冠以"教授"头衔，他们包括：阿旺措姆，83 岁，掌握着核心编织技术；查思，85 岁，历史顾问；群培，65 岁，机器技术师；白宗，77 岁，掌握经线二合一技术，如图 10-9 所示；扎西，成功仿制旧社会遗留下来的唯一一台编织机。此外，为了传承民族手工艺文化，合作社招收了一批学员，由合作社付给工资，教授 1450 元/月，学员 600 元/月。自合作社成立之初，巴桑等人就坚持完全按照传统工艺纯手工进行生产，曾有几位老板想要与之合作，巴桑等人要求生产工艺不能改变，否则就不予合作。2009 年，毛哗叽已成功申报西藏自治区非物质文化遗产，目前正在申报国家级非物质文化遗产。2008 年合作社接待了 100 多位游客，以国内游客为主；2009 年由于修路，游客少了，但是县政府说等路修好了会带旅游团队过来，前 8 个月已经卖出围巾 200 多条，每条售价 400—500 元，毛哗叽也已售出多卷，每卷约 12 米，售价 7000 元左右。

图 10-7　乃东县民族哗叽手工编织专业合作社厂长巴桑

图 10-8　噶厦政府时期检验合格的毛哗叽

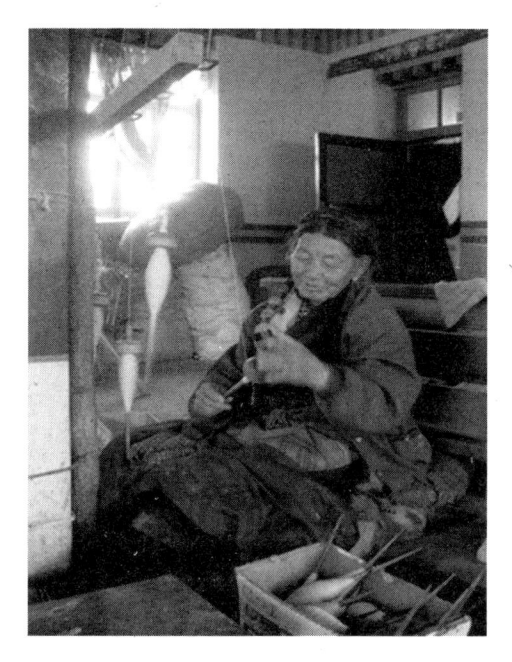

图 10-9　白宗老人正在制作毛哗叽经线

一方面，以格桑、巴桑为代表的民间艺人复原传统手工业技艺，在恢复和保护传统文化的同时，也使自己的产品迎合了现代人，尤其是游客对传统文化、本土文化的消费需求，从而构筑起自己独特的生命力。另一方面，在西藏传统手工业面临困境时，以尼玛扎西为代表的精英人物没有消极等待，而是大胆变革，他们为开创本土手工业多元化的市场化道路做出了努力。

三　尼玛扎西的理想

尼玛扎西（见图 10-10），男，1974 年出生，藏族，卓番林手工业发展中心负责人。该中心成立于 2004 年，隶属于西藏扶贫基金会，这个基金会是由原联合国驻中国的长驻代表美国人约瑟创建的。卓番林手工业发展中心给自己的定位是"一个通过销售藏族人在西藏本地制造的手工艺品而改善西藏手工艺人生活的慈善组织"，"卓番林"在藏语里就是"益于人类回归"的意思。

图 10-10 尼玛扎西（左一）

卓番林没有自己的手工业作坊，它采取的是与西藏本土手工艺人合作的方式，将西藏的传统手工业推向市场。目前，卓番林的目标市场主要是国际客人，他们通过建立网站，以及借助阿里巴巴等销售平台成功地把自己的产品和理念推销出去。卓番林的工作人员掌握了一些西藏本土手工艺人的资料和信息，通过对国际游客市场的了解，选择一部分具有发展潜质的手工艺人进行合作。通常卓番林会对产品进行重新设计，以更好地满足国际游客需求，通过对合作者进行技术培训和技术改造，以保证能够生产出符合要求的产品。对合格的产品，由卓番林向手工艺人直接收购，在收购价格上加价50%，贴上卓番林的品牌，最后由卓番林的销售渠道卖给客人。西藏扶贫基金会还有一个下属机构被称作TAI，主要负责选择手工艺人，提供小额贷款和追加技术支持，卓番林与TAI两个机构相互支持，共同推动本土手工业市场化的道路。在他们的帮助下，一些生活困难的本土手工艺人过上了富裕的生活。卓番林的产品涵盖范围比较广泛，包括唐卡绘画、纺织品（藏毯、藏绳）、服饰（藏装）、皮制品（各种皮包、皮鼓）、木器（木制工艺品及藏柜）、石器和金属制品等。卓番林一直坚持本土和纯手工制作，拒绝采用大型机械设备，比如对衣物的染色，他们一直坚持采用植物染色技术。卓番林的展厅设计中采用了大量的图片和文字对西藏的手工艺文化加以介绍，所以这里更像是一个手工业博物馆。但是为了适应市场的需要，卓番林在产品设计中也做了一些变革，产品的色调图案更加符合国际游客的审美标准，产品的功能更加多元化，比如对牛皮制品的加工，有的被设计成时尚女包，有的被设计成收纳袋，有的被设计成杯垫。

尼玛扎西说他有两个理想：一是引入工业社会流水生产线的做法，通过一些成熟的操作方式来改进传统手工工艺，将制作的各个环节分解来做（各个环节还是要坚持手工操作），如同机器零件分解到位，各系统负责生产各部位零件，最后组装成型，以此达到手工艺品的批量化生产。二是将卓番林变为本土高品质手工业的行业标准，不管产品在西藏何地生产，生产者是谁，只要是卓番林出售的，就一定代表了高品质。在笔者看来，将流水生产线引入手工业生产是一个大胆的尝试，但是这种尝试是否有利于手工技艺的传承和发展，是否能够保证手工艺品的质量，是否能够接受消费者的检验，这些都需要时间来证明。不过勇于创新，积极探索新的时代环境下手工业新的发展模式，这种精神是值得鼓励和提倡的。要将卓番林提升到行业标准的高度，需要卓番林不懈的努力和强大的市场开拓精神。而目前卓番林的外方背景在一定程度上限制了与政府的合作。在全球经济危机的背景下将目标市场定位于国际旅游市场会使卓番林难以在销量上有重大突破。事实上，国内人民旅游热情不断增长，对高品质文化产品的消费需求和消费能力不断提高，卓番林的产品将有着更广阔的市场空间。

四 阿龙和他的"巴扎童嘎"

巴扎童嘎坐落在拉萨市宇拓路上，是一家知名度较高的纪念品专卖店，在针对游客的调查中，在被问及是否有喜欢的手工艺品品牌时，有6位被调查者填写了自己喜欢的手工业品牌，其中就有3位提到了"巴扎童嘎"。在其宣传手册里，巴扎童嘎将自己定位为一家藏文化传播公司。"巴扎童嘎"是梵文和藏文结合的音译，"巴扎"，源自古老的梵文，藏语意指吉祥；"童嘎"就是白海螺，是藏传佛教里一种极为稀有的神圣密宗法器，两个词合起来就是"吉祥的白海螺"。巴扎童嘎的创建者叫阿龙，他不是藏族人，但是作为西藏的第二代，对这里有着深厚的感情。

巴扎童嘎的店铺处处传递着藏文化的气息，如图10-11所示，在店铺的装修上竭力体现藏文化风情，好端端一只木凳被钉上了几块牦牛皮，不远千里运来玛尼石铺成店面的外墙体，就连店内立柱底端也用手工编织的毯氆点缀……与卓番林不同，巴扎童嘎的产品在制作过程中引入了现代工艺技术，包括引入机械化生产和现代技术。比如利用电脑喷绘技术，将布达拉宫等图案印制在石头上做成工艺品销售。而巴扎童嘎的镇店之宝当属缂丝唐卡。缂丝唐卡，又名"刻丝唐卡"，本意是"用刀刻过的丝绸唐卡"，它巧妙地将丝织工艺运用于宗教绘画艺术。缂丝被认为是丝织工艺中最为高贵的品种，因其贵重而逐渐为皇家所垄断，现存传世缂丝珍品少之又少，流传下来的缂丝唐卡更是凤毛麟角。据店长介绍，巴扎童嘎的缂丝唐卡沿用了古老的"通经断纬"织绣方法，但是已经对传统的缂丝机进行了技术改造，同时所有用于织绣的桑蚕丝皆经过高温着色处理，即使长时间暴露于高原强烈的紫外线下也不会褪色。巴扎童嘎的产品来源很广，比如有一种羊毛披肩就是委托克什米尔手工艺人专门加工而成的。西藏旅游业的发展也为巴扎童嘎的发展带来了新的机会。他们针对内地游客喜欢铂金首饰的消费习惯，将西藏的绿松石文化融入铂金首饰的设计中，对藏文化进行一种新的演绎。

图 10-11　巴扎童嘎店

目前，"巴扎童嘎"最大的客源市场来自西藏自治区内，它已经成为西藏自治区党委、政府提供中央各级代表团的指定藏式礼品。而且以"巴扎童嘎"为代表的高档手工艺品正在被旅游市场所接受，一些外地游客通过其产品对西藏本土文化有了更多的认识，"巴扎童嘎"已经在北京成功建立自己的分店。

五　缝纫店学徒旦增

旦增（见图 10-12），男，22 岁，藏族，"祖先持续缝纫室"的一名缝纫学徒。旦增跟师傅每天忙着做各种缝纫活，产品包括：拉日、嘎变、琼波（寺庙前挂着的代表吉祥如意的缝纫制品）、坚才（喇嘛座位上方的装饰品）、喇嘛做法事时穿的衣服、寺庙中出演藏戏时穿的衣服。主要为寺庙定做，少部分拉日为家庭定做，用作家庭装饰，很少有游客购买。他们在八廓街更热闹的地方有店铺展示产品，这里主要是加工的地方。加工好后，由寺庙直接来取。店里的产品分两种：一种为半机械产品，用缝纫机缝制，其价格较为便宜；另一种为全手工制作，价格非常昂贵。以一个嘎变来说，全手工做的要3000多元，而如果采用现成的布料只需500元，而布料则来自尼泊尔。当被问及为什么从事这个行业时，旦增说因为喜欢，有兴趣，并且特别强调这是藏文化的重要组成部分。他的同龄人要么在读书，要么在酒店打工，很少有人想要学习这种技艺。问及原因，他说可能他们认为这份工作枯燥、辛苦。他本人从20岁开始学习这门技术至今已经两年，每天工作都非常忙碌。

图10-12 缝纫学徒旦增

六 泥塑师傅宫角尖参

宫角尖参，男，30多岁，藏族，年轻时曾前往青海塔尔寺地区学习过"塔尔寺三绝"，后又拜徒登曲扎为师，学习泥塑。后来才在八廓街开了一家店面，一家人都定居于此。泥塑佛像（包括唐卡）主要的购买对象是当地家庭和寺庙，其次是来自外地的（如四川、北京、香港）的信徒因为信仰藏传佛教而慕名前来订购，购买者将佛像送入寺庙中开光，再带回家中供奉。近几年八廓街上的游客多了，经常有游客来店里逛逛,但是真正买东西的不多,游客购买的部分只占总销售量的很少一部分。店里的唐卡中有很大部分是别人放在店里请他代销的。八廓街上的唐卡店中的很多画作,也是从其他地区(乡下)收购来的。一般画师绘制一幅中等尺寸的唐卡需要耗时20天左右,在市场上的售价为1000多元。泥塑都是自己和徒弟创作的,徒弟通常在自己的熟人中招收,通常由孩子或是家庭提出学习,师傅主要考察徒弟道德品行。学习手艺是一个艰难的过程,以泥塑为例,通常需要3—6年的时间才能学成技艺。在学习期间师傅承担徒弟食宿费用,但是不发工资,徒弟也不用缴纳学费,同时徒弟在学习期间的作品的销售收入为师傅所得。而女性通常被排斥在与宗教有关的手工艺品的制作者之外。近两年学习唐卡、泥塑佛像的青年有所增加,年纪一般在20岁左右。

在宫角尖参看来,无论是唐卡还是泥塑,最重要的就是要修炼佛法,准确掌握各种佛的比例尺寸。师傅会要求在正式学习之前先修习佛经,每天早上需念经拜佛。但是现在的很多年轻人已经不再每天念经了。佛的法器、坐骑不能更换,因为人们通常是通过这些来识别佛的身份的。颜色方面也大都遵循传统色调,不能应顾客的要求随意调整。创作的题材几乎都是宗教内容,在创作时也要非常虔诚。对他而言,做好佛像就是在积功德,没做好那么就要在轮回中不停地受到惩罚。在当地人看来,做佛像的人就好比是这些佛像的母亲,当地人对他们都很尊重。

第三节 两个手工业古村镇引出的思考

在西藏的广袤农村中,不乏这样的古村镇,其手工业历史悠久,并在某一手工艺品制作上取得了很高的知名度,镇上大多家庭从事手工业劳动,同时也不完全脱离农业生产。在西藏向现代化进军的过程中,这里的手工业也经历了巨大的变化。

一 塔巴村的陶器制作的"现代化"

塔巴村位于墨竹工卡县工卡镇以东约2公里,是西藏最著名的陶器产地,其制作陶器的历史,可以追溯到1300多年前。在村里,传统制陶技艺是农牧民的传家之宝,世代传承、源远流长。塔巴村的陶器制作要经历制作陶土、制作陶坯、晒陶、上釉、烧窑等几个环节。陶土有两种，一种是红土，一种是白土，均取自本地，制作陶土时要将两种土混合来用。传统的陶坯制作工序主要有：拍器底、安器壁、安口沿、安器嘴和器柄，制作过程中需要各种工具穿插运用，左右手脚相互配合，多样手法交互进行，体现了制作者高超的技巧。制好的陶坯还要放进地窑或是屋角的专用木架上阴干，一般晾上3天就可以装窑。也可以烧上一堆牛粪火，将陶坯放在周围加温烘干，这样会快一些。进窑烧制以前还有一个上釉的过程，釉土是从江麻乡挖出来的铝矿石磨成的粉末。以前"塔巴村人烧陶没有专门的陶窑，需要烧陶时就堆一个土堆，立3块石头或陶垫，先把小件的陶坯扣放在上面，再把大件陶坯套放其上，留出一定的空隙，最后再在它们上面扣一个大陶瓮，也要用3块石头垫起来，以便使火焰进出并保温。一般一次摆上二三十件陶坯，上面用草皮和牛粪捂严，然后用麦草点火引燃。通常从中午12点开始烧，一直烧到天黑停火，第二天早晨出窑"。用这种千年不变的工具和方法，烧制出来的塔巴乡陶瓷物件独一无二，是西藏陶器中的上品。但是，手工制陶的效率低下，而产品的价格又被拉萨等地的商人压得很低，制陶人的收入一直不高。从前几年开始，塔巴村开始和江苏等地的制陶机构进行合作，对制陶工艺进行了改进。2009年塔巴村村委会耗资30多万元从内地引进了一整套制陶的机械设备。从筛土到和土、从压土坯到旋转塑形，再到最后的烧制，全都实现了"现代化"。现在，每户每年可生产大小陶瓷产品2000多件，塔巴村一年可生产10万件左右陶瓷产品，每户的年均收入也增加了1万多元。

收入增加了，但是传承千年的古老手艺却被机械生产所替代，这样的结果让人痛心。

二 杰德秀镇的转型之路

杰德秀镇位于贡嘎县境东部，东接扎朗县，西邻吉雄镇，北隔雅鲁藏布江与昌果乡相望，南倚朗杰学乡。海拔3580米，面积约210平方公里，交通便利，101省道从南贯穿而过。杰德秀古镇为杰德秀堆驻地，是西藏历史上八大古镇之一。1959年建区，辖3个乡，1987年建杰德秀乡，1999年改称杰德秀镇，下辖杰德秀、斯麦2个居委会以及修吾、克西、果吉3个村委会，总人口近8000人，均为藏族。杰德秀村委会是镇政府所在地，拥有人口575户，2242人，耕地面积4602亩，人均耕地面积2.05亩，退耕还林面积1098亩，林地面积800亩，牲畜 8970 头，经济收入以农业为主。①

杰德秀的民族手工业有着悠久的历史，这里出产的邦典在全藏区的质量最高、知名度最大，素有"邦典之乡"的美誉。民主改革前，邦典的生产者有两种类型："一种叫堆穷（以手工业为主要生计的农户），他们没有土地，即便有少许的租地，也很难维持生活，因此，他们主要靠纺织氆氇和邦典为生；另一种叫差巴（给领主耕种差地的农户），他们从自己的领主那里获得土地，生活主要依靠土地收入"②，织氆氇和邦典只是家庭收入的一点补充。就生产技艺而言，堆穷要比差巴更为熟练。那时杰德秀镇上绝大多数人都属于堆穷，差巴只有十来户。在民主改革之后的初期，家庭仍然可以从事邦典和氆氇的编织，但是不能私自在市场上出售，而要统一卖给公社。"文化大革命"开始后，家庭手工业被禁止，织布机都被收走了。这种情况一直持续到改革开放，1976年这里创办了杰德秀围裙厂，属于集体企业。1978 年以后，家庭手工业重新恢复，政府将织布机发给大家，每两个家庭拥有一台织布机。现在全村 70% 以上的家庭都从事邦典和氆氇的生产，家庭拥有的纺织机的数量从 1 台到 5 台不等，主要是看家庭劳动力的多少。

民主改革前，杰德秀手工业家庭的羊毛制品交换只是偶尔的行为，并且往往只有在限定的时间段内进行。改革开放后，家庭手工业快速恢复和发展，羊毛制品交换规模扩大，交易形式也更加多元化，很多人走上了商品化生产的道路。随着商人们将杰德秀的邦典和氆氇运送到拉萨的各旅游纪念品商店，游客对氆氇和卡垫市场的光顾，杰德秀的手工艺人被卷进了旅游市场中。但是他们并没有和旅游市场直接接触，在整个交易的链条中，他们处在最初的产品生产者这个环节，由地域性资源所带来的经济价值他们并没有得到多少。

次仁拉姆：女，70 多岁，一家六口人，三代女人都是有名的纺织高手（见图 10-13）。家里有少量土地，不脱离农业生产，但家庭收入以手工业纺织为主。在农忙时间（藏历 6—7 月），主要从事农业生产，农闲时大部分时间都用于邦单生产，不外出打工。一年生产的邦单都在 1000 条以上，大部分是帮别人定做，客户主要来自扎囊县，一部分卖给外来收购者，还有就是作为礼物送人，自己使用得很少，只在每年藏

---

① 参见孙继琼《民族手工业村经济与社会发展：西藏山南地区贡嘎县杰德秀居委会调查报告》，社会科学文献出版社 2010 年版，第 5—17 页。
② 扎嘎：《西藏民主改革前的山南地区农村手工业——氆氇与邦典》，《西藏研究》1993 年第 1 期。

历新年、万果节时会穿上新的邦单。现在除了用羊毛织，还有用丝线织。丝线容易卷，但是比较便宜，做事的时候带得多，过节、走亲戚还是羊毛的多。除了生产邦单外，也从事氆氇、藏被和卡垫的生产。

图 10-13　次仁拉姆的女儿、孙女、重孙

像次仁拉姆这样的手工业家庭，他们不需要为产品的销路发愁，因为有人上门收购。一条羊毛邦典的收购价是 80 元左右，一条丝线邦典的价格是 30—40 元，而这些产品一旦进入拉萨旅游纪念品商店其价格就会成倍上涨。手工业生产和旅游市场联系起来了，游客越多，产品的销量就越高；旅游市场上的售价高，产品的收购价也会相应高一些。本土手工艺人已经参与到旅游市场中来，只是表现得相当被动。

随着旅游业的蓬勃发展，人们商业意识的进一步开放，本土手工艺人开始主动参与到旅游市场中来，镇上的农户开始将其产品拿到康鲁商业街的商店中出售，格桑和杰德秀围裙厂的米玛更是把握先机在旅游市场上寻求发展。格桑大叔在邦典、卡垫生产之余，又专门针对旅游市场的需要，设计、生产了羊毛围巾和披肩，据说这些产品在拉萨市场上非常受欢迎。格桑成为国家级非物质文化遗产传承人之后，政府机构经常带人来参观或者引荐一些客人来这里购物。笔者在调查期间，恰好就遇到了贡嘎县工商局局长巴桑次仁带着外地朋友来这里购买纪念品。格桑大叔希望能够对工厂进行装修，设立专门的销售部，让购物环境更好一些。此外，格桑大叔还打算在拉萨设立自己的专卖店。

米玛是杰德秀围裙厂的厂长，杰德秀围裙厂（见图 10-14）创建于

1976年，原为集体企业，其产品曾多次在自治区的评比中获奖，后因经营不善而陷入困境。米玛是杰德秀人，以前在拉萨开过藏式家具店，2007年米玛承包了濒临倒闭的杰德秀围裙厂，并进行了一系列的改革。在民族特需品生产的基础上，又扩大了旅游纪念品的生产。厂里聘请了一位专职设计师，这位设计师早年在拉萨从事过导游工作，对旅游市场较为了解。目前杰德秀围裙厂经营氆氇、邦典、地毯编织、藏式家具等30多种产品，他们用氆氇绣花工艺生产背包、汽车装饰用品，如坐垫、靠垫等；用羊毛、牛骨等原材料制作各种动物玩偶（见图10-15）；又用木料加工制作小型藏式家具、织布机、耕田器装饰品等。产品主要在拉萨销售，米玛在拉萨大清真寺旁开设了杰德秀围裙厂专卖店，客户主要是旅游团队以及八廓街的纪念品经营者。除此以外，米玛还经常参加大型的物资交流会（以下简称"物交会"）。2009年还参加了深圳工业国际博览会，现在有一个深圳商人正在那边给他们做代理。笔者前去调查时，米玛正带了两辆卡车的货前往日喀则的物交会，参会者除了西藏本地商人，还包括来自尼泊尔、不丹的商人，交易额往往都很大。在政府和媒体的协助之下，杰德秀的羊毛纺织品在旅游市场上的知名度不断扩大，一些旅游团队开始在途经杰德秀时安排购物。杰德秀围裙厂成为旅行社的定点采购企业，2008年接待游客几百人，以外国游客为主。

图10-14　杰德秀围裙厂　　　　　图10-15　各式手工艺品

虽然目前主动参与旅游的本土手工艺人数量有限，参与途径也还比较单一，但毕竟有了一个良好的开头。

三　对两个案例的思考

（一）现代化对民族手工业的巨大冲击

在人类发展的历史上，工业革命使机械取代手工，使生产力水平得到极大提高，推动了人类的文明进程。在这一摧枯拉朽的过程进行了几百年后，曾经繁荣的城市手工业逐渐销声匿迹，只有在环境相对封闭的农村地区和民族地区，手工业才被大量保留下来，并仍然在人们的生产生活中发挥着重要作用。在漫长的岁月中西藏人民创造了灿烂的手工业文明，这些文明仍然在乡间、牧区，包括很多城市角落中流传。但是，塔巴村的案例说明手工业文明无时无刻不受到现代化的冲击。

哈维兰（Haviland）认为，现代化进程由四个亚过程组成——技术发展、农业发展、工业化和城市化。在第一个过程中，传统知识和技术让位于主要从工业化的西方借来的科学知识和技术的应用，新工具和新技术的引入大大提高了人们的劳动效率，机械化逐渐替代了传统的手工劳动。在第二个过程中，"农业的发展意味着农业重点从生存型农业向商品化农业的转变。人们不再为自己使用而种植庄稼和饲养牲口了，他们越来越多地转向经济作物的生产，因而也就越来越多地依赖于货币经济和全球市场来出售农产品和买进商品"。商品化农业的发展打破了自给自足的农村经济，家庭手工业一直以来就是作为农村自然经济的组成部分，手工业所使用的原材料来自家庭自给或者就地取材，产品的用途也很大程度上是满足家庭成员的消费。商品化农业一方面使得家庭手工业因为原材料不足而无法生产；另一方面由于所有生活用品都依赖市场交换而获得，作为自足的家庭手工业也就失去了其存在的价值。在第三个过程中，机器大生产替代了工序繁杂的手工生产，成批的工业化产品从流水生产线上生产出来，再通过销售渠道，进入到各大市场。相对于手工艺品而言，工业产品生产周期短、价格低廉、使用效率高，并且随着销售渠道日渐完善，人们能及时、方便地购买到需要的产品。工业化对民族手工业的冲击需要按类别区分对待，受冲击最大的是满足人们衣食住行需要的民用产品，比如，在牧区以外的地区，人们除了在节庆时着藏装，平时的着装已经被工业化产品所替代，衣服的材质也由传统的氆氇换成了现代的化纤、棉布等；原来人们一般使用木器、陶器盛装物品，现在也主要使用塑料和五金制品了；以前人们使用手工制作的酥油桶制作酥油，现在一种电动酥油桶正风靡于藏区各地……这类手工艺品的本地市场规模不断收缩。但是，满足人们审美需要和宗教信仰需求的宗教用品，受到的冲击相对较小，这是因为随着人们生活水平的不断提高，对精神需要更加重视，对这类产品的需求量大为增加。在第四个过程中，城市化使得农村不断城镇化，农村人口向城市集中，转变成为城市产业工人，家庭手工业失去了劳动力支撑。在很多农村地方，年轻人已经不再从事家庭手工业,他们选择了跑长途运输或外出务工,只有留在家中的老人才从事手工业以作为家庭收入的补充。

我们不禁要问:传统手工业在现代化面前真的就如此不堪一击吗?真的就必须走向机械化生产吗?

(二) 旅游业为本土手工艺人带来新希望

塔巴村的陶器制作之所以走上"现代化"之路,原因在于陶器仍然被当地人作为家庭生活中盛装物品的器具,而本土手艺人显然没有发现手工制陶在当代的新价值。杰德秀镇的案例则说明在遭受现代化的强烈冲击的同时,旅游业为民族手工业提供了发展出路。

改革开放30多年来,西藏旅游业经历了一个先慢后快的发展过程。1979年12月,西藏旅行游览事业管理局和中国国际旅行社拉萨分社成立,专门负责管理和组织旅游事业,这两个机构的成立标志着西藏旅游业的起步。在发展的初期,旅游业被看作接待事业,旅游接待规模不大,并以国际游客为主。到现在,旅游业在西藏已经从一个新兴产业成长为国民经济新的增长点和经济社会实现跨越式发展目标的重要支柱产业[①]。从表10-1可以看出,西藏的旅游业仍然处在快速上升的阶段,这当中虽然受到2003年"非典"和2008年"3·14"事件的影响,但是从整体上看上升的趋势不改。

表10-1　　2000—2009年西藏旅游人次和旅游收入统计

年份	国内旅游者（万人次）	国外旅游者（万人次）	旅游总人次（万人次）	外汇收入（万美元）	旅游总收入（亿元）
2000	45.89	14.94	60.83	5226	6.75
2001	55.90	12.71	68.61	4638	7.51
2002	72.50	14.23	86.73	5166	9.88
2003	87.75	5.11	92.86	1891	10.37
2004	112.73	9.58	122.31	3660	15.32
2005	167.93	12.13	180.06	4443	19.35
2006	235.73	15.48	251.21	6094	27.71
2007	366.41	36.54	402.94	13529	48.52
2008	217.85	6.80	224.64	3112	22.40

---

① 参见代艳《改革开放30年来西藏旅游业的发展历程与经验总结》,《西藏民族学院学报》2009年第1期。

续表

年份	国内旅游者（万人次）	国外旅游者（万人次）	旅游总人次（万人次）	外汇收入（万美元）	旅游总收入（亿元）
2009	543.57	17.49	561.06	7873	55.99
2010	662.31	22.83	685.14	10359	71.44

资料来源：2000—2007年的数据来源于西藏自治区统计局、国家统计局西藏调查总队编写的《西藏统计年鉴2008》；2008—2010年数据来源于西藏自治区人民政府网，《2008—2010年西藏自治区国民经济和社会发展统计公报》，http：//www.xizang.gov.cn/contentList.do?categoryId=1472。

在现代社会，尤其在紧张的都市生活中，因快节奏的生活所带来的匆忙、职业所带来的压力、激烈竞争所产生的紧张感、浮华生活所造成的心理失衡，人们迫切地希望能够暂时摆脱惯常的生活，去体验一种不一样的、全新的生活。旅游能够带给人们的不仅仅是放松，还是一种独特的体验和娱乐。到异国他乡去，置身于山水之中、乡村之中、异乡的人群之中，暂时逃离城市，逃离日复一日而变得单调的生活，体验一段不同寻常的经历，寻求某种变化或诗意。"以旅游的形式所表现出来的这种逃避与替代，作为对平庸的生活的补充和对想象力的印证，它所起到是一种'润滑剂'的作用，这也正是许多人对旅游、对故地重游乐此不疲的一个重要原因。"① 为了实现对惯常生活的逃避与替代，对不一样的生活的体验，旅游者需要借助一些差异性、独特性的产品或服务，在对它们的购买和消费中实现非凡的体验。手工业是人类自诞生之日起就具备的生存技能，但是在现代化的都市生活中，它已经变得遥远而模糊。西藏民族手工业唤起了人们对过去传统生活的记忆，嘎吱嘎吱作响的氆氇机、快速旋转的慢轮、② 上下挥舞的铁锤，这些将人们带到了那不太久远的过去，那田园牧歌的生活中。西藏民族手工艺品体现着当地民族独特的审美情趣和信仰观念，承载者民族的历史与文化，这些都与旅游者的惯常生活形成巨大的反差，因而对旅游者产生了巨大的吸引力。手工艺品成为旅游者喜欢的旅游纪念品，那些传统的手工技艺更是引发了旅游者怀旧情绪和无限的遐想。旅游业为西藏民族手工业提供了新的发展机会，也为本土手工艺人带来了新希望。

---

① 张晓萍、李伟：《旅游人类学》，南开大学出版社2008年版，第55页。
② 墨竹工卡地区的一种制陶的工具。

第十一章 手工艺品市场上的游客

西藏的手工艺人和游客被旅游业发展这条脉络紧密联系在一起。手工艺人通过自己生产的手工艺品服务于游客，游客则从手工艺品上了解西藏手工艺文化和手工艺人。在杰德秀这样的地方，由于当地旅游业的发展游客与手工艺人开始了直接的面对面的交往。对西藏的手工艺人而言，了解游客以及他们对手工艺品的需要正在成为一项重要的工作内容。那些在拉萨的八廓街市场上流连忘返的游客究竟是出于怎样的目的购买手工艺品的？游客在动机、行为上是否存在显著的差异？我们试图通过问卷调查结合现场观察、访谈找到问题的答案。

第一节 调查思路与方法

一 问卷设计

问卷设计分为背景部分和问题部分，背景部分主要了解被调查者的性别、年龄、民族、居住地、受教育程度、宗教信仰、收入水平等资料；问题部分的设计采用了封闭式问题和开放式问题相结合的方式，内容涉及游客购买手工艺品的动机以及对"真正的西藏民族手工艺品"的评价标准等。

二 效度和信度检验

效度（Validity）即有效性，是指测量工具或手段能够准确反映出测量事物的程度。[1] 由于问卷设计所采用的题项并非来自过去的文献，带有一定的探索性，笔者在问卷设计阶段咨询了相关领域的专家、学者，

---

[1] 参见杨明《休闲与旅游调研导论》，中国旅游出版社2006年版，第36页。

从而确定了问卷的内容和结构;在最终确定问卷之前又对部分游客进行了预调查,再根据预调查对象反馈的意见对问卷的部分提法和内容进行了修改。因此,问卷具有较好的内容效度,能够符合结构效度的要求。

信度(Reliability)即可靠性,是指测量结果的可靠性、一致性和稳定性,即测验结果是否反映了被测者的稳定的、一贯性的真实特征。本研究中采用了Cronbach的α系数来检验一组变量的内在信度,从而保证了入选变量的内在一致性。

三 调查方案的实施

调查人员选择了拉萨的大昭寺广场、布达拉宫广场、八廓街、宇拓路等游客和旅游纪念品商店最为集中的地方,此外,还在拉萨前往成都的火车上对游客进行了调查。同时,拉萨本地人和外来务工人员被排除在此次调查对象的范围之外。从调查样本的构成情况(见表11-1)来看,样本的选择较为合理,保证了样本的代表性和调查的科学性。本次调查总共投放问卷258份,收回有效问卷237份,有效率达91.9%。调查数据采用专业统计软件SPSS16.0进行统计分析。

表11-1 调查样本构成情况

个人变量	分类	所占百分比	个人变量	分类	所占百分比
年龄	18—24岁	22.8%	性别	男	50.2%
	25—40岁	46.8%		女	49.8%
	41—60岁	27.8%	收入地位	中偏低	11.0%
	60岁以上	2.5%		中等	69.6%
民族	藏族	11.1%		中偏高	19.4%
	汉族	82.7%	常住地	西藏省内	16.9%
	其他	6.2%		国内(含港澳台)	78.1%
信仰	藏传佛教或苯教	15.6%		国外	5.1%
	其他	13.1%	职业	企业管理人员	13.1%
	无	71.3%		企业一般员工	25.3%
受教育程度	高中及以下	15.2%		政府工作人员	21.1%
	大专	28.3%		事业单位人员	7.2%
	本科	46.8%		学生	6.8%
	研究生及以上	9.7%		其他	26.6%

第二节　游客购买手工艺品的动机

一　游客购买手工艺品的目的

调查人员设计了一个多项选择题以了解游客购买手工艺品的动机。75.6%的游客选择了"留作纪念",66.1%的游客选择了"作为礼物送人",35.3%的游客选择了"收藏",10.9%的客人选择了"受朋友委托而购买",另有8.5%的游客选择了"其他"。

二　游客购买手工艺品时考虑的因素

为了了解这一问题,本研究设置了一个多项选择题,列举了9个选项,涉及8个方面,包括"真实性""质量有保证""方便携带""价格合理""名气大""实用性强""美观、好看""包装"等,其中"真实性"方面包括两个相互排斥的选项:A"一定要是真正的西藏民族手工艺品";B"带有西藏的文化符号,让人感觉是西藏的东西,至于是不是真正的当地民族手工艺品并不重要"。

从调查结果表11-2来看,"真正西藏的民族手工艺品""价格合理""美观、好看""质量有保证",这4个因素被50%以上的被调查者选择。其中"真正西藏的民族手工艺品"排在第一位,有62.4%的被调查者选择了这一因素,这说明游客对充满西藏特色和民族特色的手工艺品心存向往,"西藏的""民族的"元素成为吸引游客购买的主要因素,从而也反映出地域特色是大多数游客的追求。而"方便携带""名气大""实用性强""包装"这4个因素却较少有游客选择。此外,分别有游客补充了"喜欢""材料讲究""样式与美感多种特色的融合""精致"等因素。

表11-2　　　　　　　购买手工艺品时考虑的因素

项目		所占百分比
真实性	真正西藏的民族手工艺品	62.4%
	带有西藏的文化符号,让人感觉是西藏的东西,至于是不是真正的当地民族手工艺品并不重要	26.2%

续表

项目	所占百分比
价格合理	58.2%
美观、好看	54.6%
质量有保证	52.3%
方便携带	40.1%
包装	21.6%
名气大	15.6%
实用性强	15.5%

三 影响购买考虑因素的相关因素分析

本研究采用了单因素方差分析（One-way ANOVA）或独立样本 T 检验（Independent-sample T test）以考察个人因素如民族身份、收入、职业等对旅游消费行为的影响。

（一）民族身份与购买考虑因素

独立样本 T 检验的结果显示，被调查的民族身份对"方便携带"因素的选择上有显著影响（P = 0.019）。结合列联表分析，非藏族中有41.3%的人考虑了这一因素，而藏族中这一因素的选择比例是 32.0%。这一差异产生的原因，有可能与调查对象的生活区域相关。被调查者当中非藏族相对于藏族而言，他们中间的更多人生活在藏区以外，路途遥远，所以会更多地考虑这一因素。

（二）收入地位与购买考虑因素

通过单因素方差分析发现收入地位对"名气大""质量有保证""价格合理"3 个因素的选择上有显著影响（其 P 值分别为 0.000、0.005、0.003）。结合列联表分析，发现中高收入家庭、中等收入家庭、中低收入家庭选择"质量有保证"这一因素的比例分别是 71.7%、49.7%、34.6%，说明收入水平越高，对旅游纪念品的品质要求越高。与此相对应的是，中高收入家庭、中等收入家庭、中低收入家庭选择"价格合理"这一因素的比例分别是 37.0%、61.8%、73.1%，说明收入水平越低，对旅游纪念品的价格就越敏感。此外，中高收入家庭、中等收入家庭、中低收入家庭选择"名气大"这一因素的比例分别是 37.0%、11.5%、0%，说明收入水平越高，游客在购买手工艺品时就越多地考虑产品的知名度、名气因素。

（三）常住地与购买考虑因素

通过独立样本 T 检验发现，常住地对"方便携带""真正西藏民族手工艺品"这 2 个因素的选择有显著影响（其 P 值分别为 0.038、0.008）。由列联表分析的结果可以看到，来自西藏自治区内的被调查者中有 21.1% 的人选择了"真正西藏的民族手工艺品"，而区外（包括境外游客）被调查者中却有 69.5% 的人选择了这一因素，后者远远高于前者。产生这一差异的原因在于，区外游客在其日常生活中很少接触到藏文化，又在大众传媒的宣传下对藏文化充满了神往之情。富有西藏特色和藏族风格的手工艺品与游客的惯常环境形成鲜明的差异，选择这些产品更能彰显旅游的价值，通过对富有地域特色的产品的消费游客实现了对日常现实的超越。区内游客由于一直生活在藏文化环境中，对这一文化非常熟悉，因而对西藏地域特色和民族特色的追求动力反而不如区外游客强烈。同时，列联表分析显示，区外被调查者中 41.7% 的人选择了"方便携带"，而区内被调查者中这一因素的选择比例是 34.2%。这是由于区外游客路途遥远，携带重物不变，因而在选择产品时会更多地考虑到这一因素。

（四）购买目的与购买时考虑因素之间的相关性分析

考虑到购买目的与购买时考虑的因素之间可能存在某种联系，因此进一步做了二元变量相关分析（Correlation），将显著值［Sig.（2-tailed）］小于 0.05 的结果提取出来，发现"留作纪念"这一购买目的与"方便携带"这一考虑因素之间，"做礼物送人"这一购买目的与"包装"这一考虑因素之间，以及"收藏"这一购买目的与"真正西藏的民族手工艺品"这一考虑因素之间是有关联的（其 P 值分别为 0.013、0.002、0.000）。再分别通过列联表分析，发现以"留作纪念"为目的的被调查者中有 44.9% 的人考虑了"方便携带"这一因素，而不以"留作纪念"为目的的被调查者中只有 25.9% 的人考虑了"方便携带"这一因素，这说明为"留作纪念"而购买手工艺品的旅游者会更多地考虑"方便携带"这一因素。以"做礼物送人"为目的的被调查者中 41.6% 的人考虑了"包装"这一因素，而不以"做礼物送人"为目的的被调查者中只有 11.9% 的人考虑了"包装"这一因素，这说明为"做礼物送人"而购买手工艺品的旅游者会更多地考虑"包装"这一因素。以"收藏"为目的的被调查者中 78.2% 的人考虑了"真正西藏民族手工艺品"这一因素，而不以"收藏"为目的的被调查者中只有 53.8% 的人考虑了"真正西藏民族手工艺品"这一因素，这说明为"收藏"而购买手工艺品的旅游者会更多地考虑"真正西藏民族手工艺品"这一因素。

第三节 旅游真实性问题

由于"真实性问题的探讨有的是在哲学层面,有的是在文化事实层面,这些不同层面混淆在一起,使'真实性'问题的讨论延续至今也没有一致的结论"①。要推动这一问题的研究走向深入,不仅需要进行逻辑结构上的梳理,同时也需要大量的实证研究。为了进一步了解游客对于"真正的西藏民族手工艺品"的标准是什么,本研究设计了11个指标,要求在回答购买手工艺品时考虑的因素中选择了"一定要是真正的西藏民族手工艺品"的调查对象做出进一步回答,并设置了"是""否"两个选项,在录入电脑时分别以数字"1"和"0"来代替。

一 游客关于真实性的标准

游客对11个指标的回答情况见表11-3,除了在x_1、x_2、x_3、x_9 4个指标上有超过80%的被调查者取得了一致意见,认为"真正的西藏民族手工艺品"应该是取自"宗教和传统文化题材",采用"传统图案和花纹",保持"传统色彩风格",并且"在西藏本地生产",在其他指标上远未达成统一,尤其在x_6和x_{11}两项指标,赞同和反对的声音各占一半。由此说明,游客在关于"真正的西藏民族手工艺品"的标准上并无统一的认识。

表11-3　　　　"真正西藏手工艺品"标准的问卷情况

指标	均值	指标	均值
x_1宗教和传统文化题材	0.88	x_7保持传统工艺流程	0.60
x_2传统图案和花纹	0.81	x_8拒绝使用大型机械	0.66
x_3传统色彩风格	0.83	x_9在西藏本地生产	0.81
x_4主要使用传统原材料	0.78	x_{10}生产者应主要是西藏本地人	0.31
x_5主要使用西藏的原材料	0.73	x_{11}生产者应主要为藏族人	0.50
x_6主要使用传统工具	0.53		

① 杨振之、胡海霞:《关于旅游真实性问题的批判》,《旅游学刊》2011年第12期。

为了进一步考察游客的性别、年龄、信仰、常住地、家庭收入地位、受教育程度等因素对真实性标准的影响，本书采用了单因素方差分析（One-way ANOVA）或独立样本 T 检验（Independent-sample T test）。分析结果显示：游客的性别、年龄、信仰、常住地、家庭收入地位都对真实性的标准有显著影响，具体如下。

（一）性别与真实性标准

T 检验结果显示性别对 x_8 "拒绝使用大型机械"、x_9 "在西藏本地生产" 两个指标有显著影响（P 值分别为 0.000 和 0.014）。结合列联表分析发现女性对上述两个指标做出肯定回答的比例分别为 85.1% 和 76.5%，男性则为 76.6% 和 68.3%，说明女性在这两个指标上的真实性标准要比男性严格。

（二）年龄与真实性标准

方差分析结果显示年龄对 x_8 "拒绝使用大型机械" 有显著影响（P = 0.008），结合列联表分析，18—24 岁、25—39 岁、40 岁以上的被调查者对该指标做出肯定回答的比例分别为 58.1%、79.0%、50.0%，说明 25—39 岁的被调查者在该项指标上有更为严格的标准。

（三）信仰与真实性标准

T 检验结果显示信仰对 x_3 "传统色彩风格"、x_5 "主要使用西藏的原材料" 两个指标有显著影响（P 值分别为 0.032 和 0.028）。结合列联表分析发现信仰藏传佛教或苯教的被调查者对上述两个指标做出肯定回答的比例均低于信仰其他宗教或无宗教信仰的被调查者，说明藏传佛教的信奉者在这两个指标上的真实性标准要比其他人宽松。

（四）常住地与真实性标准

T 检验结果显示常住地对 x_2 "传统图案和花纹"、x_3 "传统色彩风格"、x_6 "主要使用传统工具"、x_9 "在西藏本地生产"、x_{11} "生产者应主要为藏族人" 5 个指标上均有显著影响（P 值分别为 0.047、0.014、0.000、0.049、0.011）。结合列联表分析发现来自自治区外的被调查者对上述 5 个指标做出肯定回答的比例均高于来自自治区内的被调查者，说明自治区外的被调查者在这 5 个指标上的真实性标准要比自治区内的被调查者严格。

（五）家庭收入与真实性标准

方差分析结果显示家庭收入对 x_{10} "生产者应主要是西藏本地人" 有显著影响（P = 0.018），结合列联表分析，中低收入家庭、中等收入家庭、中高收入家庭的被调查者对该指标做出肯定回答的比例分别为 16.7.1%、27.5%、54.5%，说明经济水平越高，在该项指标上的真实性标准就越严格。

二 游客的真实性标准之因子分析

为了进一步分析游客对"真正的西藏民族手工艺品"的标准，本文采用了因子分析，以便将大部分的信息能具体地反映在较少的几个因子上。

（一）因子分析的前提条件检验

本研究首先对 11 个指标进行了检验。KMO（Kaiser-Meyer-Olkin）检验值为 0.832，大于 0.7 时，说明做因子分析的效果较好；Bartlett 球度检验给出的相伴显著值为 0，小于显著参照值 0.05，表明各变量之间的独立性假设不成立，适合做因子分析。

（二）构造因子变量

采用主成分法（Principal Components）和方差最大旋转法（Varimax），根据因子分析中提取公因子的标准，只保留特征值大于 1 的公因子。而对指标的取舍，则考虑以下 3 个条件：（1）共性方差大于 0.4；（2）因子载荷大于 0.5；（3）各个因子的信度系数 Alpha 值大于 0.7。最终 x_8、x_{10} 和 x_{11} 3 个指标被淘汰，只有 8 个指标进入到公因子结构中，见表 11-4。

表 11-4　　　　　　　　旋转后的因子载荷矩阵

指标	因子1	因子2	共性方差	指标	因子1	因子2	共性方差
x_1	0.793	0.206	0.672	x_5	0.337	0.688	0.587
x_2	0.743	0.212	0.597	x_6	0.171	0.784	0.644
x_3	0.864	0.230	0.799	x_7	0.146	0.715	0.532
x_4	0.806	0.171	0.679	x_9	0.139	0.642	0.431

因子分析的结果见表 11-5，大于 1 的特征根有两个，因此 2 个公因子被提取，其方差贡献率分别为 46.5% 和 15.2%，累计方差贡献率为 61.8%，即 2 个公因子共解释了总变异的 61.8%，说明因子分析的结果较好。

表 11-5　　　　　　　　因子解释原有变量总方差的情况

主成分	初始特征			提取公因子后的数据汇总			旋转后的数据汇总		
	合计	方差贡献（%）	累计方差贡献（%）	合计	方差贡献（%）	累计方差贡献（%）	合计	方差贡献（%）	累计方差贡献（%）
1	3.722	46.5	46.5	3.722	46.5	46.5	2.761	34.5	34.5
2	1.219	15.2	61.8	1.219	15.2	61.8	2.180	27.2	61.8

（三）因子命名

从表 11-4 可见，指标 x_1、x_2、x_3、x_4 在因子 1 上有较高的得分，且均大于 0.5；指标 x_5、x_6、x_7、x_9 在因子 2 上有较高的得分，且均大于 0.5。同时信度检验的结果显示，8 个指标的信度系数为 0.823，x_1、x_2、x_3、x_4 4 个指标的信度系数为 0.829，x_5、x_6、x_7、x_9 4 个指标的信度系数为 0.713，均达到 0.7 以上，说明其内部一致性较好。由此可以判断因子 1 包括了"宗教和传统文化题材""传统图案和花纹""传统色彩风格"和"主要使用传统原材料"4 个指标，因子 2 则包括了"主要使用西藏的原材料""主要使用传统工具""保持传统工艺流程"和"在西藏本地生产"4 个指标。题材、图案花纹、色彩、传统材料这些都是手工艺品直观呈现出来的，是显性的；原材料来源、生产工具、工艺流程、产品产地这些信息却不是直观呈现的，是隐性的。因此，本研究将因子 1 命名为"显性因素"，将因子 2 命名为"隐性因素"。

"显性因素"的方差贡献达到了 46.5%，远远高于"隐性因素"，说明一般而言，游客更加依赖于"显性因素"对"真正的西藏民族手工艺品"做出判断，也就是说那些追求真实性的游客更多时候是从题材、图案花纹、色彩、原材料等因素来判断眼前的手工艺品是否是"真正的西藏民族手工艺品"。

三　结论

（1）游客在真实性的关注程度上存在差异，一些人有明确的追求真实性的购买动机；一些人对真实性则抱着一种游戏的态度，只要求看起来像"真实的"就可以了；还有一些人对真实性未加关注。通过对真实性关注程度的影响因素分析，发现年龄、收入、受教育程度、信仰对真实性关注程度没有显著影响，但是常住地对真实性关注程度存在显著影响。来自自治区外的游客相对区内的游客而言，更加希望购买"真正的西藏民族手工艺品"，对仿冒的手工艺品则更加不感兴趣。分析原因，区外游客几乎都生活在藏文化环境之外，对西藏的异域风情比较迷恋，在旅游过程中会更倾向于选择有西藏特色和藏族风情的事物来消费。游客通过对其惯常环境中少有和有差异性的事物的消费来实现旅游的价值，从而也证明了科恩关于"（对大多数游客而言）旅游本质上是日常活动的一种暂时逆转"① 和格雷本（Nelson Graburn）关于旅游是一种"反结构"的判断。②

（2）真实性的标准是建构的、相对的。那些希望购买"真正的西藏民族手工艺品"的游客对于"真正的西藏民族手工艺品"的标准并无统一的认识，性别、年龄、信仰、常住地、家庭收入等因素都会影响到游客的真实性标准。一些人根据少数的几个指标就可以认定这是"真正的西藏民族手工艺品"，而另外一些人的标准就要严格得多。

（3）真实性标准可以概括为显性因素和隐性因素两大类，游客更多的时候是通过显性因素来判断产品的真实性的，正因为如此，游客在布尔斯丁眼中成为"肤浅的傻子"。但是既然真实性是建构出来的，人人都有自己对真实性的认识，人类学家的标准并不能成为大众的观点，也就不能以自己的标准来衡量别人的。正如科恩所说："大众旅游的成功，并不是由于它是一个巨大的骗局，而是由于绝大多数游客乐于接受的'真实性'概念，远远比诸如博物馆研究员和人类学家之类的专家学者要宽松。"③

---

① ［以］科恩：《旅游社会学纵论》，巫宁等译，南开大学出版社2007年版，第82页。
② 参见［美］格雷本《人类学与旅游时代》，赵红梅等译，广西师范大学出版社2009年版。
③ ［以］科恩：《旅游社会学纵论》，巫宁等译，南开大学出版社2007年版，第138页。

第十二章 旅游场域的建构

本土手工艺人从原来为自己家庭或本地市场生产到为游客生产，游客从自己的常住地转移到异国他乡，双方都置身于一个新的社会结构中。外来手工艺人与本土手工艺人同台竞技，也成为这一社会结构的组成部分。这一社会结构可以用布尔迪厄的"场域"来认识。

第一节 西藏民族手工艺蕴含了丰富的地域性

游客漫步于拉萨八廓街头，沉浸于它特有的氛围之中；他们在那些散发着独特韵味的手工艺品商店前驻足欣赏，折服于物品的精美、手工艺人技艺的精湛。不管游客对"真正的"西藏民族手工艺品的标准是什么，究竟在多大程度上是由题材、图案花纹、色彩等显性因素来判断的，他们中大多数人在主观愿望上是想要购买真正的西藏民族手工艺品，并希望以此作为对旅途生活的纪念。民族手工艺品何以能对旅游者产生吸引力，何以能成为旅游纪念品？在对问题的思考中，地域性这个概念被提了出来。

一 地域性的概念

对地域性的解释首先要回到诺伯舒兹（Christian Norberg-Schulz）的"场所精神"。

（一）诺伯舒兹的"场所精神"

诺伯舒兹是挪威著名建筑理论家，在他看来，"建筑是赋予人一个'存在的立足点'（existential foothold）的方式，因此主要目的在于探究建筑精神上的含义而非适用上的层面"①。人需要象征性的东西,也就是"表达生活情境"的艺术作品,人的基本需要在于体验其生活情境是富有意义的,艺术作品的目的则在于"保存"并传达意义,因此建筑师的任务是创造有意义的场所,帮助人定居。场所是"由具有物质的本质、形态、质感及颜色的具体的物所组成的一个整体"②。一般而言,场所都会具有一种特性或气氛,诺伯舒兹把它称作场所精神。"场所精神"(the spirit of place)发源于古罗马,"根据古罗马人的信仰,每一种'独立的'本体都有自己的灵魂(genius)、守护神灵(guaraian spirit),这种灵魂赋予人和场所生命,自生至死伴随人和场所,同时决定了他们的特性和本质……古代人所体认的环境是有明确特性的,尤其是他们认为和生活场所神灵的妥协是生存最主要的重点。从前生存所依赖的是一种场所实质或心理感受上'好的'关系。"③场所精神是场所的本质,是人在场所中体验到的综合性氛围以及由此产生的认同感。认同感意味着与特殊环境为友,比如北欧人对雾、冰和寒风的适应并引以为乐,阿拉伯人与沙漠和炙热的太阳为友,等等。人所体验的环境是充满意义的,正如布尔诺所说"所有的气氛都非常和谐,也就是说每个特性都有一个内外世界之间,以及肉体与精神之间的关联"④。诺伯舒兹认为,"当人定居下来,一方面他置身于空间中,同时也暴露于某种环境特征中,这两种相关的精神更可能称之为'方向感'(orientation)和'认同感'(identification)。想要获得一个存在的立足点,人必须有辨别方向的能力,他必须晓得身置何处。而且他必须晓得和某个场所是怎样的关系"。②同时他指出:"在原始社会里,即使是环境中点点滴滴的事物也都为人所熟悉,并且充满意义,而这些点点滴滴的事物更形成了复杂的空间结构。然而在现代社会里,所有的注意力都集中在方位实际的功能上,认同感只能听天由命了。结果真正的住所在精神感觉上已经被隔离感所取代。因此更确切的了解'认同感'和'特性'的概念乃当务之急。"③

(二)地域性

诚如场所具有"场所精神",地域也具有"地域性"。地域性是地

---

① [挪]诺伯舒兹:《场所精神:迈向建筑现象学》,施植明译,华中科技大学出版社2010年版,第3页。
② 同上书,第7页。
③ 同上书,第18页。
④ 同上书,第20页。

域的特性,是人在地域中体验到的综合性氛围以及由此产生的认同感。一方面,它标志着这片土地的特殊性,使这一地区能够从众多地区中区别出来;另一方面,它体现着这片土地丰富的意义内涵,激发置身其中的人产生美好的情感和心理反应。地域性既可以通过某一地域中的自然、物质形态来表现,也可以通过生活在这一地域的人的精神观念和行为方式表现出来。在民族地区,民族所特有的文化是地域性的重要表现形式,因而在这样的地区民族性和地域性往往是相互包容的。

二 西藏民族手工艺文化的地域性分析

(一) 世代传承的手工技艺

西藏人民在适应当地环境、利用当地物产资源、发展当地生产过程中,也在和外来文化的融合交流中发展出自己独特的手工技艺。今天,在全球化和现代化的浪潮中,很多地方的手工业早已退出了历史舞台,传统手工业已经被机械化生产所替代。而在西藏的农村,甚至是像拉萨这样的大城市中,很多传统的手工技艺被保留、传承下来。杰德秀的邦典生产、泽当的毛哗叽制作集中体现了藏民族精湛而独特的手工技艺。

(二) 与自然和谐共存的生产方式

大自然为手工业生产提供了丰富的原材料:成群的牛羊为手工业提供了毛绒、皮革、牛角、牛骨等原材料;丰富的植物、矿物为氆氇、卡垫、邦典生产提供了天然的染料;珍稀的矿产资源为五金匠人和珠宝匠人提供了金属原料和石材;广袤的森林为木匠、雕刻师傅提供了优质的木料。千百年来,手工艺人就地取材,发展出灿烂的手工艺文化。同时,手工艺人也深谙与自然和谐相处的道理,资源不能过度攫取,所有的砍伐、开采行为都必须控制在一定的时间、范围,这样才能保证手艺能长久地存在下去。

(三) 独特的精神气质和审美情趣

马克思指出,在人类历史初期,"不同的共同体在各自的自然环境中,找到不同的生产资料和不同的生活资料。因此,它们的生产方式、生活方式和产品,也就各不相同"①。因此"生活在高原、草原地带的人们主要从事畜牧业,而生活于大河流域的民族多过着农耕生活"①。正是在这种由特定的地理环境的制约而形成的长期的物质生产实践活动

---

① 李学智:《"地理环境决定论"的谬误与正确——从孟德斯鸠、黑格尔到马克思》,《中国社会科学院报》2008 年,第 13 页。

中，某个民族逐渐形成了具体的、具有某种特点的气质性格和心理状态。而人的精神气质又是所处文化环境形塑的结果，个人通过有意识的学习和无意识的模仿习得社会所认同的行为模式，由此成为社会的一员，他们共享一套理想、价值和行为准则。在独特的自然环境和人文环境中，西藏的手工艺人形成了独特的审美观念和精神信仰。

手工艺品既是物质生产的结果，同时也是精神世界的产物。生产者将自己的历史、情感、信仰融入手工业生产中。走进西藏，走进手工业，人们无不为这些产品所蕴含的精神内涵所吸引。它的图案、花纹、主题体现出藏民族的精神信仰、审美情趣与文化传统。随处可见的佛的形象、寺庙的形象，以及白海螺、金刚结、宝瓶、宝伞等"吉祥八宝"的图案无一不在告诉我们当地人对于藏传佛教的信仰。而唐卡更是对西藏历史文化的记载，对藏民族虔诚的宗教信仰的反映。手工艺品是民族文化或地域文化的重要载体，体现着一个民族或地域的精神世界，从这个意义上讲，手工艺品既是"物质的"，也是"精神的"。"一个民族的工艺美术品往往是该民族的文化象征和一个地区生活方式、文化习俗、历史传承及自然物产的体现。世界各地多元化的地理环境和自然物产，造就了人类社会多元化的文化艺术。作为服务于人类物质生活和精神生活的工艺美术品，则是这种多元文化的物化和载体。它们所体现的，是人与自然、人与其所处社会环境及历史文化的种种关系。"①

手工艺体现着以藏民族为主体的西藏人民在适应自然环境和改造社会的过程中的智慧与精神世界。在我们所生活的时代，现代化几乎波及人类居住的每一个角落，伴随着现代化的推进，机械取代了人力，手工艺变得越来越稀缺。独特的原材料、独特的手工技艺、独特的精神气质和审美情趣这些因素让西藏的民族手工艺具有了一种迷人的魅力，成为了重要的地域性资源。

第二节 地域性资源的资本化

一 地域性资源

我们把那些具有地域性的资源称作地域性资源。本书所论述的地域

---

① 廖杨：《旅游工艺品开发与民族文化商品化》，《贵州民族研究》2005 年第 3 期。

性资源,是指所有地域性吸引物,即对客源市场产生吸引力的所有的东道主所在地的场景、氛围、资源、环境和通过地域性资源开发出的地域性产品,我们把广义的地域性吸引物当作地域性资源,而没有考虑资源转化产品的过程。也就是说,即使地域性产品,也是一种地域性资源。

(一)地域性资源的构成

地域性资源是一个资源体系,它包含了自然和文化两大类别。

1. 自然资源

上天赋予了不同地区不同的自然资源,人们通过对地质、地貌、生物、水文、气候等因素的识别可以把世界划分为各个地理单元,在不同的地理单元内自然资源表现出极大的差异性。

西藏为喜马拉雅山脉、昆仑山脉和唐古拉山脉所环绕,平均海拔4000米以上,被称为"世界屋脊",是世界上最大、最高的高原。青藏高原的主体,地形复杂多样,主要分为四个地带:一是藏北高原,位于昆仑山脉、唐古拉山脉和冈底斯—念青唐古拉山脉之间;二是藏南谷地,在雅鲁藏布江及其支流流经的地区,其中包括世界上最大的峡谷——雅鲁藏布大峡谷;三是藏东高山峡谷,即藏东南横断山脉、三江流域地区;四是喜马拉雅山地区,其中包括世界第一高峰——珠穆朗玛峰。由于地理条件的不同,藏北高原和藏南谷地气候差异很大,藏北为大陆性气候,年均气温在零摄氏度以下,藏南则温和多雨。总体上西藏气候是西北严寒,东南暖湿,由东南向西北带状更替。此外有多种多样的区域气候及明显的垂直气候带。西藏独特的自然条件和资源带给人们丰富的感受与体验。曾有一篇博客这样谈到西藏:"有人说你是圣地,有人说你是天堂,我说你是,漂洗灵魂的地方。当你感到人生的路,太坎坷,太漫长,就来这里吧,看看一路叩首的朝拜者,漫漫的朝拜路上,他们没有过犹豫,没有过彷徨。当你感觉生活中,频频的失意迷惘,就来这里吧,坐在纳木错湖边,看看清澈的湖水,看看雪山瑰丽的模样,看看碧透碧透的蓝天,看看一尘不染的白云飘荡。或许,你可以漫步,每一座寺院的殿堂,听听佛号鸣响,听听经声悠扬,让远离尘嚣的视野,遁入空寂的无想。凡世的衣装太累,奢靡的酒肉毒肠,官场商场皆在尔虞我诈,一点点地丧尽,人类最原始的包装。想卸下思想的负重,就来这里吧,它净化你的视野,也会把你的灵魂污秽涤荡。"[①] 这

---

① 资料来源于赵强的原创博客,《梦往西藏》(http://zq13946427410.blog.163.com/blog/static/80244361201109111751528/)。

首诗向我们描述了：烦，或者说烦忙，是现代人的生存的惯常状态。正如本书在第一篇中谈到的，我们生活在追名逐利的现实中，生活在喧嚣的城市里，而栖居的大地早已千疮百孔，天地神人难以归为一体，世俗的生活栖居，难以寻找到诗意。于是，我们背上行囊去旅游，在西藏的神山、圣水中回归自我，去获得诗意的栖居体验。

2. 文化资源

文化是一个复合体，为了比较和分析起见，我们习惯上把文化分解成各个部分。比如按照文化的"三分法"，文化可以被分为物质文化、制度文化和精神文化。同时，文化是一个整体，文化的各个部分之间总是相对和谐地运转的，任何一个部分的改变都会带动其他部分的改变，各个部分对已变化部分的调适带动了文化整体的进化。① 地域性可以通过人们创作的物质文化、制度文化和精神文化体现出来。信仰是民族文化的核心内容，西藏是一个佛教圣地，藏族是一个全民信教的民族。佛是藏民族的精神信仰，人们将对佛的信仰与忠诚融入生活的方方面面，融入人们的日常的行为中。不管是布达拉宫、雍布拉康等建筑，藏传佛教仪轨、象征物还是当地人的衣食住行，这些都体现了地域性，并且在特定的时代背景下成为一种有用的资源。

自然资源和文化资源之间是相互影响的：一方面人的生存与发展离不开自然，自然向人类提供了最基本的物质基础和生存条件，人类从自然中吸取能量、水分、食物；另一方面人类通过自己的创造性劳动也在改变着自然的原有形态，给自然打上了人类的烙印。但是，人类的活动不能超越自然环境的承受能力，为了实现可持续发展，人类必须选择与当地自然环境相适应的思想观念和行为模式。正是独特的自然环境以及在这一环境之下人类对特定行为模式的选择才形成了一个地方的地域性。

地域性资源包括了自然资源与文化资源，但是地域性资源不能简单化约为一个区域的自然资源和文化资源，这是因为，地域性资源不是一地所有自然资源和文化资源的总和，而只是其中的一部分。这个部分必须带有典型的地域特征，并且对外来者具有吸引力。用地域性资源这个概念更加符合人们的认知习惯，因为游客对东道主的认知是整体性的，对东道主的感知就是一个整体，游客不会去区分哪些部分是自然的，哪

---

① 参见［美］威廉·费尔丁·奥格本《社会变迁》，王晓毅等译，浙江人民出版社1989年版，第194—201页。

些部分是人文的。地域性是一个地域的本质属性,是一个地域的文化、气质和精神的象征,其本质属性的外部表征又是通过地域性资源显现的。地域性资源通过在空间和时间的分布,来显现其独有的地域特色。

(二) 地域性资源的时空特征

1. 空间特征

地域性资源是空间上的存在物,地域性资源在空间上的集结(gathering)使空间有了外部和内部之分。各地的自然资源千差万别,与之相适应的生活方式和生产方式更是林林总总。每个民族的历史不同、传统不同、区位不同、机遇不同,其发展的方式、内容和进程也不同。差异化的自然和人文环境还造就了不同地区的人在气质、性格、观念、信仰、行为上的不同。地域性资源在空间上的集结使得该空间和其外部的空间之间形成了鲜明的差异性。但是在空间内部自然资源和文化资源都有着共同性或相似性,比如,大家普遍认同、共同遵守一整套的精神观念和行为模式,正是由于全体成员共享着精神观念和行为模式,他们的衣着、言行才具有统一性,才能被外界所识别。因此区域内的相似性是区域外的独特性的基础。

在外部空间和内部空间之间存在一条边界,边界的两边有着质的不同。同时空间不是静止的、僵化的,这不仅是因为文化特征和自然特征的变化是一个渐进的过程,从而使得边界内外形成过渡带,在这个内部和外部空间的过渡带上,是地域性最活跃的区域,出现不同文化特征和自然特征的共存,各种文化相互融合。所以,在一个文化空间的核心区,传统的文化得以坚守;在一个文化空间的边沿地带,文化的融合最为活跃,许多新的文化因子得以诞生,文化形态和生活形态丰富多彩。比如,历史上汉、藏、蒙、纳西等民族在青藏高原东部边缘地带的势力此消彼长,形成了藏彝走廊过渡地带。这一过渡地带是藏文化区与汉文化区边界上文化融合最活跃的地区,无论从自然性还是从文化性来看,都表现出颇有魅力的多样性。由于文化的融合,边界反而比较模糊。边界之外是外部空间,外部空间的地域性与内部空间的地域性有着本质的差别,这使得每一个地域性都有着自身的独特性。

2. 时间特征

地域性资源是时间的生成物,是一定空间范围内自然要素和文化要素在时间长河中累积的结果。文化资源在同一民族或同一地域的人中代际相承,每一代人身上都有上一代人的影子,同时也对下一代产生着影响。通过这种代际间的传承,地域文化保持了历史的延续性和相对的稳定性。地域性资源还是变化和发展的，每一个时代都有新的内容被注入其中，他们改变着地域性的表现形式，有时这种改变是极其剧烈的，比如，巨大的自然灾害或者激烈的社会动荡都有可能彻底改变原有的地域性。但是在适应新的环境的过程中新的地域性资源也将随后形成，并随着时间的流逝不断地强化和加固。

（三）地域性资源是诗意地栖居的基础

"现代化的产生使工作关系、历史及自然与传统的根基产生了脱离"[①]，现代人在惯常环境中已难以"诗意地栖居"，他们逃离惯常环境，到异国他乡去，在异乡的蓝天下、山水间，在异域的人群中、文化里过一种不一样的生活，回归自我，从而实现"诗意地栖居"。异乡的蓝天、山水，异域的文化都是地域性资源，要实现"诗意地栖居"，游客必须借助对旅游目的地的地域性资源的消费。

地域性资源随时提醒游客意识到他已经离开自己的惯常环境，而身处于一个新的环境之中，并引领他们去感受和体验旅游目的地的独特之处。比如，绵延的雪山、纯净的湖泊、雄伟的布达拉宫、匍匐前行的朝圣者，这些都让游客意识到这里是西藏，自己已经从惯常环境中解脱出来。地域性资源中蕴藏的丰富的地域性，激发了游客或惊奇、或感动、或愉快、或怀旧的美好情感。游客通过对地域性资源的消费，实现了对现实环境的超越，从而体验到一种不同于日常的生活。通过体验，游客在旅游目的地完成了短暂的"诗意地栖居"，从而实现了在迷茫的世俗生活中短暂地找回了自我、回归了本我、发现了自我的目的。

二 地域性资源向地域性资本的转化

（一）资本概念的梳理

关于"资本"一词的产生和演变，当代法国历史学家布罗代尔（Braudel）做了详细的考察，在他之前，奥地利经济学家庞巴维克（Bohm-Bawerk）对资本概念的来源也做过考察。根据他们的研究，英语中的"资本"（capital）来自拉丁语中的"caput"一词，caput是"头部"的意思。"资本"一词出现于十二三世纪的意大利，有"资金""存货""款项"和"生息本金"等含义，用来表示贷款的本金，与利息相对。接着这一名词由意大利传播到德意志、尼德兰和法国。后来人

[①] [美]麦克坎纳：《旅游者：休闲阶层新论》，张晓萍等译，广西师范大学出版社2008年版，第101页。

们从货币价值、资金、资产、本钱和财富等含义接受和使用"资本"一词。亚当·斯密（Adam Smith）在其著作《国富论》的第二篇第一章"论资财的划分"中把一个人所有的资财分为两部分，其中一部分用作目前的直接消费，它不产生任何收入或利润；另一部分用于投资并从中取得收入，这部分被称作资本。这也就是说，"资本"就是用以投资并给投资者提供收入和利润的财物。

实现价值增值是资本的自然属性，卡尔·马克思（Karl Marx）曾经对货币转化为资本的过程进行了分析，它用公式 G－W－G 来表示，货币转化为商品，商品再转化为货币，为卖而买。在这种运动过程中货币转化为资本。在简单商品流通 W－G－W 中，两极具有同样的经济形式，二者都是商品，而且是价值量相等的商品，但它们是不同质的使用价值。而在 G－W－G 这个流通中则不同，两极都是货币，一个货币额和另一个货币额只能有量的区别。因此，G－W－G 过程之所以有内容，不是因为两极有质的区别，而只是因为它们有量的不同。最后从流通中取出的货币，多于起初投入的货币。因此，这个过程的完整形式应该是 G－W－G'。其中的 G' ＝ G ＋ ΔG，即等于原预付货币额加上一个增值额。但是，马克思关于资本的研究没有停步于此，他进一步分析了价值增量 ΔG 的来源，由此发展出剩余价值理论，帮助人们认识资本的社会属性。在资本主义社会，劳动力成为商品，这种商品具有特殊的使用价值：它是价值的源泉，并且能够创造出比自身价值更大的价值。劳动者实际创造的价值大于劳动力价值，两者之间的差额即 ΔG，就形成了剩余价值。资本家凭借对资本的占有而无偿地占有了剩余价值，资本成了"能够带来剩余价值的价值"。"剩余价值以从无生有的全部魅力引诱着资本家。"① 资本家进行资本主义生产，不是为了要享用工人为他生产的商品的使用价值，而是为了攫取工人生产的剩余价值。马克思指出："资本不是物，而是一定的、社会的、属于一定历史社会形态的生产关系，它体现在一个物上，并赋予这个物以特有的社会性质"②。"黑人就是黑人。只有在一定的关系下，他才成为奴隶。纺纱机是纺棉花的机器。只有在一定的关系下，它才成为资本。脱离了这种关系，它也就不是资本了。"③

---

① 中共中央马克思恩格斯列宁斯大林著作编译局：《马克思恩格斯全集》第 23 卷，人民出版社 1961 年版，第 243 页。
② ［德］马克思：《资本论》第 3 卷，人民出版社 1975 年版，第 20 页。
③ 中共中央马克思恩格斯列宁斯大林著作编译局：《马克思恩格斯全集》第 6 卷，人民出版社 1961 年版，第 486 页。

自资本概念产生以来，随着人们认识的发展资本的形态也在不断变化和发展。20世纪30年代，美国学者沃尔什（Walsh）在其发表的《人力资本观》一书中，首次提出人力资本的概念，认为人力资本也是一种资本，是与物质资本相对应的，是指凝聚在劳动力身上的知识、技能及其所表现出来的能力，而且这种能力成为促进经济增长的主要因素，是具有经济价值的一种资本。第二次世界大战后，由于传统经济理论无法完全解释经济增长问题，人力资本的概念逐渐被人们普遍接受。按照传统经济理论，经济增长必须依赖于物质资本和劳动力数量的增加。但是一些西方经济学家用索罗模型进行实证分析时，总会发现经济增长率与人口增长率、物质资本增长率之间存在较大的差异，而这种差异仅靠索罗余量来解释，可能存在较大争议。舒尔茨（Schultz）从传统理论无法解释国民收入增长与国民资源增长之间的缺口发现并创立了人力资本理论。他明确提出人力资本是当今时代促进国民经济增长的主要原因，"人所获得的能力是尚未得到解释的生产力提高的一个重要原因"[1]。"国民产量的增长比较土地和按人时计算的劳动量以及能再生产的物质资本的增长更大，这种情况已经普遍可见。对人力资本的投资大概就是这个差额的主要说明"[2]。舒尔茨认为，所谓人力资本，是相对于物力资本而存在的一种资本形态，表现为人所拥有的知识、技能、经验和健康等。人力资本的显著标志是它属于人的一部分。它是人类的，因为它表现在人的身上；它又是资本的，因为它是未来满足或未来收入的源泉。

布尔迪厄则把马克思的资本概念推广到了社会活动的一切领域，他指出资本占有者凭借资本所得到的收益不仅仅是经济收益，还包括了符号收益和社会收益等。他曾这样定义资本："资本是积累的（以物质化的形式或'具体化的'、'肉身化的'形式）劳动，当这种劳动在私人性，即排他的基础上被行动者或行动者小团体占有时，这种劳动就使得他们能够以物化的或活的劳动的形式占有社会资源。"[3] 布尔迪厄的定义中隐含了资本的三个特性：第一，资本的生成性，即资本是积累的劳动；第二，资本的排他性，即资本应与私人占有关系一致；第三，资本

---

[1] [美]西奥多·W.舒尔茨：《人力资本投资：教育和研究的作用》，蒋斌等译，商务印书馆1990年版，第4页。

[2] 同上书，第1页。

[3] [法]布尔迪厄：《文化资本与社会炼金术——布尔迪厄访谈录》，包亚明译，上海人民出版社1997年版，第190页。

的获利性,即资本是一种能获得更多资源的资源。"人们醉心于资本,角逐着资本,因为占有这些资本就意味着把持了在其身处的社会结构中利害攸关的专门利润的得益权。"① 在高度分化的社会中,文化资本是某种形式的权力资本,布尔迪厄通过把经济分析的逻辑扩展到表面上非经济的商品与服务而把它理论化了②。他指出文化资本以三种不同的状态存在,首先,它指一套培育而成的倾向,即个体行动者通过家庭环境及学校教育获得并成为自身精神与身体组成部分的知识、教养、技能、趣味及感性等,这是文化资本的身体化的存在状态;其次,文化资本是以一种涉及客体的客观化的形式存在,比如书籍、绘画、古董、文物等知识载体和文化表现形式;最后,文化资本是以机构化的形式存在的,在此布尔迪厄指的是教育文凭制度。与人力资本理论家不同,布尔迪厄集中关注的是各种类型的资本在社会分层中的作用和意义,他把分析的焦点从个体的或全球社会的生产力的恢复,转向文化投资对于社会阶级结构之维持的影响。他更加注重不能用金融术语加以量化的文化社会化与文化传递的细微方面。布尔迪厄发现一个历史趋势:文化资本正在变成越来越重要的新的社会分层的基础。

  由于全球生态环境问题日益严重,人们开始逐渐认识到保护和维持自然生态系统对人类社会发展的重要性,自然资本的概念也被提了出来。自然资本是指在一定的时空条件下自然资源及其所处的环境在可预见的未来能够产生自然资源流和服务流的存量,例如土地、矿产、大气、水能源、动物、植物、微生物及其所组成的生态系统和环境等③。1948年沃格特(Vogt)第一个提出了自然资本的概念,他指出耗竭自然资源资本就会降低美国偿还债务的能力。1988年大卫·皮尔斯(David Pearce)引入了自然资本的概念,他在《自然资源与环境经济学》一书中认为如果自然环境被当作一种自然资产存量服务于经济,可持续发展政策目标就可能具有可操作性。1994年世界银行出版了《扩展衡量财富的手段》的研究报告,将资本划分为4个部分:人造资本、人力资本、自然资本和社会资本,提出一个国家的财富应该包括自然资本,并将土地、森林、湿地等作为自然资本的组成部分对世界各个国家的自

---

① [法]皮埃尔·布尔迪厄、华康德:《实践与反思——反思社会学导引》,李猛等译,中央编译出版社1998年版,第134页。
② 参见戴维·斯沃茨《文化与权力:布尔迪厄的社会学》,陶东风译,上海译文出版社2006年版,第88页。
③ 参见曹宝、秦其明等《自然资本:内涵及其特点辨析》,《集体经济》2009年第4期。

然资本的经济价值进行了评估。2000年霍根（P. Hawken）等出版了题为《自然资本论：关于下一次工业革命》的论著，他指出，自然资本不仅包括为人类所利用的资源，如水、矿物等，还包括草原、沼泽等在内的生命系统。这样，一个健康的经济系统必须有四种类型的资本才能正常运转：以劳动和智力，文化和组织形式出现的人力资本（Human Capital）；由现金、投资和货币手段构成的金融资本（Financial Capital）；包括基础设施、机器、工具和工厂在内的加工资本（Manufactured Capital）；由资源、生命系统和生态系统构成的自然资本（Natural Capital）[1]。传统的资本理论只关注前三种资本，而忽略了第四种资本。自然资本思想的核心是人类的生存与发展离不开自然资本，尤其是某些关键自然资本，如生态系统和环境是支撑人类生存与发展的前提和基础。无论人类文明和科学技术发展到多么高的地步，自然生态系统提供给人类的生态服系统功能都无法替代。

综上所述，资本的表现形态是多样的，在不同的历史时期，不同的资本进入人们的认识领域，并且在不同的社会结构中实际发挥作用的资本也不可完全通用，诚如布尔迪厄所说，"每一个场域都拥有各自特定的利益形式和特定的幻想"[2]，资本的转化过程都是在特定的社会关系和社会条件下展开的。

（二）地域性资本的概念及特征

游客在吃、住、行、游、购、娱六大环节中所消费的产品的核心其实是地域性，因为如果把这些体现着民族风情和地域特色的因素抽取出来，整个的消费行为将会和日常的行为没有区别，也就没什么乐趣可言。所以当游客花着各式各样的货币，在旅游目的地享受灿烂的阳光，呼吸清新的空气，欣赏优美的风景，购买手工艺品，品尝风味小吃，住在当地民居改造成的家庭旅馆，以期获得与众不同的一段经历时，隐藏在这些行为背后的是，游客消费了东道主的地域性资源。而东道主通过向游客出售地域性资源获得经济收益，占有了地域性资源，东道主就获得了源源不断地从旅游市场中获利的权力。从功能上讲，这时地域性资源已经成为资本。地域性资本就是地域性资源自身价值的积累，是地域性资源在旅游经济活动中获得收益并不断增值的能力，它具有以下3个

---

[1] 参见霍根《自然资本论：关于下一次工业革命》，王乃立等译，上海科学普及出版社2000年版。

[2] ［法］皮埃尔·布尔迪厄、华康德：《实践与反思——反思社会学导引》，李猛等译，中央编译出版社1998年版，第159页。

重要特征。

1. 地域性资本具有直接体验性

人们如果要对地域性资本直接进行消费,那他首先要亲自来到地域性资本的出产地即东道主原住地,在一系列的过程中体验和感受,比如参加当地的庆祝活动,住在当地人的房子里,品尝当地美食,等等,之后再带着对这一体验的记忆离开。游客也可以购买各种各样的旅游纪念品并把它们带回家,但是自然生态环境、精神观念和行为模式这些地域性资本并没有被游客带回,游客可以体验但是不能带走地域性资本。

2. 地域性资本具有旅游和经济双重价值

地域性资本具有旅游价值,对游客而言它能够帮助他们实现不一样的生活体验,实现对惯常环境的超越。地域性资本同时还具有经济价值,它能被赋予经济价值的主要原因恰恰在于它本身的旅游价值,游客购买地域性资本看中的是它的旅游价值,即旅游价值能够产生经济价值。东道主看中的却是地域性资本的经济价值,通过将地域性资源转化为产品并出售给游客,他们获得了维持生存和发展所需要的经济收益。

3. 地域性资本只有在地域性资源被游客消费时才能产生

地域性资本由地域性资源转化而来,当游客消费了地域性资源并为此付出经济成本时,地域性资源才能转化为地域性资本。在民族手工艺品的市场交换中,要判断是否产生地域性资本,首先就要分析地域性资源是否被购买者看重,进而为购买者所消费。在西藏的农区和牧区,存在很多家庭手工业,他们的产品大致有三大用途:首先是家庭自用,满足家庭必需的物质生产和生活的需要;其次是送礼,以建立和改善人际交往;如果还有剩余的话,他们会在当地市场上出售,再换回一些家庭需要的其他产品。在前两项用途中,我们可以判断生产者及其产品中的地域性资源的价值没有得到体现;但是在第三项用途中,地域性资源的价值有没有得到体现呢,我们需要区别对待。一种情况是,购买者将手工艺品看作一个差异性的事物,一个被赋予了独特精神气质,从而与日常所见之物相区别,具有独特意义的物品,这时地域性资源的价值在商品交换中得到了体现。反之,则不然。游客是怀着对一种不一样的生活的期望踏上旅游地区的,这决定了他们在东道主的消费行为的目的是体验一种不同于日常的生活,地域性资源成为主要的吸引物并为游客所消费,进而转化成为地域性资本。

(三) 地域性资源向地域性资本的转化路径

中国的民族地区大都分布在交通落后、环境封闭的高原、山区，缺乏资金、技术这些资本发展模式所必需的要素。而在现行不公平的世界体系下，民族地区要通过出售农产品、原材料和输出劳动力的方式完成资本的原始积累是非常困难的。所幸的是，民族地区有着丰富的地域性资源，这为民族地区的发展打开了一扇新的大门。民族地区需要将自身拥有的优势资源即地域性资源转化为地域性资本。

地域性资源向地域性资本的转化即地域性资源的资本化是指，依托地域性资源，开发相关产品，通过市场化运作，将其潜在的经济价值转化为现实的经济价值的过程。这一转化路径可以用公式"$D-W-G$"来表达。即地域性资源 D 通过和劳动者的劳动相结合转化成产品 W，再送入旅游市场上交换得到货币 G。比如将自己的生活或生产场景搬到"前台"供游客参观、参与和体验，或者将带有地域性的有形产品如地方美食、手工艺品卖给游客，由此获得收益。如果对这一过程进行投入和产出分析，在前一种情况，地域性资源的占有者的投入几乎为零，因为所展示的生活或生产场景本来就是生活的一部分——过节了就要进行庆祝活动，为了满足家庭生活的需要就要制作手工艺品，并不会因为游客的到来而增加什么额外的投资。但是这种近乎零的投入（当然，有的地域性产品的生产也是需要投入的，尤其是依据地域性资源而生产的创新性产品，但这些产品大多不是东道主所为。在东道主获取原始资本积累后，也可能投入进行资本再生产）却带来了可观的经济收益，实现了价值从无到有的飞跃。在后一种情况，由于有了地域性资源，产品超越了作为普通商品的使用价值，而具有"帮助人们实现对不一样的生活的体验"的旅游价值，而这恰恰是游客所看中的。产品在旅游市场上获得的收益一般情况下要高于本地市场上获得的收益，这个差额的背后就有地域性资源的价值。游客购买邦单，并不是要把它当作一块围裙使用，而是要借助它感受和体验西藏的民族文化。

从以上的分析中，我们看到地域性资源能够带来价值的增值，掌握地域性资源的人通过不断地再生产，也就能不断地获得增值的经济收入，占有这些资源"就意味着把持了在其身处的社会结构中利害攸关的专门利润的得益权"，这时候地域性资源也实现了向地域性资本的转化。

第三节　场域视角下的西藏手工艺人与游客

一　布尔迪厄的场域理论

场域概念是由法国当代社会学家、人类学家布尔迪厄（Bourdieu）提出来的。在布尔迪厄看来，社会学的任务，就是"揭示构成社会宇宙（social universe）的各种不同的社会世界（social worlds）中那些隐藏最深的结构，同时揭示那些确保这些结构得以再生产或转化的'机制'"。① 布尔迪厄的社会学力图超越主观主义与客观主义的二元对立，试图将它们综合进入一个总体的知识框架中———一种关于社会的总体性科学。在布尔迪厄看来，"那种目的论个人主义要么用掐头去尾的过度社会化了的'文化傀儡'（cultural dope）的形式来认识人们，要么用多少有些改头换面、精心装扮却仍表现为经济人的方式来认识人们。客观主义和主观主义，机械论和目的论，结构必然性和个人能动性，这些对立都是虚幻的，每一组对立中的双方都彼此强化。这些对立混杂在一起，掩盖了人类实践的人类学真相。为了超越这些二元对立，布尔迪厄将那些构成表面截然对立的范式所依凭的'世界假设'，转变成了一种旨在重新把握社会世界双重现实本质的分析方法中的一系列环节。由此产生的社会实践理论综合了'结构主义'和'建构主义'两种途径。"② 为此，布尔迪厄主张的研究方法是："首先，将世俗表象搁置一旁，先建构各种客观结构（各种位置的空间），亦即社会有效资源的分配情况；因为，正是这种社会有效资源的状况规定了加诸互动和表象之上的外在约束。其次，引入行动者的直接体验，以揭示从内部构建其行动的各种知觉和评价（各种性情倾向）的范畴。"③ 而场域正是布尔迪厄发展出来的社会空间概念，它是行动者身处其中的客观结构。场域概念来自 20 世纪 60 年代晚期布尔迪厄对艺术社会学的研究，以及对韦伯宗教社会学的解读。"布尔迪厄最先把这个概念运用于法国的知识界与艺术界的时候，是把它作为一种工具，以唤起人们对于支配这些文化世界的

---

① ［法］皮埃尔·布尔迪厄、华康德：《实践与反思——反思社会学导引》，李猛等译，中央编译出版社 1998 年版，第 6 页。
② 同上书，第 10—11 页。
③ 同上书，第 11 页。

特定利益的关注，后来，布尔迪厄把场域发展成为其社会学中的一个关键的空间隐喻，用以修正各种形式的主观主义和客观主义。"①

在相当长的一段时间里，空间被视作客观的物理环境，"直到20世纪70年代，在列斐伏尔、福柯、吉登斯、哈维、索佳、卡斯特、布尔迪厄等一批社会理论家的共同推动下，空间问题才成为西方主流社会学的核心问题，空间概念也才成为社会学理论的核心概念"②。在这场空间转向的运动中，列斐伏尔（Lefebvre）无疑是最具影响力的先驱之一。列斐伏尔认为，20世纪中期以来，城市化的问题日益凸显，城市的生产已经成为工业生产的目标和意义③。以至于列斐伏尔认为，在发达资本主义的社会中，空间的组织在支配性的社会关系的再生产中发挥着主导的作用，而支配性社会关系的再生产已经成为资本主义生存的主要基础④。"由此，列斐伏尔着手建构起一个空间本体论的社会理论框架，从而与福柯等人一同开启了一场社会理论和社会学的空间转向。"②列斐伏尔认为，空间并非社会关系演变的静止"容器"或平台，而是社会关系的产物，它产生于有目的的社会实践。空间和空间的政治组织表现了各种社会关系，但又反过来作用于这些关系⑤。空间是动态的、具有生产力和实践性的。列斐伏尔阐发的关于空间的一般理论深刻影响了后世的空间思考和都市研究。当代空间转向运动的另一位重要代表人物福柯的空间思想却是隐含于他对现代身体或者说现代主体性的研究之中。福柯（Foucault）提出权力与知识正是在空间中联系在一起，不能外在于空间去想象权力和知识的关系及其运作，换句话说，权力只有在空间中才能够产生知识并通过知识去发挥效能，正是通过建构起一个特定的空间，权力和知识才可能作为一个关系的整体去建构身体。⑥⑦

---

① ［美］戴维·斯沃茨：《文化与权力：布尔迪厄的社会学》，陶东风译，上海译文出版社2006年版，第136页。
② 郑震：《空间：一个社会学的概念》，《社会学研究》2010年第3期。
③ Lefebvre H., *Everyday Life in the Modern World*, Trans by Sacha Rabinovitch, New Brunswick: Transaction Publishers, 1984, p. 195.
④ Soja E. W., *Postmodern Geographies: The Reassertion of Space in Critical Social Theory*, London and New York: Verso, 1989, p. 91.
⑤ Lefebvre H., *The Production of Space*, Trans by Donald Nicholson-Smith, Malden, Oxford, Carlton: Blackwell Publishing Ltd., 1991.
⑥ Foucault M., *Discipline and Publish: The Birth of the Prison*, Trans by Alan Sheridan, New York: Random House Inc., 1977.
⑦ Foucault M., *Power/knowledge*, Trans by Colin Gordon (ed.), New York: Pantheon Books, 1980.

布尔迪厄的场域理论延续了列斐伏尔、福柯从空间的视角来反思和批判资本主义社会的研究路线。布尔迪厄指出："现代社会是高度分化的，一个分化了的社会并不是一个由各种系统功能、一套共享的文化、纵横交错的冲突或者一个君临四方的权威整合在一起的浑然一体的总体，而是各个相对自主的'游戏'领域的聚合（布尔迪厄把场域小心地比喻为游戏），这种聚合不可能被压制在一种普遍的社会总体逻辑下，不管这种逻辑是资本主义的、现代性的还是后现代的。"① 从这里可以看出，布尔迪厄的场域概念与韦伯所论述的"生活秩序"有相似之处，社会生活在现代资本主义里将自身分割为经济、政治、审美、知识等不同的生活秩序②。场域概念秉承了布尔迪厄一贯的关系分析方法，"这一传统可以一直追溯到涂尔干和马克思，并与战后在皮亚杰、雅各布森、列维-斯特劳斯和布罗代尔等人的著述汇总结出丰硕的成果"③。布尔迪厄认为场域是一个客观关系构成的系统，"在社会世界中存在的都是各种各样的关系——不是行动者之间的互动或个人之间交互主体性的纽带，而是各种马克思所谓的'独立于个人意识和个人意志'而存在的客观关系"④。从分析的角度来看，一个场域可以被定义为在各种位置之间存在的客观关系的网络，或一个构型。这种"位置"反映的是卷入场域的行动者拥有的资本在总量和结构上的差异。同时，场域还是一个充满争斗的空间，布尔迪厄从来不把场域看成静止不动的空间，因为场域中存在着积极活动的各种力量，它们都在为争取资本和更有利的位置而斗争。场域成为布尔迪厄实践社会学的一个基本概念和社会学研究的基本分析单位，它和资本、惯习等概念联系起来构建了布尔迪厄的总体性实践科学。

布尔迪厄的场域理论为我们研究西藏手工艺人和游客提供了新的视角。

二 手工艺人与游客之相互依赖

旅游业的发展为西藏民族手工业开辟了新的市场。手工艺人进入为游客服务行列，他们在传统工艺的基础上结合游客的需要，设计、生产

---

① ［法］皮埃尔·布尔迪厄、华康德：《实践与反思——反思社会学导引》，李猛等译，中央编译出版社1998年版，第17页。
② 同上。
③ 同上书，第16页。
④ 同上书，第133页。

出适合游客的各类旅游纪念品。游客对西藏的民族手工业感到着迷，他们惊叹于眼前的充满异域风情的精美的手工艺品。手工艺人将产品卖给游客，获得经济收益，使家庭脱贫致富，他们用以获得经济收益的手段是其掌握的地域性资源，地域性资源在与经济资本的交换中成功转化为地域性资本。游客想通过对地域性资源的消费，实现个人经历的转换，体验到一种不一样的生活，他们实现这一目标的手段是其掌握的经济资本。无论是手工艺人还是游客，双方都觉得有"利"可图，游客需要地域性资源，手工艺人需要经济资本，需求推动了二者的交换，由此也建构了游客和手工艺人之间互利互惠、相互依存的关系。

三 手工艺人与游客之相互斗争

手工艺人和游客既相互依存同时又相互斗争。

从手工艺人一方来说，他们斗争的第一个层面在于决定要不要进入旅游市场，要不要和游客建立起联系。传统的观念、可替代的其他谋生方式都可能成为限制本土手工艺人进入旅游市场的因素。斗争的第二个层面在于建立一种什么样的关系，是建立在双方相互尊重的"共识"基础上，还是建立在游客对他们的绝对统治的基础上。在本土手工艺人身上，宗教信仰是不容侵犯的。藏传佛教信仰是西藏民族手工艺地域性的核心内容，是奠定其手工艺品独特性的基石。宫角尖参，一位在八廓街上制作并出售泥塑佛像和手绘唐卡的师傅，在经营中曾经遇到与游客的信仰冲突。游客要购买一幅唐卡，但是提出了把菩萨手里的法器换一下的想法。这个要求立即遭到了宫角尖参的反对，在他的世界里，佛的法器、坐骑是不能更换的，因为这些都与佛的身份是相对应的。无论是唐卡还是泥塑，最重要的就是要修炼佛法，准确掌握各种佛的比例尺寸和特征。唐卡和泥塑的制作者在正式学习之前被要求先修习佛经，以后每天早上也需念经拜佛。他们相信作品的好坏会影响到来世幸福与否。如果制作得好，那就是在为自己的下一世积累功德，同时也可以给请佛的人带来幸福；但是，如果制作得不好，那就是对佛的不敬，自己的下一世会因此受到惩罚。所以，宫角尖参毅然拒绝了游客的要求，并向他解释了自己为什么不能这么做。而游客最终也欣然放弃了更换法器的想法。这个案例说明，手工艺人在和游客的关系中并不是完全被动的，还有斗争的空间，斗争的效果一方面取决于其掌握的地域性资本的垄断程度，另一方面则取决于东道主是否掌握了旅游开发的权力。正如纳什（Nash）所说，东道主不仅仅会利用自己的力量去阻碍或促成旅游关系的建立，而且还会利用这种力量去选择他认为对自己最有利的旅游关系①。

从游客一方来讲，斗争首先在于游客要不要购买手工艺品以及购买什么样的手工艺品的决定中。而这一决定又受到游客在日常环境中所形成的惯习的影响。游客在日常环境中形成的惯习、修养以及由此发展出来的生活品位，会影响其对旅游纪念品的选择。正如在前面所分析的，高收入阶层要求质量有保证，会考虑到手工艺品的名气；而低收入阶层对价格很敏感，不考虑手工艺品的名气，喜欢购买好看而价廉的产品。同时，游客在惯常环境中发展出来的审美标准会影响对民族手工艺品的选择，他们对民族文化和传统文化的认识与态度也会影响到对手工艺品价值的判断。这意味着旅游纪念品市场上的民族手工艺品需要经过差异性和惯习双重标准的检验：一方面，产品要具备差异性以帮助游客实现对不一样的生活的体验；另一方面，产品又不能完全违背游客的惯习的标准，要在一定程度上保持和其日常环境的一致性。更进一步地讲，进入旅游市场的民族手工业不能完全按照它本来的面貌呈现给游客，而是要应游客的惯习做出改变。当游客的需要没有得到满足时，他完全可以转身离开，直到遇到自己心仪的产品。游客"用脚投票"，给了手工艺人很大的压力。

四 本土手工艺人与外来手工艺人之相互斗争

（一）西藏的外来手工艺人

历史上某个民族或某个地域的人在长期的社会实践中就某种手工业的生产取得了很高的成就，获得了某种专门的生存技能，并使手工业具有强烈的地域性特征。比如云南大理鹤庆的白族人对于金银器的加工，青海湟中的藏族对于铜器的加工制作。改革开放后这些民族和地区的手工艺人以家庭为单位集体迁移到西藏，靠着高超的技能很快在这一行业中站稳脚跟。外来手工艺人在西藏的生产经营活动给本土手工艺人带来巨大的冲击。

1. 云南鹤庆新华村的白族银匠在拉萨的艰辛与荣辱

根据周智生、李灿松等人的调查，20世纪80年代后，大量大理白族群众逐渐开始重新深入藏区经商营业，成为白族与藏族关系发展的新

---

① 参见［美］纳什《作为一种帝国主义形式的旅游》，载史密斯《东道主与游客——旅游人类学研究》，张晓萍等译，云南大学出版社2002年版，第40页。

纽带。"鹤庆手工艺人在广大藏区有较广泛的分布。西藏的日喀则、那曲、拉萨、林芝、昌都等地区，云南的德钦和香格里拉，以及四川甘孜州的康定、乡城、稻城、理塘、巴塘等地都是鹤庆手工艺人的重要分布区域。还有少部分分布在四川凉山州木里县、甘肃夏河、青海东坝等地区。西藏拉萨市的鹤庆手工艺人人数最多，所形成的经营规模也最大。"① 鹤庆手工艺人在拉萨的聚居点几经更换，在 20 世纪 80 年代至 90 年代初，他们主要集中在拉萨八廓街，1998 年他们统一搬迁到了拉萨东城郊，时隔一年后他们又搬到了太阳岛珠峰路。2009 年笔者在拉萨调研期间，发现珠峰路上集中了 100 多户鹤庆手工艺人，另外在雪新村还有几户人家。2011 年笔者再次和当年的访谈对象联系时，他们已经整体搬迁到了夺底路。鹤庆白族的产品包括金银首饰或配饰，比如藏族女子所用的腰带、戒指、耳环，男子所用的藏刀，寺庙祭祀器具、铜铝器加工，等等。从进入拉萨伊始，这些白族匠人就注意将藏族的制作工艺融入其传统技艺，吸收藏文化元素，生产和设计出一批藏族风格浓郁的产品。以藏刀为例，刀鞘的图案制作分平花、浮雕、仿古三种类型。平花通常雕刻龙凤，也可以根据要求定制别的图案，浮雕主要是印度龙，老刀的图案则有很多种。刀的尺寸有 20 厘米、25 厘米、30 厘米、35 厘米、40 厘米、45 厘米、50 厘米多个规格。白族匠人特别能吃苦，通常一年只有过节的时候休息，一周休息一晚上，晚上经常加班到 12 点，甚至凌晨 1 点。凭着精湛的手艺、吃苦耐劳的精神、相对低廉的价格，鹤庆白族匠人的产品在西藏形成了强大的市场竞争力。当地藏族人都喜欢到这里定做首饰和藏刀，尤其每年七八月当地人挖虫草回来，鹤庆白族人就迎来了销售的高峰期。不仅如此，"西藏、青海、甘肃、四川等藏区的各大寺庙，远至中国台湾，以及尼泊尔等国的一些寺院都来跟这些鹤庆人订货"。在西藏旅游业的发展过程中，白族匠人较早地看到了旅游市场中蕴藏的商机，他们主动把产品拿到八廓街等游客集中的地方去销售，有些人还在那里开起了旅游纪念品商店，"西藏自治区文物总店""雄伟金银对外加工部云南驻西藏连锁店""西藏德勒民族文化发展有限公司"就是其中的代表。为了迎合游客的需要，他们扩大了仿古藏刀的生产规模。由于旅游市场快速增长，拉萨的手工业作坊生产供不应求，一些人开始从云南鹤庆老家直接进货，鹤庆老家有规

---

① 周智生、李灿松：《云南鹤庆手工艺人在藏区发展情况调查——以西藏拉萨为基点》，《西藏研究》2005 年第 2 期。

模较大的生产作坊，他们会按照西藏的图案来打制。今天八廓街上的银手镯、藏刀等纪念品绝大多数出自鹤庆白族匠人之手。

  杨德生师傅一家是笔者在拉萨的访谈对象，老杨是1989年入藏的，在拉萨已经待了二十年，他们在珠峰路上有个手工业作坊，主要从事藏刀的制作。杨师傅家的藏刀全为手工制作，平时老杨负责火功，他的妻子主要负责做饭和一些零散的工艺，儿子小杨的工作主要是雕花。刀鞘所用的白铜来自上海，刀片所用的钢来自当地（主要是钢板和废旧的弹簧），刀柄上的水牛角则是从云南、贵州运过来的成品。杨师傅的儿子小杨19岁①（见图12-1），初中毕业后就跟父亲学习手艺，同龄人中有些人已经结婚了，上大学的不多，有去做生意的、打工的，也有跟小杨一样学制刀手艺的。2011年春节，小杨回到老家鹤庆新华村和一位当地姑娘举行了婚礼，现在带着妻子和父母一起在拉萨继续从事藏刀制作。杨师傅还有一个女儿，前两年已经出嫁，婆家也是鹤庆人，也做藏刀。杨师傅家的藏刀一部分卖到八廓街，一部分卖给当地藏民，还有就是直接卖给游客。旅游业发展起来之后，老杨明显地感觉到生意变好了，现在游客购买量已经占到了总销量的70%。去年（2008年）向游客卖了三四百把刀，今年（2009年）游客多，前8月就已经卖了700多把。谈到将来，老杨和妻子都说等有一天自己老了，做不了了就回新华村老家去，那里还有他们的房子和土地，他们可以务农和靠着积蓄为生。

图12-1 小杨师傅正在打制藏刀

---

① 本书中所列出的访谈者的年龄是以2009年作为时间界限的。

2. 青海湟中藏族匠人的铜器世界

青海湟中县属于藏文化区的范畴，是西藏喇嘛教格鲁派创始人宗喀巴的故里，位于湟中县莲花山坳中的塔尔寺是格鲁派六大寺院之一。塔尔寺不仅是一处藏传佛教格鲁派的圣地，也是一座佛教文化艺术的宝库。它的寺院建筑、雕刻以及佛像、佛塔、佛经、供器、法器、曼陀罗、坛城把这座佛教名刹装点得富丽堂皇、奥义深邃。藏传佛教浸润了人们的心灵，也滋养出了灿烂的宗教题材的手工艺文化，栩栩如生的酥油花、绚丽多彩的壁画和独具特色的堆绣，被誉为塔尔寺艺术"三绝"。鲁沙尔镇上的金塔街是铜器作坊一条街，街的东端即是著名的塔尔寺。这里加工的大都是法号、铜像、烛台等藏式铜器，大都与宗教和寺院有关。其产品线条流畅、打磨精细，尤其铜像比例准确、做工精美，在藏区受到广泛欢迎。湟中当地不少人都精通铜器制作，他们很小就跟着父亲学艺。随着铜器逐渐淡出人们的日常生活，铜器艺人的生意也大不如前。改革开放后，一部分湟中人走出青海外出谋生，其中就有一部分人在拉萨专门从事民族手工艺品的批发和零售，他们将家乡的铜器送到拉萨的各大寺庙和八廓街的市场上。一部分手工艺人也像鹤庆白族人一样几经搬迁最终在太阳岛珠峰路上搭建起自己的手工业作坊（见图 12-2），与白族匠人比邻而居。与白族匠人不同的是，他们主要为寺院制作宗教用品，拉萨市内的很多寺庙装饰用的宝瓶、佛塔、双鹿法轮等都是出自他们的双手。2007 年，拉萨市区内修建公交车站台用到的很多铜制装饰品，就是向他们定做的。

图 12-2 湟中藏族匠人的手工业作坊

而随着外来手工艺人和外地产品进入拉萨旅游纪念品市场，地域性资本有了本土和外来之分，我们把发源于本土的地域性资本称为本域资本，而把发源于外地但是出现在旅游目的地市场上的地域性资本称为外域资本。

（二）本土手工艺人与外来手工艺人之相互斗争

本地手工艺人在面对游客的宣传和游说中非常强调产品的本土特色和民族特色，在笔者收集到的本地经营者的宣传资料中，西藏卓番林手工业发展中心强调其产品的"本土""正统""高品质"，突出机构的社会公益性；杰德秀围裙厂强调杰德秀镇是"邦典的故乡"，强调产品的"民族特色"；乃东地毯厂强调其"独特的藏式穿杆结扣法"和产品的"民族风格"……他们以此将自己和经营的产品与外来者及其产品相区隔（distinction），热心的经营者甚至会很耐心地教游客如何去识别这二者之间的差别。为了能够与本土手工艺人相竞争，外来手工艺人进入拉萨后往往抱成团，组成一个个小群体。无论是来自青海湟中的藏族手工艺人还是来自鹤庆的白族手工艺人都是如此。白族手工艺人和当地藏族之间的交往往往只是生意上的买卖关系，像情感交流、手艺传承这些深度的交往都局限于群体或家族内部。聚集在拉萨太阳岛珠峰路上的100多户白族匠人，平时大家都忙着做生意，逢节假日时，男人们会聚在一起喝酒、娱乐，喝酒的对象几乎都是鹤庆白族人。金银器制作的手艺是在父子、师徒之间传承，通常孩子很小的时候就跟着父母学艺，或者在父母的安排下拜隔壁作坊的叔叔为师，而不是送到当地藏族手艺人家学习。孩子长大到了成婚的年纪，婚姻的对象很多时候也是本族人。周智生曾指出"（鹤庆白族人的）每一个商铺或是作坊，都要至少请一个当地藏族群众"[1]。但是，根据笔者的调查，聘请当地藏族人的情况只发生在八廓街的商店里，而在白族匠人的手工业作坊中，基本上没有藏族人。这一方面是因为藏族人中也有做金银铜器加工的，另一方面是因为鹤庆人以这些方式保证世代相传的手艺在内部人之间传承，保持着自己的地域性。

五 本土手工艺人与外来手工艺人之相互妥协

然而，本土手工艺人与外来手工艺人在彼此抵制、排斥的同时，又

---

[1] 周智生：《白族与藏族关系发展的新纽带——大理鹤庆白族手工艺人在藏区发展状况调查》，《西南边疆民族研究》2007年第1期。

有意识地借助对方的资本,扩大和提高自己的权力。一方面,外来手工艺人和外地产品在旅游纪念品市场的成功对本土手工艺人起到了示范作用。本土手工艺人开始意识到完全恪守传统并不能够融入旅游市场,他们开始有意识地向外来手工艺人学习。格桑、巴桑、尼玛扎西这些西藏民族手工业的领军人物都开始借鉴外地手工艺人的成功经验。格桑准备将自己的厂房重新装修,成立专门的营销部,并打算在拉萨设立专卖店;巴桑为了能够有效保护民族品牌,注册了"毛哗叽"和"泽帖尔"两个商标,并且为了将产品销售到旅游市场上,亲手设计产品的包装木箱;尼玛扎西则希望在民族手工业生产中引入现代化的流水生产线,以提高生产效率。通过对外来手工艺人的学习,本土手工艺人得到了壮大和发展,提高了自己在旅游市场上的竞争能力。另一方面,外来手工艺人在进入西藏后一般都要经历一个对当地文化的学习和借鉴的过程。比如白族手工艺人在进入拉萨之初,就注意将藏族的制作工艺融入其传统技艺,吸收藏文化元素,生产和设计出一批藏族风格浓郁的产品。而在和游客的接触中,他们也意识到游客对"西藏的""藏族的"手工艺品情有独钟,为了迎合游客的需要,他们在自己的产品中大量运用"西藏的""藏族的"符号。

第四节　旅游场域概念的提出

一　旅游场域概念

游客、本土手工艺人、外来手工艺人之间的交往并非完全是个人之间的互动交往,而是由特定资本的分配情况所决定的位置之间的客观关系的反映。他们在惯习的引导下展开对特定利益的争夺,使旅游纪念品市场成为一个充满斗争的空间,这个空间也就是布尔迪厄所说的"场域"。如果把眼光从手工艺旅游纪念品市场看出去,投射到更广的范围,以地域性资本、经济资本等资本形式入手,考察各种资本在旅游的各方利益者中的分配情况,由此对它们之间的关系展开分析,那么将为旅游研究提供一个新的研究视角,即场域的研究视角。同时,一个新的场域——旅游场域也随即被建构出来。在布尔迪厄看来,"一个场域可以被定义为在各种位置之间存在的客观关系的一个网络(network),或一个构型（configuration）"①。而这些位置则是根据行动者在不同类型的权力（或资本）的分配结构中实际和潜在的处境来界定的。占有这些权力就意味着把持了在这一场域中利害攸关的专门利润（specific profit）的得益权。

因此，我们认为旅游场域是发生在游客惯常环境之外的，是按照地域性资本和经济资本等资本形式在各相关行动者中的分配情况而形成的不同位置之间的客观关系的空间。

二 旅游场域的特征

布尔迪厄曾经说："这些社会小世界（场域）有其自身的逻辑和必然性，而这些自身特有的逻辑和必然性也不可化约为支配其它场域运作的那些逻辑和必然性。"② 旅游场域通过对地域性资本的承认以及行动者为获得资本而进行的时空转换中构筑了自身的独特性。

（一）地域性资源成为地域性资本

在旅游时代中，人们纷纷走出自己日常的生活空间到异国他乡去寻求一些无法从自己的生活空间中获得的体验。人们有意识地追求那些差异化的事物，以此来实现对现实的暂时超越。旅游也由此成为格雷本（Graburn）所说的一种"反结构"③。也正是由于此，富有地域性的事物在旅游的世界里成为一种有价值的资源，深深地吸引着游客。当地人将地域性资源转化为产品，并在旅游市场上成功出售。地域性资源为东道主带来了经济收入，占有了这种资源就获得了不断获利发展的权力，地域性资源由此成为一种资本形式。

游客需要地域性资本，因为地域性资本能够帮助游客实现对惯常环境现实的暂时超越，获得在其日常生活中无法得到的体验，这也正是旅游的价值所在。东道主需要经济资本，而他们获得经济资本的方式就是用其占有的地域性资本来进行交换。正是在地域性资本和经济资本的交换过程中，旅游场域得以形成。

---

① ［法］皮埃尔·布尔迪厄、华康德：《实践与反思——反思社会学导引》，李猛等译，中央编译出版社1998年版，第133—134页。
② 同上。
③ 维克多·特纳（Victor Turner）曾将人类的社会关系分为两种状态：一种是日常状态，在这种状态下，人们的关系保持相对固定或稳定的结构模式；另一种则被他称为"反结构"（anti-structure），人们之间的关系打破原有的结构模式，处在不同于过去和未来的特殊状态。格雷本（Graburn）教授的旅游仪式论就把旅游看作一种"反结构"。

地域性资本和经济资本是两种相互依存的资本。经济资本是地域性资本的生成条件，地域性资源在与经济资本的交换中实现其资本化同时，地域性资本也是游客的经济资本的存在目的，只有经济资本用于购买地域性资本时，旅游的价值和意义才得以发挥出来。但是，经济资本和地域性资本既相互依存同时也相互斗争。经济资本试图改造地域性资本，希望地域性资本能够更多地适应经济资本的需要。而这种改造之所以能够成功是因为，越是符合经济资本期望的地域性资本就越是容易和经济资本交换，也越能够获得更多的经济资本。地域性资本一方面要适应经济资本的需要，但是同时又必须保持一定的独立性和自主性，因为一味去适应就变成迎合，这将导致最终失去自身的地域性，也就丧失了存在的根本。所以地域性资本也需要适当地拒绝经济资本。地域性资本和经济资本之间的关系决定了游客与东道主之间的关系：一方面，东道主和游客相互合作，各取所需。东道主通过旅游开发吸引游客前来旅游，以此来获得经济发展。而游客通过与东道主的接触，获得了新的生活经历、能够以新的状态投入到常规的生活和工作中去。另一方面，东道主和游客又不可避免地陷入冲突中。游客对东道主的期望体现在两个不同的层面上：一是希望东道主有特色、与其惯常环境形成鲜明的差异，能够让其获得不一样的人生经历、不一样的生活体验。为了满足游客这一需要，东道主就要保持其地域性。二是希望东道主能够尊重其惯习，符合其对现代化的便捷生活的要求，交通要足够快捷、居住要足够舒适、商品要足够充足、物质要足够丰富……为了满足第二个层面的需要，东道主需要投入巨额的资金改善交通、改造设施、发展经济。东道主的努力换来了游客的青睐，随即他们发现，收入增加了，工作的机会多了，但是空间更拥挤了，生活成本增加了，自然资源变得紧张了，宁静被打破了，而自己的生活方式也逐渐改变了。这些改变为他们带来了发展的希望，但是也带来了苦恼。要不要发展旅游？怎样发展旅游？或者说是否欢迎游客？欢迎什么样的游客？这成为他们苦思冥想和内心矛盾的问题。地域性资本与经济资本之间、东道主与游客之间的斗争推动了旅游场域的发展。旅游场域不是静止的、僵化的空间，而是一个动态的、变动不居的空间，参与旅游的各利益相关者通过资本的角逐各自寻找在场域空间中的位置。

（二）行动者空间、时间与社会结构的转换

1. 行动者空间的转换

旅游消费的特点在于生产与消费的同时性，游客追求的是一个过程、一种体验，为此他们就要亲临现场，这是谁也无法代替的。旅游首先是一种空间的转换，游客在异国他乡中体验他者的生活，这个过程中也投入了自己。出于对经济利益的追求，一些外地经营者也离开居住地，追随着游客来到了旅游目的地，他们把世代相传的手艺或者积累的商业模式运用在旅游市场上，以期获得经济上的收益。空间的转换使行动者摆脱了原有社会结构的约束，为时间和社会结构的转换创造了条件。行动者空间的转换是建构旅游场域的前提，这一转换使新的社会结构得以建立。

2. 行动者时间的转换

旅游也是一种时间的转换，在旅游中游客常常置身于某个"过去"或"未来"的场景中，实现了对现时的超越。古城、古镇、古村落、古驿道展现给游客的是历史，东道主的"现在"在游客看来是"过去"，可能是父辈或祖先曾经的生活状态。而发达国家或地区展现出来的高科技、高度现代化，在游客看来则有可能是自己或后代未来的生活状态。旅游中的时空转换给游客带来新鲜感和趣味感，也带来了"文化震荡"——对异文化的不适应而产生焦虑或者对异文化产生向往。

游客在此世界中，通过时空的转换获得存在的意义，寻找并发现了自我，实现了生命的意义和价值。

追逐游客而来的外来从业者也同样遭遇了这种时空的转换，新的时空环境对他们的经营活动提出了新的要求。不仅如此，他们的经营活动还成为实现游客时空转换的推动因素。

3. 社会结构的转换

空间和时间的转换有利于游客暂时摆脱原有的社会结构的约束。处在惯常环境中各种位置上的个人在旅游中可以将其深陷其中的各种社会关系以及不得不去面对、应付的人和事暂时放下；个人的身份、地位也可以暂时隐藏起来，而被冠以一个统一的称呼"游客"。外来旅游从业者走出原来的居住环境，也意味着摆脱原有的社会结构，在旅游目的地的生存与发展，也意味着他们作为一股新的力量参与构建新的社会结构。随着游客的出现和不断增加，本地人开始放弃原有的生活方式，投入为游客服务的行列。新的服务对象，新的谋生方式，新的资本形式——地域性资本的出现，使得当地人所处的社会环境发生了改变，对游客和旅游业的依赖越深，这种改变也就越大。在游客、外来旅游从业者、本地旅游从业者等多方力量的参与下，新的社会结构——旅游场域也就产生了。但是，行动者在原有时空环境和社会结构中产生的惯习也一并被带了进来,透过惯习行动者被隐藏起来的身份、地位等信息又被一点点揭示出来,由此导致新的场域与既有惯习之间的矛盾。但是惯习既是一种已经被形塑了的结构,同时也是一种处于形塑过程中的结构,这意味着行动者将在新的场域中发展出新的惯习,而新的惯习往往是在既有惯习的基础上的调适与发展。

新的社会结构的建立具有标志性意义。所有的人不约而同地为了同一个目标聚集在旅游目的地,由于时空环境的变化而产生了新的社会关系,这种关系是暂时地打破了原有社会格局的新型平等的对话关系,原有的地位、财富和社会角色在这个时空转换中失去意义。意大利威尼斯从 13 世纪开始就规定,市民在娱乐狂欢的时候必须戴上面具。为什么呢?因为在这个时候社会关系就会重构。即使到今天,威尼斯的面具仍然是全球游客所向往的。其实,游客向往的不是威尼斯的面具,而是面具后面的新的社会关系。这正是旅游让人着迷的地方,也是旅游的本质所在。也应是人类学和社会学应该积极关注的问题。

第十三章 旅游场域的动力与结构

场域理论为我们研究旅游现象提供了又一新的研究视角。场域理论引导我们去发现在旅游的场域中究竟是哪些资本形式在发挥作用，哪种资本形式是旅游场域所特有的，并使得它的所有者能够在场域中对他人施加权力，运用影响，从而被视为实实在在的力量，而不是无关轻重的东西。场域也引导我们从关系的角度来进行思考。东道主与游客之间的交往并非个人之间的互动交往，而是由特定资本的分配情况所决定的位置之间的客观关系的反映。惯习概念则为我们认识旅游目的地的社会文化变迁提供了新的理论工具。惯习是指寄居于行动者身体之中的"持续的、可以转换的禀性系统"。借助"惯习"，旅游场域中的行动者保持了和其惯常环境的联系，由不同行动者所带入的不同惯习在旅游场域中的"共现"所引发的冲突推动了旅游场域的发展，并孕育出新的惯习，由此也引发了旅游目的地的社会文化变迁。

第一节 旅游场域的动力

一 惯习

惯习（habitus）是指寄居于行动者身体之中的"持续的、可以转换的禀性系统"①。菲利普·柯尔库夫（Philippe Corcuff）对这一定义进行了解释："禀性，也就是说以某种方式进行感知、感觉、行动和思考的倾向，这种倾向是每个个人由于其生存的客观条件和社会经历而通常以无意识的方式内在化并纳入自身的。持久的，这是因为即使这些禀性在

---

① ［法］皮埃尔·布尔迪厄、华康德：《实践与反思——反思社会学导引》，李猛等译，中央编译出版社 1998 年版，第 171 页。

我们的经历中可以改变，那它们也深深地扎根在我们身上，并倾向于抗拒变化，这样就在人的生命中显示出某种连续性。可转移的，这是因为在某种经验的过程中获得的禀性（例如家庭的经验）在经验的其他领域（例如职业）也会产生效果；这是人作为统一体的首要因素。最后，系统，这是因为这些禀性倾向于在它们之间形成一致性。"① 在布尔迪厄看来，"一个场域并不像阿尔都塞式的马克思主义那里那样，只是一个僵死的结构，或'空洞的场所'的聚合，而是一种游戏的空间。这种游戏的空间只是在下述意义上才存在，即那些相信它所提供的酬赏并积极寻求这种酬赏的'游戏者'投身于这一空间……只是因为存在着行动者，才有了行动，有了历史，有了各种结构的维续或转换。但行动者之所以是行动着的，有效力的，也只是因为他们没有被化约为通常那种根据个体观念而理解的个人；同时，这些行动者作为社会化了的有机体，被赋予了一整套性情倾向。这些性情倾向既包含了介入游戏、进行游戏的习性，也包含了介入和进行游戏的能力。"② "作为外在结构内化的结果，惯习以某种大体上连贯一致的系统方式对场域的要求作出回应。惯习是通过体现于身上而实现的集体的个人化，或者是经由社会化而获致的生物性个人的'集体化'，因此这一概念接近赛尔（Searle）所说的'行动中的意向'或乔姆斯基（Chomsky）的'深层结构'，只不过这一深层结构并不是某种人类学意义上的不变因素，而是在历史中建构的、根植于制度的并因而是一种作为社会性变量而存在的生成性母体。它是理性的运作者，但只是一种实践理性的运作者。这种实践理性是某种社会关系的历史系统内在固有的，并因此超越了个人。它所'经营'的策略是系统性的，然而又是特定的，其原因是这些策略的'促发'正源自它们与某一特定场域的遭遇。惯习是创造性的，能体现想象力，但又受限于其结构，这些结构则是产生惯习的社会结构在身体层面的积淀。"③

借助场域、资本和惯习概念，布尔迪厄发展出了其总体性的实践理论，他把实践理论化为惯习、资本以及场域之间关系的结果，"行为是阶级倾向与特定场域的结构动力之间相互作用的产物"。具体来说，

---

① ［法］菲利普·柯尔库夫：《新社会学》，钱翰译，社会科学文献出版社2000年版，第36页。
② ［法］皮埃尔·布尔迪厄、华康德：《实践与反思——反思社会学导引》，李猛等译，中央编译出版社1998年版，第20页。
③ 同上书，第19页。

"像科层组织这样的社会集合体具有一些内在固有的本质倾向，要维持他们的存在，各种这些约束深刻地存在于各种力量关系之中，这些关系构成了行动者参与其中的场域，构成了使他们彼此对立的各种争斗。在这些约束的限制下，惯习引导这些行动者体会到一种情境，而行动者则凭借他们的实践窍门，凭借他们的惯习，酝酿出与这种情境相适应的行动路线，因此像一个量体裁衣的裁缝一样，再生产了那个产生他们惯习的结构。"[1] 同时布尔迪厄也指出"尽管这些行动者正是这一结构（场域）的产物，但他们一刻不停地塑造着、在创造着它，在特定的结构条件下，甚至可以彻底改变它"。[2]

布尔迪厄把惯习看作场域中的动力机制，在布尔迪厄看来，实践活动既不是客观主义所描述的是对客观环境的直接反映，也不是主观主义所认为的是某种自觉的意图的刻意盘算的结果，而是一种实践感的产物，是在社会中建构的"游戏感"的产物。而所谓游戏感，就是意味着根据与场域俱在的各种必然性和可能性，对惯习做出可以预见的调整。惯习推动场域中的拥有一定数量资本的确定行动者采取这样那样的策略，要么起而颠覆，要么退而维持。借助惯习概念，布尔迪厄希望克服主观主义与客观主义的对立，而且也克服实证主义唯物论和唯智主义唯心论之间的对立。"与实证主义唯物论不同，我们在理论上把实践作为实践来看待，认为知识的对象是被建构出来的，而不是被消极被动地复制下来的；与唯智主义唯心论不同，惯习观提醒我们注意，这种建构的原则存在于社会建构的性情倾向系统里。这些性情倾向在实践中获得，又持续不断地旨在发挥各种实践作用；不断地被结构形塑而成，又不断地处在结构生成过程之中。"[3] 同一个阶级的人能够产生出客观上步调一致、方向统一的实践活动无须借助任何集体性的"意图"或是自觉意识，而是靠着惯习所具有的结构上的亲和力。"惯习和场域之间的关联有两种作用方式。一方面，这是种制约（conditioning）关系：场域形塑着惯习，惯习成了某个场域固有的必然属性体现在身体上的产物。另一方面，这又是种知识的关系，或者说是认知建构的关系。惯习有助于把场域建构成一个充满意义的世界，一个被赋予了感觉和价值，

---

[1] [法]皮埃尔·布尔迪厄、华康德：《实践与反思——反思社会学导引》，李猛等译，中央编译出版社1998年版，第185页。

[2] 同上。

[3] 同上书，第164—165页。

值得你去投入、去尽力的世界。"① 在这种双向关系中,知识的关系取决于制约的关系,后者先于前者,并塑造着惯习的结构。

旅游场域是一个特殊的场域,它与行动者的惯常环境形成鲜明的对比,场域中的行动者经历了空间、时间以及社会结构的转换,因此,旅游场域可以被看作一种"异空间""异时间"和一个"反结构",它让场域中的行动者或长或短地摆脱了其惯常社会结构的约束。但是行动者在各自惯常环境中形成的惯习却没有因此被遗弃,而是随着行动者跨越时空的活动被带进了旅游场域中。惯习引导旅游场域中的行动者做出判断和行动。在旅行中,游客期待着一种与日常生活形成巨大反差的新生活,因而也表现出对具有地域性的实物和事项的强烈兴趣。但是,内化在游客身体中的惯习也同时在发挥着作用。尽管生产这一惯习的场域随着游客跨越空间的活动而留在了原地(游客的日常环境中),但是惯习特有的可转移性和惯性使得它在改变的环境中仍然继续发挥着作用。正如布尔迪厄在阿尔及利亚观察到的,那些本来浑身都是前资本主义惯习的农民,突然被置身于资本主义世界之中,被要求改变生活方式。"他们在虚无中徒劳地思想着,用那些遗老的方式进行思考着。"② 对不一样生活的期待和惯习的双重作用使得游客一方面对富于民族特色和地域特色的东西情有独钟,对异域的风情感到迷恋;另一方面他们又不愿意完全放弃过去的生活,那些来自都市的人希望他们住的房间中拥有电视、互联网、冰箱、抽水马桶、浴室这些他们熟悉的生活所必不可少的东西;希望用餐时能享受到他们喜欢的可乐、果汁、啤酒;希望外出时有便捷的交通工具;希望当地的手工艺品能加入一些他们喜欢的元素,并适合携带……对很多游客而言,旅游改变的是枯燥、乏味的日常生活,不变的是对高度发达的物质生活的需要。因此,旅游也不完全是一种"反结构",在"反结构"之下也有着"结构"的内容。

二 调适

在游客大规模进入旅游目的地之前,当地社区居民在其所处的社会环境中形成了各自的惯习,惯习寄居在身体中,并引导他们的行动。游客大规模进入旅游目的地,由此带来外来文化和本土文化的接触,其实

---

① [法]皮埃尔·布尔迪厄、华康德:《实践与反思——反思社会学导引》,李猛等译,中央编译出版社1998年版,第171—172页。
② 同上书,第175页。

也就是游客的惯习和当地居民的惯习相接触。无论是出自自愿还是被迫，当地居民卷入旅游场域中，一部分人成为旅游从业者为游客提供服务，几乎所有居民的生活都受到游客到来的影响。当地居民成为游客眼中的"他者"，他者的惯习是东道主地域性资源的重要组成部分，他们的言谈举止、衣食住行表现得与众不同而且独具魅力。惯习也因此成为旅游吸引物的生成器或者吸引物本身。但是，正如前面的分析，游客的惯习也被带入到旅游场域中，它与东道主社区居民的惯习之间产生了冲突。如果双方都遵从各自的惯习并且拒绝改变，那么游客和东道主之间的相互合作、各取所需的关系将会被打破，也将最终导致旅游场域的解体。

事实上，"由于惯习是历史的产物，所以它是一个开放的性情倾向系统，不断地随经验而变，从而在这些经验的影响下不断地强化，或是调整自己的结构。它是稳定持久的，但不是永久不变的！"[①] "当惯习遭遇了产生它的那个社会世界时，正像是'如鱼得水'，得心应手：它感觉不到世间的阻力与重负，理所当然地把世界看成是属于自己的世界"[②]。而在与之完全不同的情形中，当惯习与场域之间存在严重脱节时，惯习的开放性和调适性的一面又将展现出来。正如布尔迪厄所指出的"存在一些情况，惯习与场域之间并不吻合，这时真正的'理性选择'就可能接过这份担子"[③]。在旅游场域中，行动者的惯习与其身处的结构之间出现了脱节，无论是游客还是东道主，他们依靠既有惯习的引导并不能完全应付当下或可能出现的情况。受挫的经验不断提醒他们要改变既有的惯习以适应新的形势，于是，出现了这样的情况：游客和东道主通过对对方语言和身体姿态的解读去体味对方的意图，东道主由此了解游客的特点和购买需要，而游客则对东道主的文化加强了了解。接下来，东道主会按照对游客的理解，思考可能适合他们的产品。在这个深思熟虑的过程中，东道主将对原有的传统文化进行重新选择：哪些部分便于在游客面前进行展示，哪些能够受到游客欢迎，哪些外来文化可以被引入旅游产品的生产中。米德（Mead）把这一过程称为"想象

---

① ［法］皮埃尔·布尔迪厄、华康德：《实践与反思——反思社会学导引》，李猛等译，中央编译出版社1998年版，第178页。
② 同上书，第172页。
③ 同上书，第175—176页。

性预演"①。同样,"想象性预演"也让游客开始遵守东道主的民俗禁忌,尊重他们的宗教信仰。不仅如此,不同类型的游客还通过"想象性预演"找到适合自己的产品。生活在异文化环境中、拥有较高经济地位的游客寻找着那些地域性特色浓郁、品质高、知名度大的产品;而生活在藏文化环境中、经济地位不高的游客则寻找着那些能够满足其信仰和精神需要的物美价廉的产品。经过反复多次的"符号性解读—预期对方反应,选择行动方案—视对方反应,调整行为"的调适过程,东道主和游客达到相对和谐的状态。调适的过程,也即是改变既有惯习或发展新的惯习以适应新环境的过程。在这一过程中,那些便于在游客面前展示、受到游客欢迎的文化将得到恢复和发展;那些难以在游客面前展示、对游客缺乏吸引力的文化可能被抛弃或得到改进,由此带来了东道主社会文化的变迁。

在西藏民族手工艺文化的发展过程中,旅游已经成为一个重要的影响因素,在游客的惯习和本土手工艺人的惯习的相互调整与适应过程中,民族手工艺品实现了向旅游纪念品的转换。"格桑羊毛民族手工业厂""毛哗叽""巴扎童嘎""卓番林"无不正在经历这样的一个过程。

第二节 旅游场域的结构

一 游客及其经济资本

游客离开自己的惯常环境前往异国他乡想要体验一种不一样的生活。他们实现这一目标的方式就是通过对经济资本的输出换回自己需要的地域性资本。布尔迪厄曾经赋予了经济资本以优先权,在他对权力场域的分析中,在资本总量相同的情况下,占有最多经济资本的人往往处在"统治地位",而占有最多文化资本的人往往处在"被统治的地位"。旅游场域中的情形也大致如此,对游客来说,如果自己的需要在东道主得不到满足,他们可以用手中的货币购买其他地方的地域性资本。对东道主来说,尤其是对经济落后的民族地区而言,他们亟须提高经济收入和解决就业等方面的问题,因而对游客及其掌握的经济资本有更多的依

---

① [美]乔纳森·H. 特纳:《社会学理论的结构》,邱泽奇等译,华夏出版社2006年版,第326—330页。

赖。经济资本的相对优先权赋予游客在旅游场域中相对的优越地位，迫使手工艺人调整其惯习和地域性资本的内容以迎合游客的需要。

二 东道主及其本域资本

东道主一方包括了社区居民、地方政府和本地旅游从业者，社区居民是地域性资源的重要承载者，对于蓬勃发展的旅游业他们可以有两种选择：一是做一个旁观者；二是做一个参与者。如果是后者，则意味着他们把地域性资源转化为了本域资本，同时他们也就成了旅游从业者。同样，地方政府也有两种选择——旁观者和参与者，一旦政府选择参与旅游，其掌握的本域资本将和其他资本一起在旅游开发中发挥重要作用。而本地旅游从业者则是旅游交易中重要的一方，通过他们的经营活动实现了本域资本和经济资本之间的交换。

本域资本是东道主发展旅游业的基石，如果东道主一方对游客盲目迎合则会导致东道主丧失地域性，最终失去发展旅游的基石。拉萨八廓街上的泥塑师傅宫角尖参的案例告诉我们：东道主不能一味向游客妥协，适当拒绝游客和他们的经济资本恰恰能够凸显地域性资本的价值，促使游客俯下身来认真了解东道主，有利于东道主从游客的"凝视"之下走出来，走向更加平等的"对话"。东道主需要在满足游客需求的同时又保持自身的地域性，或者创造出新的地域性，这既是为旅游发展增加动力，同时也是对自身文化在新的环境下的创新与发展。

三 外来旅游从业者及其外域资本

由于外来经营者的加入，地域性资本有了本域资本和外域资本之分。外来经营者占有外域资本，外域资本是指在先前的社会文化环境中习得并为游客所认可的商业模式和生存技能等。外域资本的作用形式包括：（1）将积累起来的商业模式运用在东道主地区。外来经营者在长期的经营活动中形成了自己独特的经营模式和理念，随着民族地区旅游业的发展，他们把经营范围扩大到民族地区，也把其经营模式和理念带给了东道主，比如一些饭店连锁集团等在民族地区的发展。（2）将继承的传统手艺和技能转化为旅游产品。正如我们在调查中看到的来自大理鹤庆的白族手工艺人和来自青海湟中地区的藏族手工艺人，他们把掌握的手工技艺转化为了旅游商品。

游客对"真实的""民族的""本土的"符号的追求，赋予了本域资本在旅游场域中的相对优越性。为了迎合游客对西藏本域资本的消费倾向，外域资本因而通过对本土符号的假借以获得旅游场域中的合法地位，进而使得对利润的追求成为可能。正如我们在调查中看到的，白族手工艺人为了迎合游客对"藏族"符号的消费需要，他们于有意无意间淡化其白族的背景身份。除了在产品的设计中大量采用藏族符号元素，他们中有一部分在旅游纪念品市场上建立门市，他们或者穿上当地藏族的服饰，或者雇用当地藏族人做销售人员，而在场所的布置上注意突出藏文化风格，以此来吸引游客的注意。

四　政府及其掌握的多种资本

政府掌握了多种资本形式。首先，我国的土地所有制度保障了政府对国有土地和村委会对集体土地的所有权以及经营、管理权。根据我国的法律，我国的全部土地都为社会主义公有制，具体有以下两种基本形式：一种是全民所有制土地即国家所有土地，国家代表全体劳动人民占有属于全民的土地，行使占有、使用、收益和处分的权力；另一种是劳动群众集体所有制土地即农民集体所有土地，农村集体经济组织或村民委员会或村民小组代表全体农民占有属于农民集体所有的土地，并对该集体所有的土地行使所有权、经营权、管理权。城市市区的土地属于国家所有；农村和城市郊区的土地，除法律规定属于国家所有的以外，属于农民集体所有。土地的社会主义公有制从国家基本制度和法律的角度分别保障了政府对国有经济和村民委员会对集体经济范围内的河流、河滩地、山林、山地等富有地域特色的自然资源的占有，这些自然资源本身就具有丰富的地域性。政府不仅占有国有资源和土地，也享有对这些资源的使用、收益和处分的权利。具体来说，文化遗产基本属文物部门管理，自然遗产分别由环保、林业、建设等部门管理，风景名胜区与历史名城则由建设部门管理。除此以外，政府还是政策的制定者，也掌握着强大的财政权力，并通过对政策的制定引导社会资源的流向和配置。

五　专家学者、大众媒体及其符号资本

布尔迪厄在继经济资本、社会资本和文化资本之后，研究了马克思主义政治经济学所不重视的符号象征领域，提出了符号资本概念。符号资本是指使用符号从而让占有不同层次或形态的其他三种资本具有合法性的能力。布尔迪厄解释了在资本主义社会统治阶级如何运用符号资本将其统治合法化，以及被统治者如何认可这一套规则，成为阶级统治的合谋者，布尔迪厄把这一现象称为符号暴力。布尔迪厄说："符号暴力

是在一个社会行动者本身合谋的情况下，施加在他身上的暴力，即他并不领会到那是一种暴力，反而认可了这种暴力。"① "由于符号资本的合法化效果，社会空间就像被施行了魔法，社会成员在魔法或巫术的作用下形成共同'信仰'，或共同的'误识'，共同生产和维护不平等的社会结构。换言之，符号资本使得资本的不平等分配得以合法化。"②

在旅游场域中，专家学者、媒体、政府几种力量交织在一起共同行使符号资本的权力，具体如图 13 – 1 所示。符号资本的作用过程具体又表现在游前、游中两个阶段。在游前，符号资本通过对地域性资本的解释与传播，引导游客对地域性资本的认识，尤其是地域性资本旅游价值的评价，从而影响旅游者做出购买决策。在旅游过程中，符号资本的拥有者将大量符号运用在旅游产品中，并通过在旅游目的地投放宣传广告体现自己的意图，进而引导游客在旅游目的地的消费行为。在符号资本的作用下，旅游者对地域性资本的内容、价值、意义形成认识，并在一定程度上达成某种共识。

（一）专家学者对符号资本的运用

随着科学观念深入人心，人们对科学以及掌握科学的人的尊重与信赖，使得学者占据了知识话语权。专家学者拥有专门化的知识和技能，文物的历史价值、文化事项所承载的社会文化信息，所经历的历史文化变迁，山水资源的形成环境、过程及特点……这些只要经过专家的研究论证就具备了科学性。在地域性资源资本化的过程中，哪些地域性资源被选择、被重构以及如何重构需要专家的指导。他们赋予地域性资源以象征意义，那些藏在深闺人未识的资源经过学者的解读被赋予了深刻的文化内涵，被当作一种文化符号。而那些经过学者论证并肯定的地域性资本最终获得了旅游场域中的合法地位。进而通过与媒体的结合，引导了游客的消费行为，游客从各自的现实条件③出发选择与自己的需要相契合的产品。专家学者以自身的文化资本为自己赢得学术地位并获得经济回报。

（二）大众传媒对符号资本的运用

大众传媒的普及扩大了公共领域空间，媒体的传播可以让你的消息

---

① ［法］皮埃尔·布尔迪厄、华康德：《实践与反思——反思社会学导引》，李猛等译，中央编译出版社 1998 年版，第 221—222 页。
② 张意：《文化与符号权力：布尔迪厄的文化社会学导论》，中国社会科学出版社 2005 年版，第 181 页。
③ 游客的现实条件通过内化在身体的惯习而发挥作用。

到达世界每个角落，只要你能够被媒体选中。随着传媒话语霸权的形成，传媒时代人们对于媒体的依赖先行预设了媒体可占有资本的多少。① 在地域性资源资本化过程中，媒体将学者对地域性的解读进行了推广，正是在媒体的推广之下，公众形成了共同的"信仰"，或共同的"误识"，旅游产品最终被赋予了象征意义——符号价值。从这个角度上说，媒体不仅仅具有传播交流的功能，还具有生产功能，只是这种"生产"性质与商品的物质实体性、功能性的生产有所不同，它生产了商品的符号价值。

（三）政府对符号资本的运用

"布尔迪厄提出了官方的符号体系的三重功能：其一，作出判断，告诉人们某一事物的意义是什么；其二，通过一些限制性的规则，告诉人们在什么情况下，人们该如何行动；其三，告诉人们实际上发生了什么。"② 由此，"官方的话语使自己成为合法正当的诞生，成为知识的仓库"③，政府也就掌控了强大的符号资本。在旅游场域中政府既可以作为一股独立的力量，也可以和学者、媒体联合运用符号资本。首先，在对地域性资源的解读上，政府是一支重要的影响力量。对旅游资源的调查或者是由政府亲自实施的，或者是在政府的委托之下进行的，因此，政府的意见和观点会影响到对地域性资源的解读。其次，在地域性资源价值的推广上，政府发挥着至关重要的作用。政府可以通过政府网站，组织或参加旅游促销会对旅游产品进行宣传促销，还可以与大众媒体合作通过媒体的宣传报道影响公众的认知。

学者、大众媒体、政府运用其符号资本帮助旅游产品成为一种符号，引导着游客对这些符号的消费。在旅游开发的不同阶段，三者发挥的作用有所不同。在开发的前奏活动中专家学者扮演着主唱角色，对地域性资源做调查评价、做旅游规划、策划节庆活动、著书立说、召开学术研讨会等。而到后期，学者的地位便相对弱化了，媒体的重要性却越发凸显出来，它们发布信息、跟踪采访、广告宣传等。如果说学者是开路先锋，那么媒体应该是护卫军，政府则从头到尾都发挥着重要作用。

---

① 参见梁音《社会记忆的文化资本化——以洛带客家社会记忆资源的旅游开发为例》，《成都大学学报》2008年第4期。
② 章兴鸣：《符号生产与社会结构再生产——布尔迪厄符号权力理论的政治传播意蕴》，《湖北社会科学》2008年第9期。
③ ［瑞士］索绪尔：《普通语言学教程》，高名凯译，商务印书馆1980年版，第136—137页。

政府、本地旅游从业者、外来旅游从业者、社区居民、学者、媒体是不可分离的几种力量，他们是旅游场域中的"活动因子"。他们为实现各自的利益而展开斗争，而他们掌握的资本的数量和结构决定了他们在场域中的位置，以及他们对游戏所采取的策略性取向。如图13-1所示，当地政府、本地旅游从业者、外来旅游从业者通过向游客输出地域性资本来获得经济资本；与之相对应的过程是，游客通过输出经济资本来获得地域性资本，以满足对不一样的生活的体验。而在地域性资本供给方内部，出于对同一利益——经济资本的争夺，他们之间形成既合作又斗争的关系。政府通过行政权力对本地旅游从业者和外来旅游从业者进行监督、管理；本地从业者和外来从业者之间，本域资本和外域资本之间在彼此抵制、排斥的同时，又相互妥协，并有意识地借助对方的资本，扩大和提高自己的权力。社区居民掌握着地域性资源，但是地域性资源需要在资本化过程中实现其经济价值，而在资源资本化的过程中，社区居民也就转变成为本地旅游从业者。同时，在这一过程中社区居民与当地政府将就主导权展开争夺。政府、专家学者和大众媒体生产着符号资本，通过符号资本的输出引导游客的旅游行为和东道主的开发行为，帮助民族地区实现地域性资源向地域性资本的转化。

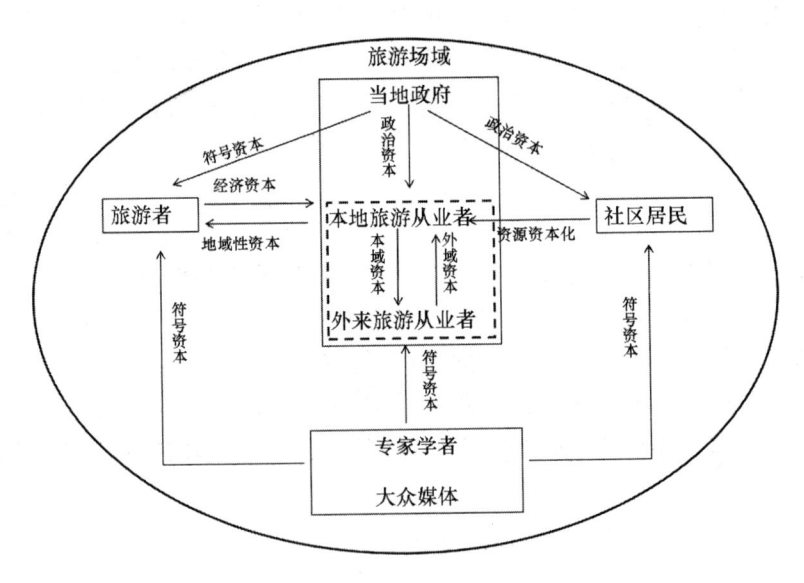

图 13-1 旅游场域结构

第十四章　基于场域视角的西藏民族手工艺文化旅游开发

今天，我们正置身于旅游的时代中，在世界的任何一个角落几乎都能看到游客的身影。游客要实现"诗意地栖居"，就离不开对地域性资源的消费，地域性资源的旅游价值在旅游时代中被凸显了出来。地域性资源进入旅游场域，被游客所消费，与之同时发生的是，地域性资源转换为经济资本。凭借对地域性资源的掌握，民族地区获得了发展的权力，通过把地域性资源呈现给游客，引导游客来感受和体验，实现了地域性资源与游客手中的货币之间的交换，从而也实现了地域性资源的资本化。对民族地区的旅游开发实质上是将地域性资源资本化的过程。

第一节　地域性资源的资本化：民族手工艺文化旅游开发的实质

民族手工艺中蕴含着丰富的地域性，在旅游时代下如何将这些地域性资源转化为游客消费的地域性资本呢？笔者认为应该从以下几个方面入手。

一　以本土地域性资源为基础

地域性资源是民族地区发展旅游业的基础，是吸引游客的核心资源，游客需要借助对地域性资源的消费才能感受和体验与日常不一样的生活。民族手工艺的旅游开发要依托自身的地域性资源，因此，在开发之初，需要对地域性资源做深入细致的分析，深入挖掘资源的独特性和历史文化内涵。在旅游开发中，本土地域性资源可以吸收和借鉴外来地域性资源，比如巴扎童嘎的工匠在绿松石饰品的设计中就吸收了汉地的铂金制作工艺，对西藏的绿松石首饰制作工艺和文化进行了发展。但是不能一味跟风、模仿外来工艺和文化，从而失去了自身的特色与风格。本土地域性资源是民族手工艺的"本"和"源"，外来工艺和文化可以采借，但是需要融入本土地域性资源中，那么旅游开发才具有可持续性。

二 以市场为导向

地域性资源要转化为地域性资本，需要在旅游市场上成功出售，并为游客所消费。而游客的购买行为是以自身的需要和爱好为出发点的，所以民族手工艺在旅游开发中也不能只盯着自己有什么，还要看市场需要什么。在旅行中，游客期待着一种与日常生活形成巨大反差的新生活，因而表现出对具有地域性的实物和事项的强烈兴趣。但是，内化在游客身体中的惯习也同时在发挥着作用。惯习的作用使得游客一方面对富于民族特色和地域特色的东西情有独钟，对异域的风情感到迷恋。但是，另一方面他们又不愿意完全放弃过去的生活，摆脱不了对现代物质商品和便捷生活的依赖。从这个角度来讲，旅游也不完全是一种"反结构"，在"反结构"之下也有着"结构"的内容。以市场为导向也就意味着，在地域性资源资本化的过程中，东道主需要应游客的惯习而进行调适和改变。

三 以投入为手段

地域性资源要转化成为地域性资本离不开宣传和营销的投入，投入越多，地域性资源向地域性资本转化得也就越多。另外，地域性资源也不是一种永不枯竭的资源，如果当地的生态环境被破坏了，独特物种和特色风光消失了；如果传统的手艺和技能没有后人来继承，独特的民俗事项不再继续了，地域性资源也就枯竭了。要保持地域性资源的生命力，就要在环境、教育、文化各个方面进行投入，而这种投入其实就是对地域性资源的保护。因此，由旅游开发所带来的收益中一定要划出相应的比例投入到对地域性资源的保护中。保护的主体不应该仅仅是政府，社区居民、民间组织、媒体、学者专家队伍都应该被纳入其中。随着旅游开发所带来的利益的显现，会有更多的社区居民加入到保护者的行列中。

四 以创意为灵魂

在旅游开发中，民族地区常常陷入一种两难的境地：如果过分地依赖资源，保持它的原汁原味，那将导致曲高和寡；如果一味地迎合市场，那就有可能丧失地域性，从而也就失去了发展旅游业的根基。将地域性资源与旅游市场结合在一起的是创意，好的创意既能把握地域性资源的核心内涵，再现和突出地域性，同时又能够满足游客的需要，甚至引导游客去"发现"需要。巴扎童嘎和卓番林的产品在西藏旅游市场上的成功很大程度上得益于其高素质的设计团队的优良创意。对西藏一些地区正在开展的社区旅游来说，要实现传统文化和旅游市场的完美对接，需要有好的创意。

五 以体验为核心

美国未来学家阿尔文·托夫勒（Alvin Toffler）认为人类经济正从产品经济、服务经济向体验经济发展。在体验经济时代，顾客每一次购买的产品或服务在本质上不再仅仅是实实在在的商品或服务，而是一种感觉，一种情绪上、体力上、智力上甚至精神上的体验。地域性资源的首要价值就在于帮助游客体验非日常的、不一样的生活，从这个角度讲，旅游是一种天然的体验经济。任何一种体验都是某个人身心体智状态与那些筹划事件之间的互动作用的结果。体验经济下，游客已经不再满足于像一个局外人似的走走看看，而是要融入东道主的生活场景中去，作为旅游世界中的参与主体，在与当地居民、旅游从业者以及其他游客的互动交往中，将对外部世界的观察转变成对空间的体验过程。民族手工艺的旅游开发中要考虑以适当的主题，比如传统手工编织、传统陶艺制作、传统银器打造等来整合自身的地域性资源；并且要以服务为舞台，创造具有吸引力的消费场景，比如直接将手工业的生产现场搬到前台，在老手工艺人的现场展示和指导之下，使游客参与其中，沉浸于消费体验中，通过忘记世俗生活获得本我的回归。如此，才能使"诗意地栖居"成为可能。

第二节　西藏民族手工艺文化旅游开发中的多方参与主体

旅游场域结构的分析为我们明晰了民族地区手工业旅游开发的参与

主体，明确了各主体的角色和作用，以及相互间的关系。

一 地方政府和社区

就西藏民族手工艺来说，其旅游开发离不开政府的参与。本土手工艺人在参与意识、市场意识上的不足需要政府通过动员与培训来加以改变；民族手工艺的资金短缺问题需要政府通过制定优惠政策、补贴等方式来加以弥补；濒临失传的传统技艺的恢复、生活困顿的老手工艺人也需要政府给予特别的关照；年轻一代对传统文化的态度，对民族手工艺的传承都需要政府的引导；在民族手工艺的品牌树立与保护中也离不开政府的监督和管理。

与地方政府相比，社区更应该是一个利益共同体，代表社区成员的共同利益，并为成员谋取更大的利益。农村的家庭手工业都存在散、小、弱、差的情况，家庭个体在激烈的市场竞争中处于劣势，因此需要发挥社区的整体力量。可以考虑把众多分散的家庭联合起来，实现原材料统一供给、质量统一监控、产品统一销售；同时由社区承担市场调研、市场促销、建立销售渠道的工作，以弥补个人家庭势单力薄的现实；此外还可考虑由社区统一注册商标和产品名称，为全体成员所共享，一旦出现侵权现象由社区提起诉讼维权。随着社区居民参与意识和参与能力的提高，社区将在旅游开发中承担起更大的责任，一些原来由政府承担的事项将由社区来推行。在一些民族村寨，一种新型的旅游开发模式已经出现，那就是由整个社区参与旅游的"社区主导型"模式。在这种模式下，社区全面参与旅游，社区成员就是旅游从业者，向游客提供全方位的产品。他们不仅拥有经营项目的经营和收益权，并在旅游决策中占据主导地位。

二 本土手工艺人

原住民参与是民族地区旅游开发的基本原则，旅游开发中需要充分尊重少数民族对自身文化的判断和对文化自由选择的权利：变与不变、如何变等一系列问题的解决，取决于民族对自身文化的理解和认识，取决于是否有利于自身的发展与壮大。近年来，很多民族地区的旅游开发面临本地人参与不足、外来经营者势力扩张的问题。比如云南丽江古城的开发，古城内的居民纷纷迁移到古城以外，他们将古城内的房产出租给外来经营者，以收取高额租金为谋生手段，而不是直接参与到旅游产品的生产中去。现在古城内的客栈、酒吧、商铺的经营者大多数都是由外地人经营的。外来经营者及其所占有的外域资本成为旅游目的地文化创造和文化展示的主角,当地人退出原来的生活空间和文化舞台,逐渐被边缘化。

对西藏民族手工艺文化的旅游开发,一定要坚持本土手工艺人的参与。本土手工艺人既是本土地域性旅游资源的载体,也是本土地域性旅游资源的组成部分,他们是本土文化和传统文化的身体化表现形态。本土手工艺人参与旅游开发有其必然性,因为他们掌握的地域性旅游资源需要在旅游场域中转化为地域性旅游资本,从而实现个人和家庭的发展壮大。本土手工艺人的参与还有着重要的社会文化意义:本土手工艺人长期受到传统文化的滋养和塑造,对传统文化和本土文化有着最真实深刻的认识,要保持处在旅游开发中的民族手工艺文化的历史延续性,就必须让本土手工艺人参与旅游开发进而成为旅游纪念品市场中的主导力量。而一旦本土手工艺人放弃了对主导地位的角逐,民族文化将处于一种危险的境地,那就是外来手工艺人和外地产品将充斥于旅游市场,他们通过对藏文化的"符号假借"摇身一变成为旅游者眼中的民族手工艺文化的范本。从西藏民族手工艺文化旅游开发的现实来看,当前最大的问题并不是一些学者所担心的由于旅游业的过度开发所导致的民族文化变异,而是本土手工艺人参与旅游市场不足所导致的外来手工艺人和外地产品鸠占鹊巢以及由此带来的本土民族手工业话语权的丧失。所以,当前最主要的一项任务即是鼓励本土手工艺人参与旅游市场竞争,改善他们的参与条件,提高他们的参与能力。通过将本土手工艺人掌握的地域性旅游资源转化为地域性旅游资本,让本土手工艺人走出生活的困境,也让民族手工艺文化在新的时代环境中重新绽放光芒。

同时,在现代化和全球化的背景下,本土手工艺人也要意识到一概排外,单凭本土文化、本土资源也难以满足受惯习引导的外来游客的需要,最终也将失去发展的机会。因而,也需要适当引入外域资本,借助国际品牌的号召力和先进的管理模式,将本域资源推向市场,完成资源到资本的转化,谋求本域资本的国际化。

三 旅游纪念品经销商

旅游纪念品经销商在这里特指帮助手工业旅游纪念品从生产者转移到游客手中的机构和个人。旅游纪念品经销商是沟通手工艺人和游客的中间环节,是联系二者的桥梁。在地域性资源转化为地域性资本的过程中,经销商起到了至关重要的作用。因为由经销商提供的交易平台让商品顺利从手工艺人手中转移到了游客手中，伴随着商品的转移，货币也才从游客手中转移到手工艺人手中，地域性资源才最终实现了其经济价值，实现了资本化。西藏民族手工艺的旅游开发，需要培育实力雄厚的旅游纪念品经销商。目前"巴扎童嘎"已经在拉萨拥有了两家店铺，专门销售自己的产品；与"巴扎童嘎"相比，"卓番林"更像是一个销售平台，它的产品并非来自自己的设计师和手工业作坊，而是通过对本土手工艺人的培训和服务，收购其产品统一冠以"卓番林"的品牌，在"卓番林"的店铺中出售。当前，西藏民族手工艺在旅游开发中的另一个重要问题是，手工艺人、原产地社区没有建立起直接的营销渠道，其产品的销售过分依赖经销商。经销商把收购价格压得很低，又在旅游市场上高价卖出，因此旅游开发带来的收益很大程度上被经销商所拿走，真正能够进入手工艺人腰包的其实是很小的一部分。另外，拉萨的很多旅游纪念品经销商除了出售本地的手工艺品也销售外地的旅游纪念品，这其中也包括来自内地的机械化产品，为了迎合游客对"西藏""藏族""手工业"符号的需要，他们将这些产品说成是"西藏制造的""手工制作的"，因此成了外来手工艺人和外地产品的"符号假借"过程中的实际推手。因此，建立直接的营销渠道，将经营范围从生产领域延伸到销售领域，这也是推动西藏民族手工艺健康发展、壮大的必经之路。

四 媒体和专家学者

媒体和专家学者掌握着符号资本，他们通过对符号资本的运用推动了民族手工艺的旅游开发的进程。在旅游开发的初期，在确定地域性资源包含哪些内容、决定哪些地域性资源将被选择、如何对地域性资源进行重构这些问题时，需要专家学者的指导。专家学者的参与一方面可以减少和避免旅游开发中的失当行为，为民族手工艺的旅游开发提供科学的发展思路；另一方面专家学者的学术活动，如专业调查、学术研究和学术成果发布等都可以为民族手工艺宣传造势，经过符号资本确认的地域性资源才具有转化为地域性资本的合理性和可能性。而在传媒时代，民族手工艺的意义和价值重新建构，手工艺品品牌的形成，则离不开媒体的传播与推广。具体的运作方式有两种：一种是公益性的，即媒体通过一系列的新闻活动唤起公众对于民族手工艺的关注，影响公众对民族手工艺在当代的价值的判断；另一种是营利性的，即媒体在收取费用的情况下为商家及其产品所做的宣传和促销，以扩大企业和产品的知名度，增加产品的购买机会。不论哪种方式都对民族手工艺的旅游开发起到了有力的推动作用。从当前的情况看，媒体的作用还没有充分发挥出来，还需要媒体对民族手工艺给予更多的关注，帮助西藏民族手工艺在旅游市场上的发展。

第三节　民族手工艺文化旅游开发中的利益分配

合理的利益分配机制能够激发劳动者的主动性、积极性与创造性，从而激励人们创造更多的社会财富和精神财富。反之，不合理的利益分配机制则压抑人们的主动性、积极性与创造性，让人堕落、不思进取。考虑到民族手工艺的特殊性和发展现状，旅游开发的利益分配机制既要体现效率，体现"多劳多得"，也要兼顾社会公平。应该建立生产领域内和生产领域外两种分配类型。

一　生产领域内的分配

生产领域内的分配是指在各个具体生产过程中，按照资本、技术、劳动等生产力要素在生产过程中的贡献，对生产成果所进行的分配。其分配的原则在于效率和公平，但更注重效率。就西藏民族手工艺旅游开发的现实而言，生产领域内的分配存在两个不平衡：第一个不平衡是本土手工艺人和外来手工艺人利益分配的不平衡，在藏刀、藏银首饰等旅游纪念品市场上，外来手工艺人获得的收益远远大于本土手工艺人。这一方面是由于本土手工艺人的参与意识淡漠，参与能力不强；另一方面也是由于市场监管不严，外来手工艺人有机可乘挂着"西藏本土制造"的牌子，卖自己的产品；外地机械化产品也穿上"民族手工艺"的外衣出现在旅游纪念品市场上。要改变本土手工艺人在利益分配中的劣势地位也需要从两方面入手：一方面规范市场，打击假冒行为；另一方面更为重要的是要引导本土手工艺人参与旅游市场竞争，通过教育和培训增加他们在市场上的竞争能力。第二个不平衡是手工艺人和经销商利益分配的不平衡，经销商凭借对旅游市场的认识和掌握获得了远远高于手工艺人的利益，由此打击了本土手工艺人参与旅游市场的积极性。本土手工艺人要改变自身的处境就需要建立起直接的销售渠道，比如在拉萨旅游纪念品市场上设立门市或专卖店。考虑到由此带来的经营成本的增加，作为个体的手工艺人难以承受，家庭手工业可以联合起来，走共同发展的道路。也可以发展社区旅游，以民族手工艺为重要吸引物，在手工业原产地发展旅游业，手工艺人足不出户，就可以将手工技艺和产品呈现在游客面前。

二 生产领域外的分配

考虑到旅游开发中不可忽视的民族传统文化的保护问题，考虑到本土手工艺人在民族文化传承中的重要作用，民族手工艺的旅游开发的利益分配机制中还必须有生产领域外的分配，即国家调节的再分配，并适当向本土手工艺人倾斜。国家调节的再分配主要是相对于市场机制的初次分配而言，它是对市场分配机制的补充和修正，国家调节的再分配同样要体现公平与效率，但更加注重公平。

中央政府和地方政府通过税收减免、直接投资、财政贴息、降低贷款门槛等财政措施和金融调控措施对本土手工业企业和本土手工艺人进行扶持。在被纳入国家非物质文化遗产的藏族邦典、卡垫制造技艺等行业中选拔三四个有代表性的、有发展潜力的企业，在生产经营性土地的划拨、设备和技术改造、市场推广等方面实施更优惠的扶助政策，将其培养为行业中的龙头企业。

同时还可以增加手工艺非物质文化遗产传承人的福利保障，对学习传统手工技艺的年轻一代给予生活补贴等方式来推动民族手工艺文化的传承。考虑到经验丰富、技艺出众的手工艺人的保护以及年轻一代的培育在民族手工业的文化传承中的重要作用，我们还需要针对老手工艺人和年轻学徒制定更加富有吸引力的政策。比如，引入技术职称制度，对手工艺人进行技术评级，参照企业或事业单位的标准制定津贴福利制度，让那些优秀的手工艺人一方面摆脱经济上的压力，安心于在技艺上精益求精，并承担起培养下一代的任务；另一方面也让手工艺人获得不断上升的空间和提高社会地位的途径。

第四节 结语

在面向旅游市场的转型中，作为东道主的本土手工艺人既面临重大的发展机遇，同时也面临外来手工艺人和外地手工艺品的进入所带来的激烈竞争与市场经济向传统观念提出的挑战。为了适应变化的时代和环境，本土手工艺人需要调整自己的观念和行为。复古和变革都是本土手工艺人为了适应变化而采取的有效手段。进一步的分析认为：民族手工艺之所以能够与旅游业结合是因为其蕴藏着丰富的地域性。地域性是地域的特性，是人在地域中体验到的综合性氛围以及由此产生的认同感。一方面它标志着这片土地的特殊性，使这一地区能够从众多地区中区别出来；另一方面它体现着这片土地丰富的意义内涵，激发置身其中的人产生美好的情感和心理反应。我们把那些具有地域性的资源称作地域性资源。游客要实现"诗意地栖居"，就离不开对地域性资源的消费，地域性资源在旅游时代中具备了旅游的价值。处于边缘位置的地区和民族能够利用这一新的资源参与到世界的竞争中来，实现财富的增值、民族的发展。地域性资源开始具有了资本的权力。游客通过对地域性资源的消费，实现了对现实环境的超越，从而体验到一种不同于日常的生活。通过体验，游客在旅游目的地完成了短暂的"诗意地栖居"。游客用掌握的经济资本交换东道主一方的地域性资本，在这一交换过程中，旅游场域得以形成。我们可以把旅游场域看作：发生在游客惯常环境之外，按照地域性资本和经济资本等资本形式在行动者中的分配情况而形成的不同位置之间的客观关系的空间。随着外来手工艺人和外地产品进入拉萨旅游纪念品市场，地域性资本有了本土和外来之分，我们把发源于本土的地域性资本称为本域资本，而把发源于外地但是出现在旅游目的地市场上的地域性资本称为外域资本。地域性资本与经济资本，本域资本与外域资本既相互依存同时也相互斗争。斗争的关键在于，谁能够成为旅游场域中最具影响力的资本。由此，旅游场域成为一个充满斗争的空间。旅游场域的斗争在行动者的层面上则体现为游客、本土旅游从业人员、外来旅游从业人员、旅游社区居民、政府之间就主导权展开争夺。同时，由于旅游消费的符号性特点，符号资本在旅游场域中也有了更大的作用空间。专家学者和媒体凭借对符号资本的占有参与到旅游场域中来。

  旅游场域的形成使西藏民族手工艺被置于一个与传统不同的环境中。对手工艺人来说，伴随着自己的技艺、产品甚至生活本身为游客所关注，他们也不得不开始关注游客这一群体。如果他们想让自己掌握的地域性资源为自己带来实际的收益并以此改善自己和家人的生活状况，他们就必须满足游客的需要。游客的需要是双重的，甚至是自相矛盾的。一方面他们想要摆脱日常的结构化的生活的束缚，体验一种不一样的生活，因而表现出对富于民族特色和地域特色的东西情有独钟，对异域的风情感到迷恋。另一方面游客在日常生活中所形成的惯习以及由此产生的生活品位，又使他们的旅游消费保持着与日常生活的一致性。对大众游客而言，旅游改变的是枯燥、乏味的日常生活，不变的是对高度发达的物质生活的需要。手工艺人在满足游客需要的同时，其实也就在改变着自己的惯习和行为，我们把这一过程称作调适。在哈维兰看来，"调适是有机体实现对可利用环境有益调整所经历的过程，而且该过程的结果——有机体的各种特质，使他们适合于他们生存的特殊环境状态"。惯习和调适是旅游场域的动力机制，西藏民族手工艺文化在适应惯习与调适的过程中向前发展。

在分析旅游对西藏民族手工艺文化带来的影响时，笔者很难把旅游作为一个独立的因素来考虑，因为旅游开发、现代化、人口的跨地区流动这些因素总是交织在一起。甚至旅游都不是一个最主要的因素，即使没有旅游开发，现代化的进程同样也会改变民族手工艺文化的形态，甚至会消灭手工业。与现代化消灭手工业相比，旅游开发在民族手工艺文化变迁中作用要微小得多，甚而至于，在现代化进程中，旅游业的发展虽然改变着民族手工艺文化的特征，但也会促使民族手工艺文化得到保护。文化变迁是客观存在的，但是，不是所有文化变迁都会让文化脱离其传统轨道走向变异。目前，西藏民族手工艺文化旅游开发中最大的问题不是旅游过度开发，而是本土手工艺人参与不足。由此带来本土手工艺文化话语权的丧失和游客对西藏民族手工艺文化的误读。所以，当前最主要的一项任务即是鼓励本土手工艺人参与旅游市场竞争。西藏民族手工艺的旅游开发其实就是将地域性资源资本化的过程。在这一过程中需要正确处理保护与开发的关系。在笔者看来，保护分为以下两种：一种是非功利性的保护，即不带有营利性质的公益性的保护行为，其保护主体往往是政府，因为民族文化是一个地区、民族共享的财富，那些珍稀、价值极高的民族文化甚至是全人类共同的财富。政府从公共物品供给的角度上应该对民族文化进行保护，包括对民族文化的全面普查、记录、整理；对物质民族文化的征集、保存与展览；对非物质民族文化传承人的保护；对年轻一代的教育与培训；等等。随着人类对民族文化价值的重新认识，国际性组织和民间社团组织也开始加入到这一保护行列中。他们的努力为民族文化的保护做出了不可磨灭的贡献。另一种是功利性的保护。因为光是依靠政府或 NGO 组织的公益保护是远远不够的，很多问题迫切需要解决，比如：庞大的保护金费如何能得到源源不断的补充；在外界力量的强势介入下，如何能保证当地文化不脱离其原有的发展轨道……而对非物质民族文化保护来讲，还有一个更为严重的问题，在非物质民族文化的保护中要遵循原生地保护、原住民参与甚至主导的原则，而如果原住民并没有从保护中获得实际的价值，他们又如何能有强大的保护动力？就像一些学者在民族语言保护中遇到的困境，不论你怎样苦口婆心地告诉他们，民族语言对一个民族而言有多么重要，但是年轻一代对本民族语言的学习热情始终不高，因为在他们当前的现实中，学好本民族语言所带来的实惠远不如学好汉语带来的多。所以，要实现对文化遗产的保护，还离不开开发手段的运用，对民族文化的合理开发，最终能起到保护的作用。因此，良性的开发是一种带有功利性的保护。

今天，探讨旅游开发背景下西藏民族手工艺文化是否会变、应不应该变之类的话题并没有多大价值，发展的实践更需要我们去关注在应旅游者的需要而改变的民族手工艺文化如何才能保持和传统文化的联系，保持自己的地域性，民族手工艺文化如何才能在新的时代环境中保持自己的生命活力。

第四篇

舞台的表演者：九寨沟民族歌舞表演的调查

九寨沟风景名胜区位于我国四川省阿坝藏族羌族自治州的西北部，也是我国第二大藏区和最大羌区境内的世界著名的世界自然遗产旅游目的地。自1984年旅游业正式开园以来，九寨沟以其每年持续而巨大的游客量（2012年达363万人）吸引着不少外来投资商在此地创建各类旅游企业，包括酒店、会议中心、餐厅、商店、歌舞艺术团等，这些企业以九寨沟风景名胜区入口处为中心，沿着南北两个方向，在沟口外的公路两侧密集云布，成为九寨沟风景区外最为集中的游客服务区域和旅游企业集聚地带。其中，每天晚上定时为各地游客上演藏羌文化节目的十余家藏羌歌舞表演艺术团就分布于各个宾馆或演艺中心，向北或向南各绵延约10公里。随着九寨沟旅游业的迅速发展以及九寨沟风景区管理局1998年对"沟内游、沟外住"规划理念的实施，20世纪90年代中期至21世纪初，一些外来的企业、著名艺人或专业投资商陆续创建了这些演艺团体，其目的是以舞台艺术表演的形式，借向游客展示藏羌传统文化来获取商业利润，其性质是在九寨沟县文体局正式注册登记、定时定点对外营业的商业性旅游企业。接着，一批专业编导和表演者也因各个艺术团的招聘而来到九寨沟，成为九寨沟旅游业发展的重要力量，也成为九寨沟各个不同经营主体中较为特殊的一群。

一方面，这些表演者是连接游客与藏羌传统文化之间的桥梁，也是作为藏羌文化符号的一个个载体而长期活跃于旅游舞台上的文化中介者。在这个群体里，有的表演者本身就是藏族或羌族，与所展示的藏羌族角色的族群身份相同；也有表演者为非藏羌族，与所表演的藏羌族角色的民族身份不一致。其中，来自其他藏区的藏族表演者占这个群体的绝大部分。这些表演者来到九寨沟后，为满足游客的文化消费需求，都会暂时模糊掉原有的族群来源或文化身份，因现代旅游的资本性在游客面前统一成了"藏族"或"羌族"角色，从而成为舞台上所代表的藏羌族文化主体。因此，在游客眼中，他们不仅仅是一般的表演者，更多地，他们是来自藏羌文化原生地的族群代表，他们在舞台上所表演的藏羌文化，很容易被游客解读为藏羌原住民文化生活的真实写照，从而形成游客心目中所谓的"藏羌文化意象"。

另一方面，由表演者所表演的舞台上的藏羌文化，与藏羌原住民日常生活中的文化相比，也发生了很多变化。舞台上所展示的藏羌文化虽是来自藏羌原住民日常生活中的文化，但却不同于藏羌原住民文化。总的来说，这些日复一日、年复一年在九寨沟不断上演的舞台化藏羌文化就是在当代符号化消费背景下由旅游地不同文化主体所进行的符号化再生产的产物，是一种典型的"旅游的符号化"①。在此背景下，许多旅游人类学者对这种舞台化的民族传统文化的内涵与真实性能否被保持，这种已被改变后的符号化民族文化展示对东道主社区传统文化变迁有何影响，游客能否感知到这种在旅游场域中重构的民族文化有多少真实性，这种"舞台化真实"对游客的体验质量有何影响等问题提出了质疑，并从真实性的角度对旅游语境中的舞台化等主题进行了大量的讨论和研究，使得旅游真实性问题成为旅游人类学研究中的热点问题。

在人类学研究中，文化真实性主要指在旅游开发背景下，东道主社区的原住民文化应保持真实内涵，符合传统，淳朴自然无伪装且与一个民族相生相融。② 戈夫曼（Goffman）在社会学领域曾提出了"前台、后台"理论，在此基础上，杨振之又创新性地提出了"前台、帷幕、后台"理论，将东道主社区的空间结构划分为"前台"（舞台化空间、文化的试验区）、"帷幕"（过渡性空间、文化缓冲区）和"后台"（保护性空间、文化核心区），其不同的空间功能结构为解决民族文化保护与旅游开发的矛盾提供了理论依据③。

另外，在旅游实践中，东道主社区构成了各方利益博弈的一个大的旅游场域。旅游场域是指那些发生在旅游者惯常环境之外，按照资本在行动者之间的分配情况而形成的不同位置之间的客观关系的空间④。在此场域中，行动者会通过对地域性资本的承认而在时空转换中进行自身独特性的构筑，而这些构筑，通常又会推动着东道主社区的文化真实性

---

① 参见杨振之、邹积艺《旅游的"符号化"与符号化旅游》，《旅游学刊》2006年第5期。
② 参见赵红梅《旅游业中的文化商品化与文化真实性——以民族文化为例》，载张晓萍《民族旅游的人类学透视》，云南大学出版社2005年版，第159页。
③ 参见杨振之《前台、帷幕、后台——民族文化保护与旅游开发的新模式探索》，《民族研究》2006年第2期。
④ 参见宋秋《旅游场域：对拉萨手工业旅游纪念品市场的文化透视》，博士学位论文，四川大学，2012年，第111页。

变迁。因此，研究这些行动者在旅游场域中的行为转变及其构筑，可以从另一个角度来观察旅游场域中的文化真实性及其变迁问题。

  基于此，我们于2009年暑期（2009年7月12日至8月27日）专赴九寨沟沟口一带，采用旅游人类学中传统的田野调查方法，包括参与观察、深度访谈与现场问卷调查等，历时一个多月（此外，在此前课题组成员曾多次在九寨沟参与观察与深度访谈），对九寨沟沟口8家正在营业的藏羌歌舞表演艺术团中的表演者，尤其是其中的藏族表演者做了深入而详细的调查。通过与表演者交朋友的方式，在征得被调查者同意的前提下，我们分别对各个表演团里的表演者进行了全天全程跟踪，用录像、照片、录音、笔记等方式客观地记录下表演者和他们的舞台表演，并通过访谈，包括现场访谈和这次集中调查之后的QQ聊天、电话继续追踪等方式，了解了表演者在来九寨沟之前与之后，以及放假回家或去外地演出时的生活经历，以此希望通过对他们在旅游"前台"与"后台"区域有关"生活真实"变迁的田野调查，来探讨民族传统文化在旅游场域中的变迁及其影响，从而进一步丰富民族传统文化保护与开发问题的相关研究。

第十五章 九寨沟民族歌舞表演概况

第一节 调研对象的确定

随着我国各地旅游业的迅速发展，少数民族歌舞表演正作为展示各族群传统文化的形象载体而被许多旅游目的地所运用。这种表演已不同于平日里纯粹的舞台艺术表演，从文化的角度来看，它主要是指在一个特定的时空背景下，东道主借助相应的舞台、道具、布景等辅助手段，向游客展示某一族群或多个族群的形象、才艺、风俗、情感及价值观等文化内容，从而传达某种文化信息，达到跨文化传播、交流和理解的目的。[①] 在旅游场域中，它已成为一个个文化符号载体的汇聚之地，成为一个文化意义和文化内涵充斥的特殊载体与空间。在旅游研究中，它因包含了大量的文化因子，展示了个人和集体对文化和社会的观念，为东道主社会和游客等多种不同文化主体相遇制造了特殊平台而成为研究旅游发展与文化变迁的重要案例。

在我国现有的众多面向游客的民族歌舞表演中，九寨沟沟口一带8家藏羌歌舞表演因其成立时间较早、数量较多、规模较大，在大众旅游市场中的影响力较广；同时所涉及的文化主体也较多，相比其他旅游地单一或少量的民族歌舞表演而言，其经历的文化涵化、文化调适、文化变迁历程也较为长久和丰富，与游客长时间的接触和交流也较其他地方广泛和深入，因此，这里的歌舞表演所提供的文化信息以及由此所带来的文化真实性与文化变迁问题就更加突出和更有研究价值。

一方面，九寨沟地处汉、藏、羌、回等多民族融合地带，是历史上的藏彝走廊，它在地理上处于青藏高原向四川盆地的过渡地带。同时，

[①] 参见徐赣丽《民族旅游的表演化倾向及其影响》，《民族研究》2006年第3期。

它也背靠西藏、青海、甘肃、四川的整个广袤藏区，处于四川藏区和全国最大羌区之交接点上。据藏文历史古籍《多美宗教源流》记载，吐蕃王朝东征时，由达步和贡步率领的两个部落的军队驻守在今松潘、南坪、平武一带，没有被召回，于是他们就世代定居下来，成为"安多"藏族的一部分①。但从地理位置上看，九寨沟已属于整个藏区的东部边缘，其自然环境兼具牧区和山区，当地藏民的生产方式也非纯粹的牧业，而是以半农半牧为主，并且随着现代化进程的推进，日益呈现汉化倾向，其藏文化底蕴较其他藏区而言显得薄弱。在这种东道主社区本地传统民族文化并不纯粹、原生文化状态已改变许多的前提下，由于九寨沟每年巨大的旅游客源所产生的强大吸引力，20世纪90年代以来，许多从其他地域过来的外来文化主体纷纷来到此处以歌舞表演的形式来向游客展示藏羌传统文化（以藏族传统文化为主），以此获取经济利益。

另一方面，由于九寨沟风景区强大的客源市场吸引力，外来文化主体纷纷入驻，东道主社区构成了各方利益博弈的一个大的旅游场域。其中，8家藏羌歌舞艺术团里的表演者是值得我们重点关注的对象。九寨沟的表演者数量众多，也是长期存在于九寨沟的一大文化景观，他们中有藏羌族，也有非藏羌族，大多都来自九寨沟之外的地域，以形象、身材较好的年轻歌舞演员为主，同时也有少部分中老年演员。他们采取与各自所在的艺术团或公司签订商业合同的方式，在公司管理人员的统一安排下，实行集体吃住的方式，将本是日常生活中的娱乐方式作为自己的工作方式，以满足自己喜好歌舞艺术并赚取生活费的需求。这些表演者在九寨沟居住的时间不一，长的达五年以上，短的一年不到，游客能看到的仅是他们在舞台上的表演，而他们在舞台下的日常生活，却是游客很少接触到的。他们在舞台上或许是某一藏羌文化展示的重要角色，但他们在离开舞台回到自己真实的日常生活中时却又是另外的文化生活，包括每年冬季放假回家后的真实生活。这种从原住地来到旅游地之后在生存环境、生活环境、生活方式等方面的变化，客观地反映了民族传统文化在旅游场域中的真实变迁。与此同时，这些表演者又将在九寨沟旅游地"前台"区域所习得的新文化因子又在放假回家时重新反馈至藏文化的原生"后台"区域。因此，旅游对东道主社区的影响已不再像我们以往认识的那样，仅局限于游客所能直接接触到的这个东道主社区，它还会因为传播者不同的传播能量和影响所及的范围而辐射得更

---

① 参见刘婕等《九寨沟旅游开发对安多藏民族文化的影响》，《资源科学》2004年第4期。

广远,其影响的深度与广度已远超人们所认为的原住民社区。从某种程度上来说,表演者在旅游场域中所扮演的文化代言人与文化媒介角色,已成为旅游场域中促使文化变迁的一个重要力量。

在旅游人类学中,田野调查是主要研究方法之一,它包括参与观察、深度访谈与生活体验等。为了获得客观、翔实的第一手资料,我们仍采用传统的田野调查方法,对不同的调研对象采取不同的调查方法,并在具体的调查过程中,根据调研环境的变化而做出一些调整。

首先,作为东道主社区的"外来者",参与观察的方法是指调查者在来到需调查的社区之后,在当地待上一段时间(短的十余天或几周,长的几个月乃至几年),通过与被调查者一起生活,参加被调查者的各种活动,使自己融入到当地社区,从而为观察被调查者的日常生活、行为活动、内心世界等方面提供了贴近的视野。在对九寨沟民族歌舞表演的调查中,我们通过与旅游地的歌舞表演管理者、表演者交朋友的方法,在征得被调查者同意的前提下,让几位调查者分组全天全程跟随当地各个表演团里的表演者,用录像、录音、笔记等方式客观记录下表演者的生活和他们的舞台表演。白天,我们与表演者一起排练、吃饭、午休、聊天;晚上,我们在表演前观摩他们的化妆及各种准备活动,表演时又在舞台下观看他们的藏羌文化表演,并在表演完后与他们一起出外吃夜宵、唱歌、跳舞等。对于九寨沟当地安多藏民日常生活文化的观察,也采取吃住在当地藏民家中的方式,直接参与他们的各种生产生活活动,并通过与老辈们聊天了解更多关于当地民族传统文化原貌。在整个观察过程中,运用相关专业知识,结合调研主题,选取与调研密切相关的元素进行认真仔细地观察揣摩,主要包括对整个旅游表演的大背景、旅游地的文化表演、表演者日常生活与舞台表演生活、当地藏民日常生活文化等场景的观察。

其次,对调研对象的深度访谈也是采用的主要调查方法之一。由于九寨沟的藏羌歌舞表演所涉面较广,表演者和游客人数众多,因此,除了对表演及表演者进行面上的参与观察外,也根据调研的需要锁定不同群体中一些重点访谈对象,尤其是对具有代表性和典型性的人员,进行深度访谈。在正式调查九寨沟歌舞表演之前,我们进行了一次预调查,在此基础上,将深度访谈对象按照不同类型分为对舞台表演文化设计者(节目投资者和编排者)、表演团体的管理者、表演者、游客、当地藏民等。总的来讲,本次调查深度访谈节目投资者和编排者5人次,表演团体的管理者8人次,表演者45人次,游客30人次,当地藏民10人次。以表演者为例,从九寨沟8家表演团体中每家均抽取不同民族身份、不同来源地的表演者作为深度访谈对象,分为藏族表演者、羌族表演者、非藏羌族表演者;同时,又按照层次分析法,重点访谈藏族表演者,按照卫藏、嘉绒、康巴、安多藏族支系的划分主要对九寨沟最有影响力的3家艺术团中的藏族表演者进行深度访谈,具体为"高原红"艺术团中深度访谈的藏族表演者5人(4男1女),每人平均访谈次数2次,共10人次;"藏谜"艺术团中深度访谈的藏族表演者7人(4男3女),每人平均访谈次数3次,共21人次;"九寨天堂"艺术团中深度访谈的藏族表演者4人(2男2女),每人平均访谈次数1次,共4人次;3家艺术团的藏族表演者深度访谈总次数为35人次。其中,九寨沟本地的安多藏族表演者又是调研的重点对象,共为3人,每人平均访谈次数4次,其深度访谈总次数为12人次,约占藏族表演者深度访谈总次数的1/3。相比之下,对于游客的深度访谈,按照客源地的划分,分为国内游客和海外游客(包括港澳台地区[①]),其中重点访谈已经观看了表演的国内游客,包括汉族游客、藏族游客以及其他民族的游客。对于当地藏民的深度访谈,则将对象限定为参与旅游业时间较长的当地藏民(三年及以上)、刚参与旅游业的当地藏民(三年以内)和未参与旅游业的当地藏民三种类别。所有的访谈内容都用录音笔记录,以避免信息因口耳相传或遗忘而失真。

最后,现场问卷调查主要是针对游客与表演者对藏文化真实性的体验而设计的。关于游客的真实性认知体验调查,问卷样本为500份,其问卷调查样本均由随机取样获得,发放对象分为团队游客、自驾游客和其他散客,同时兼顾不同职业类别、不同年龄段、不同文化背景等因素。对于游客问卷调查内容的设计,其调研目的主要是了解游客对所观看到的藏文化真实性的认知和游客心中所追求的文化真实性究竟是什么。因此,在设计调查内容时,首先给予一个假设,即按照学者们所提出的"游客很在乎表演中藏文化的真实性"以及所暗含的一个前提——"游客似乎很了解藏族传统文化",并且根据这样的假设来设计具体的调查内容。由于考虑到九寨沟的歌舞表演均在每天晚上9点半左右结束,观看完表演的游客都想尽快回到宾馆休息,因为大多数游客都会在第二天离开九寨沟,因此,在对游客的问卷内容设计上,几乎全采用单项选择题易填的形式,并将填写时间限定于10分钟之内。而对于表演

---

① 在我国旅游统计中港澳台游客包含在海外游客中。

者的问卷调查,其样本数为 800 份,调查范围覆盖九寨沟 8 家藏羌歌舞表演艺术团的所有登台表演的人员,包括舞台总监、舞蹈演员、歌唱演员、游戏节目演员、主持人等。相对来说,对于表演者的问卷调查,则采取集中填写式,由于考虑到有些藏族表演者汉语较困难,则辅之以由调研小组成员用汉语解释问卷问题,再帮填问卷的方式。问卷调查的目的主要是了解表演者对自我表演的总体认识以及对舞台上藏文化真实性的认知,这便于与游客的文化真实性认知进行比较,从而得出游客的真实旅游动机和体验质量。

综上所述,我们确定以九寨沟沟口一带的 8 家藏羌歌舞表演和表演者(尤其是其中的藏族表演者)为主要调研对象,其调查范围包括以九寨沟风景区所在的漳扎镇为中心,其辐射半径约 20 公里的范围(见图 15-1),采取旅游人类学中传统的参与观察、深度访谈、问卷调查等田野调查方法,重点调研表演者的总体情况、表演者在九寨沟舞台上的表演生活和舞台下的日常生活,包括表演者放假回家后对各自家乡地域的亲朋好友的影响以及由此所带来的文化变迁;同时也调研位于旅游"前台"表演中的藏族文化与于旅游"后台"的当地原住藏民生活文化,不同文化主体对表演文化真实性的感知和体验等内容,从而希望通过对实践材料的深入分析来客观、正确地看待旅游中的文化真实性问题。

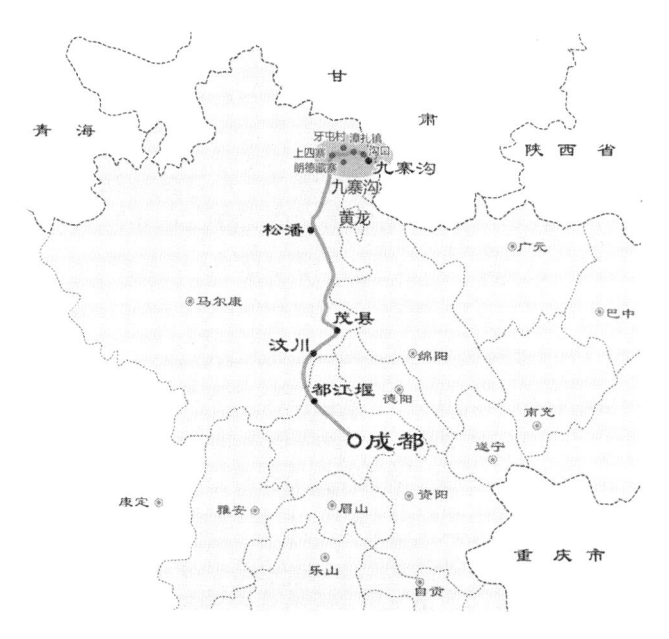

图 15-1　九寨沟调研路线及调查覆盖区域示意

第二节 九寨沟藏羌歌舞表演的产生

从九寨沟藏羌歌舞表演产生的文化背景来看，九寨沟所属的阿坝州是我国第二大藏区和最大的羌族聚居地，九寨沟正处于藏、羌、汉、回文化过渡带上，藏羌文化是其地域特色。尤其是在成都到九寨沟的九环线西环线上，分布着许多藏羌村落，聚居着藏族和羌族原住民。其中，汶川、茂县是羌族的主要分布区，松潘到九寨沟沿路则是安多藏族的聚居地。游客在车上就可以时常看见背着背篓、穿着羌族服饰的中老年妇女在路旁售卖云云鞋之类的羌绣手工艺品，还可以随时瞥见路旁羌民们屋顶上的白石、窗框上类似"羊"字的雕饰图案以及当地羌民家庭旅馆外招牌上"猪膘腊肉、玉米饺团、土豆糍粑、各种野菜及咂酒"等羌族特色饮食字眼。而从松潘到九寨沟这一段路的两旁，则分布着一个个漂亮的安多藏族村寨，片石堆砌的三层楼房，色彩艳丽的藏式雕饰，屋外飘扬着的五彩经幡，路旁屹立着的白塔，还有穿着质朴的藏式服饰、说着听不懂的藏语的中年妇女从车旁经过……沿线这些羌族或藏族村民日常生活中自然流露出来的藏羌文化元素无形中在为游客观看九寨沟藏羌歌舞表演作自然铺垫和心理预热。从宽泛意义上来讲，这也是九寨沟众多艺术团选择向游客展示藏羌文化的主要缘由之一，同时也是九寨沟的民族歌舞表演能长期立足于九寨沟的具有生活文化背景的真实性依据之一。

再看九寨沟藏羌歌舞表演产生的历程。在外来旅游者进入九寨沟之前，九寨沟当地藏民一直过着相当闭塞的生活，唱歌跳舞这些娱乐活动常常在日常的田间劳作、上山放牧、田间休息时进行，而婚丧嫁娶、逢年过节等节庆日时更是歌舞庆祝，歌舞是那时藏民们自我娱乐和解闷的主要方式。20世纪七八十年代以来，少量爱好摄影、旅行的游客来到九寨沟，尤其是在深入到沟内的一些藏族村落并在晚上向当地藏民借宿时，藏民们为了表达对远道而来的游客的热情和欢迎，常自发组织家人为游客表演当地的藏族歌舞，这种活动深受游客的喜爱和欢迎。随着越来越多的游客涌入九寨沟，1984年，九寨沟旅游业在政府的主导下正式启动。一些宾馆饭店、餐厅商店开始在景区内外出现。这些宾馆饭店为了提高竞争力，便效仿九寨沟沟内藏民的做法，自行在晚上举办一些简单的娱乐活动，包括为住店的客人表演藏族歌舞，跳锅庄、烤全羊等。这时为游客表演的人员主要由饭店里擅长歌舞的一些服务员临时担任,他们大多来自阿坝松潘、红原、金川、茂县、汶川等地,有些人是藏族或羌族,也有汉族。最初,他们的歌舞是即兴和随意的,主要是一些简单的藏族迎宾舞、弦子舞、锅庄舞和与游客共唱酒歌、与游客玩游戏等一些娱乐性较强的活动,其目的就是取悦游客,提高饭店住宿率。这些活动很受游客喜欢,吸引了更多的客人入住,提高了饭店的旅游收入。这让管理者看到了其中的商机,于是,1994年,九寨沟当时最大的一家宾馆——九寨沟宾馆组建了九寨沟第一家正式注册登记、对外营业的演艺团体——九寨沟民族艺术团。这个团专门从外地招聘了一些藏族歌舞演员,组建成专业的表演队伍,为九寨沟培养了一批骨干藏族演员,包括容中尔甲、华尔旦、泽让、多杰等。这批人中有很多人后来都成了九寨沟其他演艺团体的组建人、投资者和管理者,他们所设定的表演内容和表演风格也成为九寨沟日后其他艺术团效仿的对象。

1998年,政府为了保护九寨沟沟内的旅游资源,开始实施"沟外住,沟内游"的规划,以前在沟内住宿的游客都被转移到沟外,沟外游客的住宿率大大提高。更多的旅游接待设施和服务企业在沟外陆续出现,其中就包括更多藏羌歌舞表演艺术团的组建,有2002年成立的"高原红"演艺中心、2003年出现的"藏王宴舞"、2004年创建的"梦幻之旅·九寨天堂"等。他们有自己专门的剧院和舞台,有一批从外地或在本地招聘的演员队伍,特意从外地请来专业艺术编导老师对其进行藏羌歌舞方面的培训,并为艺术团制定专门的表演节目。每天晚上7点至9点,这些藏羌歌舞艺术团都在各自的剧院里准时为来自国内外的游客表演藏羌文化节目,其收入主要来自门票。这些在沟口一带陆续成立起来的藏羌歌舞表演艺术团,多时曾达20家,后来随着市场的优胜劣汰,到我们调研结束之日,还余8家,沿着沟口公路一侧零散地分布着,长达约20公里,成为九寨沟目前旅游表演的主要力量。

第三节 九寨沟藏羌歌舞表演的现状

一 表演团体的总体情况

截至调研结束之日,九寨沟沟口一带在九寨沟县文体局已正式注册登记且保持营业状态的藏羌歌舞艺术团共有8家,它们位于九寨沟县漳扎镇上，以九寨沟风景区入口处为中心，沿着沟外公路的一侧向北或向南约 20 公里范围内零星分布着，夹杂在沟外众多的旅游宾馆、饭店之中（见图 15-2），包括印象九寨·高原红演艺团、藏王宴舞演艺中心、喜来登国际大酒店艺术团、藏谜大剧院、梦幻之旅·九寨天堂艺术团、格桑宾馆艺术团、九寨沟星宇大酒店香格里拉演艺宫、九鑫山庄格桑拉艺术团（见表 15-1）。另有两家（九寨沟民族艺术团、中旅雪莲花艺术团）因受 2008 年地震的影响而宣告暂停营业。因此，我们将调研对象具体限定为上述 8 家仍在营业的藏羌歌舞表演艺术团。

图 15-2　九寨沟藏羌歌舞表演艺术团分布

注：①印象九寨·高原红演艺团；②藏王宴舞演艺中心；③喜来登国际大酒店艺术团；④藏谜大剧院；⑤梦幻之旅·九寨天堂艺术团；⑥格桑宾馆艺术团；⑦九寨沟星宇大酒店香格里拉演艺宫；⑧九鑫山庄格桑拉艺术团。

表 15-1　九寨沟藏羌歌舞表演艺术团总体情况统计

名称	成立时间	地址	投资主体	规模	演出内容
印象九寨·高原红演艺团	2002 年	九宫宾馆旁	汪斌、陈小齐	容 1000 名游客	藏羌歌舞晚会
九寨星宇大酒店香格里拉演艺宫	2003 年	星宇国际大酒店内	扎西、高鹏	投资 3000 多万元，建筑面积 3000 多平方米	藏羌歌舞晚会

续表

名称	成立时间	地址	投资主体	规模	演出内容
九寨沟藏王宴舞演艺中心	2003年	九寨沟风景区管理局蓝天大停车场左侧	九寨沟县藏王宴舞餐饮娱乐有限责任公司	占地10余亩,投资近千万元,容1000名游客	藏羌歌舞晚会
九寨沟喜来登国际大酒店艺术团	2003年	喜来登国际大酒店内	喜来登国际大酒店	容523名游客	藏羌歌舞晚会
九寨沟格桑宾馆艺术团	2000年	格桑宾馆内	九寨沟格桑宾馆	演出中心面积1120平方米,容500名游客	藏羌歌舞晚会
九鑫山庄格桑拉艺术团	1999年	九鑫山庄内	阿坝州财政局	容600多名游客	藏羌歌舞晚会
梦幻之旅·九寨天堂艺术团	2003年	甘海子景区甲蕃古城旁	成都会展集团	容2000名游客	大型藏羌歌舞剧
藏谜艺术团	2006年	藏谜大剧院	容中尔甲、杨丽萍	占地20亩,建筑面积达15000平方米,容1500名游客	大型藏族原生态歌舞乐

九寨沟8家民族歌舞表演艺术团中除了藏谜艺术团是以展示纯粹藏文化为主外,其余7家艺术团都是以展示藏族和羌族文化为主要目的(见图15-3)。从表演形式上来看,为了取悦大众游客,大多数艺术团均采用娱乐性和观赏性较强的歌舞晚会形式,主要包括集体性藏羌舞蹈表演、藏羌族服饰展示、藏羌族歌曲演唱以及一些与游客产生互动的跳锅庄、喝咂酒、饮青稞酒、藏羌婚俗游戏活动。从艺术团各自的投资主体来看,有个体也有单位,包括著名的藏族歌手、来自现代流行音乐界的专业人士、辗转于主流社会不同行业的投资商、一些大型餐饮文化企业和旅游经营机构。这些投资主体的文化背景虽然不同,但在旅游经济资本的作用下,其创建艺术团的根本目的都是通过向游客出售藏羌文化而获取商业利润。因此,九寨沟这8家藏羌歌舞表演艺术团都属于商业性旅游演艺团体。但同时,也有一些民间文化精英分子在追求盈利的同时,注重以此为平台向外界宣扬藏族或羌族文化,力图保护和传承在藏羌族人民日常生活中已经消失或即将消失的传统文化。此外,从九寨沟整个旅游表演节目所展示的文化内容上来看,藏族文化占绝对优势,其

节目数量在各个艺术团的表演中所占比例最大（这从附录的表演内容中可以看出）。而这些被表演出来的藏文化，并非纯粹反映某一地域或某一支系的藏文化，也并非九寨沟本地的安多藏文化，而是从不同地区的藏文化单元中由节目编排者抽取自己所需的一部分，为了适应舞台表演形式和满足大众游客凝视需求而在自我对藏文化认知与理解的基础上对其进行改编和创造，成为一种杂糅式的泛藏文化表演。这些表演团体从成立之日起，就随着九寨沟旅游业淡旺季波动的规律而规定着自己的营业时间，即表演都集中在每年的4月中旬至11月下旬的旅游旺季时节，而每年的12月至次年3月的旅游淡季时间则大多宣告暂停营业，准许团里的员工离开九寨沟回家休假。为了填补游客"白天沟内玩、晚上无处玩"的行为空当，这些歌舞表演都将表演时间固定于每天晚上的7点（或7点半）至9点，在各自的剧院舞台上按照事先排练好的一套节目单为游客进行藏羌文化表演。

图15-3 九寨沟沿途的藏羌歌舞表演宣传画

二 三种不同类型的表演

通过调研发现，九寨沟8家藏羌歌舞表演在内容上大致可分为以下三种不同类型：以"高原红"为代表的娱乐性、参与性较强的藏羌歌舞晚会表演，以"藏谜"为代表的有意凸显"原生态"味的歌舞乐剧表演以及以"九寨天堂"为代表的现代和后现代色彩浓厚的大型舞台剧表演。其中，以"高原红"为代表的晚会性质的表演其雷同者甚多，包括藏王宴舞、喜来登、香格里拉、格桑拉、九鑫山庄格桑拉5家。而

"藏谜"为代表的"原生态"演出目前只有"藏谜"一家，以"九寨天堂"为代表的弥漫着现代和后现代主义味道的表演也暂时只有距沟口最远的"梦幻之旅·九寨天堂"一家。

（一）以"高原红"为代表的娱乐性、参与性较强的藏羌歌舞晚会表演

"高原红"是由四川省茂县山菜王餐饮企业负责人汪斌与我国著名流行音乐人陈小奇于2002年共同投资创办的文化表演团体（见图15-4），在九寨沟8家旅游表演团体中属于创建时间较早、发展较为成熟、在大众旅游市场中影响力较大的一家，主要表演藏羌歌舞及互动游戏，以表现藏羌族群文化及生活习俗。其表演内容主要有藏族民间舞蹈、藏族女子组合"高原红"和男子组合"高原风"演唱、羌族老人多声部原生态演唱、羌族民间舞蹈、九寨沟本地的"南坪小调"民歌演唱、藏羌族服饰展示以及与游客互动的藏族锅庄、喝青稞酒迎宾仪式、羌族"抢新娘"游戏活动等（见图15-5）。总的来讲，这类晚会表演的主要特征就是选取藏羌文化中较为浅层的、通俗易懂的、有着浓厚审美娱乐色彩并能为大众游客共享的文化因子对其进行重新组合与创造，其目的是让游客通过观赏藏羌族群中的歌舞艺术、生活民俗等具有娱乐功能的文化片段来获得感官享受和情感满足，同时还通过设计一些与游客互动的节目来让游客获得一种自我满足和自我实现的现场体验，因此文化展示的娱乐性、互动性较强。为了增强与来自现代流行文化世界的大众游客的共鸣和交流，"高原红"还表现出有意借靠近主流现代社会话语系统的方式来获得游客的肯定，例如在表演的开场白中就力宣曾获第十届全国青年歌手电视大奖赛优秀歌手奖及2004年中央电视台中国西部民歌电视大赛铜奖得主女子组合"高原红"、第十二届隆力奇杯全国青年歌手电视大奖赛中荣获优秀歌手奖的男子组合"高原风"以及在2003年全国宝贝星歌手大赛中获得金奖的羌族女歌手泽姆南巴、在2004年春节期间在中央电视台12套举办的中国首届西部民歌大赛中获得铜奖的羌族多声部老人合唱队等。这些在文化表演中所夹杂的流行话语片段让"高原红"的表演呈现出一种游走在藏羌传统文化与现代流行文化之间的痕迹，其所展示出来的藏羌文化也已不同于藏羌族群的原生文化，是一种经过舞台化和商业化了的"文化真实"。

图 15-4 高原红演艺中心　　　　图 15-5 "高原红"中的藏族歌曲表演

（二）以"藏谜"为代表的有意凸显"原生态"味的藏族歌舞乐表演

"藏谜"表演是由我国著名白族舞蹈艺术家杨丽萍和著名藏族歌手容中尔甲联手打造的全景式展示纯粹藏文化的大型歌舞乐，艺术团于2006年4月1日在四川成都成立，在四川金堂和云南昆明进行前期排练。之后，艺术团在国内外30多个城市进行了长达一年多的巡演，2008年3月在刚修建好的九寨沟藏谜大剧院落户，2008年8月正式对外营业（见图15-6）。

图 15-6 九寨沟"藏谜"大剧院

"藏谜"是九寨沟8家演艺团体中落户时间最晚、唯一只展示藏文化的歌舞乐表演，所展示的藏文化主要是以西藏地区的卫藏文化为主，兼顾其他藏区的文化，与九寨沟本地的安多藏文化并无太多关联。节目主要以歌、舞、器乐表演为主，以情景式的藏族生活、民间民俗、宗教仪式情景再现的艺术表现形式为主体，以一位藏族老妈虔诚的朝拜路途中所见为主线，表现了不同藏区各个地域性的藏族亚文化。整场表演一共分为10个片段，包括男子六弦琴演唱和集体踢踏舞、表现藏区男女爱情的长袖舞、藏族女子多声部演唱、小品兼歌舞形式的牦牛舞、由藏谜乐队演唱的《神奇的九寨》、修建布达拉宫时的"打阿嘎"劳动舞蹈、展示各藏区服饰的赛装节、具有神秘色彩的夏拉舞以及轮回之梦和尾声。

　　"藏谜"表演的一大特点是有意突出"原生态"概念，无论是在沿路的广告宣传画上，还是在发给游客的节目单上，都有意凸显藏文化的"原生态"，并宣称"所涉及的舞台表演元素都是以原生态的元素形成，音乐、舞蹈、器乐、演员包括现场的舞美道具大多都来源于民间的收集和整理"（见图15-7）。

图15-7　九寨沟"藏谜"中的"原生态"表演

　　整场表演所用的语言都是卫藏地区的藏语，无传统晚会上使用普通话的主持人，仅在每个片段开始时用汉语将歌舞的大致含义投射在观众席两旁的电子屏幕上，让游客自己揣摩歌舞所表现出来的文化内涵。因此，整个表演仍然透露着杨丽萍节目惯有的空灵、神秘、原始的艺术气息，以高雅的艺术形式来包装藏族原生文化，艺术性较强，较欠缺与游客的互动性，是以杨丽萍和容中尔甲个人对藏文化的理解来引导游客对藏文化"原生态"和"神秘"的认知，也以杨丽萍舞台表演艺术模式来营造一种藏文化的真实性。

（三）以"九寨天堂"为代表的现代和后现代色彩浓厚的藏羌歌舞剧表演

"九寨天堂·梦幻之旅"是由投资人邓鸿和曾任北京2008年奥运会开幕式副总导演的陈维亚联合制作，于2004年9月在著名的九寨天堂酒店首演，后又移至饭店旁斥资1.5亿元修建而成的九寨天堂大剧院内，是九寨沟8家旅游演艺团体中距离沟口最远的一家表演团体，也是沟外演出规模最大、演出人员最多、演出场面最壮观的表演团体（见图15-8）。其节目内容主要是以九寨沟羌女和白马的爱情神话为主线，以大型超时空的场景歌舞剧来展示藏羌歌舞艺术，共分为上篇《九彩》、中篇《民风》、下篇《天缘》（见图15-9）。整场表演的特点是有意运用声、光、电、水、火等现代舞台技术来营造具有后现代色彩的梦幻空间，并夸张地使用几百人的超大演员集体阵容和现代味十足的藏羌服饰，

图15-8 "九寨天堂"大剧院

图15-9 《九寨天堂》中现代与后现代色彩浓厚的藏羌歌舞表演

包括浓烈的艳妆、挂着金属片的半裸露式裙子、穿着水晶钻的高跟鞋等，所展示出来的藏羌文化已远离藏羌族群日常生活中的原生文化，而充斥着大量的现代及后现代文化碎片。

第四节 九寨沟藏羌歌舞表演主体

从狭义的角度来讲，表演主体主要是指登台演出的表演者，但在九寨沟的调研中，我们将节目编排者和表演者共同放入表演主体的范畴之内，因为九寨沟的旅游表演是由游客看不到的、幕后的节目编排者和幕前的、直接与游客面对面交流的表演者共同组合而成。

一 节目编排者

九寨沟 8 家旅游表演的节目编排者虽一直隐身于后台，游客也从未看到过他们，但他们却是这些藏羌歌舞表演真正的生产者，也是将藏羌原生文化经过改编后呈现给游客的文化设计者，正是因为有他们对藏羌文化的不同理解和选择，才让原有的藏羌文化得到了不同侧面的诠释，从而形成了九寨沟三种不同类型的文化表演。因此，对节目编排者的调研，我们重点集中于三种不同类型的表演的总导演或总策划人。

（一）"高原红"的节目编排者

"高原红"表演的节目编排者最初主要是藏族歌手多杰与汉族艺术家杨丽。多杰，男，藏族人，36 岁，阿坝马尔康人，早期曾是与容中尔甲、泽让等人在九寨沟民族艺术团一起唱歌跳舞的演员，后来自己出来做教练，被"高原红"聘请来编排表演中的藏族歌舞节目。杨丽，女，汉族人，50 多岁，四川成都人，原是四川省文化馆的舞蹈专业老师，后来辞职出来到各个艺术团当顾问，在"高原红"中主要负责羌族歌舞节目的编排，但在实际工作中她常与多杰一起商讨如何编排藏族或羌族节目。

从两人的文化背景来看，多杰因为是来自藏区的藏族歌手，长期在藏区生活，这种先天的族群文化自觉和后天长期浸润藏文化艺术的直觉使得他对藏区文化的认知具有天然的优势。因此，他具有认知、掌握藏区文化艺术的娴熟技能，在设计节目中藏族歌舞部分时，也倾向于选取藏区的文化符号。例如，在藏族舞蹈弦子舞中，其动作、节奏等符号均有康巴方言地区"热巴"乐舞的痕迹，以鼓和铃伴奏，多有炫技性舞蹈动作。而迎宾舞中的锅庄主要表现的是流行于四川省阿坝藏区、甘孜藏族自治州农区地带的嘉绒锅庄，歌词以颂扬祝福为主，舞步活泼多样，曲调多变、灵活，内容不拘一格。同时，多杰在15岁时就离开家乡前往马尔康一家艺术学校学习藏族、羌族等少数民族舞蹈，后来离开学校来到九寨沟的演艺团里担任藏族歌舞演员，具有在艺术团登台表演的专业技能和经验，也经常与来自现代主流社会的游客接触，对现代流行文化也比较了解，因此，他在编排藏文化节目时，还注重舞台化和表演效果的打造，而这一点也是另一位来自主流社会的编排者杨丽所擅长的。

杨丽是一位来自成都的专业艺术编导，长期在现代城市生活的经历使得她更具有驾驭迎合主流大众消费口味的生产能力，因此，她与多杰在解读藏羌族文化时，会以能激起现代大众游客对"他者"的兴趣点和能够读懂异文化的展示方式来重新诠释原有的藏羌文化因子，例如对演出服装的美化、演员形象的统一、演出内容的精选等，让"高原红"的表演中又充斥着主流社会文化符号，让旅游舞台上的藏羌歌舞表演从曲调唱腔、歌词内容到演唱方式、舞蹈动作等，都根据现代游客的大众审美标准重新进行了修改、编排和组合，从而形成了程式化的"开场迎客锅庄、中场歌舞表演、末场游戏参与"三部曲，呈现出不同特质的片段文化符号叠加在一起的痕迹。

（二）"藏谜"的节目编排者

"藏谜"的投资者是国内著名的藏族歌手容中尔甲，他邀请国内著名的白族舞蹈艺术家杨丽萍担任整台表演的总导演。容中尔甲，男，41岁，藏族，阿坝金川人，最初在金川县担任乡村教师，后来在九寨沟被"高原红"的总经理汪斌发现具有音乐才能，被送到四川音乐学院进修，1994年正式成为九寨沟民族艺术团的首席歌手。2000年签约广州陈小奇音乐有限公司，开始进入现代社会的流行音乐世界，担任签约歌手。2001年在九寨沟"高原红"演艺中心担任首席歌手及团长。2006年，离开"高原红"自己出资组建"藏谜"艺术团。从容中尔甲的经历来看，他具有熟悉自己藏族文化的优势，但更多的是通过长年与外界现代主流社会的接触，包括流行音乐的学习与吸收，而成为既能运用藏族传统文化元素，又能融入流行音乐元素的新型藏族歌手及音乐人。这使得他具有局内和局外人的双重眼界，在应对游客市场和游客心理方面更具有优势，即既熟知自己民族的文化，又受过主流文化艺术创造和表演的训练，具有在跨文化经验中进行藏族文化表征和市场化的能力。而"藏谜"的主要设计者杨丽萍，著名舞蹈艺术家，女，白族，云南洱源人，年轻时曾先后在西双版纳歌舞团和中央民族歌舞团工作过,并以"孔雀舞"闻名。2003年,担任原生态歌舞《云南映象》总编导及主演。2006年利用自己在西藏藏区半年的采风经验与容中尔甲一起打造"藏谜"。杨丽萍在"藏谜"中对藏文化的理解主要源自她和容中尔甲对"原生态"的追求,希望通过自己对藏文化的解读来将藏文化中与自然、生活接近的部分展示出来,也将藏文化中最有观赏性的歌舞呈现给游客。她一直以来从未停止过舞蹈艺术的追求,且对人内心世界、空间、梦想和意识活动等抽象层面的文化感兴趣,因此她在理解藏文化时,主要将藏文化中最核心也是最难懂、最富有神秘感的藏传佛教中与大众俗世较为接近的一些教义,如"舍生取义""度己度人""行善积德"等用一位老阿妈和一只羊的感人故事来进行诠释,并将藏传佛教的宗教仪式用更唯美、更艺术的手段表现出来,力图用"神秘"和"原生态"来吸引游客。但在实际的节目设计中,杨丽萍还是秉承她一贯的以表现自我、表现善美的舞蹈艺术手段来营造藏文化中的神秘和原生态气息,使得她所设计出来的藏文化在保留了文化核心的同时,也有着很深的"杨丽萍"艺术痕迹,抒情味道和艺术感觉较浓,对博大精深的藏文化的展示有着强烈的个人色彩。

(三)"九寨天堂"的节目编排者

"九寨天堂"表演的总导演是陈维亚,男,53岁,汉族,安徽淮北人。陈维亚是我国著名的编导家,也是著名的歌舞剧家,在2008年北京奥运会开幕式和闭幕式上担任副总导演与总导演。在指导"九寨天堂"表演中藏羌文化设计时,陈维亚仍沿用一贯的大手笔制作手法,用他擅长的歌舞剧形式和现代主流世界中的声、光、电等现代舞台技术来营造一台规模巨大、气势恢宏的藏羌歌舞剧,因此,对藏羌文化的展示大多采用上百人的演员阵容、不断变换集体舞蹈的队形、借用现代主流世界中常用的表现手法,如故意使用浓烈夸张的装扮、穿戴开放尺度较大的服饰、使用造型奇特的道具以及富于大胆想象的藏羌神话传说编排来营造超越时空的梦幻般的空间。这种对藏羌文化的解读带有明显的理想主义色彩,对原生藏羌文化大尺度的修改已使得舞台上的藏羌文化与日常生活中的藏羌文化相差较远,更多的是导演个人浪漫主义和理想主义的反映与创造。

二 表演者

表演者是九寨沟旅游表演中必不可少且最为重要的一部分,也是连接"前台"游客与"后台"藏羌传统文化之间的中介者。按照人口统计学特征,我们调研了8家演艺团表演者的总体情况(见表15-2)。

表15-2 九寨沟表演者总体情况统计

人口统计特征		高原红 人数(人)	高原红 比例(%)	星宇 人数(人)	星宇 比例(%)	藏王宴舞 人数(人)	藏王宴舞 比例(%)	喜来登 人数(人)	喜来登 比例(%)	格桑宾馆 人数(人)	格桑宾馆 比例(%)	格桑拉 人数(人)	格桑拉 比例(%)	九寨天堂 人数(人)	九寨天堂 比例(%)	藏谜 人数(人)	藏谜 比例(%)	8家总计 人数(人)	8家总计 比例(%)
演员总数		86	11.3	96	12.7	114	15	64	8.4	75	9.9	83	10.9	152	20.1	88	11.6	758	100
民族	藏族	34	6.8	66	13.1	76	15.1	36	7.2	52	10.4	64	12.7	88	17.5	86	17.1	502	66.2
	羌族	42	23.6	24	13.5	25	14.0	20	11.2	18	10.1	16	9.0	33	18.5	0	0	178	23.5
	汉族	9	13.2	6	8.8	10	14.7	7	10.3	5	7.4	3	4.4	26	38.2	2	2.9	68	9.0
	其他	1	0.1	0	0	3	0.3	1	0.1	0	0	0	0	5	0.5	0	0	10	1.3
性别	男	46	12.2	44	11.7	60	16.0	30	8.0	38	10.1	42	11.2	74	19.7	42	11.2	376	49.6
	女	40	10.5	52	13.6	54	14.1	34	8.9	37	9.7	41	10.7	78	20.4	46	12.0	382	50.4
年龄	≤14岁	0	0	0	0	0	0	0	0	0	0	0	0	0	0	2	1	2	0.3
	15–24岁	76	10.5	94	12.9	110	15.2	62	8.5	74	10.2	82	11.3	146	20.1	82	11.3	726	95.8
	25–44岁	4	16.7	2	8.3	4	16.7	2	8.3	1	4.2	1	4.2	6	25	4	16.7	24	3.2
	≥45岁	6	1	0	0	0	0	0	0	0	0	0	0	0	0	0	0	6	0.8
文化程度	小学及以下	24	15.3	27	17.2	17	10.8	14	8.9	5	3.2	12	7.6	26	16.6	32	20.4	157	20.7
	初中	58	10.4	63	11.3	89	16.0	48	8.6	64	11.5	62	11.2	118	21.2	54	9.7	556	73.4
	高中和中专	4	9.5	5	11.9	8	19.0	2	4.8	6	14.3	9	21.4	6	14.3	2	4.8	42	5.5
	大专及以上	0	0	1	0.3	0	0	0	0	0	0	0	0	2	0.7	0	0	3	0.4
来源地	四川	52	17.1	46	15.2	28	9.2	21	6.9	22	7.3	20	6.6	78	25.7	36	11.9	303	40
	青海	16	10.3	23	14.7	32	20.5	15	9.6	21	13.5	17	10.9	12	7.7	20	12.8	156	20.6
	甘肃	12	7.1	21	12.4	38	22.5	10	5.9	19	11.2	23	13.6	19	11.2	27	16.0	169	22.3
	西藏	3	16.7	2	11.1	4	22.2	1	5.6	2	11.1	1	5.6	3	16.7	2	11.1	18	2.4
	云南	0	0	0	0	2	6.9	6	20.7	4	13.8	4	13.8	11	37.9	2	6.9	29	3.8
	其他	6	7.2	5	6.0	14	16.9	12	14.5	7	8.4	9	10.8	29	34.9	1	1.2	83	10.9

从上述表中可以看出，藏族表演者占九寨沟整个表演者群体的绝大部分，其比例约为 66.2%，羌族表演者次之，约占总人数的 23.5%。因此，我们将表演者群体分为藏族表演者、羌族表演者和非藏羌族表演者三部分。从表演者的来源地来看，表演者主要来自九寨沟之外的其他藏区或汉族地区。分析表演者的民族成分和来源地，有助于我们更好地了解表演者与所表演的藏羌族角色之间的差距，因此，进一步地，在对所占比例最大的藏族表演者调研过程中，还按照是否是九寨沟本地人来将藏族表演者细分为九寨沟本地的和非九寨沟本地的藏族表演者两类。

（一）藏族表演者

调研结果表明，藏族表演者是九寨沟整个表演者群体中人数最多、比例最大的部分，这是由九寨沟表演内容中藏文化节目数量占绝对优势所决定的，尤其是每个演艺团的表演中都有数量颇多的藏族集体歌舞表演和服饰展示，这就需要大量年轻的藏族歌舞演员。这些藏族表演者几乎全是来自九寨沟之外的几大藏区，包括四川阿坝州的马尔康、金川、红原、黑水，四川甘孜州的康定、丹巴、道孚藏区以及甘肃甘南藏族自治州、青海玉树藏族自治州、西藏自治区等地。

按照藏族藏语方言的不同标准，整个藏区可分为卫藏藏区、安多藏区、康巴藏区三大区域。卫藏藏区是藏族文化的发祥地，古代吐蕃王朝的政治、经济和军事中心，其范围大致相当于现今西藏自治区除去昌都地区以外的大部分地区，包括拉萨地区、日喀则地区、山南地区、林芝地区、阿里地区等。这一地区是整个藏区的政治、宗教、经济、文化中心。安多藏区主要指生活在羌塘高原，原安多八部落所在地区（亦即青藏高原东北部），介于青海、甘肃、四川与西藏接壤的高山峡谷地带，这个区域的藏族主要使用藏语安多方言，其大致范围包括青海省的果洛、海西、海南、海北四个藏族自治州，甘肃省的甘南藏族自治州和四川省的阿坝藏族羌族自治州北部等地区。康巴藏区的地理范围则位于安多藏区和卫藏地区之间，即青藏高原的腹地和川藏高原的西北部，范围大致相当于现今西藏自治区的昌都地区、那曲地区东部（聂荣、巴青、索县、比如、嘉黎五县）、林芝地区东部（察隅、波密、墨脱三县），青海省的玉树藏族自治州（治多县西部除外），四川省的甘孜藏族自治州和云南省的迪庆藏族自治州。除此之外，藏族族群中还有一支较为特殊的支系，被称为嘉绒藏族。它主要介于四川的两大藏区——阿坝藏族羌族自治州和甘孜藏族自治州之间，同时也位于两个藏语区安多方言和康巴方言的过渡地带。在地理上，嘉绒藏族处于青藏高原东缘的横断山脉地区，主要分布在四川省甘孜州东部丹巴等地和雅安市宝兴及阿坝州的理县、金川、马尔康、小金、黑水等县，生产方式以农业为主，讲藏语嘉绒语。我们对九寨沟8家艺术团里的502名藏族表演者的来源地及藏族支系进行了细分统计（见表15-3），将这些藏族表演者分为卫藏藏族、安多藏族、康巴藏族以及嘉绒藏族，并对其所占比例进行了汇总统计（见表15-4）。调研结果表明，九寨沟现有的8家艺术团中共有758名专职从事藏羌文化表演的表演者。从表演者的族群身份来看，有藏族、羌族、汉族、东乡族等多个民族。其中，藏族表演者占整个表演群体的绝大部分，共有502名，其比例高达66.2%；其次为羌族表演者，有178名，所占比例为23.5%。从表演者的来源地来看，大多来自九寨沟之外的地域，九寨沟本地的表演者极少。对于数量最多的藏族表演者来说，他们主要来自九寨沟地域之外的几大藏区，包括九寨沟所在的阿坝藏区里的红原、若尔盖、黑水、小金、金川、马尔康等地，以及与九寨沟在地理上邻近的青海玉树藏族自治州、甘肃甘南藏族自治州、甘孜藏族自治州等区域。其中，就藏族表演者所占的支系比例来看，以康巴藏区的表演者最多，约占整个藏族表演者群体的38.5%，这其中又以青海玉树和四川甘孜康定一带居多；其次为安多藏区的表演者，约占37.5%，以甘肃甘南和四川阿坝州红原地区较多；再次为嘉绒藏区的，占21.5%，主要包括四川甘孜的丹巴和四川阿坝的马尔康、小金、金川等地；比例最小的是卫藏藏区的，仅占2.6%。

表15-3　　　　　　　　　　九寨沟藏族表演者统计　　　　　　　　单位：人

藏族支系类别	来源地		高原红	星宇	藏王宴舞	喜来登	格桑宾馆	格桑拉	九寨天堂	藏谜	合计
卫藏藏族	西藏	拉萨	1	0	1	0	0	0	1	2	5
		山南	0	1	0	0	0	0	1	0	2
		林芝	0	1	0	1	0	0	0	0	2
		日喀则	0	0	1	0	2	0	1	0	4
	小计		1	2	2	1	2	0	3	2	13

续表

藏族支系类别	来源地		高原红	星宇	藏王宴舞	喜来登	格桑宾馆	格桑拉	九寨天堂	藏谜	合计
安多藏族	青海	果洛	1	3	2	1	4	2	5	2	20
		海南	0	1	0	1	2	3	0	0	7
		海北	0	0	2	0	1	3	0	0	6
		海西	0	0	1	0	1	0	0	0	2
	小计		1	4	5	2	8	8	5	2	35
	甘肃	甘南	6	7	9	5	14	7	15	11	74
	小计		6	7	9	5	14	7	15	11	74
	四川阿坝	九寨沟县	2	0	0	0	1	0	0	0	3
		若尔盖县	0	3	4	2	3	4	6	2	24
		松潘县	0	2	3	0	3	2	5	2	17
		红原县	1	2	3	2	2	3	6	2	21
		阿坝县	0	2	3	0	1	2	3	1	12
		壤塘县	0	1	1	0	0	0	0	0	2
	小计		3	10	14	4	10	11	20	7	79
康巴藏族	西藏	昌都	0	1	3	1	0	1	2	4	12
		那曲	0	1	2	0	1	2	2	2	10
	小计		0	2	5	1	1	3	4	6	22
	青海	玉树	6	8	11	7	4	13	16	23	88
	小计		6	8	11	7	4	13	16	23	88
	四川甘孜	康定	2	2	2	1	1	4	5	4	21
		道孚	0	1	1	0	1	0	2	2	7
		九龙	1	0	1	0	1	1	0	2	6
		理塘	1	2	1	0	1	1	0	1	7
		得荣	0	1	0	0	1	0	0	1	3
		巴塘	1	0	1	2	0	1	3	2	10
		稻城	0	0	1	0	1	0	2	4	
		甘孜	0	0	1	1	0	1	2	1	6
		新龙	0	0	2	0	0	1	1	1	5
	小计		5	6	10	4	5	9	13	17	69
	云南	迪庆	0	4	5	0	0	3	2	0	14
	小计		0	4	5	0	0	3	2	0	14

续表

藏族支系类别	来源地		高原红	星宇	藏王宴舞	喜来登	格桑宾馆	格桑拉	九寨天堂	藏谜	合计
嘉绒藏族	四川甘孜	丹巴	2	5	6	4	3	3	4	4	31
	小计		2	5	6	4	3	3	4	4	31
	四川阿坝	小金	3	6	3	2	0	2	2	4	22
		金川	3	4	2	1	1	2	2	5	20
		理县	1	2	0	1	1	0	0	0	5
		黑水	1	3	1	0	1	0	0	0	6
		马尔康	2	3	3	4	2	3	2	5	24
	小计		10	18	9	8	5	7	6	14	77
	总计		34	66	76	36	52	64	88	86	502

表15-4　九寨沟藏族表演者各支系、来源地分布比例

支系	小计（人）	青海玉树藏族自治州		四川甘孜藏族自治州		四川阿坝藏族羌族自治州		甘肃甘南藏族自治州		西藏自治区		其他	
		人数	比例（%）	人数	比例（%）	人数	比例（%）	人数	比例（%）	人数	比例（%）	人数	比例（%）
康巴藏族	193	88	45.6	69	35.8	0	0	0	0	22	11.4	14	7.3
安多藏族	188	0	0	0	0	79	42.0	74	39.4	0	0	35	18.6
嘉绒藏族	108	0	0	31	28.7	77	71.3	0	0	0	0	0	0
卫藏藏族	13	0	0	0	0	0	0	0	0	13	100	0	0
合计	502	88	17.5	100	19.9	156	31.1	74	14.7	35	7.0	49	9.8

注："其他"一项中主要包括青海果洛藏族自治州、青海海西蒙古族藏族自治州、青海海北藏族自治州、青海海南藏族自治州和云南迪庆藏族自治州。

总体情况来看，这些藏族表演者平均年龄为20岁，男演员身高平均在1.70米以上，女演员身高平均在1.65米以上，形象与身材都较好。在体质特征方面，他们都具有典型的藏族族群外形特征，男演员魁梧高大，普遍留着长髦发，配上黝黑的皮肤，表现出浓郁的藏族汉子气质；女演员身材修长，五官端正，展示出藏族女子特有的美丽容颜（见图15-10）。这些表演者文化程度普遍不高，大多是初中至高中水平。在语言方面，他们大多能说藏语和汉语两种语言。在九寨沟，他们中大

第十五章 九寨沟民族歌舞表演概况　257

图 15-10　"藏谜"中的藏族演员

部分人已习惯说普通话，用普通话作为日常生活中的交流工具。其中，也有一些新来不久的藏族演员暂还不能用汉语进行交流沟通，仍习惯说藏语。至于服饰饮食，大多已没穿藏族传统服饰，而改穿为现代流行服饰；饮食方面也以川菜为主。宗教信仰方面，这些藏族表演者大多仍信仰藏传佛教。许多的风俗习惯、生活方式既在某些方面保留着传统，又在某些方面为适应九寨沟日益汉化的环境而做出了一些改变。总的来讲，这些藏族表演者作为舞台上文化表演的主要力量，仍是一群有共同体质、语言、文化与生活习惯、族群意识的人，符合"文化论"意义上的"族群"概念，是藏族文化的承载体与区分单位[①]。

1. 九寨沟本地的藏族表演者

这里"九寨沟本地的"的界定范围是指在九寨沟县 2 镇 15 个乡的 120 个行政村这一范围内长期居住 10 年以上的居民，包括九寨沟沟内和沟外。截至调研之日，在九寨沟 8 家旅游演艺团中，来自九寨沟本地的藏族表演者仅有 3 名，一个是九寨沟漳扎镇的朗德藏寨人，一个是九寨沟县双河区郭元乡水田村人，这两个均在"高原红"艺术团中担任歌舞演员，另一个家在九寨沟漳扎镇沟口下边的白水乡沙坝村，在格桑拉艺术团担任歌舞演员（见图 15-11）。其中，家在朗德藏寨的男演员叫尤中尼玛，22 岁，安多藏族，高中文化程度，因喜欢跳舞就自己跑

---

① 参见黄淑娉、龚佩华《文化人类学理论方法研究》，广东高等教育出版社 2004 年版，第 13 页。

图 15-11　九寨沟本地藏族演员

到阿坝县歌舞团去学习舞蹈，后来回到家乡九寨沟到"高原红"艺术团应聘，从 2007 年至 2009 年在"高原红"里担任集体藏羌歌舞中的舞蹈演员，其参演的节目有藏族迎宾舞、藏族弦子舞、藏族踢踏舞、羌族神舞、藏羌族服饰展示等。另一个在"高原红"里的九寨沟本地藏族演员是侯飞，男，22 岁，白马藏族，初中文化程度，因为喜欢跳舞，又为了给家人赚医药费，在 2006 年 3 月来到九寨沟，最初是在川主寺附近的一个歌舞团里跳舞，后到"九寨天堂"学习了三个多月，便登台演出。接着又跑到中旅莲花艺术团跳了一段时间，在 2008 年 9 月来到"高原红"成为舞蹈演员，所参演的节目与尤中尼玛类似。第三个本地藏族演员是侯飞的老乡，从 2006 年就一直在格桑拉艺术团担任男舞蹈演员，他也是因喜欢跳舞和为了生存而成为九寨沟的舞蹈演员。他们三个之间经常联系，也常在闲暇时间互相交流跳舞心得和经验。总的来讲，这三位在九寨沟表演者总人数中占极少比例的本地藏族表演者，都是为了生存和爱好而选择在九寨沟的艺术团里当演员。他们进入表演团以后，很快就接受了节目编排者对其角色和文化表演任务的分配，因为旅游业的需要，他们本地藏族的身份在团里并不能起特殊作用，反而是与团里其他来自外地的藏族演员一起被统一成"藏族"族群角色，有时候甚至还被安排表演羌族的节目，被暂时统一成"羌族"的角色，成为在游客面前的藏羌文化符号和载体。

2. 非九寨沟本地的藏族表演者

九寨沟 8 家演艺团中的非本地藏族表演者都来自九寨沟之外的藏

区，主要集中在与九寨沟邻近的青海玉树藏族自治州康巴藏区、甘肃甘南藏族自治州的安多藏区以及四川阿坝藏族自治州的红原、若尔盖、黑水安多藏区和小金、金川、马尔康的嘉绒藏区，四川甘孜的道孚、康定、九龙等康巴藏区，其次是西藏卫藏地区、云南藏区康巴藏区（见图15-12）。他们来自藏族的不同地区，说着不同的藏族方言，代表着藏族不同文化单元中的多种亚藏文化，因此，他们作为藏文化的主要载体，既有同一性，也有差异性。在来九寨沟担任演员之前，他们中有的是一直在自己家乡牧区或农区帮父母放牧或务农，从未走出过家乡；有的是当地牧区的流浪艺人，从小就跟随各个地方艺术团到处进行弹唱表演；有的在家乡学校读书，初中或高中毕业后就直接到当地某个艺术学校去学舞蹈歌唱，拿到相关艺术专业的毕业证后直接到各艺术团去求职担任歌舞演员；还有的则是在藏区的城镇长大，家里条件较好，在相对较为汉化的环境下接受着与现代城市里相似的学校教育，与藏族传统文化直接接触较少。这些非九寨沟本地的藏族表演者对九寨沟本地安多藏文化认知很少，他们所熟悉的就是自己家乡藏区的文化，有的是从父母长辈处耳濡目染的，有的是在学校里有专门课程给予传授的，有的是在参与家乡节庆活动时亲自感受到的，也有的是从小跟随家人转山或到寺庙中学习到的。来到九寨沟后，他们将过去在家乡时自娱自乐的藏族歌舞弹唱等休闲活动变成现代演艺公司管理下的工作方式，体会到了现代旅游业的强大作用力，也通过九寨沟的旅游环境接触到了各种与家乡或学校时不同的人物和文化，同时也通过舞台表演熟悉了以前零碎记忆的藏族传统文化，重新建构了对藏文化的认知。

图15-12 非九寨沟本地的藏族表演者（从左至右分别来自：西藏、四川马尔康、青海玉树）

（二）羌族表演者

九寨沟的旅游表演虽名为藏羌歌舞表演，但细数下来会发现，除了"藏谜"是纯粹展示藏文化没有羌族文化之外，其他团体的表演中藏族文化部分占多数，羌族文化相对来说无论是从节目数量还是从演出规模、演出效应来讲都要逊于藏族文化，一种以藏文化为话语优势的图景在九寨沟旅游表演中出现了。因此，在九寨沟8家旅游表演团体中，羌族表演者相对来说所占比例要比藏族表演者小，约为23.5%。在8家表演团体中，"高原红"艺术团里的羌族表演者最多，共有42人，占全团演员的48.8%。这些羌族表演者主要来自茂县、汶川、理县等四川境内的羌族主要聚居区（见图15-13）。表演团挑选他们的标准也与藏族演员类似，男演员身高要求在1.7米以上，女演员身高在1.65米以上，形象身材要好，年龄平均在20岁，在演出中主要跳羌族沙郎舞、羌族神舞和客串一些藏族舞蹈。他们中大多数人在来九寨沟表演之前也是在家乡或其他地方的艺术学校专门学习过舞蹈或音乐专业，或者在某一艺术团演出过。值得一提的是，在整个九寨沟的羌族表演者群体里，"高原红"里还有6位来自松潘县小行乡哀其村的羌族老人，三男三女，平均年龄在60岁，是"高原红"的负责人汪斌专程从深山里将其请出来的，并带领他们参加了2004年首届"CCTV西部民歌电视大赛"，以演唱一种有着千年以上历史的最古老的多声部民歌而让现代主流世界的人们认识了他们，之后将其安顿在"高原红"演艺团里，每天晚上以原生态的羌语清唱方式，再配上铠甲舞为来自各地的游客演唱具有悲凉色彩的羌族《出征歌》和《酒歌》。这6位老人在九寨沟的旅游表演群体中属于比较特殊的表演者，他们没有经过专门的艺术专业学习或培训，之前也很少与现代主流社会接触过，世代都在村子里务农、放牛，闲暇时就喝酒、唱歌。这种多声部民歌完全是口口相传，来自羌族民间生活，所唱内容也是羌族千年迁徙征战的历史见证。在访谈中，6位老人告诉我们，虽然在九寨沟已表演了两年，但仍不习惯舞台上的灯光照射，没有在自家村子里唱着舒服。这种本是用于自我娱乐的唱歌突然变成了一种正式工作，这让他们一时间难以完全适应。他们的闲暇生活也与那些年轻的羌族歌舞演员不一样，白天不需要参加练功，可以自由行动，只要晚上登台演出就行了。平日里，他们常待在房间里，做饭、喝酒、做鞋底，还有一位老阿妈将孙子也带过来了，偶尔会与团里几位四十几岁的中年汉族女演员在一起绣羌绣。总的来说，他们与年轻的羌族演员接触较少，年轻的羌族演员对他们的多声部演唱似乎也并不感兴趣，更多的仍是对自己所跳的舞蹈、所唱的歌曲感兴趣。反而，年轻的羌族演员与团里其他年轻的歌舞演员，包括藏族、东乡族、汉族等，都时常在一起聊天、交流舞台经验。

图 15-13　来自四川茂县、汶川等地的羌族表演者

（三）非藏羌族表演者

九寨沟旅游表演团体中还有很多非藏羌族的表演者，以汉族居多，另有其他少数民族的，如白族、东乡族等。这些非藏羌族表演者有来自其他少数民族地区的，也有来自汉族地区，包括东北三省、甘肃兰州、四川都江堰、云南大理、广西桂林等。这些非藏羌族表演者在各个艺术团中有担任主持人的，如"高原红"的两位主持人，一男一女都是来自东北吉林的汉族人，之前因在其他演艺团里担任过主持人，后来到九寨沟继续应聘为主持人，用字正腔圆的普通话为游客解说每个节目的大致含义（见图15-14）。"藏王宴舞"中也有一位男主持人来自甘肃兰州，但在每晚的表演中仍穿戴上藏族服饰以藏族人的角色出现在游客面前，用高昂的普通话挑动起游客兴奋的神经。另外，还有一些年轻的、形象身材俱佳的非藏羌族表演者担任歌舞演员，他们大多之前都有过接受专业老师或学校培训的经历，也有一些舞台表演的经验，通过应聘来到九寨沟从事歌舞表演。他们最初来到九寨沟对藏羌文化认知很少，是到九寨沟以后通过逐渐接触团里的藏羌族演员同事，以及团里老师对其进行文化知识的培训，才开始对藏羌文化有所了解。但他们似乎更看重艺术技能的提高，对藏羌文化并无太大兴趣或深入的认知。

图 15-14　舞台上的汉族主持人

综上，通过对九寨沟 8 家旅游表演团体中的节目编排者和表演者这两类表演主体的调研可知，对九寨沟舞台上藏羌文化的设计与安排有着自主权的主要是节目编排者，这些节目编排者受投资方委托，在国家对民族地区话语政策框束下和遵从投资者创办意图的前提下，通过自身对藏羌传统文化的认知和对大众游客审美情趣与消费爱好的揣度，为迎合大众游客对异文化的好奇、浪漫、欢乐的想象，他们凭着自身的从业经历和文化背景有选择性地对藏羌传统文化元素进行编排和创造，从而设计出一台台风格不同的文化表演。他们中既有来自藏区的藏族编导又有来自现代城市的汉族策划人，因此，他们在实际编排节目时，更多的是带有自身对某一艺术风格喜好的倾向，更多的是想选择那些能让游客理解、共享的藏羌文化部分，同时也能体现表演的娱乐、审美、教育的功能。他们对藏羌传统文化的重新诠释和创造，其实质也是在为传统文化注入新的血液，以自己的认知和价值观引导着藏羌传统文化在现代旅游语境下的变迁。相比之下，九寨沟的表演者作为九寨沟一个特殊群体，常常被人们所忽视。尤其是其中的藏羌族表演者，无论是否是九寨沟本地人，他们都是作为表演中的一个元素出现，也是作为藏羌文化的一个个符号载体出现在游客面前，他们一方连着游客所带来的现代主流社会的文化，一方又连着藏羌原生地的文化。他们来到九寨沟，把之前自己族群娱人娱己的歌舞艺术变为一种谋生的工具，这不仅为他们了解和认知即将消失的本族群文化提供了一个很好的平台，也让他们逐渐掌握了在旅游业中如何生存的技能，同时还能影响本族群中其他人对自我文化的重新认知和评判，其实质是一种文化调适，也属于藏羌传统文化变迁的一部分。

第十六章 "为你们表演的我们"
——表演者的"舞台化真实"和"日常生活真实"

旅游人类学中的"主客"是指作为"他者"的东道主和作为"我者"的游客①。而"他者"的成分较为复杂，除了原住民外，还有属于非原住民的长期居住的旅游业的参与者，他们共同组成原住民社区。在这样一个原住民社区中，非原住民的东道主比原住民更活跃。在九寨沟，这些具有不同族群文化背景的外地表演者也成了东道主。因此，这里的"我们"是指活跃在舞台上、每天与游客进行面对面交流的藏族表演者，"你们"则指来自各地的游客。调查这些表演者在来九寨沟之前的生活经历和文化状态，是探讨旅游场域中文化真实性及文化变迁的基础。

第一节 表演者来九寨沟之前的生活真实

一 藏族表演者来九寨沟表演之前的生活真实

在对藏族表演者来九寨沟之前真实性的调研中，为了访谈的集中性和深入性，我们针对在九寨沟旅游市场中反响最大的两家，即"高原红"和"藏谜"中的8名藏族表演者做了深度访谈，其中包括2位九寨沟本地的藏族表演者。概括起来，他们的经历大致可分为在家放牧务农、出外打工谋生、接受专业艺术训练三类。

---

① 参见［美］瓦伦·L.史密斯《东道主与游客——旅游人类学研究》，张晓萍等译，云南大学出版社2007年版，第9页。

（一）在家放牧务农

访谈对象1：才巴央措（见图16-1），藏族，女，20岁，青海玉树藏族自治州昂欠县牛巴瓦村人，"藏谜"艺术团主要舞蹈演员之一。在《长袖舞》《打阿嘎》《轮回之梦》《赛装节》等片段中扮演各种藏族角色。

访谈目的：了解来九寨沟之前的真实生活。

访谈内容摘要：我从小就生长在青海玉树藏族自治州昂欠县牛巴瓦村，家里有三个姐姐，一个哥哥，我是最小的，父母都在。其中，两个姐姐都已结婚，在家乡村里种地，现在家里还有三姐和父母。我从小学三年级才开始上学，读了三、四年级后，就直接去读了初一，初一没有读完就因家里农活缺人手而不读了。我们家在牧场，家里有300头羊、100头牦牛，从小我就一个人跟着我姑姑在牧场放牛、放羊，从小我也很喜欢唱歌，常一个人唱我们那里的歌，包括那种"阿呢嘛吧……"的诵经歌。后来在家还喜欢听央金的碟片，还是很喜欢藏族歌曲，对于流行歌曲，觉得"可以"但不是很感兴趣。

在学校时，除了用藏语，老师还要教我们汉语，所以我能听懂汉语，也能说一些。后来，家里托人给我找了一份在当地邮政局上班的工作，但因为我自己文化较低，有一个人也常欺负我，所以我感觉不喜欢，不舒服，不想在邮政局干了。这时，刚好2006年3月，藏谜艺术团就到我们家乡来招演员，我爸爸就给我报了名，在面试中，老师让我唱首歌、跳个舞，呵呵，其中有个舞蹈动作还是我刚学来的，我算学得快的（不好意思地笑）……以为自己没希望，没想到后来在录取表上看到自己名字列第一，那时觉得很高兴，还高兴得在街上跳起舞来！

到"藏谜"是我第一次离开家乡来到外地，也是第一次接触到那么多人，以前就只是在家里待着，没去哪里，连青海的好多地方都没去。

访谈对象2：尕玛占德（见图16-2），男，22岁，青海玉树州人，藏谜艺术团主要演员之一。在《六弦琴》《牦牛舞》《打阿嘎》《长袖舞》等节目中担任舞蹈演员，扮演藏族角色。

访谈目的：了解来九寨沟之前的生活经历。

访谈内容摘要：我爸妈都在玉树州州上上班，他们上班忙，没人照看我，所以从小就把我送回到爷爷奶奶家养。我爷爷奶奶在牧区，从小我就跟着他们放牦牛、放羊，在那里，很多人在放牧时都喜欢唱歌，节假日时还跳舞。我也很喜欢跳舞，很自由，也很快乐。读书嘛，我读到初二就没读了，没有兴趣读了，就跑到我们当地一建筑老板那里打工，当建筑工。后来，"藏谜"到我们那里来招跳舞的，因为喜欢，我就报名参加了，没想到被选上了。

图 16-1　访谈对象 1：才巴央措　　　图 16-2　访谈对象 2：尕玛占德

（二）出外打工谋生

访谈对象 3：高绒，藏族，男，23 岁，四川甘孜康巴道孚县人，"高原红"主要舞蹈演员之一，在藏族集体舞和藏羌服饰展示中扮演藏族角色。

访谈目的：了解来九寨沟之前的生活经历。

访谈内容摘要：我读书不多，家里有三姐妹，我是老幺。爸爸妈妈都在务农，家里经济条件不好。所以，我读到初二就没读了，一是家里困难，二是我自己也不想读了，想早点出来挣钱。最开始我跑到甘肃藏区那边去学跳舞，后来回到家里，在甘孜的一家歌舞团里干，主要是跳藏族舞蹈，有时也唱藏歌。三年后来到这里，先在"格桑拉"那边干，后来到"高原红"的。

访谈对象 4：尤中尼玛，藏族，男，22 岁，四川九寨沟县漳扎镇朗德藏寨村人，"高原红"舞蹈演员之一。

访谈目的：了解来九寨沟表演团之前的生活经历。

访谈内容摘要：我家离这里（"高原红"剧团）很近，打的20多分钟，我们村整个都是藏族，以前九寨沟这一带搞"藏家乐"最早的一个村子，后来因为导游觉得离沟口太远了，就不怎么带客人过来了。所以，村子里搞旅游的人也就慢慢少了，现在年轻人大多出去打工去了，像我这种在这里跳舞的只有我一个。我在家里是老大，还有一个妹妹、一个弟弟。我父母他们一直在这里住，还有好多亲戚朋友。我从小就在这里长大，很少出去，高中毕业后，本来已经考上四川师范大学了，但因为当时父亲生重病，家里欠了很多外债，而妹妹当时也考上了德阳警校也要读书花钱，所以我不得不放弃读书，出去挣钱。高中毕业后，6—9月就跑到山上去挖虫草、贝母等。我喜欢当兵，曾考了三次，都因为色弱没有考上。后来，因为还是觉得比较喜欢跳舞，所以就自己跑到阿坝县一个歌舞团去学，当时学的主要就是藏舞，还有藏歌，同时也有其他的一些现代舞。我一直就想到"高原红"来跳舞，觉得这个团在九寨沟成立早，名气大，平台好，可以学到很多东西。中间考了三次才考上，主要是因为前面专业功底不行。我在"高原红"里待了两年，准备再待几年，一边可以跳舞，一边挣点钱，好以后回家修个房子，娶媳妇（不好意思地笑）……

访谈对象5：侯飞，藏族，男，22岁，四川九寨沟县双河区郭元乡水田村人，"高原红"舞蹈演员之一。

访谈目的：了解来九寨沟表演团之前的生活经历。

访谈内容摘要：我们家离这里比较远，不像尼玛他们家，大概要坐一个小时的车。我们村里全是藏族，有1000多人，是个大村。我读书读到初一就没读了，2005年因为家里父亲和弟弟同时生了一种脑子的病，为了减轻家里负担，给他们治病，而自己成绩也不好，比较喜欢跳舞，所以2006年3月就来九寨沟了。最开始是在川主寺的一个歌舞团里学跳舞，跳藏族舞蹈，后来又到"九寨天堂"学了3个多月，便登台演出。在中旅雪莲艺术团也待了一段时间，在2008年9月来到"高原红"，当跳舞演员。

（三）接受专业艺术训练

访谈对象6：木尔斯满（见图16-3），藏族，女，20岁，阿坝马尔康人，"藏谜"艺术团主要歌舞演员之一。藏谜乐队成员之一，在《神奇的九寨》歌曲演唱中负责弹唱；并在《长袖舞》《打阿嘎》《赛装节》等藏族节目中担任舞蹈演员，扮演藏族角色。

图 16-3　访谈对象 6：木尔斯满

　　访谈目的：了解来九寨沟之前的真实生活。
　　访谈内容摘要：我家在马尔康，没有在牧区，从小都一直在城里长大，我们家很多亲戚都是在马尔康。他们很喜欢唱歌跳舞，我从小也跟着他们唱跳，所以自己也很喜欢跳舞。我原来在阿坝师范高等专科学校读书，学的是舞蹈专业。但是到了大二，我想到学校外面的社会看一下，主要是想把自己学到的舞蹈真正放在舞台上去表演。由于我有朋友在藏谜剧团里，暑假里我就跑过来了，发现在这里可以学到好多东西，尤其是在跳舞方面，可以经常有机会登台表演，还可以接触到许多新技能。而且，在这里跳舞，感觉就是为了自己。于是，我就选择留在这里跳舞，家里父母也很支持，所以就在这里了。现在很开心，也很自由。

　　访谈对象 7：丹增贡桑（见图 16-4），藏族，男，28 岁，西藏拉萨市人，"藏谜"艺术团主要歌舞演员之一。在藏谜《牦牛舞》中担任主角"牧童"，也是演唱《神奇的九寨》的藏谜乐队三个表演者中的一员，并在其他几个集体舞蹈中扮演藏族角色。
　　访谈目的：了解来九寨沟之前的真实生活。
　　访谈内容摘要：我在来九寨沟之前就已经工作了，是在拉萨一个藏剧团里。我是从 14 岁初二开始跟随我们那里一个老师学习藏戏，后来读的也是藏戏专业。对于藏戏，我很喜欢，也很痴迷。在拉萨学完藏戏后，我和其他几个同样喜欢藏戏的年轻人曾组织了一个藏戏爱好团，我们当时想把藏戏好好继承下来，好好演下来，能让更多的人认识它、了解它。我们自己编节目，自己写曲调，然后自己联系一些演唱机会，只

图 16-4　访谈对象 7：丹增贡桑

要有节假日，更是会争取去演出。我们还下过乡，不只是在拉萨市内演出，还跑到藏南、藏北等一些乡下演，那些老百姓很喜欢看的，我们也觉得很快乐！但是，后来，慢慢地，好多人更喜欢看电视、看电影、唱卡拉 OK，愿意出钱看藏戏的人越来越少，维持整个团的一些钱也不够了，少了，因为演藏戏很花钱的，比如藏戏里的各种面具、头饰、衣服、道具等都很花钱，而且好多用一次后还得去修补或者重新做……所以，大家都感觉没办法，很难维持下去。于是，团里有两个人就跑了，一个跑出去做生意，一个回家开茶馆了，藏戏团后来也解散了。而我，虽然很心痛，但是也没办法，也没什么事做了，刚好遇到"藏谜"在招演员，便去试试。结果，一去试，就被格桑老师他们看中了，就留下来了。他们知道我是藏戏专业的，也有表演藏戏的经历，便让我担任有藏戏成分节目的主角，就是你们看到的《牦牛舞》，还有后半场的《轮回之梦》，里面都有藏戏。而且我年龄在团里算比较大的了，也成家了，现在老婆孩子也在这个团里，老婆在给他们做饭，小孩就在这里读书。团里对我也比较好，单独给我们三人安排了一个房间。因为我以前在拉萨是在一所中专性质的艺术学校里专门读藏戏专业，还学习了藏族舞蹈、歌曲等，团里觉得我专业功底扎实，所以还让我参加了藏谜乐队，和容中尔甲的女儿、木尔斯满一起演唱《神奇的九寨》，当然，也在其他一些藏族舞蹈中跳藏舞。

访谈对象 8：吉安卓玛（见图 16-5），藏族，女，22 岁，青海玉树州人，"高原红"艺术团主要舞蹈演员之一，在各种藏族、羌族舞蹈中扮演藏族或羌族角色。

图 16-5 访谈对象 8：吉安卓玛（左1）和访谈对象 3：高绒（左2）

访谈目的：了解来九寨沟之前的生活经历。

访谈内容摘要：我从小是在玉树州里长大的，没怎么去过牧区。爸爸是老师，妈妈是兽医。我爸希望我当老师，可是我性格比较外向，又喜欢唱唱跳跳，于是，在来九寨沟之前先是考上了青海玉树州一家歌舞团，在那里专业地学习藏族舞蹈、藏族歌曲等，并在团里当舞蹈演员，主要跳藏舞。后来，又在阿坝马尔康一家艺术团里干过，也是跳舞，主要就是藏舞，当舞蹈演员。2006 年，经过一个老乡的介绍，来到九寨沟"高原红"应聘，被招上了，就一直在这里跳。中间也有出去过，跑到成都，想看看有没有更好的机会，结果，东混西混，感觉没什么希望，几个月以后就又回来了，还是觉得在"高原红"这里比较适应。

通过对上面 8 位来自不同地方的藏族表演者的深度访谈，可以发现，这些演员在来九寨沟表演之前，其经历都各有不同：有来自藏区城镇的，有从小就在牧区成长的；有从来没进过艺术学校学习的，也有从一开始读书就系统地学习歌舞艺术专业的；有因为个人喜好而选择表演的，也有因为家庭困难而出外挣钱的……这些表演者大都很年轻，平均年龄在 20 岁，属于藏族中的"80 后"，形象身材在藏族族群中是最能代表"美丽"和"高大"的，具有一定的代表性和集中性。从自我成长的经历来看，他们都来自藏区，本身就是藏族族群中的一员，从小就处于藏文化圈内，处于与藏族原生文化时刻接触的时空里，对藏文化具有天生的本底认知能力。尤其是来自农牧区的藏族表演者，包括"藏谜"中的才巴央措、尕玛占德，"高原红"中的尤中尼玛、高绒等，他们因为一直生活于藏族民间，对藏文化中的歌舞艺术又特别热爱，因此，将他们选为藏文化的代表，让其向大众游客展示藏文化，具有一定的生活真实性。然而，这种真实性从某种程度上来讲是相对的。因为，这些藏族表演者年轻漂亮的形象并不能完全代表现实生活中藏族族群的少年、中年、老年等其他群体的文化形象。从他们的经历来看，他们大多是就读于某一艺术学校或舞蹈专业，工作于某一歌舞团或艺术团，其单一的就业或学习经历也并不能代表藏族族群中其他群体的生活形态，包括在家务农、放牧、经商的藏族人，进入寺庙学习藏传佛教的僧侣喇嘛们，出外打工、做其他工作、受高等教育的其他藏族群体，等等。相比之下，即使是在年轻的藏族群体中，这些表演者在来九寨沟之前的生活学习经历也只能代表喜爱藏族歌舞艺术的那个小群体文化，而不能代表全部藏族族群中的年轻人。

另外，这些年轻的藏族表演者也并不就是完全封闭地生活在藏族传统文化圈内，跟外界没有任何接触。相反，他们在来九寨沟表演之前，其所在家乡或学校或歌舞团也已处于现代化和城镇化的进程中，他们通过电视、电影、歌碟以及自己出外求学和工作的经历可以不断接触到现代主流社会的文化，使得作为藏文化主体的自我一直在受着现代主流社会文化的影响，并根据个体差异而有选择性地形成对现代流行文化的认知和接纳。因此，从某种意义上说，这些年轻的藏族表演者在来九寨沟表演之前的生活文化形态并非就完全是他们在九寨沟所要表演的那些文化形态，这两者之间既有一定的融合性又有一定的差异性，这为表演中藏文化的展示提供了一定的基础性的真实性，但同时也为文化真实性的动态性变迁做出了诠释的理由和实践依据。

二 羌族表演者来九寨沟表演之前的生活真实

在九寨沟的表演者群体里，羌族表演者主要是分布在除了"藏谜"之外的其余7家表演团体里，其中以"高原红"里的羌族表演者最多、最集中。因此，我们深度访谈的对象主要选取"高原红"里的羌族表演者，包括年轻的羌族歌舞演员和年老的羌族演员共4位。

访谈对象1：王露宾，羌族，男，20岁，四川茂县苏不赤区人，

"高原红"艺术团舞蹈演员之一,在羌族、藏族集体舞中扮演羌族或藏族角色。

访谈目的:了解来九寨沟之前的生活经历。

访谈内容摘要:我家在农村,后来考上中专(阿坝农校)读舞蹈专业,读了一年多以后便放弃了,2007年来到九寨沟跳舞。感觉在学校里学不到什么东西,所以就来"高原红"学习舞蹈。刚开始学了一些羌族舞蹈,还表演了一段时间的羌族舞,如铠甲舞。但后来团里取消了这个舞,我也就不跳铠甲舞了,到现在忘得差不多了。团里的羌族舞全是由女孩来跳,我也要跳藏族舞。说实话,对羌族文化不是很了解,也没怎么去想过。

访谈对象2:余顺莉,羌族,女,17岁,四川茂县苏不赤区曲谷乡河西村人,"高原红"艺术团舞蹈演员之一,在羌族、藏族集体舞中扮演羌族或藏族角色。

访谈目的:了解来九寨沟之前的生活经历。

访谈内容摘要:我初二就辍学了,原来在茂县中职校学藏羌艺术,学了两年,2009年7月28日到"高原红",已经了10多天了,就上台表演。我不是很了解羌族文化,小时候跟着大人跳了一些羌族锅庄,学会了羌族舞"萨朗姐"中一些摆肩送胯的动作。对羌族婚俗不是太了解……

访谈对象3:周建敏,羌族,女,24岁,四川汶川县人,在著名的"高原红"组合中担任主唱之一。

访谈目的:了解来九寨沟之前的生活经历。

访谈内容摘要:我之前是在汶川读书,一直读到初中。十六七岁才开始练习舞蹈,与其他女孩相比,算晚的了,年龄也算大的了,所以练起来很痛苦。但还得坚持,后来来到九寨沟,加入到"高原红"艺术团,2001年在茂县一党校参加培训,这个也是当时为准备成立高原红艺术团而举行的一次对全体工作人员的培训活动。2002年4月28日,高原红开业。我开始在团里是跳舞,羌族舞、藏族舞都跳,后来因为个子还算高,团里就让我去替走掉的"高原红"组合中的一个演员,因此经常出去演出,在团里的时间相对来说就比较少了,现在也算团里的老大姐了。

访谈对象4：见搓亚，羌族，男，65岁，四川松潘小行乡哀其村人，在"高原红"的"羌族多声部原生态演唱"中担任主唱。

访谈目的：了解来九寨沟之前的生活经历。

访谈内容摘要：我家就在松潘那边，离这里还是比较远的。我们那里比较偏僻，从松潘到我们村还得走一天，下雨路烂时还得骑马。我们以前就是在家务农、种地、放牛。唱这个（羌族多声部）是我们祖祖辈辈传下来的，最开始是传男不传女。我们平时在地里头干活累了，闷了，大家伙就唱这个解闷，好耍。我们那里的人很少出门，现在年轻人出去的多了，老人很多一辈子都没出去过，像我们这几个还算比较稀罕的，头几年我们还跟着老板到北京去了一趟（指参加2004年首届"CCTV西部民歌电视大赛"）。我们怎么出来的？是高原红的老板汪斌有一天到我们那里来，让我们唱歌，唱完在给钱，说请我们出来唱。可是朗们可能嘛（四川话，怎么可能的意思。——笔者注），家里头大大小小的，还有谷子、猪、牛……这么多活路要做，丢下了哪个来做嘛。我们都不想出来，后来汪总说给我们钱，说我们唱的这个很了不起，可以让外面很多人知道这个，我们也算给祖宗争光。后来和家里人商量了一下，我们几个老的还算比较空，唱也唱得全，出来也算给家里挣点钱，所以我们就跟着汪总出来了。在北京唱了之后，那很轰动，领导人还接见了我们，很多人找我们照相，给我们送花。后来，汪总又请我们回九寨沟唱，说还是给钱，我们本来不想唱的，家里真的走不脱，这里也没家里舒服，但汪总一再跟我们说，我们也觉得不好意思，唱个歌还给那么多钱，算给家里挣点补贴用，所以我们6个老的就来了，在这里干了两年多了。

从这些羌族表演者来九寨沟之前的经历看，他们主要来自四川羌族聚居区，年轻群体与藏族表演者类似，基本上是在家乡或其他地方的某一中专或中职性质的学校学习舞蹈艺术，然后再到九寨沟进入某一个艺术团将其作为提高自己在艺术技能方面的平台。他们总的来说，对羌族文化的认知并不深刻，因为很早就离开家进入到城镇里的学校或歌舞团，对羌族原生文化的直接接触较少，而同时自己家乡的羌族文化也在现代化语境中不断地发生变迁，很多原生文化元素已逐渐在羌民们的现实生活中消失或汉化。相比之下，"高原红"中的老年羌族表演者在整个演员群体中显得比较特殊，他们是来自偏远的羌族村寨、很少与现代主流文化接触的原住民，因为年纪较大，又一直生活在羌族民间，对羌族传统文化的传承和认知要比年轻群体强得多，也浓厚得多，因此，他们承载了很多羌族传统文化因子，包括许多羌族年轻表演者无法弄懂也唱不来的多声部。这种日常生活的真实为"高原红"中的羌族文化展示注入了与羌族原住民生活文化更为接近的原生态真实性，但因为节目中仍是藏羌族歌舞所占比例较大，所以这样的原生态味较浓的文化表演显得势单力薄。

三　非藏羌族表演者来九寨沟表演之前的生活真实

九寨沟表演群体里的非藏羌族表演者虽然数量相对较少，但他们在表演中仍然扮演着藏羌族族群的角色，游客仍然会把他们当作藏羌族群的化身。他们的存在从根本上为学者们质疑九寨沟藏羌歌舞表演的文化真实性提供了事实依据。现摘录3位深度访谈的非藏羌族表演者之前的生活经历。

访谈对象1：张蕾，汉族，女，20岁，甘肃兰州市人，在"高原红"中担任舞蹈演员，在藏族或羌族集体舞、藏羌族服饰展示中扮演藏羌族角色。

访谈目的：了解来九寨沟之前的生活经历。

访谈内容摘要：我不是少数民族，是汉族，来自甘肃兰州市。我是2009年3月来到"高原红"的。之前是在兰州读完初中，刚好那时遇到甘肃省艺术学校招聘，因为喜欢跳舞，就去省艺校了。在学校里待了4年后，毕业之后学校将我就直接分配到"高原红"艺术团。我们在艺术学校读书时，很少接触藏族舞蹈，学的大都是现代舞蹈。我们学校以前有8个人来过"高原红"，但干了不久后，就有5人离开，因为有的人觉得这里（九寨沟）太偏僻，而有的人就直接回去上大学了……

访谈对象2：张兰花，汉族，女，58岁，四川九寨沟县南坪村人，在"高原红"中担任唯一的汉族文化节目《南坪小调》主唱。

访谈目的：了解来九寨沟表演团之前的生活经历。

访谈内容摘要：我就是九寨沟的人，我们那个村都是汉族，在"高原红"只唱"南坪小调"。我没来高原红之前，主要是在家里待，干活、做饭、给儿子媳妇带娃娃。几年前团里有人到我们那里来招，让村里人出来唱南坪小调，但很多年轻人都不太会，就是会也不愿到这儿来，他们更愿意到外头去打工，见世面。剩下的老的有的年龄大了，身体不好，有的家里离不开，有的不想来，不习惯。我嘛，性格比较外向，爱说爱闹，从年轻时就喜欢唱唱跳跳，我父亲他们那一代爱唱这个（南坪小调），村里人很多人都会唱，逢年过节时大家都聚在一起唱，我从小就跟着看，跟着学，所以会唱两句。他们看我愿意来，身体还好，嗓子也还可以，就把我喊来了，还让我教团里其他几个人。教外头的人困难，我就又从村里喊了几个过来，我们一起唱，这样容易些，也轻松些。

访谈对象3：马进孝，东乡族，男，16岁，甘肃兰州市人，在"高原红"中担任藏羌族舞蹈演员，是"高原红"中年龄最小的一个。

访谈目的：了解来九寨沟之前的生活经历。

访谈内容摘要：我是东乡族，2009年3月来到九寨沟"高原红"。为什么会这么远跑来？家里穷，供不起我读书，我要自己找饭吃。开始在我们那里一个歌舞团里干活，当搬运工，平时有机会就看看团里演员跳舞、唱歌。后来听团里的人说九寨沟歌舞团在招人，说待遇还不错，我就想过来看看。过来后，被"高原红"招上了，让我跳舞。开始不会，老师就教我，还让一些老演员带我。因为我是团里年龄最小的，没有同龄的朋友，有时候会觉得孤单，但为了生活，我还得在这里干一阵……

综上，九寨沟的表演者中，无论是藏族表演者、羌族表演者，还是非藏羌族表演者，他们之前的生活经历似乎都有类似的轨迹，要么是在艺术学校学习舞蹈艺术专业，要么是在某一歌舞艺术团工作过，对藏羌文化的认知与理解似乎并不深。但仔细分析会发现，他们之间的生活经历还是有很大差异的。其中，藏族表演者，尤其是来自九寨沟之外的几大藏区农牧区的藏族演员，他们从小就因直接接触藏族民间最原生生活状态的文化而具有文化自觉和文化直觉能力，他们典型的藏族族群外貌特征、娴熟而习惯性的藏语使用、即兴而愉快的唱歌跳舞、虔诚的宗教信仰、对藏文化节目天然的亲近感等，都让他们与所扮演的藏族角色关联性大。当脱离了原有的文化环境来到九寨沟后，他们因为旅游业而接触到了比以前生活中更多、更多元的文化，他们在适应旅游带给他们的影响的同时也在以自己的努力去影响九寨沟旅游业的发展，即以自己的表演来重构着原有藏羌传统文化的对外展示，表现出一种在新语境下的文化调适和应对。

第二节 符号化消费背景下的"舞台化真实"

从符号主义文化观出发，文化可被定义为"人类创造的，作为意义系统的表达、显示、交流和传承的符号系统"①。文化具有符号特性，是作为"单元"的"能指"（sigifier）和作为"意义"的"所指"（the signified）的统一。在消费主义盛行的今天，消费则被认为是"操纵符号的系统化行动"，是一种符号行为或使用符号的行为，消费者除消费消费品本身外，还消费这些商品所代表的符号的"意义"与"内涵"②。在符号化消费背景下，旅游者会通过对东道主社区文化符号的消费来展现其自身的个性特征、人格取向及身份认同等特质。对此，东道主社区则将那些散落在族群生活中的寻常习惯、习以为常的现象和事件（"原生符号"）进行选择性加工和符号化编码，借助舞台化和表演化的形式，在社区的"前台"区域进行重新拼接、组合、改变，以形成新的文化"再生符号"。旅游场域中的民族传统文化符号因为这种干扰和改变而改变原有的符号意义，其原先的"客观真实性"也随之发生改变，加之游客的不断参与及符号化创造，从而形成一种混杂着"客观真实性""建构真实性""后现代真实性"等多类真实性的"舞台化真实"。

九寨沟的表演者来自全国各地，有藏族、羌族、非藏羌族，在登上舞台开始进行表演至结束这段特定的时空里，无论是服饰、道具、器乐，还是语言、动作、表情，他们都被统一成藏族或羌族族群角色，成为藏羌族文化活生生的载体，其所表演的舞蹈、仪式、歌曲、婚俗等都在叙述着藏羌原住民日常生活中的生活劳动、风俗习惯、人际交往、信仰情感等传统或新型文化。他们与所刻意营造的藏羌文化舞台背景，例如写着藏语文字的帷幕，不停播出的雪山、草地、牦牛、经幡等电子屏幕图像，刻意搬上舞台的藏式法号等乐器，等等，一起为游客制造一种象征性的藏羌文化空间，同时，他们也对藏族传统文化做出了一些适应现代游客审美情趣的修改，将"改造后的"藏族文化展示给游客。这种在游客眼中的娱乐休闲活动在表演者那里其实已变成了一种正规的工

---

① 王宁：《消费社会学》，社会科学文献出版社2011年版，第106页。
② 参见［法］让·鲍德里亚《消费社会》，刘成富、全志刚译，南京大学出版社2008年版，第99页。

作，必须严格按照事先排练好的节目顺序和动作进行表演。表演者在这个舞台上只能暂时屏蔽掉自己在现实生活中的文化身份，尤其是那些民族成分与所扮演的族群角色不一致的非藏羌族演员，他们在舞台上必须演绎为游客制造的"真实"文化而忘却自己在现实中的真正文化身份。而那些与所扮演的族群角色相符的藏族或羌族演员，也要穿上平日里自己不怎么穿的传统藏羌族服饰，表演着藏羌族传统歌舞，将自己平日里与舞台上所规定的表演不相符的行为和思维暂时放在一边，全力扮演着由节目编排者所设计的藏羌族群角色。因此，我们从表演者的服饰、语言、动作、表情、心理感受等方面来对表演者的舞台化真实生活进行调研。

一 服饰方面

通过观察发现，舞台上表演者所穿戴的藏族或羌族服饰，已是表演性质的服饰，与藏羌族居民在日常生活中较为朴素的服饰相比，已改变很多。据对多家演艺团体的负责人及一些演员的访谈得知，这些演员在舞台上所穿戴的藏族或羌族服饰，大多是由公司的管理者按照节目编导的要求到外地某一专门制作民族服饰的服装公司去定制、购买，为了舞台表演效果，其色彩、样式都比藏羌族原住民在日常生活中的服饰要艳丽、时尚得多（见图 16-6—图 16-9）。

图 16-6　九寨沟舞台表演中的藏族服饰

第十六章 "为你们表演的我们" 277

图 16-7　九寨沟朗德村藏民生活中的日常服饰

图 16-8　"藏王宴舞"团里演员所穿的表演服饰

图 16-9　九寨沟牙屯村藏民日常服饰（右）与节庆服饰（左）

我们首先访谈了"高原红"艺术团的舞台总监及管理者泽让老师。

访谈对象1：泽让，"高原红"艺术团的舞台总监及管理老师，男，藏族，34岁，甘南藏族自治州人。1994年在九寨沟民族艺术团担任舞蹈演员，后进入"高原红"担任舞蹈演员，现在不登台表演，主要负责整个团里表演的管理工作，包括对表演者的舞台表演、日常生活等事务的组织安排。

访谈目的：了解表演者所穿戴服饰的来源。

问：我们的演员上台前都要做哪些准备呢？

答：每天晚上6点半，我要求他们必须准时到舞台这儿点名，清点人数，因为7点半就要为客人表演了。从6点半到7点半这一个小时，他们要先活动、舒展一下筋骨，免得上台表演拉伤了腿。然后主要是化妆，点齐晚上要穿戴的服饰，负责音响的要调试一下音响，以免出错。而我如果有什么要求安排，则也会在这个时间段把他们集合起，告诉他们。

问：演员们的化妆品主要是从哪里来的？

答：他们的化妆品啊，我们统一帮他们买，哪里物美价廉就到哪里买，你们下午看到的那批化妆品就是从成都荷花池批发市场运过来的（注：我们下午在跟踪他们纠错排练时，正遇上他们在网上订购的化妆品送到，演员们那时都在兴奋不已地试用，并由几个人负责保管发放）。我们用了几个月，觉得还可以，准备下次还是从那里进。这些男娃女娃们也会给我们推荐，在网上或哪里发现有好的化妆品，也会告诉我们，我们就会考虑。

问：那他们穿的这些藏羌服饰呢，是自己手工做的，还是从家乡带来的，还是团里统一购置的？

答：这些都是表演服，是团里统一买的。我们专门找成都一家做了多年藏族、羌族服饰的店为我们定制。我们会根据节目的不同而定做不同样式的衣服。

问：那这些衣服与藏族、羌族他们原来的传统服饰是一样的吗？

答：基本上差不多吧，只是我们表演服为了效果更好，颜色肯定要更鲜艳一些，装饰也要复杂一些，一切都是为了舞台表演嘛。现在这批都有点旧了，我们还准备换一批新的。

问：那我们在节目中看到的道具、布景这些都是藏羌居民日常生活中也使用的吗？

答：当然啊，你看到藏族节目中弹的六弦琴、羌族老人拿的剑，都是的。布景嘛,以前我们没有,后来见九寨沟喜来登酒店里在每个节目后面都用电脑技术打出了与歌舞节目内容相配的背景图画,客人们很喜欢,所以我们也去买了这个设备,用来营造更为真实的舞台背景,包括反映藏族文化的雪山、草地、牦牛、帐篷等,也可以用这个在节目前播放我们"高原红"成立的历史,起个宣传作用,效果还不错,让整个舞台显得更丰富和真实好看。

其次,我们又访谈了喜来登国际大酒店的演员管理者唐老师。

访谈对象2:唐老师,男,42岁,汉族,四川成都人。

访谈目的:了解表演者表演时所穿戴服饰的来源及平时的使用。

问:我们看到节目中的衣服都很漂亮,请问这些衣服都是谁设计的?

答:我们这些服饰都是团里花了一些钱专门从外面请了几个老师设计的,还咨询了一些编导老师,请他们也帮着给意见。最后,根据节目表演内容的不同,设计了不同风格的服饰。这些布料都是很好的绸缎,里子和外衣的布料质量都很好,帽子上的毛也是很高级的仿制毛,洗很多遍都不褪色和起皱(见图16-10)。

图16-10 九寨沟喜来登大酒店表演中的藏式表演服

问:那这些衣服是自己做的,还是从外面购买的?

答:都是制作的。我们团里演员的身材都差不多,分别根据男女演员、节目内容，按照设计好的样式和尺寸，由团里专门负责管理后勤的人联系外面的服装工厂给我们做。以前是与马尔康一家厂合作，后来改成和成都一家专门做藏族服饰的公司合作，羌族服饰主要是和茂县一家专做民族表演服饰的公司合作。

问：你刚才所说的那几个设计服饰的老师，是哪里的？他们是藏族吗？

答：大概有3个，一个是松潘的，藏族；一个是马尔康的，汉族；还有一个是成都的，汉族。他们都是搞服装设计的，以前曾给其他一些艺术团做过表演服饰设计，给马尔康、红原的一些艺术团里的演员做过藏族服饰，我们编导看还可以，就请他们了。

问：那你觉得这种表演服饰与藏族、羌族居民在日常生活中所穿的一样吗？

答：肯定不能完全一样。我们这是表演，要上舞台的，必须追求视觉效果。所以，衣服的样式要漂亮，还要时尚一点，太土了观众不爱看。还有质量，必须要保证，因为我们团常常要接待一些国际游客，日本的、韩国的、美国的、德国的都有，不能让他们觉得我们的演出质量不行，我们是高水平的演出。

再次，我们还访谈了"藏谜"的舞台总监和管理者华尔旦老师。

访谈对象3：华尔旦，男，32岁，藏族，甘南藏族自治州合作县人。在甘肃合作一中读书时，常利用业余时间参加州歌舞团到学校的舞蹈艺术培训，1998年来九寨沟，曾与泽让、容中尔甲等一起在九寨沟民族艺术团担任骨干舞蹈演员，也是最早在九寨沟表演的演员之一。2006年，被容中尔甲聘为"藏谜"的舞台总监，负责整个团的具体表演和演员们日常生活的管理工作。

访谈目的：了解表演者的服饰、道具的来源和使用。

问：我们见"藏谜"对外宣传的主要是"原生态"，请问表演中演员们所穿的服饰、用的道具、跳的舞蹈这些都来自藏区农牧民日常生活吗？

答：是的。我们演员穿的衣服全是杨丽萍老师坚持要用全手工做成，她和容中尔甲老师都坚持找藏区的手工艺者为每个演员量身定做表演服装，而且全部都是真实地按照藏区农牧民他们日常生活中的样子来缝制的（见图16-11）。你们看到"长袖舞"中男演员穿的那个白色羊毛袍子了吗？那个就是跟真实生活中一样的，很重，每件都有几十斤重，演员们刚开始穿这个衣服在成都金堂排练时，都有人热晕过去了。

他们刚开始最害怕穿这个衣服，穿着这么重的衣服，还要在台上跳动作幅度那么大的舞，确实是一种挑战。不过，后来，演员们都习惯了，现在你们看不也跳得很好吗？观众们并不知道这个衣服有那么重，因为我们演员表现的是藏族男青年在恋爱中的喜悦心情，但他们哪里知道演员们每次跳这场下来后都快虚脱了，大汗淋漓的。我们"藏谜"的演员整场表演下来大概需要换12套，每次仅限1分钟换的时间，很累也很紧张，所以他们都羡慕其他团里的演员，不用换那么多。我们有些衣服是演员自己从家里带来的，有几十年的历史了，你们在藏族服饰表演里可以看到。演员们所戴的那些天珠、松石、玛瑙、绿宝石大多数也都是真的，比起其他团里仿制的要重得多。

图 16-11　"藏谜"表演中的"原生态"藏式表演服

至于道具，就更不用说了，都是杨丽萍老师他们从藏区那边买回来的，有的还很重、很大，也是运过来的。杨丽萍老师说就是要这个原汁原味。所以，她坚持头饰自己做，衣服自己做，道具自己做。你们看我们那个小羊"叉叉"，它最初一点都不听话，让它躺下来，它就乱跑，训练它的难度很大，后来多亏演老阿妈的向阳花老师慢慢与它相处有感情了，它居然能听懂向老师的话，在舞台上表现很好，这个道具是最真实的，你们自己也看到了。

另外，我们会运用一些激光技术把佛眼、佛教里念的六字真言以及一些其他旁白用藏语打在观众席两边，你们也看到了吧？演员也全说的是藏语，不允许用普通话，也没有主持人，连很小的道具，比如开场时演员们从观众席走出来拿的磕头板、喇嘛吹的海螺（见图16-12）、老阿妈升天时众人吹的法号等，都是藏民们真实生活中常用的，无论是在民间，还是在寺庙里。

图 16-12　"藏谜"开幕场中吹海螺的喇嘛

接着，我们又随机访谈了几位藏族表演者对表演服饰的看法。

问藏族演员 1（藏谜艺术团里的一个演员）：你们平时上舞台表演穿的衣服与你们在自己家乡时穿的衣服一样吗？

答：当然不一样。

问：那你觉得哪些地方不一样？

答：你自己可以看看，我还从家里带了两套衣服过来（遂打开衣柜，拿出两套藏族服装给我们）。

问：是颜色不一样吗？

答：颜色，肯定没有舞台上表演时那么鲜艳嘛！舞台上如果穿我们这个，肯定效果不好，客人不会喜欢，太朴素了。

问：我看还好，你的这个我觉得比舞台上的更好看呢，真的，样式、颜色、图案都多漂亮的，是在节日时穿的吧？

答：呵呵，是的（有点不好意思，但看得出来还是很高兴的）。我们藏族人每个人都要有几套漂亮的、能拿得出手的衣服。这样父母才有面子，一到节日聚会，我们都会穿上最漂亮的衣服，聚到一起大家互相比，互相评。这也是我们的财富。从离开家后，很少有机会穿，但不管走哪里，还是会带上的。家里还有很多没带来。

问：那你觉得舞台上穿的藏族衣服能代表你们藏族人平时穿的衣服吗？

答：这个……还好吧，舞台上毕竟是表演用的，肯定比我自己平时穿的更复杂、更鲜艳、更好看呗。但差不多都还是反映了的。

问：那你觉得舞台上所表演的藏族节目能完全反映你们日常生活中的藏文化吗？

答：嗯……这个，不能完全。我们在生活中怎么可能总是穿得这么鲜艳，戴这么多珠宝之类的，这些平时都是放在家里，只有节日才穿戴一下。平时家里父母还是很辛苦的，要养几百头牦牛、羊，还要弄地里的活，忙得很。唱歌跳舞现在也不经常了，好多年轻人都出去上学或打工、做生意了，老年人和小孩都在家里，现在有电视了，他们都爱看电视。但是到了时间，全家一起出去转山、到寺庙去烧香朝拜还是要去的，我们信这个。

问藏族表演者2（九寨香格里拉演艺宫里的一个演员）：你平时也像舞台上这样穿着打扮吗？

答：嘿嘿，当然不可能了。这些衣服这么重，不方便，这个是表演用的，我们平时不穿的，演完就脱下放在后台的化妆间里。我们跟你们没什么不一样，还是喜欢穿你们城里人穿的这些，方便，也好看。

问：你们在舞台上穿的演出服装、戴的这些装饰品是自己从家里带过来的？还是从哪里来的？你觉得和你以前在家乡时看到的一样吗？

答：这些呀，是老师给我们统一安排的，不知道从哪里来的，可能是买的吧。在家里我们也有这些首饰，但没有这么全，但质量肯定比这个好，要重一些，是真的松石、天珠。表演用的这个，肯定没有这么真了，你戴戴，这个很轻的，好多都是用塑料做的。

访谈对象4：卓玛甲措，女，23岁，藏族，"藏王宴舞"艺术团舞蹈演员。

访谈目的：了解对表演服饰的看法。

问：你觉得表演时穿的衣服与你们在家乡时穿的衣服一样吗？

答：不太一样。在家里穿的衣服没有这个这么漂亮，颜色也没这么鲜艳，这个是表演用的，肯定要好看些。平时在家里穿的颜色要素一点，但我们在节日里穿得很漂亮，我都带了两套放在柜子里。

问：那衣服的材料和你们平时穿的衣服的材料一样吗？

答：也不完全一样。表演穿的衣服料子要华丽一些，都是绸缎做的。我们的更正宗一些，还要贵重一点。我父亲有一件就是水貂毛的，是真正的那种，是我爷爷以前打猎时打的，传给我爸爸的。

　　问：你柜子里的藏式衣服平时穿吗？

　　答：不怎么穿，那个都是过节时和老乡们一起穿一下。平时怎么能穿那个，太重，太热了，不方便，还是这个（指她自己身上穿的短袖、短裤、凉鞋）方便。

　　问：那你觉得舞台上的表演服饰能代表你们藏族人在日常生活中穿的传统服饰吗？

　　答：嗯……差不多吧，还是有区别的，毕竟舞台上的要经过一些修改嘛，但是要好看得多，为了客人……

　　访谈对象5：康果斯佳，男，20岁，藏族，"藏谜"艺术团舞蹈演员。

　　访谈目的：了解表演者对表演服饰和传统服饰的看法。

　　问：看你身上穿的这个衣服很好看，你平时也穿这个吗？

　　答：呵呵，不是，这个不是你们要拍照访问我们嘛，我们才穿的。

　　问：为了给我们一个好印象？

　　答：当然啊，你们要宣传我们嘛，你们不是想看这个（指身上正穿着的藏族衣服）吗？

　　问：为什么会这么认为呢？

　　答：为什么？那些游客都很喜欢我们这些衣服的，每次表演完了以后都想和我们照相，有的还想借着穿。

　　问：那你觉得这个是不是你们平时在家乡时穿的传统服饰？

　　答：呵呵，这个啊，也是也不是吧。

　　问：这是什么意思呢？

　　答：如果整体上说来，我们穿上舞台展示给客人看的这些衣服还是在我们平时穿的衣服基础上改的，大概都差不多。但是如果仔细说，舞台上的表演衣服肯定要比平时穿的样式上啊，颜色上啊，材料上啊，都要更让客人喜欢一些才行。现在客人不是喜欢有点流行的味道嘛，所以这些衣服也要按照他们的口味改改。颜色上，总不能像我们生活中那么淡嘛；样式上，肯定要时髦一点；材料上，不可能像我们生活中的那么贵，但又要显出质量，所以看着要光滑漂亮得多。

　　问：那你更喜欢表演时的衣服，还是自己平时里的传统衣服？

　　答：都喜欢吧。不一样。表演时穿的衣服要轻松时髦得多，那是工作服。但传统衣服我们藏族人每个人都要必备几套好的，在逢年过节时穿，这个比舞台上的表演衣服要贵重得多，我们戴的那些首饰、珠珠之类的都很贵重的，你们在外面买的、舞台上戴的那些肯定不能和我们自己的相比。

最后，将在"九寨天堂"艺术团表演中所观察到的服饰情况做一主要概括。我们观察了"九寨天堂"的藏羌表演服饰和藏羌族表演者自己从家乡带出来挂在衣柜里的藏族或羌族服饰，结果发现，演员们在舞台上穿的藏羌族服饰，已做了大幅度来改变。在样式方面，向游客展示的藏羌服饰大胆地借用现代主流社会中流行服饰的样式，低胸、裸肩、露肚脐、大开叉、金属片、混搭时尚的风格到处可见；在造型方面，用光怪陆离的动物和植物造型来装饰，以夸张的头饰、炫目的珠宝、雍容华贵的帽檐来吸引游客的眼球；而在布景道具方面，则更是用尽现代舞台技术，包括声、光、电、火、水等，为演出故事制造宏大而浪漫的气势；在队形舞步方面，几乎全是上百名集体性的一字形、十字形、人字形、三角形等队形变换，节目中会时不时地穿插着芭蕾舞步、街舞踢踏等现代舞的动作，再加上演员们的浓妆艳抹，包括时下流行的烟熏妆、闪唇彩、多耳钉、双鼻钉等，以及长筒丝袜、高跟鞋等，让整台表演充满着现代文化元素，这样的藏羌歌舞所表现出来的藏羌文化已远不是藏羌村民在日常生活中的模样……

二 语言方面

语言方面，在整个九寨沟的旅游表演中，除了"藏谜"整台表演只使用藏语而未用普通话之外，其余 7 家团体的表演使用的都是普通话，由每场的主持人用普通话向游客介绍即将表演的节目，也用抑扬顿挫的普通话挑动起游客兴奋的神经，尤其是在与游客互动的游戏活动中，普通话的使用频率更高（见图 16-13）。对于这种普通话在表演中的广泛使用，我们也对编导和演员做了一些访谈。

访谈对象 1：泽让，男，34 岁，藏族，甘肃甘南人，"高原红"艺术团舞台总监。

访谈目的：了解表演时所使用的语言情况。

问：请问你们节目中为什么都用普通话，而不用藏语或者羌语？

答：我们最初是想用藏语来解说的，但是他们说这样效果不好，客人们听不懂说的是什么，会不高兴的。曾经中间也试过几次，的确效果

图 16-13　说着普通话的喜来登表演主持人

不好，很多客人都说听不懂，不知道讲的啥。所以，为了舞台效果，最后决定还是用汉语。因为客人都是来自四面八方，所以用普通话比较好，便于交流。

问：那这样会不会让客人觉得不正宗？

答：这个，可能会有一点影响，但应该问题不大吧，他们（指游客）一看我们的演员，典型的藏族汉子和姑娘，跳的又是藏族舞，唱的也是民族歌曲。如果不用普通话向他们解释，他们可能就看不懂有些节目的意思，你比如其中的用青稞酒招待客人，让客人一起上台跳锅庄，这些如果用藏语解释，听起来可能是原汁原味了，但客人可能根本就不知道我们在说什么，甚至还会产生误会，不能达到让客人玩得高兴的目的。

问：那你们自己觉得这样用普通话与你们以前用藏语说话的习惯会不会冲突？

答：呵呵，这个怎么会冲突呢？我们这里的演员，包括我们自己都会说普通话，大家为了表演，也为了交流的方便，我们团里哪里的人都有，即使都是藏族人，但不同地方的还是有一些藏语不一样，听不懂，所以，为了管理的方便，也为了用更标准的普通话为客人服务，我们都要求他们讲普通话，尤其是在舞台上讲台词、唱歌时，大部分时间都需要说普通话。所以，他们也为了能表演好，平时也就多练习普通话，多用普通话，久了，就成习惯了，大家都用普通话交流，你们看我们演员的普通话还是说得可以的嘛……当然，也有一些人在老乡聚会时习惯用家乡藏语说，这个没关系，很正常，也是习惯嘛……

访谈对象2：华尔旦，男，藏族，33岁，甘肃甘南人，"藏谜"艺术团舞台总监。

访谈目的：了解艺术团决定用藏语表演的意图。

问：我们观察了一下，发现在九寨沟所有的表演中，就只有你们"藏谜"一家在表演时用藏语，没有说普通话，而且也没有正式的主持人，请问你们为什么会这样做？

答：这个恰好是我们的亮色。容中老师和杨丽萍老师他们就是故意要坚持用藏语来表演，他们认为这样很正宗、很原生态。杨丽萍老师说，既然我们"藏谜"坚持要打"原生态"的牌，那在很多细节上就是要做到。表演既然是由来自各地的藏族人扮演的，那语言方面，也应该使用他们平常生活中的藏语。这样，才能给人感觉是在真正地展示藏族人的日常生活。

问：那这样效果如何？游客会不会觉得听不懂，不高兴？

答：还好吧，好多来看我们节目的客人就是冲着"原生态"来的，你如果让他感觉与其他表演团一样，那有什么意思？他们又会觉得受骗了。好多客人还是很喜欢我们这个的，他们中是有很多人都听不懂，但他们要的就是一种感觉，有那种感觉就行了嘛，不一定听得懂，只要感觉是自己想要的就可以了。

问：那你们演员感觉怎么样？喜欢你们这样安排吗？

答：这个，肯定的。他们都是藏族人，说自己的语言，肯定是最舒服的，也觉得亲切，也觉得能最真实地表现我们藏族人自己最传统的东西。

访谈对象3：白玛措，女，藏族，34岁，九鑫山庄格桑拉艺术团唱歌演员。

访谈目的：了解表演者对表演时所使用语言的看法。

问：听你在舞台上唱的藏歌，很好听，但却用的是汉语，你以前在家乡藏区唱时也是这样吗？

答：呵呵，这是在舞台上，要唱给客人听，客人怎么听得懂藏语，只能用汉语唱，他们才能听得懂唱的是什么。我们自己以前很小时在家里唱，用的肯定是藏语，我从家里出来得早，十几岁就出来了，一直在唱歌，在外面已经习惯用汉语，大家都这样，只有过年回家时和家人在一起又习惯用藏语唱。

问：但我们听到你在最后歌曲结束时，还是用"扎西德勒"问候客人，而这些客人听到这句时，普通反应都很热烈，这是不是意味着客人还是很喜欢你们用藏语唱，只是你们自己没有觉察到？

答：这个，我不太清楚，反正一直以来就是这样，老师们从最开始就这样教我们的。最后说"扎西德勒"是表现我们藏族人传统的待客礼节，不是要向客人献哈达嘛，献的时候我们都要祝福客人的，让客人高兴，而且这样客人也会觉得很正宗，是我们藏族的东西。

问：如果可以选择，你是愿意用藏语唱歌，还是用汉语为客人唱歌？

答：这个都无所谓，都是工作，只要客人高兴，用什么都可以。

三 动作方面

在有关动作文化符号方面，许多表演者都在登上舞台之前经过了重新的被编排和被设计，即使是来自藏区的藏族表演者或来自羌区的羌族表演者，他们在面临要表演自己族群文化时，仍然需要听从节目编导和舞台总监老师对整个表演的设计安排，按照他们的要求将舞蹈动作、表情符号等统一成规范的、集体性的被重构后的藏羌歌舞行为符号，以此来诠释藏羌传统文化的内涵（见图 16-14）。对此，我们访谈了两位舞台总监，详细了解舞台上行为动作文化符号改变的逻辑过程。

我们可能会常常故意问一些看起来很幼稚的问题，其目的是引出被访谈者对所问问题的真实想法。

访谈对象 1：泽让，男，藏族，34 岁，"高原红"艺术团舞台总监。

访谈目的：了解节目编排者、管理者对表演文化内容重新设计和建构的逻辑。

问：请介绍一下"高原红"艺术团的节目编导和设计者。

答：高原红艺术团是 2002 年在汪斌老师的组织下成立的，最主要的目的就是向游客展示藏羌族文化。汪老师为了达到最好的舞台效果，还专门从外面请了专家来指导整个节目的编排，其中最主要的一个专家就是杨丽老师，她是负责整场表演中的羌族节目。因为杨丽老师原来是四川省文化馆的，后来辞职出来自己到各个艺术团当顾问。她常年在茂县、汶川这一带待，据说还经常往羌族寨子里跑，一直在收集羌族民间舞蹈、歌曲等艺术作品，她对羌族舞蹈很有研究。汪老师跟她熟，也知道她很喜欢羌族文化，就找她负责我们团里羌族节目的设计。而团里藏族节目的编排者，主要是由多杰负责。多杰以前也曾和我一起在九寨沟民族艺术团跳舞，是九寨沟最早的一批舞蹈演员，后来他自己出来干了，当教练了。多杰是藏族人，阿坝小金县那边的，30多岁，他和杨丽老师现在都不在九寨沟，正在茂县忙着策划"羌红"保护区的活动。

图 16-14　接受过专业训练的"高原红"羌族演员

问：你们节目中的藏羌文化表演是直接将藏羌人民日常生活中的跳舞动作原封不动地搬上舞台的吗？

答：不是的。这样万万不能，无法适应舞台的要求。因为生活中的动作太简单，也不整齐规范，如果很多人都这样表演，肯定会形成混乱不堪的场面，观赏性就太差，会吓到观众的。凡是搬上舞台的，必定要经过加工，规范地训练才行，但也不能随意加入现代舞蹈的动作，民族的舞蹈动作必须要保持。

问：演员被招进来以后，你们是如何对他们进行培训和调整的？

答：我们的演员都是采取公开招聘，与公司统一签合同。招进来以后，我们都要对他们进行统一的培训。尤其是对于新演员，舞蹈基础较差的，训练他们时比较痛苦，有时候每天就一个简单的动作会反复几十次地教。其实，不是每一个藏族演员都会唱歌、跳舞的，也并非每个藏族人都擅长或喜欢唱、跳。这个也是要因人而异的。因此，每个人进来以后进步程度是不一样的。我们对他们的训练，会在演员原有的一点底子上，如在他家乡跳的那种随意性锅庄脚步的基础上，会给予复杂化、规范化，从艺术的角度给予纠正，更多的是按照技术规则、舞蹈技能来要求，最终还是要遵从多杰、杨丽老师他们以前给我们定的步子、动作，在这个大框框里进行小幅度的调整可以，但不能完全脱离这个大框框。

问：团里每天晚上向游客表演藏族节目的演员都是藏族人吗？羌族节目呢？

答：没有，这个团里的演员，不管是藏族、羌族还是汉族，几乎所有的节目都要上。团里没这么多人，而我们的舞蹈节目最多，都是集体舞蹈，一般来说一上场都需要40多个人，所以，藏族人也会跳羌族舞，羌族演员也会跳藏族舞。我们从招他们进来就对他们进行培训，藏族、羌族舞蹈都教，每个人都要经过一个月的试用期，如果不合格，不能很好地学会这些动作，我们就只有不用他。现在九寨沟这边表演多了，竞争激烈，我们不可能养那么多人，成本太高。当然，演员们自己也很想多学点东西，所以他们也对这种安排没什么意见。

问：那在教藏族演员跳羌族舞蹈，或教羌族演员跳藏族舞蹈时有什么困难没？

答：如果让藏族演员来直接跳藏族舞蹈，当然他们会学得很快，跳得也比较自如。藏族舞蹈与羌族舞蹈是有区别的，藏族舞蹈总体来说要奔放、豪迈一些，全身都要动；羌族舞蹈则要秀气一些，有点"小家碧玉"的感觉，主要是靠肩、胯的动作。所以，藏族演员在刚开始跳羌族舞蹈时，动作常显得太大，而羌族演员在跳藏族舞蹈时，又没放得开。不过，我们的演员好多以前都在学校或其他歌舞团里待过，有一定的舞蹈基础，所以，在经过一段时间培训后，很多还是能很快领悟，从动作技能上加以协调，尤其是悟性高的，跳什么舞都跳得很好。

访谈对象2：华尔旦，男，藏族，33岁，甘肃甘南人，"藏谜"艺术团舞台总监及管理老师。

访谈目的：了解节目编排者、管理者对节目文化内容的设计思路。

问：请介绍一下"藏谜"艺术团节目发展的历史。

答："藏谜"是容中尔甲希望改变现在藏文化表演质量不高的状况，想更深入地挖掘藏文化，让更多的人了解藏文化的内涵。从着手准备到节目形成，大概花了一年四个月，节目主要是容中尔甲和杨丽萍老师共同编排的，其中，杨丽萍老师是总编导。杨丽萍老师把握民族特点能力很强，她利用她到西藏藏区采风的半年收获，再加上经常与容中尔甲，包括我们商量讨论，把不同藏区的不同服饰、舞蹈、歌曲、道具放在一起，用藏传佛教的故事串联起整个表演，有一定深度。尤其是她对牧区藏文化的把握，认为牧区是最有代表性的，全国四五个片区，每个牧区都有相同和不同的东西，她就把味道相同的放在一起，不同的则因材施教，主要是把当地的特色表现出来。我们这台舞台剧刚开始全长2小时40分钟，后来看时间太长了，不太适应晚上游客白天玩累了晚上想早点休息的要求，所以后来由杨丽萍老师定夺把节目压缩成1小时50分钟，最终变成100分钟。

而对于这些改变，我们想知道表演者对此的心理情感反应，尤其是藏羌族际之间的互借，藏族和羌族表演者是如何看待的。为此，我们深度访谈了4位新来的表演者。

访谈对象1：扎西杰，藏族，女，21岁，阿坝红原县瓦切乡德香村人，"高原红"艺术团里的舞蹈演员之一。

访谈目的：了解藏族表演者在接受他人对自己文化改变时的心理状况。

问：你什么时候来九寨沟当演员的？刚来时有什么不适应吗？

答：我是2009年6月来高原红的，刚来时语言也不是很通，因为我汉语不好，而团里大家都说汉语，普通话，所以刚来时我一直在学习普通话，现在好些了，但好多还是不怎么听得懂，所以自己一个人待的时候比较多。

问：你在舞台上跳的是你自己家乡那边的舞蹈吗？还有歌曲也是家乡那边的吗？

答：嗯……不是的了。我以前在家时喜欢跳舞，在家里帮爸妈放牛时就经常和其他人一起跳。生活中都是边唱边跳，比较原生态，唱得高兴了就随意跳，感觉自然、自由一些。来了这里以后，老师每天都要教我们新东西、新动作，要求我们按照他所说的唱跳。有些动作和我们在家里时差不多，有些我以前没怎么见过。舞台上是放音乐跳，动作必须到位。

问：那你在舞台上所表演的舞蹈和唱的歌都与你在家时不一样，你感觉别扭吗？

答：刚开始时有点不习惯。我自己水平不高，还是要听老师的。现在要好些了。只是觉得没有在家里那么自由，只要动作做得不好，老师每天晚上都在舞台下看着，第二天会给我指出来的。我自己还是比较喜欢在家跳的那种感觉。

问：那你认为舞台上所表演的藏族节目能代表你们藏族人民生活中的全部文化吗？

答：不能。舞台上所表演的藏文化，你们看到的只是外表，但其实你们并不了解我们的内心。我们信佛，藏族文化主要包括藏传佛教，心中信则有，不信则无。我和我们家人都相信，无论是去哪里还是做什么，都会向神祈求，希望他保佑我们。

问：那你更喜欢舞台上表演的，还是自己在家乡时跳的舞？

答：还是希望能像在草原上真实地那样表现，但一个人又不可能。

问：你在表演中也跳羌族舞吗？感觉怎么样？

答：跳。羌族舞很好看，还很喜欢。但对羌文化不怎么了解。

问：跳羌族舞时，有没有不适应？

答：还好呀，没什么不适应，都是跳舞，只要把动作做好就可以了。

访谈对象2：王丁才，男，羌族，23岁，四川茂县人，"高原红"舞蹈演员之一。

访谈目的：了解羌族表演者在表演藏族舞蹈时的心理感受。

问：你是羌族人，对吧？

答：是的。

问：你在节目中主要是跳羌族舞吗？

答：羌族舞要跳，其他舞也要跳。

问：你指的是包括藏族舞吗？

答：是的。我们团里的舞大家都要上，除了才来的新演员，要等一阵。

问：那你以前并不会藏族舞吧？

答：以前是不会，可是老师会教的。我们进来，藏族、羌族舞都要学，还要考试，合格了才能上舞台。

问：那你作为一个羌族人，在跳藏族舞时，有什么特别的感受吗？

答：没有，都是跳舞，只是羌族舞动作幅度要小些，没有藏族舞蹈那么粗犷、豪迈，羌族服饰也比较秀气。我们在台上跳舞，主要是动作要按照老师要求的做到位，表情也要好，老师要求我们要微笑，要让客人感受到热情。

问：但我们观察，你们在表演时有些人也没有笑啊……

答：呵呵，这个很自然嘛，跳久了，有点厌倦了，哪能天天保持这么好的热情。主要是舞蹈动作，要整齐，不能因为你一个人乱了，让观众不喜欢，老师会批评的，自己也会不好意思，下来就要改。

问：你对羌族舞真正感兴趣吗？

答：还好，都是舞蹈，都是艺术，艺术没有边界，只要做好了，跳好了，像老师那样，让观众喜欢满意就可以了，自己也很有成就感。

访谈对象3：索朗卓玛，藏族，女，20岁，甘南藏族自治州卓泥县芦姑乡农冬村人，在"藏谜"中担任《神奇的九寨》歌曲主唱之一。

访谈目的：了解藏族表演者在接受他人对自己文化改变时的心理状况。

问：你什么时候来九寨沟当演员的？刚来时有什么不适应吗？

答：我是2008年4月来"藏谜"的，在家里一直帮爸妈放牦牛，没有读过书，我是家里五姐妹中最小的一个。以前没有出过家乡，到九寨沟是第一次离开家，刚开始来很想家，不习惯，主要是说话听不懂。

问：怎么会听不懂？你们团里不是大多数都是藏族吗？

答：我和他们不同一个地方，我只听得懂我们家乡那边的藏语，他们其他地方的藏语我听不懂。

问：那现在习惯了吗？能听懂吗？

答：比开始来好多了，能听懂一些了，也能说普通话了，老师还因为这个（语言问题）专门辅导我，教我汉语，还让团里其他同事教我普通话，他们还是多好的。

问：你在团里主要是唱歌吗？舞台上这些歌你以前听过没？经常唱吗？

答：是的，我主要是唱歌，老师觉得我嗓子好，就让我唱。跳舞现在还不行，说让我先把歌唱好再说。节目当中的歌好多都没听过，也不会唱，但觉得很好听。我现在不怎么参加训练，就是老师下来帮我纠正头天晚上在舞台上犯的一些小错误。

问：那你觉得在舞台上唱歌紧张吗？喜欢吗？跟在家里唱歌一样吗？

答：不紧张，因为唱的还是藏族歌，这个我比较喜欢，也没什么困难。跟家里差不多吧，就是要化妆，没家里那么自由。

后注：因为索朗卓玛比较害羞，汉语交流能力也较弱，所以我们就请她唱一首歌，她大大方方地为我们唱了一首家乡的藏族歌，确实是草原上藏味十足的歌者。等我们离开她寝室后，在楼下我们又听到了她情不自禁在唱家乡歌……

访谈对象4：才巴央措，藏族，女，20岁，青海玉树州昂欠县牛巴瓦村人，"藏谜"舞蹈演员之一。

访谈目的：了解藏族表演者在接受他人对自己文化改变时的心理状况。

问：你在团里是新演员，还是老演员？

答：新演员，和丹增贡桑、洛桑、汪姆他们比，我算新演员，到现在丹增他们在排练时还会教我们，给我们纠正动作上的错误。

问：讲讲老师教你跳舞动作时的一些改变。

答：我以前也很少离开家，只会跳我们那里的舞，唱我们那里的歌。到了这里，老师要给我们规范动作，我第一次知道什么是舞蹈艺术，什么是练功培训（见图16-15）。比如，以前在家练的"下腰"动作，在家跳时就比较随便，随便弯一下，而在这里老师就要求完全下去或大部分下去，就很痛。还有压腿之类的基本功练习，都很痛。刚开始

图16-15 "藏谜"练功房里老演员在给新演员传授藏族舞蹈动作

也很惊讶，自己在家跳舞时没这些要求呀，都是高兴了就跳，也自由，也快乐。家里那些简单、自然的动作怎么到了这里要这样弄。刚开始，因为语言问题，也听不懂老师在说什么，就只有按老师做的去练。刚开始因为很痛，也很孤单，就想放弃，不想练了，想回家，经常给家里打电话，还常哭。但后来慢慢熟悉了，也学会汉语了，大家都相处融洽，就不想回去了，也学会了老师教的这些动作。

问：你在舞台上跳舞是什么感觉？

答：刚开始紧张，怕做不好丢脸，对不起老师。后来，慢慢地，每天都做同样的动作，老师和同事们下来也经常批评指导，互相交流，自己跳舞的水平也提高了，还得到过老师的表扬。现在在舞台上不紧张了，没什么，每次跳完听到观众给的掌声，就觉得很高兴。

问：每天都跳同样的舞，会不会觉得烦？

答：还好，每天下面的观众不一样嘛。有时候也会觉得烦，但这是工作，老师每天晚上会在舞台下看的，如果做错了动作，老师第二天会来说或者批评的。那样，会不好意思，所以会努力去做的。

问：你觉得是家里人跳的藏族舞好看，还是舞台上所表演的藏族舞好看？

答：都好看。不一样的。家里人跳的舞要自由、舒服一些，主要是大家在一起，高兴。舞台上跳得要更规范、整齐、专业一些，必须跳好。我回家，给妈妈他们表演我在团里学的动作，妈妈说"颤膝"动作做得不够，所以整套动作就不好看、不自然。但"下腰"动作比他们以前跳得好看。以前在家也没怎么好好跟妈妈学，这次回去妈妈还教了我卓舞、弦子舞等，没想到妈妈会跳那么多，跟团里的老师教得很像。

从上述几位表演者的访谈来看，在舞台上表演者们所表演的藏羌舞蹈、歌曲都已与这些表演者自己家乡的歌舞行为符号有所不同，已经被改变许多，其改变主要是根据节目编排者对藏羌文化的认知和为迎合游客喜好而进行的，而这些藏羌表演者也习惯性地听从编排者的安排，按照他们所设计的文化表演内容进行动作行为，不能发表更多的意见，因此，舞台表演表现为典型的藏羌文化符号载体。同时，很多藏族、羌族表演者面向游客表演的藏羌歌舞也并不能完全代表藏族或羌族人民日常生活中的文化，即使他们作为藏族或羌族族群中的一员，但也不能完全了解、认知藏羌文化，因为作为年轻一代的藏羌族成员，他们很早就离家出外求学或进入某歌舞团，主要是去追求歌舞艺术方面的造诣，注重歌舞艺术技能的提高,而对藏羌文化更多的内容,却从老一辈那里继承得很少,也了解得很零碎,因此,他们本身作为藏羌族一员的文化真实性也在变迁,也并不纯粹,而进入九寨沟作为藏羌族族群成员的扮演者,在舞台上的动作行为符号也并不完全是藏羌原住民真实生活中的行为符号,即使歌舞艺术符号也有所改变,具有舞台化、表演化的性质,也与自身来源地的藏文化符号或羌文化符号不相同,也是被改变过的。

四 表情方面

对于表演者在舞台上的表情,我们采用参与观察的方法,对演员在表演中的微笑、平静、冷淡等各种表情给予记录,并就个别演员进行访谈。

场景一:"高原红"表演中的婚俗游戏活动。

羌族抢新娘游戏活动是"高原红"整场表演中与游客互动效果最强的节目,也是整场表演的高潮部分。在这个活动中,先由主持人用富有激情的普通话将游戏规则向游客讲一遍,然后就是让自愿参加游戏的三四位男性客人登上舞台,先通过围脖拔河比赛,即让客人背对背,将拔河比赛的绳索套在客人的脖子上,客人用手撑地,用脖子使力各自向前拉自己的绳索,哪一方先将另一方拉倒在地,则是赢家。如此经过两三轮比赛,最后赢者即为"新郎"。这时,当其他男客人退下舞台后,只剩下这一位"新郎"时,舞台上等候的数名穿着羌族传统服饰的男女演员便一起涌上前去为这位"新郎"穿上羌族服饰,披上披风,戴上高高的羌族帽子,并在"新郎"的脸上涂抹上黑锅灰。等打扮完毕后,众演员便将舞台上等候许久的"新娘"推给"新郎",让"新郎"拉着"新娘"的手,两人并排站在一起(见图16-16),在主持人调侃、搞笑的话语中,由"新郎"回答完主持人的一些关于如何对待"新娘"之类的戏谑问题后,舞台上的众演员便一起将"新郎"抬起抛向高空,连抛三下,然后退出舞台,进入所谓的"洞房",留下的则是观众们兴奋的笑声……

观察对象:台上穿着漂亮羌族传统服饰的"新娘"的表情。

观察结论:舞台上的"新娘"20岁左右,化妆较浓,穿戴着带有羌绣工艺的传统服饰,身材苗条,形象漂亮。当主持人从最初向台下游客解说游戏规则,直到有一些男游客上台参加围脖比赛,再到最后的"新郎"胜出时,一直夹在舞台最后一排的众演员中的"新娘"表情比较平淡,也没什么微笑或者真实生活中那种"羞涩"或"兴奋"的表

图 16 – 16 "高原红"中游客参与的羌族婚俗游戏活动
（左：由羌族演员扮演的"新娘"；右：游客）

情（见图 16 – 17）。她一直盯着前方，没太多表情，偶尔眼神会到处瞥两下，又立即收回来。当最后演员们将她牵出，让她与"新郎"站在一起时，她也仍没什么表情；当"新郎"拉她手时，她显得有点尴尬，脸上勉强挤出的一丝笑容也没有任何真实感；当舞台下的游客哈哈大笑时，她却显得有点木然，与身边的"新郎"也没有任何交流。总之，整个脸上并没有新娘应该有的喜悦和羞涩，一直表情都很僵硬。当所有的人都在大笑、兴奋时，仿佛只有她是置身事外的，这种欢快与自己无关。

图 16 – 17 游戏活动中表情平静的"新娘"

访谈对象：扮演"新娘"的演员。

访谈目的：了解"新娘"在舞台上的真实心理感受。

访谈内容摘要：我本来是团里的舞蹈演员，演这个"新娘"只是临时性的。我们团里年轻的女演员基本上每个人每晚都要轮一遍，如果谁有事不能上台，就再找其他的同事帮着演一下。所以，这个"新娘"也不是固定的，你们如果每天晚上都看我们的节目，就会发现每天晚上的"新娘"是不一样的。至于喜不喜欢这个角色，也没什么感觉吧，反正只是表演，走走过场，让客人高兴就是了。我没笑？呵呵，是啊，都重复了这么多次了，也没啥子新鲜感了，反正按照老师的安排演就是了，反正又不是真的，逗逗客人开心就是了。牵手时的感觉？嗯……当然不牵是最好的了，但为了表演效果的逼真，让客人开心，牵一下也没关系，只是我已经有男朋友了，一般不迁就尽量不牵，有些客人会比较主动，就牵一下意思一下就行了，这是我们的工作，只要不过分，让客人开心一下也是我们应该的。

场景二："喜来登国际大酒店"表演中向游客献哈达仪式活动（见图 16-18）。

图 16-18　喜来登的演员向游客敬献哈达

舞台上的帷幕缓缓拉开，在主持人热情洋溢的解说中，一群装扮艳丽、穿戴着混合式藏式表演服饰（头上戴着用人造毛制成的冬帽，身上穿着短袖的白色绸缎上衣，下面穿着长长的红色垂裙，身上挂带着各种形制的藏式佩饰）的女演员鱼贯而出，双手平拿着白色哈达，背后则是头戴喇嘛帽、穿着改制了的喇嘛服的几位男演员在鼓着腮帮子吹着藏式法号，以及一排戴着藏式神秘面具的各种造型人物作为女演员敬献哈达的背景。这个开场节目的设计是让这些拿着哈达的女演员从舞台走向坐在下面的游客，亲自将手中的哈达随机地戴在客人的脖子上，以表示对远道而来游客的欢迎和热情。

观察对象：在向游客献哈达时女演员脸上的表情。

观察结论：向游客献哈达的女演员共有12个，她们每人手上平端着一条用丝绸做的白色哈达，在热烈、欢快的歌曲声中，她们依次从舞台两边徐徐走向舞台下的游客，向他们献上哈达。这些演员中，有些面带表演式的微笑，熟练而自然；有些笑容则稍显勉强，有点生硬而做作；有些则没什么笑容，显得较为木然和冷漠。各人表情不一，但仍做着统一整齐的动作。

访谈对象：这场献哈达仪式中没有微笑的一个女演员。

问：恕我冒昧，你刚才在献哈达时好像没怎么笑，是有什么心事，还是其他什么原因吗？

答：啊！呵呵，没有吧，我没笑吗？还好吧……

问：是不是因为每天都演同样的节目，所以有点疲倦？

答：嗯……这个，是有点。刚开始还兴奋，可任何事情做久了，都这样吧，有时候是有点疲倦。

问：那这会不会影响与客人之间的交流？

答：可能会吧，呵呵（不好意思地笑）。不知道，反正把哈达给客人戴上，这就是一个仪式。平时还是会笑的哈，老师要求的，可能昨天晚上有点累。以后注意……

五　表演者对表演内容的认知

访谈对象1："藏谜"中扮演"牧童"角色的丹增贡桑，男，藏族，28岁。

访谈目的：了解演员对所表演内容的认识。

问："藏谜"中所有表演都是原汁原味的吗？

答：差不多吧，但你们看到的"牦牛舞"不太一样（见图16-19）。它本来是藏戏，反映的是以前藏族古代祭祀时的场面，牦牛那时是藏族人的图腾之一。但我们为了调剂一下整个表演比较庄严肃穆的气氛，就把这个深奥难懂的牦牛祭祀舞改变成了有点喜剧味道的牦牛舞，这个客人都很喜欢。还有，就是"夏拉舞"，这是藏语，翻译过来就是"黑色的帽子"的意思，这个舞本来是果洛地区失传了的有名的一个民

图 16-19　"藏谜"中的"牦牛舞"

间舞蹈，等杨丽萍老师挖掘出来后，就在里面加入了一些现代舞蹈的动作，你们可能也感觉到了，将现代的与民族的结合起来，不过不长，只有 4 分钟，这是节目中唯一比较现代的。

问：那你在舞台上表演时是觉得在演自己平时的生活吗？

答：有些有，比如节目中有个"打阿嘎"的表演，就是很多男女一起修布达拉宫的那个舞蹈（见图 16-20）。我们藏族人平时劳动时，在给自己或别人家里修屋顶时，就会像舞台上那样，边唱边跳，有时候比这个还跳得厉害，这样一边把活干了，一边也不觉得累，大家很开心，我们都很喜欢这个节目，每次演这个时，不觉得累，因为跟自己平时生活中一样，也很有感觉。但是，其他好多节目都是经过老师编排了的，动作什么的也都是比较艺术的、规范了的，平时我们在家里不可能这么跳，没这么整齐规范，都是很随意的、很自由，那个主要是高兴。在台上肯定要听老师的话，这是工作，你要对得起观众和老师的培养。

问：那节目中的佛教故事你们懂其中的含义吗？

答：这个还是懂的，我们藏族人都信这个，讲的就是人要善良、要多为别人着想，多做好事，下辈子才能不进地狱。

访谈对象 2：侯飞，男，藏族，22 岁，"高原红"中的舞蹈演员之一。

图16-20 "藏谜"中的"打阿嘎"：卫藏地区藏民日常劳作的反映

访谈目的：了解演员对表演内容的认知。

问：你在舞台上演的这些节目内容和你所了解的藏文化，包括你在家乡看到的父辈们生活中的藏文化一样吗？

答：藏文化，我也不是全部了解。但是，舞台上表演的就是表演，很多是我们藏族人跳的舞蹈、唱的歌，但是还是改变了的，现在大多年轻人都喜欢比较时髦一点的藏族歌曲，老年人他们那一代唱的好多歌我们也不会唱，我们也没怎么学就出来了。我们村里人还是很羡慕我能在这里表演，不是每个人都能上舞台的（自豪的表情）。我的好多同学都出去打工了，有的就在家里做事，娶妻生子。舞台上表演的主要是歌舞形式，主要让客人们看着高兴、喜欢，要表现出对他们的欢迎、热情，不过我们藏族人本来就热情好客，你们可以随时到我家乡去做客。

问：我们看你们演的节目中有一场藏族婚俗礼仪舞蹈"嫁新娘"，你们日常生活中也是这样的吗？

答：哈哈，那是表演，可能是以前是这样吧，我们现在好多年轻人都不这样了，跟你们汉族地区一样，喜欢穿婚纱、拍婚纱照，当然，在婚礼上还是要穿藏族人自己的服饰。请客以前穷的时候在家里，请寨子里乡亲们帮忙，全寨子的人都来吃酒热闹，但现在有些人在外面挣到钱了，也喜欢到城镇上的馆子里定个位子，请客人到外面饭店去吃宴席，省事，没那么麻烦。不过吃完晚上回到家，大家还是要唱歌跳舞的，庆祝嘛。这个时候还是很热闹的，跟你们不一样。

访谈对象 3：王才茂，男，羌族，30 岁，九寨沟喜来登国际大酒店民族歌舞团里的一个吹羌笛的演员。

访谈目的：了解演员对表演内容和日常生活内容之间的对比认知。

问：你是羌族人吗？家是哪里的？

答：是的。茂县那边的。

问：你在节目中吹羌笛，和你一起的其他两个演员也是羌族人吗？

答：有一个不是的，是汉族，但也是我们那里的。

问：你以前在家里就会吹羌笛吗？

答：会的，跟着村里长辈们学的，但不能吹很多歌。

问：那来了九寨沟以后，又学了一些新的？

答：嗯，老师又教了一些。

问：这些歌也是你们村里人经常吹的吗？

答：没有，好多我们以前都没听过，听老师说，要上舞台，就要做一些改变，我们以前那个有的时间太长，有的调调太平了，老师说不太适合放在舞台上，客人听了不会喜欢，就改了一些。

问：那你觉得这种改变怎么样？

答：挺好的，没什么，比我们原来那个还要好听一些，再配上其他伴奏，效果更好，客人也喜欢听。

问：你平时生活中也经常吹羌笛吗？

答：有时候吹，练练，吹习惯了。但大多数时候还有其他事情要做。

访谈对象 4：袁建，男，汉族，31 岁，藏王宴舞艺术团中的一名主持人。

访谈目的：了解非藏羌族主持人对表演文化的认知。

问：你什么时候来"藏王宴舞"的？

答：3 年前。

问：你在团里主要就是做主持人吗？

答：是的。

问：那另一位与你搭档的主持人呢？她也是汉族吗？

答：是的，我们俩一起来的，都是东北人，所以普通话好嘛，才让我们主持。我们以前也在一些歌舞团里当过主持。

问：你认为舞台上向客人展示的藏羌文化其真实度怎么样？

答：还好啊，只要客人喜欢，弄什么都可以。

问：你认为主持用普通话，会不会影响游客对表演真实度的感受？

答：这个应该不会吧，这些客人也是来玩的，只要节目表演得让他们高兴，说什么都无所谓。再说了，如果不说普通话，那客人怎么听得懂？本来这就是少数民族的东西，好多东西我们如果不解释的话，客人就很难明白，那肯定不高兴。你看"藏谜"表演，虽然都用藏语，看起来好像很原生态，但还是有好些客人说不好看，看不懂。所以，说什么不重要，一定要让客人满意才是真的。

问：那当你晚上在舞台上穿上藏族或羌族服饰时，你会不会有一种特别的感觉？

答：呵，什么特别感觉？那是节目要求这样，只要不忘词，不说错词，主持好就行了，穿什么衣服都是他们定。

问：那你不觉得客人会把你看作就是藏族或羌族人吗？

答：哈哈，这个有什么关系，这就是我们追求的目的，就是要让观众认为这是藏羌文化表演啊！观众也不会花心思去搞清这些，他们只要看得高兴，玩得高兴就行了，本来就是出来玩嘛，何必搞那么认真……

问：那有没有游客问你们到底是不是藏族人或羌族人？

答：不太可能，我们一演完就到后台去了，很难与游客见面的。即使遇到个别游客，他们也很少问这种问题，倒是对我们的服饰很感兴趣，要照相。完了也基本上没联系了。

问：那你现在对藏羌文化应该比较了解了吧？

答：那当然，要主持好，要给客人解释，都要在台下去学习、去了解的。即使背台词，也会了解很多以前不知道的。这也是一个学习过程。

通过对一些管理者和表演者的深度访谈，我们可以发现，管理者所说的文化真实性往往是与其经营目的相连的，即迎合游客喜好，让游客满意，其最终目的是获取商业利益。同时，他们本身作为整场表演的技术指导，更偏重于从专业技术技能的角度对所表演的文化真实性进行评判，对符合表演要求的认为是真实的，对藏羌传统文化经由他们或他们的同事、老师改变后的变化也很宽容，认为这种变化是一种理所当然，只要能达到良好的舞台效果，并不离藏羌传统文化的根本表征即可。而表演者中，藏族或羌族表演者由于自身是来自藏羌传统文化原生地的，因此对舞台上的藏羌文化与在家乡时从小学到的藏羌文化可以进行对比，从而可以给我们更为真实的信息，即这些表演化了的藏羌文化是来自藏羌族的传统文化，但又不同于原生地的日常生活文化。而且，由于这些藏羌表演者大多是"80后"年轻一代，许多人已不再重复父辈们的农牧生活，他们对自己的传统文化也并非完全了解，只有零碎的一些文化信息，因此，他们更容易接受被改变后的藏羌文化，只要是符合他们对艺术的追求原则，尤其对一些夹杂着现代流行文化元素的节目，他们似乎并未什么异议，认为只要舞台效果好，能让客人喜欢就可以了。这与管理者之前对他们的培训和教导也不无关联。而表演者中的非藏羌族演员，如汉族演员，他们最初对藏羌传统文化并不了解，很多人是来了九寨沟之后才逐渐习得的，因此他们对舞台上藏羌文化的真实性并不怎么关注，也无法更多地做出评判，更多还是从专业技能提升和观众满意度方面来进行自我业务提升。当然，他们在九寨沟待的时间长了，对藏羌文化逐渐了解，他们中也有一些人能对藏羌文化真实性做出一些自己的判断，但这一直不是他们关注的重点。

　　相比之下，我们通过观察总结可以发现，舞台上的表演者所表演出来的藏羌文化，其实质是在投资者的经济资本、节目编排者自我对藏羌传统文化的建构、管理老师对表演技能的关注、游客的无形凝视、政府对民族文化的意志等诸多力量共同作用下形成的。每个剧院的舞台空间已成为一种不断变换着主题的文化空间。白天没有游客观看时，几乎都是空荡荡的，只留下舞台上固定的道具、背景设施等，包括表现藏族文化的用木材或塑料做的雪山、帷幕上挽着的五彩经幡、堆在角落的也是用塑料做的玛尼堆、一个个高人难以搬动的经幢、挂在舞台两边画着藏族佛教经文和神秘图案的幕布等。而到了晚上，这些在白天无人问津的舞台布景则成为营造藏羌传统文化历史时空最为有力的手段之一，再加上电子屏幕上各种与节目主题相符的雪山、圣湖、草原、森林等游客早已熟悉的藏文化典型表征符号的出现，会给游客制造一种如梦如幻的身处藏区的感受，这是节目编排者有意为游客营造藏羌文化的"真实性"而设计的。而这些如梦如幻的舞台在白天则成了演员们纠正头天晚上在表演中所犯错误的固定场地，演员们都必须站成一排或几排，面对舞台总监老师，静静地听着老师对昨晚表演的点评（见图16－21），遇到有被点名批评时，则会不好意思地低下头或者同伴们发出轻轻的笑声。演员们在这里也没有穿着舞台上繁复沉重的表演服，而是着轻松自由的现代服饰，包括T恤、九分裤、凉鞋等。演员们在这里休息时可以嬉笑打骂，甚至躺在舞台上惬意地弹着乐器，唱着自己喜爱的歌，包括他们在节目中从未表演过的藏族流行歌曲和现代流行歌曲，而这些游客很难见到。

图 16-21 "藏谜"演员们白天在舞台上纠错的场景

表演者在舞台上面对游客的形象，则是游客建构藏羌族群形象的主要来源，也是满足游客愉悦、审美、求知、享受等不同需求的主要路径。每天晚上一到表演时间，演员们则会穿戴好色彩艳丽、装饰繁复的藏羌表演服饰。在主持人的热情解说下，在嘹亮、充满神秘意味的藏传佛教号角声或欢快、高亢的藏羌族乐曲中，一排排妆容整齐、年轻漂亮的男女"藏羌族人民"便手拿白色哈达或其他道具从舞台两侧或观众席上走出来，或带着温柔的微笑，或神色庄严认真，在灯光、烟雾的弥漫下，开始了藏羌族人民的生产劳作、民间生活、谈情说爱、虔诚信仰等不同文化内容的展示。

综上调查可以发现，舞台艺术来源于生活，而又高于生活，这是天经地义的事。即使像杨丽萍和容中尔甲那样执着追求原生态表演的艺术家，其"藏谜"也是艺术化了的"原生态"，不可能完全回到生活的真实。游客到九寨沟所看到的藏族文化艺术表演，仅仅是一种"舞台化的真实"，它之所以还有一定的真实性，是以背靠着的整个藏区为依托，反映的是泛藏文化的真实，但那已经不是作为旅游目的地九寨沟自身的文化。我们知道，九寨沟所表演的藏族文化与九寨沟地域性藏族文化差距甚远。但游客看了表演后,会误认为这就是九寨沟真实的文化。所以,有时候"舞台化的真实"其实并不是"生活中的真实",或者是非真实的,就连事实性真实性都还没达到。与信仰层面的绝对真实性相比,这种"舞台化真实"只是一种相对真实性。① 当然,对于游客来说,他们并不是为了探究真实性而去旅游的,那是学者们干的事情,游客只需要获得轻松、快乐,获得不一样的感受和知识,在旅途中获得诗意般的生活,他们就满足了。

因此,在整个旅游场域中,这种传统与现代相混合的符号化表演,其实就是学者们所提的"旅游的符号化"②,即旅游者被动接受旅游地文化符号的过程,而不是通过这种"符号化"活动来创造文化。景区的规划设计者为了迎合大众游客的"符号化"消费欲望,只对原住民文化作浅层的认识和理解,旅游的行为与过程被简单地看作一种形式,旅游目的地和旅游活动场景被简单地看作一个表演舞台,其设计也就大多停留于文化符号的表象的表达。这种旅游符号表象化的结果则将族群传统文化的内涵简单化、表象化了,而文化的内在精神却容易被游客所忽略,旅游者所体验到的文化也只是一种象征性的文化,而非文化真实性的体验。因此,这种在符号化消费背景下所打造的"舞台化真实",已变成一种旅游地的"文化标本",而非原住民的"文化生活"。

第三节 表演者在九寨沟的"日常生活真实"

随着九寨沟旅游表演团体的日益增多,从外地进入到九寨沟的表演者也逐渐成为九寨沟一个特殊的群体。他们从家乡来到九寨沟各个艺术团之后,都是以与投资方签订合同成为企业员工的方式在九寨沟进行表演,表演时间大多为一年至五年。其中,藏羌族表演者的身份也由原来的农牧民转变为必须遵守企业规范的员工,原来自由散漫的放牧、务农生活也转变为被要求统一吃住、统一排练、统一休息、统一放假的集体式作息方式,其生活主要被分为表演生活、排练生活、日常休息、对外演出。每周从周一到周五均按照管理方的作息时间严格执行(见表16

---

① 参见杨振之、胡海霞《关于旅游真实性问题的批判》,《旅游学刊》2011年第12期。
② 参见杨振之、邹积艺《旅游的"符号化"与符号化旅游》,《旅游学刊》2006年第5期。

-1)。注：其他 7 家艺术团表演者的作息时间和要求与"高原红"类似，只有周六或周日白天是休息日，属于自由活动时间，但晚上仍要表演。一年中大概从 11 月中旬到次年 4 月上旬是集体放假时间，演员可以离开九寨沟，其余时间都必须待在九寨沟表演。一年中有时会有出外巡演的机会，包括去国内许多大中城市以及国外一些城市。

表 16－1　　　"高原红"表演者一天的工作、生活作息

活动时间	活动地点	作息内容	要求
9：30—12：00	"高原红"演艺宫舞台	练习早功，由舞台总监老师对昨晚表演进行纠错训练	不能迟到缺席，有事可以请假
12：00—13：00	寝室	吃午饭	也可自行出外吃
13：00—18：30	宿舍楼寝室，沟口一带的茶楼、餐馆、网吧、商店等	休息，自由活动时间	可以自由活动，但晚上 18：30 点名之前必须回来
18：30—19：30	剧院舞台	表演前的准备	化妆、活动身体、清点演出服饰和道具等
19：30—21：00	剧院舞台	为游客进行表演	认真、投入
21：00—24：30	剧院附近、寝室	吃夜宵，回寝室洗澡，休息	管理老师会检查寝室，清点人数

资料来源：根据 2009 年暑期九寨沟调研资料整理而成。
注："高原红"的表演者一周是周六、周日白天休息，晚上仍要表演。一年中 12 月至次年 2 月放假，3 月收假，3 月至 4 月全体演员复习表演内容，练功恢复身体机能，4 月又开始一年的表演工作。

通过对九寨沟 8 家旅游表演团体里表演者在舞台下的日常生活真实的调研，我们可以将其分为在九寨沟的日常生活真实和离开九寨沟回家或去其他地方的日常生活真实。首先，看表演者在九寨沟舞台下的日常生活真实（在九寨沟除了每晚舞台表演生活之外的生活真实状态），这是我们调研的重点内容。在调研中，我们采取连续两周跟踪"高原红"和"藏谜"两家艺术团里的几位表演者的日常生活的方式，并与之深入交流，来揭示表演者在舞台下的真实生活状态。

一　表演者舞台下的日常起居

首先，我们对"藏谜"表演者的日常起居环境进行了调研，重点对

才巴央措（女）、秦木初（女）、旺修卓玛（女）和阿旺多吉（男）、康果斯佳（男）、丹增贡桑（男）6位表演者的寝室生活进行了参与观察和深度访谈，现将当时的环境布置记录摘录如下。

"藏谜"女演员的寝室："藏谜"的表演者都集体住在剧院舞台后面的一幢楼里，这个楼是2008年刚修成的，很新，是一座五层高的现代式楼房，在楼房的墙壁和窗框上雕绘了简约的藏式几何图案，与旁边的剧院建筑风格一脉相承。这里实行男女分住，男演员住在整个楼房的左侧，女演员住在右侧，中间是楼梯。才巴央措的寝室在三楼，她告诉我们是三人住一间，她们寝室是她、白玛、木尔斯满三个人。随着她走进房间，发现这是一个带着卫生间的单间，很小，只能放三张单人床，留一狭小的过路空间，与大学里的学生寝室差不多，卫生间里都是现代世界里随处可见的白色马桶、淋浴头、电热水器等。她们的生活用品也与大学生的类似：单人床，铺着各种颜色花纹的在超市随处可买到的棉布床单、被子、枕头等；床的旁边立着一个超市里卖的那种简易的布料的可折叠的衣橱，里面挂着一排排现代女孩的流行服饰；地板上则铺着一块块五颜六色的泡沫板，上面还铺着一床凉席。才巴央措的床上堆着好几个可爱的绒毛玩具，墙角边放着一个塑料三脚架，上面堆满了女孩们平常用的各种化妆品，有大宝的润滑液、雅思兰黛的洗面奶、兰蔻的睫毛膏、御泥坊的面膜等，还有各式各样的发卡、耳环、项链等；塑料架的下面还摆着一个CD机和一个装有很多碟片的CD盒，打开CD盒，发现里面的碟片大多是歌碟，细数了一下，藏族歌手的碟最多，如亚东、卓玛、容中尔甲等，现代流行歌曲的也有一些，包括刘德华、周杰伦、蔡依林等。而其他两个女孩的床的布置也大概如此，只是她们在各自床边的墙壁上布置了粉红色或湛蓝色的墙纸，并在墙纸上贴着各种照片，仔细看看，发现这些照片既有她们自己从小在家乡穿着传统藏式服装与家人一起照的生活照，也有穿着艳丽的藏式演出服饰与其他演员照的工作照，还有在青岛、成都等大城市的景点穿着现代服饰与容中尔甲等明星的照片、在摄影棚里照的现代艺术照等。从这些照片可以看出，这些都是她们自己认为值得纪念或珍惜的时光，包括内心深处对自己家乡藏族文化的眷念，对自己很年轻就离开家出外打拼的记忆，对在专业艺术上的追求、美的喜爱和成功的向往等。整个寝室如果说有什么特别之处的话，那就是在白玛、才巴央措床头上边挂在墙上的黄色哈达围绕着的藏传佛教活佛的照片，以及挂着的长串的佛珠，这是她们内心最神圣的地方，是她们虔诚信仰藏传佛教的映射。正在看着、品味着，才巴央措的手机响起来了,她用的NOKIE的手机,铃声是当时正在热播的一个韩剧里的音乐,让我们有点意外,因为才巴央措以前在家乡青海玉树昂欠县一个牧场里几乎没怎么出过门,也就是因为"藏谜"招人才在前两年走出藏区,来到九寨沟,想不到她已完全适应这里的生活,并能用汉语熟练地与同事、老师交流,很快地接受了现代文化。再看看她们每个人的衣橱,发现几乎都是现代年轻人爱穿的那些样式,碎花连衣裙、韩版风衣、牛仔裤、七分直角裤、披肩围巾、高领束腰毛衣等,只有两套叠得很整齐的藏式服装,还是才巴央措从下面格子里拿出来给我们看,我们才知道这是她们从家乡带来的。这就是才巴央措她们的寝室,布置得很整洁,也很漂亮温馨,但总体印象却感觉与现代城市里大学生寝室类似,是一种典型的集体生活风格。而后来我们参观的其他女演员的一个个寝室,也是如此(见图16-22)。

图16-22 "藏谜"女演员们的寝室内景

"藏谜"男演员的寝室:男演员的寝室有10个左右,也是三人一间。在《牦牛舞》中唯一的白牦牛扮演者尕玛占德的带领下,我们来到了他和阿旺多吉、康果斯佳的寝室。一走进去,大小布局与女演员的寝室差不多,地上也是铺的五颜六色的泡沫板,墙上也贴着蓝天白云图案的墙纸,只是布置风格与女演员的不一样,房间里有一台彩电、两个大音响,一台台式电脑,他们说那是康果斯佳刚买的,是他的宝贝,他常用它来打游戏、上网、聊QQ。环顾四周,墙上贴的是大幅的刘德华的图片,他们邀请我们坐,当我们坐在地上的泡沫板时,发现了好多歌碟散落其上,一看,发现同样既有藏族歌手的碟片,也有现代流行歌手的歌曲,而其中藏族歌手除了藏区出名的亚东、扎西等,还有毕业于西南民族大学现正在北京发展的三木科。他们为了招待我们,礼貌地给我们放了三木科的歌碟，给我们介绍三木科的歌。最为引人注目的，仍然是阿旺多吉床头上供着的藏传佛教活佛的相片，还有黄色的哈达，以及几张一元的人民币。整个寝室看来，也与大学生男生寝室相似，但显得更为整洁和干净。

随同的丹增贡桑却是一个例外，因为他是团里舞蹈演员年龄最大的一个，28岁，已结婚5年了，现在妻子也随他一起来到"藏谜"，在"藏谜"的食堂干活，儿子4岁，也来了。团里考虑到他的特殊情况，就为他单独安排了一个房间，大小与年轻男演员的寝室差不多，一家三口住在这里，整个布置也很简单，一张稍大一点的床，墙上贴满的却是藏戏的图片，靠着窗户两边摆了两个柜子，还有一张桌子。房间里还有电磁炉、锅碗瓢盆之类的生活用品，包括一对大音响，一台录音机，许多歌碟……

接下来，我们又调研了"高原红"表演者的寝室环境，发现与"藏谜"演员的居住环境类似。"高原红"演员也都是集体住在剧院后面一个楼房顶上的一排排板房里面，条件相对"藏谜"来说要稍逊一筹。他们也是男女分住，三人一间，泽让老师则住在最边上一间，便于管理他们。

"高原红"女演员的寝室：我们走进羌族女演员余顺莉她们的房间，这个房间还有一个汉族女演员张蕾和一个藏族女演员扎西杰。整个房间很小，仅能容下三张床和三张小桌子，除此之外没有太多的空间。看看每个女演员自己所蜗居的小环境，发现她们因为民族身份不同，每个人床上的布置也不一样。羌族女演员余顺莉的床上挂着一个醒目的羌绣香包，当我们问她是否是自己绣的，她说不是的，她妈妈会，但她只会简单的一点，这个是妈妈绣来给她的。藏族女演员扎西杰的床上则挂着一幅藏族女孩打水的布画，问她为何没供活佛的像，她说这个在心里就可以了。汉族女演员张蕾的床上则张贴的是SHE三人组合画，她说她喜欢她们，希望以后能像她们那样成功。再环顾四周，发现其布局也是与现代单身女孩集体居住的环境差不多，桌子上也是摆满了许多化妆品之类的瓶瓶罐罐，闪闪发亮的手链、项链、耳环等现代风格的饰品，还有两台粉红色的苹果笔记本电脑，各式各样的现代时髦衣服挂满了衣橱，包括塞在衣橱下面的很多双高跟鞋。看完她们的寝室，再依次到其他几个女演员的寝室看，都大同小异，风格都很现代化，没有舞台上那种浓郁的民族味。

"高原红"男演员的寝室：在是九寨沟本地人的藏族男演员尤中尼

玛的带领下，我们来到了他的寝室。他和一个羌族男演员王露宾、一个东乡族男演员马进孝住在一起。寝室大小与女演员的一样，只是显得更为简单，三张床，中间摆了两张桌子就全部塞满了。相对其他两个人的床来说，尤中尼玛的床上布置得比较丰富多彩。蚊帐上贴了一张比较奔放的外国女郎的比基尼照，而床头上却挂着一个藏式经盒，尼玛拿给我们看，已经有点旧了，但看得出来是藏族人平时随身携带的宝贝，一问，果然是尼玛从小就在家里随身携带着的。其他两人的床上则显得空荡荡的，没什么特别的布置，整个房间除了一个篮球和必需的生活用品，就没有什么了。再去其他男演员的寝室参观，大抵如此，有的人在寝室里睡觉休息，有的则在弹吉他，有的在看电视，有的则躺在床上收听广播……

其次，我们又对演员们的饮食生活状况进行了调研，看是否与舞台上所展示的那样，有青稞酒、哂酒、酥油茶、糌粑等。

先到"藏谜"剧院的食堂。"藏谜"演员们都是自己带碗到食堂吃饭，早饭时间是8点到9点，中午是12点至下午1点，晚饭则是下午5点到6点。每个人按需舀饭菜，不能带走，但管吃饱，不用花钱买，因为公司是包吃住的。所谓的"食堂"，其实就是一间空荡荡的大房子，中间砌了一个水泥做的大灶台，有两个大锅，一个侧灶。负责演员们伙食的是三个人，两男一女。经过调研发现，演员们早饭一般都是稀饭、馒头、咸菜、鸡蛋，午餐则是干饭、青椒豆豉炒肉末、干煸四季豆、蒜苗回锅肉等川菜味的家常菜，晚餐还是干饭、酸辣土豆丝、炝炒莲白、土豆炖排骨之类的家常菜（见图16-23）。

图16-23　"藏谜"演员们吃饭的场景

再到"高原红"演员吃饭的地方。"高原红"因为还在修建新的寝室和食堂，演员们现在吃饭只有临时在寝室木板房里搭一间伙房，由团里聘请两位师傅专门负责演员们的饮食。每到吃饭时间，演员们就拿着自己的碗筷，到伙房里打饭打菜，吃的也是川菜味道的家常菜，如青椒盐煎肉、干煸辣子鸡、酸辣土豆丝、醋熘白菜、麻婆豆腐、番茄炒蛋等，大致与"藏谜"的类似。

无论是"藏谜"的演员，还是"高原红"的表演者，还是其他演艺团的演员，由于他们在晚上的表演是很耗体力的，因此每晚在为游客表演完之后，他们中有些人，尤其是男演员会跑到漳扎镇上的烧烤店、饭馆等地方吃夜宵，补充能量，也放松放松。他们有时候也不在食堂吃，为了改善伙食或者朋友聚会，他们会到镇上的小馆子里去搓一顿，几个人点菜吃，吃的东西也大多是川菜，具有九寨沟本地特色的牦牛肉汤锅、白味土豆也是他们喜欢吃的。

再次，我们对表演者的穿着打扮也进行了仔细观察，发现他们在舞台下的穿衣装扮与舞台上的已完全不同，很少穿藏族或羌族服饰，即使有些藏族表演者已从家乡带了几套节庆时穿的藏族服饰放于衣柜中。他们基本上都是与现代城市里的年轻人的穿着打扮一样，男演员喜爱穿T恤、牛仔裤、球鞋，女演员喜欢穿裙子、九分裤、高跟鞋等现代服饰。在一些配饰上，藏族女演员更喜欢出外挎时尚包包，漆皮的、布衣的、蜡染的……脖子上佩戴的不是藏族的松石、天珠等繁重的传统首饰，而是一些铂金的、黄金的、银的、玉的现代流行造型的项链或项圈，手指甲和脚指甲也都染上了各种颜色的指甲油，并进行了全套的美甲护理。为了追求自我个性，有些女演员还会打鼻钉，在耳骨上扎好几个洞眼，串上各种造型奇特的耳饰。同时，他们对自己身材的要求也颇为严格，受主流社会媒介话语系统的影响，女演员们在日常生活中谈论得最多的就是"减肥"二字，为了减肥，她们晚上表演完后几乎不出外吃夜宵，害怕长胖。平时吃饭时对米饭、馒头等碳水化合物之类容易发胖的食物都很小心谨慎，还经常交流减肥心得，当然，这也是为了追求更好的舞台形象和职业所需。男演员们为了追求个性美，会经常将自己本来乌黑的长卷发染成各种颜色或改变造型，有些也喜欢打耳钉、戴时尚类的项圈或手镯。在这些演员群体中，也有少数例外的，那就是年纪较大的羌族老人演员，他们有时还是习惯羌族传统服饰，包括羊毛坎肩、羌绣背心、羌绣包包等。

最后，他们的出行，更是与现代城市人并无二致。九寨沟是一个旅游业很发达的地方，因此，演员们如果有事出行，还是会遵循现代人的生活规律，乘坐汽车或自己驾驶私家车。若遇有出外演出，则还有机会乘坐火车、轮船、飞机等现代交通工具。

综上，我们从对表演者们的吃、穿、住、行、用等最表面的物质文化层的调研可以知道，这些表演者在舞台上向游客所展示的生活场景与他们在舞台下自己真实的日常生活状态是完全不同的，即使有一些相同，也是藏族或羌族表演者从家乡带过来的点滴记忆和文化根基，但在九寨沟这个多元文化交融的场域中，这种并不完整的文化传承也只能暂时被现代文化生活的方便性和普及性所遮蔽，甚至被淡忘。所以，我们发现，这些来自藏族和羌族原乡地的年轻人，由于职业和生活场景的改变，他们的生活和审美情趣正越来越受到来自现代社会的游客的影响，他们自身的藏羌文化正在涵化、变迁，他们来九寨沟前的"生活的真实"与来九寨沟后的"生活的真实"正发生着巨大的变迁。

二　表演者舞台下的休闲生活

九寨沟的表演者们除了每天晚上固定不变的舞台表演生活之外，余下的时间主要还是用于专业技能的提高和业务能力的增进。每周有五六天的时间，其整个上午都用于自我舞蹈、歌曲基本功的排练（见图16-24）。我们跟踪了"藏谜"和"高原红"演员的排练生活，主要记录如下。

图16-24　"藏谜"演员们的白天练功场景

"藏谜"演员们一天的排练生活：早上9点钟，当我们进入演员们的练功房时，就听到一阵热烈的掌声在欢迎我们，只见演员们在格桑老师的带领下全都站成整齐的一排，用热情、疑问、意外和好奇的眼神看着我们。我们选了一个角落坐下,不打扰他们练功。环顾整个练功房,颇有现代风格,与大学里艺术学院舞蹈专业学生的练功房类似,地板是用强化木地板铺成的,两面墙上贴的全是大面镜子,镜子前则是一排练功压腿的木杆,房间的正前方放着两个很大的音箱。演员们全都穿着统一样式的黑色舞蹈服、舞蹈鞋,男演员和女演员分成两排练,当男演员休息时,女演员们就在格桑老师的带领下,一个个鱼贯而入地进行压腿、展胸、举手、伸肩等动作;当女演员休息时,男演员们则要做压腿、俯卧撑、腹肌训练等。整个排练比较安静,大多数只有格桑老师的口令和指正的声音,"个别人的腿没抬到位""下不去的晃一晃,没关系""男孩力度不够""不要用真声"等时不时地响起,这时偶尔会有人发出声音,大家会笑,但很快又平静下来。老师对他们要求还是比较严的,但也很和蔼。看看演员们,他们大多数都很认真,有些在休息时还在自己练习。尤其是让演员们休息练呼吸时,我们发现音响里放的是很轻柔也很神秘的藏传佛教音乐,而并不是晚上舞台上所放的那些曲子。演员们在这个音乐的伴奏下,全都闭着眼睛,轻轻地做着一些舒缓的、减压的动作,其中还有藏传佛教里经典的"莲花手"动作,感觉他们都很投入,也很享受,比之前单纯的练功要自觉得多。整个练功完成后,演员们就可以自由活动,休息一会儿去吃午饭了。练功房顿时热闹起来,收拾东西的,上前求教于老师的,与同伴嬉戏打闹的,唱着"你是我的玫瑰你是我的爱"扬长而去的……

"高原红"演员们一天的排练生活:早上9点半,我们准时来到"高原红"演艺宫的舞台上,这里既是演员们每天练功的地方,也是晚上为游客表演的地方。过了一阵,只见演员们陆陆续续地来了,待人来得差不多时,泽让老师手拿一根教鞭,吹着口哨,演员们则自觉地按照自己的位子站成两排。最初也是先练基本功,每个演员都要从泽让老师面前走过,让老师检查动作是否到位,如果有没到位的,泽让老师则会用教鞭轻轻地敲打一下未到位的部位。基本功训练也包括压腿、拉肩、展胸、腾跳等。练完基本功后,又开始练习晚上要表演的一些舞蹈节目,尤其是对头天晚上做得不太好的动作进行纠错,这个时候泽让老师就比较严格,点名对其进行批评和指导,并亲自示范正确的动作。"高原红"的演员们并没有像"藏谜"的演员那样穿着正式的舞蹈服,而是穿着自己的T恤、短袖、九分或七分裤、球鞋或平底鞋等,只要不影响练功即可。一个多小时过后,剩下的时间便是演员们自由交流、自己练习。新来的演员之间喜欢聚在一起练习舞蹈动作,偶尔也会去请教几个老演员一些他们搞不懂的问题。整个训练与大学里舞蹈专业学生的练功很类似，但显得要松散、自由一些。

后来，也观摩了九寨沟喜来登国际大酒店、星宇大酒店香格里拉、藏王宴舞等其他演艺团体里表演者的排练生活，时间与内容都和"藏谜""高原红"差不多。

除了整个上午的排练生活之外，演员们的休闲生活状况还表现为其他方面。每天下午短暂的休闲时光，他们除了保持1小时左右的午休习惯，用于恢复体力之外，余下的时间则主要用于个人自由活动。总的来讲，演员们大多时间都是待在寝室里，主要用于整理内务、睡觉休息、听歌看书之类的事情。由于男女演员几乎每人一个笔记本电脑，在宿舍休息时男演员们更喜欢打"穿越红线"等网络游戏，女演员则喜爱聊QQ，网上浏览流行服饰、化妆品，听流行音乐等。另外，也有一些藏族表演者喜欢用藏族乐器六弦琴、柄鼓等来弹奏藏族乐曲，跳藏族舞蹈以及随时听手机里的藏族歌曲等（见图16-25）。而羌族表演者，主要是几个中老年羌族或汉族女演员喜欢在外面绣羌绣，相互交流绣花心得。因为九寨沟沟口外这一带主要是为旅游者服务，能为表演者们提供更多娱乐休闲的地方很少。一些男演员会时不时地召集一些老乡或同事到漳扎镇小学的操场上打篮球、下象棋（见图16-26），女演员们有时候则会邀约去九寨沟县城里逛逛街，买买衣服饰品之类的东西。如遇有一个团里的老师或同事过生日或者过节之类的日子，他们也会集体组织起来到镇上的餐馆聚餐庆祝，晚上表演完后还会到卡拉OK城里去娱乐一下。

图16-25 "藏谜"一男演员闲暇时弹六弦琴

图 16-26 "高原红"男演员们闲暇时下象棋

以上比较单一、具有共性的休闲方式是表演者们在九寨沟实行集体生活方式的必然结果。然而，在有些演艺团里，还有少数表演者因为来九寨沟时间较长，又已结了婚，他们在平常休闲时间里的活动更具有个性化特征。例如，"高原红"里一位艺龄较长的羌族女演员与团里另一位汉族男演员结婚后，他们买了一辆私家车，休息时间替九寨沟的散客跑跑车，帮这里的一些外地店主拉些东西，卖点藏式饰品和旅游纪念品等，并利用女演员原来当导游时挣的钱在镇上开了一家餐馆，请人管理经营，他们时不时地过去看一下，并常常把团里和其他团里聚会的生意也拉到自己开的店里，很有经营头脑。还有一些女演员则直接在做玫琳凯的直销生意，或者在网上开网店，给自己赚更多的钱。一些胆子更大、更有想法、能力更强的演员则会利用出外演出的机会替自己寻找更好的发展机会，例如"藏谜"中接替杨丽萍饰演"荷花度母"的藏族女演员旺姆，就自己报名参加中央电视台的《星光大道》节目，并通过自己的努力获得了很好的名次。

除此之外，随着九寨沟旅游业淡季的来临，表演者们也会在每年的11月至次年3月集体放假。这段时间九寨沟的旅游表演会暂停，演员们则像大学里放寒假一样，大多离开了九寨沟，回到自己的家乡过年或在外面做事。经过访谈，发现这些表演者会利用这段难得的假期走亲访友，或者到城市里旅游一下，或者继续经营自己在外地的生意，或者直接回家乡帮父母干活，又或者到别的歌舞团里打听是否有更好的就业机会。当然，很多演员这段时间也没忘每天要坚持练功，因为如果偷懒不练的话，几个月以后再回到九寨沟，就会全身疼痛，无法准确到位地完成舞台上的舞蹈动作。

三 表演者舞台下的人际交往

关于表演者的人际交往，由于表演时间与活动范围的限制，他们中大部分人的人际交往对象主要限于同一个艺术团里的同事、老师与九寨沟口其他艺术团里的老乡、熟人等，主要以思念家乡或联络感情为纽带。其交际范围主要分为同寝室里的、同一个团里的、与其他团里的、与当地其他群体的、与游客的以及更远的九寨沟之外的人际交往。对此，我们重点访谈了藏族和羌族表演者的人际交往内容。

第一，同寝室里的人际交往。在九寨沟各个演艺团里，演员们除了结婚的之外，其他单身的都按照男女分住的方式被要求集体住宿，服从团里的统一管理。每个寝室里住两三人，有同一族群的，比如三人都是藏族；也有不同族群的，例如有藏族、羌族和汉族混住。对于他们和自己室友的交往，我们发现大多都能友好相处，并不会因族群的不同而有意疏离某人。对于不同的生活习惯，彼此也都能互相谦让，即使刚开始需要经过一段磨合，但很快大家都会适应新环境。"藏谜"中的藏族演员索朗卓玛告诉我们，她到九寨沟来是第一次离开甘南藏族自治州卓泥县农冬村的家，到陌生的地方与陌生的人待在一起。刚开始时，她语言不通，汉语一点都不会，而很多同事说的藏语又是其他地方的，她也听不懂，所以刚开始很孤单，胆子也小，也不敢多问多说。后来，先来了一段时间的同寝室的来自青海玉树的藏族女孩德青卓玛发现了这个问题，便耐心地教她汉语，主要是普通话。因为德青也是藏族女孩，普通话并不是太好，于是她就请隔壁寝室说普通话比较好的来自马尔康城里的木尔斯满教她。慢慢地，索朗卓玛的汉语水平不断提高，老师和同事在训练时说的话她也能听懂了，能和人交流了，也就不那么孤单了，对集体就有一种归属感了。而索朗卓玛自己因为有一副天生的藏族人的好嗓子，所以其他室友则常常请她教唱歌，她们则教她跳舞台上的舞蹈，她们彼此在专业技能上相互交流着、进步着，同时也在增进着彼此的感情，让来自各个不同地域的不同单元的藏文化进行着交融。

第二，同一个团里的人际交往。九寨沟每个演艺团除了"藏谜"之外，大多数是多个民族混合组成的。因此，同一个团里的藏族、羌族、汉族和其他民族的交往，则是我们调研的重点内容。调研结果表明，同一个团里的族际融合很明显，大家并不会明显去区别谁是什么族，而更多的是关心谁的舞蹈水平高，谁的专业技能好，因此，他们之间的交往也常常因为专业上的切磋而聚在一起。例如,"高原红"里新来的藏族演员在学习羌族舞蹈时,会主动去请教在团里待的时间较长的羌族演员,也会与新来的羌族演员一起练习舞台上的配舞。同时,团里一些汉族演员也喜欢羌绣,于是向团里会羌绣的羌族中年女演员请教羌绣的手法,在我们调研期间,已发现有两位唱"南坪小调"的汉族女演员成功地绣成了一大幅漂亮的羌绣。此外,平时男演员们打篮球,女演员们逛街,大家都会不分民族,谁愿意去都相约一起行动。

第三,与其他团的人际交往。九寨沟这8个旅游表演团体基本上都是沿着公路一路排开,首尾相差也不过20公里左右,而且这些团里的演员很多并不是只在一家演艺团里干过,而是在不同的团里都干过。他们的很多老乡,以前在学校里的同学或同事也分布在不同的演艺团里,因此,他们之间也经常保持联系。休息时间如果长的话,私下里就会常常同一个地方的老乡聚在一起,喝茶聊天,当然也是同一个族群的,比如都是来自甘南藏族自治州的藏族演员,或者是来自四川汶川县的羌族演员等。这个时候,他们会很放松,聊聊大家都熟悉的家乡人,谁又出去打工了,谁又有女朋友了,谁又结婚生子了,谁家又修新房子了,等等,这成为他们解除乡愁的最好方式。

第四,与当地其他群体的人际交往。九寨沟沟口一带还有不少外地来的经营业主,他们也随着九寨沟旅游业的淡旺季而与表演者们一起聚散在沟口周围。平常闲暇时,有些爱外出活动的演员就会因经常出外休闲消费而与沟口一带的旅游经营者较为熟悉,如餐馆老板、饭店员工、网吧老板、茶房经营者等。在与他们交往的过程中,这些表演者主要遵循商品交换的市场原则,诚信守规矩,熟悉以后也可以互相赊账或给些优惠价,而这些经营者对演员也很客气,因为他们希望演员们可以多多照顾他们的生意,而在九寨沟经营者惯用的两套价格(同样的商品,一套针对游客的高价格,一套针对当地人的低价格)中,对演员们则采用的是针对当地人的低价格,可见,九寨沟当地人的范围在扩大,不仅指当地原住民,也包括长期在九寨沟居住的外来者。相对来说,演员们与当地原住民的交往,也主要是因为演员们会去光顾本地原住民所开的商店、饭店、餐馆等,除此之外,他们与当地原住藏民的交往非常少。偶尔会跟着九寨沟本地的藏族演员回他们家去玩,认识一下当地藏民,其余时候大家都各自生活在自己的圈子里。即使当地原住民被允许免费去看表演,一些人也是看完就回家了,很难与演员们有深入的交流。

第五,与游客的人际交往。演员们与游客的交往主要限于每天晚上表演期间在舞台上用眼神和肢体语言与台下的游客进行交流，这种交流更多的是一种相互凝视。而在舞台下与游客的交往则大多限于在表演后的 10 多分钟时间内与游客合影留念，即使个别留下联系方式也很少再继续与游客保持联系。如果有游客问到表演中的一些敏感问题，他们也会非常谨慎小心，不会随便回答，大多以微笑或找个借口提前离开。相对来说，演员们与各个长期带九寨沟团的导游认识较快，也保持着长期的联系，很多最后还变成了朋友关系。

第六，九寨沟之外的人际交往。演员们在九寨沟所待的时间较长，几乎占据了一年 2/3 的时间。由于九寨沟的地域限制和娱乐方式的单调，这些年轻的演员会通过网络、手机、电话等现代通信设施保持与外界的联系，也从中获取外界的信息。其中占多数的藏羌族表演者会通过 QQ 聊天、开心农场游戏、手机视频等方式保持与外面的老师、同学、朋友、家人的联系，也会常常邀请他们的熟人到九寨沟来玩，来看他们的表演；而他们也会利用冬天放假时间去走亲访友，探望他们的朋友和家人。值得一提的是，表演团中有少数专业能力强、头脑机灵、胆子较大的藏羌族演员会利用团队出外到其他城市演出的机会结交认识一些现代主流社会中的政府官员、商人、艺术编导、经纪人、明星等，他们会有意识地与这些人保持联系，以便为自己将来更好的发展铺垫道路。

总的来讲，这些藏羌表演者在九寨沟的人际交往范围与在家乡时的人际关系相比，还是扩大了不少，结交的人群的类型也多样化。通过这些人际交往活动，现代旅游所带来的商业化原则自然地渗透进他们的生活中，对他们原有的社会交往观、人生观、价值观产生了很大的影响，改变着"自我"的心理结构与文化特征，并融入了"他者"的族群意识，其实质是一种典型的不同文化的涵化、冲突和融合，也随之会给藏羌族群体的文化带来部分影响和变迁。

四　表演者舞台下的情感生活

情感生活是藏羌表演者们在舞台下日常生活真实中最为重要的内容之一。它可以深层次地反映出这些表演者的思维方式、心理素质、人格理想等较为隐蔽的文化内容。因此，我们也通过与演员们长期相处交朋友的方式调研了该项内容。

案例一：九寨沟本地藏族演员尤中尼玛心目中的"藏文化""旅游表演"以及他的"修房"和"娶老婆"梦想

尤中尼玛，藏族，男，22 岁，九寨沟县漳扎镇朗德藏寨人。是一个又瘦又高,长着一头浓密黑髦发的藏族男孩。因为尤中尼玛是"高原红"艺术团里难得的高中生,也是九寨沟演员群体中少见的文化程度较高的藏族青年,加之他本人又很健谈,也很热情,所以在交往不久后他与我们成了好朋友。

背景:尤中尼玛的家离九寨沟沟口有约20分钟的出租车路程,就在公路边,一个很漂亮的藏族村寨,叫朗德藏寨,分为上寨和下寨。他的家在下寨,离村口很近。他告诉我们,整个寨子全是藏族,共有200多户人家,但现在年轻人都出外读书、打工去了,村子里只剩老人和小孩了。而在整个村里,在九寨沟当演员的只有他一个人。他父母现在寨子里住,一个妹妹在德阳警校上学,一个弟弟被送到道孚一寺庙里去当喇嘛了。他们家的很多亲戚朋友都在这个寨子里住,有22个表兄弟姐妹。这个村以前有很多人开藏家乐,但后来为了便利导游和游客,就都搬到靠路边去了。

我们仔细看了一下整个藏寨,发现这个寨子具有典型的安多藏族村寨特色,到处开着小野花,小沟里清澈的水缓缓流过,上寨和下寨的人很少,很清静,偶尔会看到一个穿着藏族服饰的老阿妈站在自家露台上眺望远方。整个寨子最明显的特征是到处都有正在改修房屋的人家,有用现代建筑材料的,也有用九寨沟传统的木石结构的,尼玛告诉我们,他们寨子近年来很多年轻人出外挣着钱了,所以回来翻修房子的很多。我们一边走着,一边和尼玛聊天。

尤中尼玛心目中的藏文化:对于藏文化,尼玛最开始就告诉我们,他最多只了解4%,因为藏文化太大、太深奥了。在尼玛心中,藏族文化本身就是一个整体,不管安多、嘉绒,还是康巴、卫藏等,这些都是这个整体的一小部分,只是各有各的特点,彼此之间并无排斥的意思。而歌舞则是藏文化中的很小一部分,除了歌舞艺术,藏族文化主要还是体现在寺庙里,以及人们的日常生活、风俗习惯等中。因此,他形象地把藏文化比作一棵大树,而不同地域不同单元的各支系藏文化则是这棵树上的枝叶,它们永远是一体。

然而,藏族歌舞艺术是尼玛的兴趣爱好。因为它觉得很多藏族文化的东西在歌舞中能找到,包括他们藏族人的情感。例如,他说,他们寨子里的人平时都不怎么唱歌跳舞,只有冬天过年外面打工求学的年轻人回来了,大家聚在一起,才会喝酒、唱歌、跳舞。这时候的唱跳,每个人都放得很开,玩得也疯,即使当他自己从团里回去看到时,也都不敢相信,平时那些害羞、内向的人仿佛换了一个人似的。他觉得,这或许就是一个人平时不愿轻易表露出来的一些情感的宣露吧,包括忧伤、苦闷、高兴、激动、骄傲等。

尼玛对九寨沟文化表演的看法:尼玛认为,他之所以选择进入"高原红"当一名演员,主要还是因为他自己喜欢跳舞,而且这个收入也不错,离家也近,方便照顾父母。认为"高原红"的节目,总体来说,还是反映了藏羌传统文化的,但他对表演是否反映了九寨沟本地藏文化时,他显得并不怎么在意,因为他说九寨沟当地的藏族属半农半牧,藏文化特点不是很突出,尤其是旅游业进入后,基本上都汉化了。当地藏民平时也不唱歌跳舞了,只有逢年过节时在县政府的组织下才进行一些歌舞比赛,每个村子里都会推荐一些能歌善舞的人去参加。按他的话来说,"当地本来就没多少藏族特色",而藏文化是一个整体,无论是哪个地区的,只要能反映藏文化,让游客了解到大概面貌,就可以了。并且,他还表示,"如果让游客了解到藏文化全部,在舞台上一两个小时,那是办不到的"。当有些游客指责"你这个节目改变太多"时,他觉得委屈,因为自己那么卖力,每次上台表演,他都很认真。如果将生活中的东西原封不动地搬上舞台,那根本就无法让游客满意,也不可能做到完全忠实。

对于"藏谜",他说他和团里的其他演员都去看过。他们认为演得好,但他第一次看时,却没看懂。回来后就独自思考,想这个到底在讲什么,那个意味着什么。第二次去看时,才看懂。而第三次看时,就睡着了。他认为藏谜基本上是忠实于藏文化原貌的,如"打阿嘎"舞蹈,它在更生活化方面反映了藏文化。整个表演尤其是从宗教上反映藏文化,通过一个老阿妈朝圣的故事,将藏文化整体表现出来了,而相比之下,"高原红"则是用一个一个片段来展示的,反映的是表象,可以带给人快乐,而"藏谜"带给人思考。

尼玛的"修房"和"娶老婆"梦:当我们问起尼玛将来的打算时,尼玛很激动地告诉我们,他现在跳舞当演员,除了是因为喜欢外,另一个主要原因是想多挣点钱,前几年挣的钱都给妹妹上学用了,现在妹妹自己能通过勤工俭学挣钱了,也快要毕业了。因此,他打算从现在开始,自己挣的工资除了补贴家里外,其他的都好好存下来,等5年后差不多就够他修房子的基本材料费了,他给自己修一幢房子的愿望就可以实现了。他说,他们村里和他同龄的年轻人很多在外面打工挣钱更多,早已为自己修好房子了。而他算村里晚的,但因为家里困难,能靠自己把修房子的钱存够,自己也觉得很骄傲。他们村里有一个不成文的规矩，就是年轻人成人后都要靠自己的力量修一幢房子，一来表示已经能够自力更生了，二来是为以后娶老婆用。当我们笑他是不是也是如此时，他很认真地盯着远方，很坚定地说了声"是的"。他说他现在有一个女朋友，但因为自己还没有钱，房子也没有修，所以，他得努力跳舞，争取早点赚够修房子的材料钱，好把女朋友娶回家。

案例二：尕玛占德的"明星"梦和"结婚"梦

尕玛占德，藏族，男，22岁，青海玉树藏族自治州人，"藏谜"舞蹈演员之一（见图16-27）。

图16-27 喜爱跳舞的尕玛占德

与尕玛占德聊天时，他正在一旁翻着手机玩。当我们走近，想要与他聊天时，他却大方地将他手机拿给我们看。一看，才发现手机屏保就是他和一个女孩亲密的大头照，都是很现代、很时髦的打扮。看看身边穿着藏族表演服饰的尕玛，再看看手机上剃着光头、穿着贴身背心和五分牛仔裤、露出健美肌肉的尕玛，让我们都差点认不出来了，相差太大，一个藏族传统文化版的，一个现代时髦版的，但其实都是他。他话不多，只是很热情地给我们翻看他手机里存的许多照片，其中有少量他穿着藏族服饰的照片，其他大部分都是他穿着现代流行服饰的自我秀，还有几张他和女朋友的亲密照。当我们问他为什么想到来九寨沟跳舞时，他说因为喜欢跳舞，又需要赚钱，所以遇到"藏谜"招人时，他就来了。而当我们进一步问他对藏文化的看法时，他却告诉我们，他喜欢自己民族的东西，但也喜欢现代流行的东西。他说，跳舞，向游客宣传藏文化，这肯定很好，但他更喜欢自己在舞台上通过跳舞能展示自我、宣泄自我情感的感觉（后来我们通过观察发现，尕玛占德每天晚上在舞台上表演时，都显得比其他演员更投入、更激烈、更热情）。他说，平时一切的不开心、烦恼，只要一上舞台，就全部消失了，只要音乐响起，舞跳起来，就感觉整个世界都是自己的。而当我们再继续问他认为舞台上的表演是否真实时，他显得有点茫然，似乎对我们问这个问题感到有点奇怪，但他还是说："当然，老师他们排的都是原生态的。"然后不好意思地对我们笑笑，说："我对藏文化也不是很了解，但杨老师他们排得就是好，我们自己都很喜欢。"他似乎对这个话题不是很感兴趣，也不知道怎么回答。于是，我们又问他未来的打算，这一下，他来劲了，很兴奋地给我们描述他的理想，他说他到"藏谜"来跳舞，只是来学习东西，等过两年学得差不多了，他就要离开，自己去更好的地方，比如一些大城市，他要去当明星，他觉得自己形象还可以，舞也跳得好，所以很想像电视里的那些男明星一样，出名成功。同时，他还会很早结婚，他的女朋友现在云南昆明做生意，是白族人，自己开一家服装店，他时不时地会跑过去看他女朋友。他说他和女朋友是他们"藏谜"2007年在昆明集训时认识的，后来感情发展不错，就一直在交往，这也是他来跳舞挣钱的动力，因为他打算过两年就结婚了，需要钱，跳舞既能满足自己的兴趣爱好，又能存点钱。我们开玩笑地说："你长那么帅，又这么年轻，怎么会想到这么早结婚呢？"他却很严肃地告诉我们："不是因为自己帅、年轻，就可以随便浪费时间、浪费青春的。我谈恋爱就是要结婚的，不能去伤害别人，人应该规划自己的一生，我想早点结婚，这样以后才可以安心搞我的事业……"没想到他这么年轻却有这么长远的打算，看着他认真的样子，相信了，并在内心祝福他。

案例三：扎西杰的"寄钱"和"孝心"

扎西杰，藏族，女，21岁，阿坝红原县瓦切乡人，"高原红"舞蹈演员之一。

扎西杰，是"高原红"艺术团里新来的一个藏族演员，肤色偏黑，脸颊上有着明显的"高原红"，又长又黑的大辫子拖在身后，穿着朴素的短袖上衣和九分裤。她告诉我们，她家在农村，那里也有牧场。她家里条件不好，家里还有几个弟弟妹妹，妈妈身体也不好，她读到初一就辍学了，本来想出来打工的，但因为汉语不好，害怕出来找不到工作。这个时候，她同村的一个姐妹告诉她，九寨沟"高原红"在招人，她就托了她一个在松潘的亲戚帮着问一下，后来在这个亲戚的帮助下，她第一次走出家门，进了"高原红"。她说，她虽然是一个新演员，但学起来很快，因为这些舞蹈她原来在家也跳过，老师也教得很仔细，所以，她很快就上舞台了，连羌族舞有时候人不够她也会去凑数。她已经在这个团待了几个月，每次发工资了，她都只留生活必需费用，其余的她都寄回家了。她同寝室的还在一旁说："扎西杰可是我们寝室里最节约的了。"她不好意思地低下了头。我们看着她的用品，也真的很简单。我们问她想过谈恋爱没，她更是羞红了脸，说想是想，但是现在条件不允许，家里需要她在外面跳舞挣钱，弟弟妹妹们都还在读书，妈妈生病也需要钱。她的这些钱对家人来说很重要。而谈恋爱，是需要花钱的，要买衣服、买首饰等，她不想现在谈，等以后条件好些回家后再说吧。看着扎西杰纯洁的眼睛，我们感觉心头有些沉重……但同时我们又不得不感谢旅游业的存在，正因为有九寨沟旅游业的蓬勃发展，才会给这个年轻人提供一个养家的机会，而她在这里学到的东西，包括歌舞艺术方面的，又都会随着她回到自己家乡给自己所在地域的藏文化注入新的东西。

我们还访谈了很多藏羌族演员，发现他们每个人来此跳舞的目的不尽相同，但大多数还是为了生活，也为了个人兴趣爱好。他们并不打算长期待在九寨沟，这也是九寨沟演员群体流动性较大的原因。他们因为年轻，所以都会以九寨沟的旅游表演为学习、增长自己专业技能的平台，同时也解决生存问题。在达到这些目的后，他们会为了个人更长远的发展和更现实地应对生活，而选择更适合他们的生存方式，包括回家开店、当导游、做美容等。这些表演者虽然来自藏羌地区，但他们的情感生活中有许多与现代社会的年轻人一样，追求个人梦想，爱情结婚是他们奋斗的动力，同时也兼有对家人亲戚的深厚感情和强烈依赖，拥有对自己民族文化的理解和认知，对传统文化变迁的宽容等心理。

五 表演者舞台下的宗教信仰

宗教信仰是民族文化中最核心的文化元素。对于九寨沟表演者的宗教信仰来讲，我们主要指的是藏族表演者。这些来自各个藏区的藏族表演者，或许在语言、服饰、饮食、性格等方面都有很大差异，但他们内心深处却都有一种共同的东西，即宗教信仰。在藏族表演者的日常生活中，我们仍然可以看到他们对藏传佛教的信仰，例如男演员随身携带着的佛教经盒"嘎乌"（见图16-28），女演员脖子上戴着的护身符。当问及对宗教信仰的看法时，他们均表示"很相信"，"相信有神保佑在外的自己，保佑自己的家人……"除了在九寨沟以这种方式实践着他们的信仰，他们还在每年的11月至次年3月的休假回家期间，跟随家人去转神山，甚至到拉萨朝拜。然而，这种信仰已不像舞台上那样统一与浓厚，已在日常生活中随着现代文化影响程度的不同而有所变化。在一些藏族表演者宿舍的墙上或者床上，我们可以看到他们虔诚供奉的宗教偶像的画像或钱币（见图16-29），当问及为何要供奉人民币时，他们半认真半开玩笑地说："当然是希望他能保佑我们发财啦！"宗教最初的功能和内涵已在悄然变化。一些藏族表演者的宗教信仰已经开始弱化。例如，有一位已在"高原红"待了两年的藏族女演员，她说自己现在对赚钱更感兴趣，所以她除了完成"高原红"的演出任务外，还与她的丈夫一起买了一辆面包车，有时候跑跑租车业务兼做导游。最后，她还开玩笑地说："如果非要有信仰，那我就祈求神保佑我多赚点钱……"由此可知，现代旅游对于少数族群宗教信仰有一定影响，但若与藏文化的物质层面及行为层面比较，精神层面的影响却是最小的。

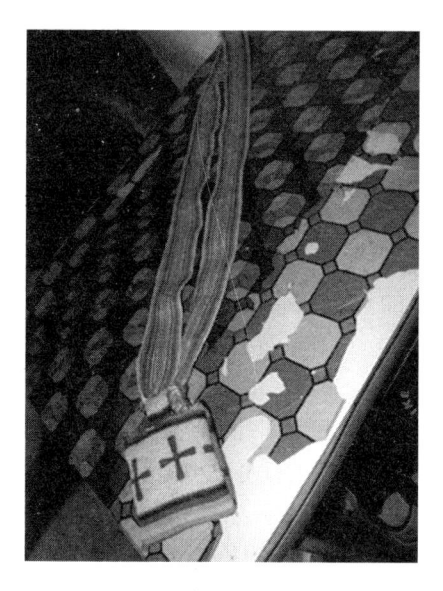

图16-28 尤中尼玛的经盒

图16-29 "藏谜"中某一藏族演员寝室里的佛教供奉

第四节　表演者放假回家后的生活真实及其影响

　　表演者在九寨沟旅游淡季，便会回到各自的家乡，也即藏文化原生区域。他们在九寨沟的生活真实变迁和文化变迁，在很大程度上会影响到他们的家人或邻居，即他们原住区域的其他族群成员，从而将旅游对东道主社区的影响扩散到更为广远的原住民区域。这也是旅游对目的地社会文化影响研究的新内容。通过继续追踪发现，表演者在九寨沟旅游场域中所吸收到的外来文化因子，会借助表演者这一媒介而继续扩散到原住藏民的生活文化中去，这主要包括文化的物质层面、行为层面、思想意识层面等各个方面。

　　从物质文化角度来看，表演者在九寨沟旅游地这一"前台"所接受到的新文化因子，诸如服饰、发型、餐饮、房屋的装修等，都由表演者不知觉地带回到各自所生活的原藏区，从而带动了各藏区这一"后台"原住民日常生活内容的文化变迁。在穿衣打扮方面，由于九寨沟表演者进行的是艺术表演，因此，对如何穿衣打扮、如何化妆美容、如何保持体形和提升气质等方面关注较多。这种因工作需要而带来的生活习惯，也使得这群年轻表演者不自觉地将这一习惯带入到生活中，并在放假期间回到原生地时，对当地的原住藏民起了直接的带动作用。例如，"藏谜"中一位来自青海玉树藏区的女演员索朗扎姆就坦言，她在来九寨沟之后看到很多女游客穿的韩版长衬衣加打底裤的样式很好看，就也去买了一套穿回家，刚到村口时，她还没反应过来，就被村里的女孩们围上了，包括一些已经有了小孩的年轻妈妈，她们都夸她变洋气了，衣服好看，打听"在哪里买的、好多钱"，有的还提出要试穿一下，或者干脆直接让她帮着买。当她在家里过完春节要回九寨沟时，她发现邻居家的那个年轻妈妈已经穿了一套类似的服装，还问她这样穿"对不对"。索朗扎姆还告诉我们，她去九寨沟县城美发店里烫染的"梨花头"发型，回家后也被同龄女孩说好看，当第二年她再回去时，发现村里的好多女孩都烫染了这种发型。而她在九寨沟向同寝室老演员学到的一些化妆技巧、护肤心得等，她的妹妹和村里的其他一些年轻妇女也觉得漂亮、好看，让她教她们，还让她帮代购玫琳凯、兰蔻等名牌化妆品。在饮食方面，由于九寨沟旅游业的迅速发展，九寨沟歌舞艺术团所在的漳扎镇上大多是众多为旅游者所开设的大小饭店，餐饮品种也主要是汉区常见饭菜，而九寨沟本地居民的生产方式也大多由原来的农牧生产转变为旅游服务，因此，九寨沟漳扎镇上目前主要是汉、藏两类饮食习俗混杂，但以四川汉区饮食习惯为主，表现为吃米饭和川式菜肴。据前面调查可知，来自各藏区的表演者，不仅自己一日三餐是这种餐饮安排，而且他们平日闲暇外出在镇上餐馆聚餐时，所遇到的也大多是川式菜肴。因此，在九寨沟待久了，他们不仅适应了川菜口味，而且还很喜欢其中某些菜肴，如干锅类、火锅类等。并且，一些喜欢烹饪的演员还主动向饭店老板请教，学习如何做川菜。例如，另一位来自西藏的演员白玛措就告诉我们，她以前不习惯吃米饭和辣的东西，尤其是那种很麻辣的，但来九寨沟之后，一日三餐基本上都是米饭、川菜，所以，她现在也习惯了，放假回家长时间不吃还很想念，太馋的时候就带着家人到镇上四川人开的馆子里去吃，结果，他们家的阿爸、阿妈和哥嫂都喜欢上了川菜，尤其是那种干锅，她阿妈还让她去问问怎么做的，想学会了以后亲自做给他们吃。当然，她请教了饭店老板，第二年她回家教会阿妈，第三年她发现她所在的镇上已新开了一家川式干锅店，其老板是她的舅舅一家，而这个手艺则是舅舅某日到阿妈家来探亲时向在做干锅菜的阿妈学的，并且还将其做成生意，这是她"没想到的"，她感慨道。

从行为文化层面来看，这种"前台"对"后台"的影响，主要体现在发展家乡的旅游业、学习现代游客的消费习惯、自觉进行文化保护与科学环保等。在发展家乡旅游业方面，一些云南、西藏、四川等地的藏族表演者，他们耳濡目染九寨沟良好的旅游业发展图景，也从中学习到九寨沟旅游开发与建设的很多经验，尤其是九寨沟当地藏民从旅游业中获益的事实，让他们认识到旅游业是一种能快速帮助家乡脱贫的有效途径，同时，也通过自己每天的文化表演认识到藏族传统文化是一种可以产生经济效益的产品，对藏族传统文化的保护与传承，有着一种更内在的热情与更深刻的认识。对于此，"藏谜"中来自西藏饰演"牧童"的丹增贡桑，他后来的行为足以说明这一点。丹增贡桑原本是西藏拉萨藏戏艺术团的主角之一，后来因所在的藏戏艺术团无资金支撑而解散，才跑到九寨沟成为"藏谜"的演员。在九寨沟待了几年之后，由于对藏戏的热爱，他于2011年又离开九寨沟回到了拉萨，希望能再重新将藏戏搬上舞台，以将西藏藏戏文化传承下去。在回拉萨之后，他将在九寨沟藏谜艺术团中所学到的文化创造与设计、文化传承运作模式、文化市场营销等内容重新运用到自己的藏戏艺术团组建之中去。首先，他不再像之前那样，仅仅将藏戏这一观众对象定位于西藏当地藏民之中，通过在九寨沟的学习，他发现将藏戏这一传统文化的观赏对象像九寨沟那样扩大到各方游客上，具有强大的市场潜力与价值，而且还具有可持续性。其次，他也吸取以往仅依靠"单枪作战"运作模式的教训，即只与几个朋友组建一个藏戏艺术团，到乡下城里流动作战，没有可持续的客源与资金，也没有固定的场地与舞台这种模式，而现在，他体会到为藏戏文化传承找一个有着固定客源的"后台"，即与拉萨四星级的天海大酒店合作，他带领他的藏戏艺术团进驻天海大酒店，以天海大酒店固定的团队游客为每天的基本客源，并通过这些游客将藏戏及其他藏文化传播到更广、更远的地方去。与此同时，他还联系以前在九寨沟的导游朋友，与他们合作，让他们帮助宣传天海大酒店及其用餐时的藏文化表演，并有意识地与政府合作，借政府的对外营销平台来进行藏戏文化宣传。因此，他的藏戏团不再像以前那样难以为继，相反，到目前为止，他的藏戏艺术团在天海大酒店仍然每天迎接着大量的海内外游客。

另外，九寨沟的表演者每天可以见到许多来自不同地方的游客。这些游客的消费习惯，尤其是他们本身的这种旅游行为，也让表演者逐渐意识到，旅游，也可以成为一种像跳锅庄、骑马、打牌那样的生活习惯，这种消费行为让他们萌生了带家人出外旅游的念头，并将之付诸实践。据调查，在表演者的家乡地，一些地处交通要道，尤其是当地经济条件较好的藏区，他们在冬天九寨沟放假期间回到家后，会趁藏历新年之前，带着自己的家人出外旅游，近的去家邻近的旅游区，如来自阿坝的一名男演员，他说他每年都会趁着放假回家的时候，带自己的阿爸、阿妈和妹妹去成都、重庆、西安等地旅游，同时也顺道采购新年需要用的东西。他还告诉我们，等再过几年，他挣的钱更多了，他会带父母走更远一点，比如现在流行的泰国、韩国、巴厘岛等地方。如果经济条件更好一些，他还会带父母到他之前曾随团表演去过的一些国家，如日本、法国、美国等，也让他们开开眼界，看看他表演曾去过的地方。除了旅游消费行为之外，这些表演者还教会家人泡吧、按摩、水疗、泡温泉、玩游戏等多种现代消费活动，让自己家人原本在"后台"较为传统、单一而保守的生活，变得更丰富多彩起来。

从思想意识角度来看，九寨沟的表演者通过在"前台"的学习和观摩，逐渐拥有了更多原本没有的意识，包括经商意识、投资意识、教育意识、职业意识、文化意识等。因为逐渐拥有了这些意识，就使得他们在放假回到家乡地时，会有意识地将自己在外所学到的新知识、新观念、新思维带给亲朋好友，从而从文化的最核心部分来影响"后台"的文化变迁。

例如，在投资意识方面，"高原红"里另一位来自甘南藏区的男演员格桑告诉我们，他在九寨沟认识的一位导游朋友教他炒股，他回家后与父母家人聊，他们都比较感兴趣，尤其是一位想快点攒钱修房的亲戚，更是请他的导游朋友当炒股顾问，说给他一点佣金，让他帮着买卖。此后，这位亲戚一直保持着与他那位导游朋友的联系，后来，这位亲戚还学会了买基金、炒黄金、倒外汇等不同理财产品的投资手段，甚至在他们县城内还买卖了两套房子而赚了不少钱。在他的示范作用下，他们村里的一些人开始来向他学习取经，为了与大家联系方便，帮助大家获取更多的理财信息，他还专门去县城的电脑城里购买了一台笔记本电脑，并到电信营业厅去办理了网络开通，并让他的侄儿教他一些电脑知识和网页浏览技巧。在他的带动下，村里现已有13位村民成为他的学员，他会不定期地为他们讲解有关投资理财的知识，并通过建立一个名为"扎囊村的别夏"QQ群来向村民们随时传递新的投资理财信息。

又譬如，九寨沟表演者从九寨沟所带回去的个人形象塑造及时间管理理念，也深深影响着他们家乡的藏民们。例如，"高原红"的一位男演员次仁卓旦谈到，九寨沟每天紧张的集体作息时间制度，将他以前自由散漫的作风转变为严格遵守时间的习惯，并且，在去各个歌舞团应聘的过程中，也学会了对个人形象的塑造及其展示。这种行为习惯，待他放假回家后，也在不知不觉中影响身边的其他人，包括他正在读书的弟弟、邻居家上学的小妹妹及家里其他人等。

此外，在九寨沟，尤其是沟内的许多藏民都因旅游业的发展而获益不少，每家每户的经济水平大为提高，富裕人家出现不少。他们知道这些藏民在经济水平提高的前提下，已主动将自己的子女送往成都、北京乃至国外读书，这种做法无形中已向他们传递了一种信息，即教育，是下一代最为重要的事情。与此同时，由于他们经常有外出表演的机会，会接触到城市里更多知识水平较高的群体，包括节目的投资者、编排者、导演、专家等，这也让他们意识到教育是一种最应该进行的投资。因此，他们在放假回到家乡之后，会主动向自己的弟弟妹妹，或者是邻居、亲戚家的小孩灌输这种意识，并用自己在外挣的钱来资助家中读书的孩子，并承诺帮他们获取更多这方面的信息资源，以帮助家里的小孩子日后能够深造。

总之，演员们在九寨沟旅游场域中所学到的旅游发展经验、游客消费行为、塑造个人形象、时间管理观念、市场交换原则、投资理财理念等，都会随着他们放假回家后在与家人、邻居、亲戚朋友交往过程中得以流传散播。

第十七章　游客、表演者、当地藏民眼中的表演

第一节　游客眼中的表演文化

对于由表演所展示出来的藏羌文化，游客如何看待？游客对其真实性又是如何认知的？我们对此做了问卷调查和深度访谈。问卷调查主要针对来九寨沟游玩的团队游客和一些散客，共发放500份，回收456份，其中有效问卷428份，有效率为85.6%。另外，深度访谈主要针对一些观看了"高原红""藏谜"和"九寨天堂"表演的游客。

一　问卷调查结果

我们将所调研的游客限定于观看过九寨沟这8家艺术团中任何一家表演的人员。被调查的游客中，56.3%是男性，43.7%是女性；年龄以中青年为主，19—30岁的占49.5%，31—40岁的占36.5%；文化程度都比较高，具有本科及以上学历（含在读本科生）的游客占82.5%；职业结构中，以公务员、专业技术人员和公司职员较多，分别占20.1%、22.2%和26.4%。月收入结构中，以中等偏高程度的收入为主，1001—3000元的占24.8%，3001—5000元的占38.8%。从是否在四川居住来看，有四分之一是四川本省人，而其余的大多是国内外其他地方的，其地域来源较为广泛（见表17-1）。

表17-1　　　　　　　　游客人口统计特征分析

项目	属性	人数（人）	比例（%）	项目	属性	人数（人）	比例（%）
性别	男	241	56.3	职业	学生	62	14.5
	女	187	43.7		公务员	86	20.1
年龄	18岁	5	1.2		公司职员	113	26.4
	19—30岁	212	49.5		专业技术人员	95	22.2
	31—40岁	156	36.5		其他	72	16.8
	41—50岁	34	7.9	月收入	≤1000元	71	16.6
	51—60岁	18	4.2		1001—3000元	106	24.8
	>60岁	3	0.7		3001—5000元	166	38.8
教育水平	大专及以下	75	17.5		>5000元	85	19.8
	本科（包括在读本科生）	289	67.5	是否居住在四川	是	103	24.1
	硕士及以上	64	15.0		否	325	75.9

（一）游客观看表演前的文化认知基础

对于游客在观看表演前的文化认知基础的调研，主要采用开放式问题回答方式，调研游客对藏族文化和羌族文化的实际认知程度（见表17-2）。

表17-2　　游客观看九寨沟旅游表演前的文化认知基础填写统计①

调研内容	项目	填写份数（份）	填写比例（%）
1. 你在九寨沟观看表演前知道这些节目所要展示的文化是：	藏族文化	305	71.3
	羌族文化	75	17.5
	汉族文化	3	0.7
	其他文化	1	0.2
	不清楚	44	10.3
2. 你了解的我国藏族文化主要聚居区有：	四川	212	49.5
	西藏	418	97.7
	青海	340	79.4
	甘肃	106	24.8
	云南	53	12.4
	其他地方	62	14.5
	不清楚	11	2.6

---

① 在题项1—4中，允许有多个填写答案，因此所填写的数目和比例会超过游客问卷有效数目和比例。

续表

调研内容	项目	填写份数（份）	填写比例（%）
3. 你了解的四川藏族文化主要分布在：	阿坝	401	93.7
	甘孜	397	92.8
	凉山	21	4.9
	其他	84	19.6
	不清楚	26	6.1
4. 你了解的四川羌族文化主要分布在：	茂县	113	26.4
	汶川	126	29.4
	其他地方	38	8.9
	不清楚	151	35.3
5. 你知道我国藏族文化按方言区主要可分为哪几类？	卫藏藏族	2	0.5
	康巴藏族	2	0.5
	安多藏族	1	0.2
	其他	19	4.4
	不清楚	404	94.4
6. 你知道九寨沟的藏族文化主要属于藏族中哪一支系吗？	卫藏藏族	2	0.5
	康巴藏族	10	2.3
	安多藏族	8	1.9
	其他	5	1.2
	不清楚	403	94.1
7. 你能鉴别出不同支系的藏族文化中服饰、饮食、语言、建筑等内容吗？	能	3	0.7
	不能	425	99.3
8. 你之前对藏族文化有多少了解？	100%	1	0.2
	70%—99%	165	38.6
	50%—69%	139	32.5
	30%—49%	72	16.8
	29%及以下	51	11.9

通过对上述数据的汇总统计可以看出，来九寨沟游玩的游客，虽然他们中大部分（占88.7%）知道要看的表演是展示藏族或羌族文化，也对藏族文化的主要聚居区有一定了解，但仔细调研下来，会发现这些游客对藏文化知识的认知多数都比较浅，甚至会在一定程度上弄错。例如，对于我国藏文化主要聚居区的回答，大多数游客凭借媒体话语一直

以来的影响,都认为藏族文化主要集中在我国西藏和青海(分别占97.7%和79.4%),而来自四川地区的游客都大多填了藏文化还分布在四川(占49.5%),其他地区如甘肃和云南知道的人相对来说较少(仅占24.8%和12.4%),另有17.1%的游客填了其他答案。而对于四川藏族和羌族文化的了解,通过题项3、4的回答,可以看出,大多数游客对四川藏族文化的了解要比羌族文化多,在对羌族文化的回答中,还有35.3%的游客回答"不清楚"。至于更为细节的问题,比如题项5、6的回答,则可以看出绝大多数游客对我国藏文化在学界里的分类和九寨沟本地藏文化的认知几乎没有,回答"不清楚"的多达94%。因此,在题项7的回答中,大多数游客无法辨认出藏族各支系文化之间的区别(占99.3%)。但让人费解的是,游客在对自我了解藏文化的评估中,却仍有38.6%的比例显示出"很了解",32.5%的比例显示"比较了解",这可能与很多游客曾去过藏区或大多已接受过媒体藏文化宣传的影响有关。总的来讲,在观看九寨沟旅游表演之前,游客们对藏文化的实际认知基础较薄弱,稍微专业一点的知识大多比较欠缺。

(二)游客对表演中文化真实性的感知

游客对表演中文化真实性的感知评判,我们主要采用李克特量表5分法,分别从游客对表演文化中的表演者、表演内容、舞台布景、总体感受几个方面来进行调研,其结果统计见表17-3。

表17-3 游客对舞台表演中文化真实性感知调研结果统计

项目	调查内容	完全真实		比较真实		一般		不太真实		根本不真实	
		数量	比例	数量	比例	数量	比例	数量	比例	数量	比例
1. 游客对表演者真实性的感知	从外貌身材上看,你认为舞台上的演员所扮演的藏族或羌族人角色其真实性如何?	12	2.8	271	63.3	119	27.8	24	5.6	2	0.5
	从演员所穿戴的服饰看,你认为其真实性如何?	145	33.9	231	54.0	32	7.5	16	3.7	4	0.9
	从演员的妆容看,你认为其真实性如何?	8	1.9	107	25.0	267	62.4	36	8.4	10	2.3
	从演员使用的语言看,你认为其真实性如何?	4	0.9	93	21.7	252	58.9	65	15.2	14	3.3

续表

项目	调查内容	完全真实 数量	完全真实 比例	比较真实 数量	比较真实 比例	一般 数量	一般 比例	不太真实 数量	不太真实 比例	根本不真实 数量	根本不真实 比例
1. 游客对表演者真实性的感知	从演员的表演动作看，你认为其真实性如何？	9	2.1	154	36.0	231	54.0	28	6.5	6	1.4
	从演员所使用的道具、乐器看，你认为其真实性如何？	3	0.7	205	47.9	193	45.1	27	6.3	0	0
	从演员的表情看，你认为其真实性如何？	2	0.5	112	26.2	208	48.6	95	22.2	11	2.6
2. 游客对表演内容真实性的感知	从藏羌族舞蹈节目来看，其真实性如何？	0	0	123	28.7	271	63.3	34	7.9	0	0
	从藏羌族歌曲节目来看，其真实性如何？	45	10.5	236	55.1	107	25.0	40	9.3	0	0
	从藏羌族迎宾仪式节目来看，其真实性如何？	5	1.2	168	39.3	201	47.0	50	11.7	4	0.9
	从与游客互动的游戏节目来看，其真实性如何？	0	0	221	51.6	175	40.9	28	6.5	4	0.9
	从主持人的主持来看，其真实性如何？	3	0.7	207	48.4	183	42.8	30	7.0	5	1.2
	从节目中的音乐旋律来看，其真实性如何？	39	9.1	212	49.5	117	27.3	57	13.3	3	0.7
	从节目的创作内容来看，其真实性如何？	2	0.5	107	25.0	283	66.1	21	4.9	15	3.5
3. 游客对舞台布景真实性的感知	从舞台上的字幕来看，其真实性如何？	37	8.6	293	68.5	88	20.6	10	2.3	0	0
	从舞台上的灯光、烟雾来看，其真实性如何？	0	0	143	33.4	115	26.9	160	37.4	10	2.3
	从舞台上的音响来看，其真实性如何？	0	0	136	31.8	158	36.9	122	28.5	12	2.8
	从舞台背后的电子屏幕布景来看，其真实性如何？	0	0	106	24.8	132	30.8	136	31.8	54	12.6

续表

项目	调查内容	完全真实		比较真实		一般		不太真实		根本不真实	
		数量	比例	数量	比例	数量	比例	数量	比例	数量	比例
4. 游客对表演文化真实性的总体感知	从舞台总体的场景布置来看,其真实性如何?	0	0	168	39.3	123	28.7	107	25.0	30	7.0
	从演员总体的表演来看,其真实性如何?	16	3.7	288	67.3	112	26.2	12	2.8	0	0
	从表演内容的总体设计来看,其真实性如何?	13	3.0	274	64.0	120	28.0	21	4.9	0	0
	从表演总体呈现效果来看,其真实性如何?	11	2.6	305	71.3	82	19.2	21	4.9	9	2.1

调研结果表明,游客对表演者所表现出来的文化真实性的感知,主要是从感官层面出发,尤其是对于藏羌族服饰所展示出来的文化真实性,其真实感知程度较高,认为"完全真实"的占了33.9%,认为"比较真实"的占了54%。而其他方面,如表演者的外表、妆容、道具、表情等,则真实感知程度相对来说较为平和,主要集中在"比较真实"和"一般"两个程度上。对于表演内容的文化真实性感知来说,无论是从舞蹈、歌曲,还是仪式、游戏互动节目,游客都认为"比较真实",尤其是对于与演员的互动游戏活动,游客们普遍感觉"比较真实",其比例约占了一半,为51.6%。对于舞台布景所营造出来的文化真实性,游客对此的感知程度不一,"比较真实""一般"和"不太真实"这三个选项分别约占了1/3,表明不同类型的游客对此的认知是不同的,有的不在乎这种人工打造的文化环境,认为这是舞台表演中自然组成部分,有的则认为这种人工技术的运用,与藏羌族传统文化应有的"原生态"文化空间不相符,显得"现代味"太浓,不够真实。总的来讲,游客对九寨沟舞台表演所营造出来的文化真实性感知评判,主要还是集中于"比较真实"这一层面,占71.3%,其次为"一般",占19.2%。这与我们之前所调研的由表演者舞台前后两种不同生活状态所演绎出来的事实层面上的真实性完全不同,这种由游客这一主体所感知出来的真实性为何会与事实层面的真实性相悖,我们又为此调研了游客的旅游动机和体验质量。

(三)游客的旅游动机和体验质量

对游客观看表演的旅游动机的调研,我们主要是从"游客获取表演信息的途径""选择观看表演的主要原因"以及"是否以为所要观看的表演中的藏羌文化就是藏羌区传统文化的写照"这三个方面来进行调研。调研结果表明，对于"游客获取表演信息的途径"这一问题的回答，认为是"旅行社或导游介绍的"占大多数，其比例约为74.2%；认为是"受媒体宣传影响的"其次，其比例约为19.3%；还有少部分人是"听亲朋好友推荐"和"临时决定观看"的占6.5%。其中，就为何会听"旅行社或导游介绍"这一项的深层次原因，我们又做了跟踪调研，发现大多数游客之所以会听从"旅行社或导游介绍"，主要是出于对"旅行社或导游的信任和团里其他队友的追随"，同时也觉得"晚上也没什么事可做，比较无聊""既然来了一趟，就看看吧"。这从"游客选择观看表演的主要原因"可以看出，选"娱乐休闲"的占了一大半，比例约为58.2%，其次为"喜欢歌舞表演"，约为21.4%，还有一些选"想了解藏羌族文化"，占20.2%。而对于"是否以为所要观看的表演中的藏羌文化就是藏羌区传统文化的写照"的回答中，认为"是"的游客占的比例较大，约为63.1%，认为"否"的占27.5%，还有认为"不清楚"的占了9.4%。由此看来，游客选择观看表演的最初动机并非了解异文化需求，而主要是受外界环境因素的影响，如导游或景区讲解员的临时推荐，受媒体宣传的影响，九寨沟晚上无其他的娱乐休闲活动，打发无聊的夜晚，等等。当然，也有少部分游客想了解藏羌文化，但比例较小。然而，大多数游客还是抱着"浪漫""新奇""怀旧"的心理对于即将观看到的藏羌文化表演给予潜意识的自我想象，因此，认为"表演的文化应该等同于藏羌传统文化"（见图17-1）。

图17-1　"藏王宴舞"的演员站在大门口用哈达迎接游客

对游客体验质量的调研,我们仍采用李克特量表5分法,按照"完全"(5分)、"比较"(4分)、"一般"(3分)、"不太"(2分)、"完全不"(1分)这几个不同程度的指标给予统计分析(见表17-4)。

表17-4　　　　　　　游客观看表演后的体验质量统计

调查内容	完全(5分)		比较(4分)		一般(3分)		不太(2分)		完全不(1分)	
	数量	比例	数量	比例	数量	比例	数量	比例	数量	比例
你认为所看到表演节目中的藏羌文化与你预想中的一致吗?	0	0	241	56.3	109	25.5	67	15.7	11	2.6
你喜欢所看到的表演吗?	32	7.5	272	63.6	91	21.3	23	5.4	10	2.3
你认为表演的传统性及原汁原味的"土"的重要性?	41	9.6	93	21.7	217	50.7	70	16.4	7	1.6
你对表演中演员的满意度?	3	0.7	268	62.6	114	26.6	39	9.1	4	0.9
你对表演中舞蹈的满意度?	21	4.9	306	71.5	84	19.6	15	3.5	2	0.5
你对表演中歌曲的满意度?	37	8.6	329	76.9	53	12.4	8	1.9	1	0.2
你对表演中仪式的满意度?	5	1.7	173	40.4	206	48.1	36	8.4	8	1.9
你对表演中与游客互动游戏节目的满意度?	97	22.7	215	50.2	103	24.1	10	2.3	3	0.7
你对舞台布景的满意度?	13	3.0	118	27.6	142	33.2	96	22.4	59	13.8
你对整个表演设计的满意度?	0	0	237	55.4	128	29.9	61	14.3	2	0.5
你对表演文化真实性的在乎程度?	7	1.6	226	52.8	109	25.5	80	18.7	6	1.4

调研结果表明,游客中有一半认为舞台表演中的藏羌文化与他们预

想中的"比较一致"（占56.3%），也比较喜欢所观看的表演（占63.6%）。对于舞台表演中的舞蹈、歌曲、仪式等内容，大都比较满意，尤其是歌舞部分，还有近10%的游客满意程度极高，说明游客对表演用歌舞形式来展示藏羌文化比较喜欢，体验质量较高。对于表演中与游客互动的游戏节目，虽然其形式很大众化，但因为其趣味性和娱乐性较强而受到游客的普遍喜爱，多数游客（占72.9%）感到满意，尤其是那些自己曾登台去亲身参与了活动的游客，在填写问卷时还时不时地充满喜悦地回忆当时的情景，并建议"应该多一点这样的互动活动"（见图17-2、图17-3）。不同的是，有36.2%的游客对舞台布景不太满意，认为舞台装饰痕迹太过明显，影响了他们体验藏羌传统文化应该有的"原汁原味"。而另有一些游客（占30.6%）却认为这种舞台布景很不错，尤其运用现代电子屏幕技术，将藏区中常见到的蓝天、白云、草原、牦牛、灵塔、经幡等典型环境符号投射在舞台背后，更增强了游客体验藏族文化的效果，提升了体验质量。因此，从游客对认为"表演的传统性和原生态味是否重要"这一问题中，回答较为中立的占了一半（占50.7%），另外有1/2的游客认为重要，还有近1/2的游客则认为不太重要。总的来说，游客对表演设计的整体满意度还是较强的（占55.4%），他们对表演中文化真实性的在乎程度也较高（占52.8%）。

图17-2 "藏王宴舞"里游客与演员的"锅庄"互动

虽然九寨沟的旅游表演是以舞台歌舞表演形式来展示藏羌文化，从之前的表演者和表演的调查可以看出，其事实层面的真实性已剩不多，但游客对其真实性的感知程度却较高，体验质量也较好。形成这一悖论

图 17-3　"喜来登"舞台上的主客同欢

的原因是多方面的，但在访谈中可以知道，其中最为重要的一点是游客虽然在观看表演前对藏羌文化的"原汁原味"有所期盼和想象，但真正身处表演文化所营造的特定的历史时空时，只要这种表演中的藏羌文化可以带给他们"愉悦""快乐""放松""休闲""美感"和"浪漫""新奇"等感觉，尤其是还可以通过上台与演员和表演中的文化内容真实相遇，真实地去体验，在参与中体会到快乐和自我满足，他们就更会感到满意。这其实已反映了体验真实性的本质。这里必须指出的是，游客们所体验到的所谓真实性，其实是一种他们所理解的泛藏文化的真实。从前面的调查可知，游客对藏族族群的细分几乎不清楚，更不知道各细分族群在文化上的差异，也不知道九寨沟当地藏文化是什么，因此，他们根本无法判定所谓的东道主文化和生活的真实。实际上，他们去旅游，对东道主的"生活的真实性"根本就没有兴趣，寻找这些真实性是学者的兴趣所在，不能强加给游客。这就更证明了关于旅游真实性问题是学者们杜撰的伪命题的论断。

二　深度访谈结果

访谈对象1：观看了"高原红"表演的一位游客，女，35岁，汉族，重庆人，某公司一行政人员。

访谈目的：了解游客对表演中藏羌文化真实性的认知。

访谈地点："高原红"演艺中心附近的九宫宾馆。

访谈时间：2009年8月16日21：40

问：你认为"高原红"的表演怎么样？

答：还可以，比较好看。

问：知道它表现的是哪个民族的文化吗？

答：藏族啊，还有什么羌族。你看他们穿的衣服就知道。

问：能具体说说是哪方面好看吗？

答：比较热闹吧，服装也多漂亮的，跳的那些舞很奔放，唱的歌也很好听，他们（可能指藏族）嗓子就是好，听起来很舒服。

问：你以前去过藏区吗？

答：去过呀。

问：那你在藏区看到的一些藏族人的日常生活景象和你在晚会上看到的一样吗？

答：这个呀，不太一样。我们去藏区是前年吧，自驾游，去的是康定和新都桥一带，10月去的，好像没看到这么热闹的场面，沿路主要是一些漂亮的藏族房子，有牦牛，有羊，还有草地。而晚会上的要好看得多，衣服也比在新都桥那边看到的鲜艳、漂亮，这些演员女孩多漂亮的，男孩也多帅气的，舞也跳得好。

问：相比之下，你认为新都桥的藏文化景观要真实一些，还是舞台上的？

答：这个呀，可能还是新都桥的要真实一些吧，毕竟那是人家藏族人自己生活的地方。这个舞台上的也还可以，虽然有些加工，是表演的，但也反映了藏族人的生活和歌舞方面，还有一些锅庄、青稞酒、哈达，我们去藏区时也看到了这些。

问：如果选择，你更喜欢哪一种，是亲自去藏区，还是在这里看表演？

答：不一样的。去藏区主要是为了实地去感受一下他们的风土人情，在这里看表演是听景区里观光车上的藏族导游介绍的，白天看了那么漂亮的景色，晚上这里好像也没什么玩的，既然来了，就看看啰，感觉比较轻松、愉快。

访谈对象2：观看了"高原红"表演的一位游客，男，45岁，汉族，深圳人，某国有企业一中层管理者。

访谈目的：了解游客对表演中藏羌文化真实性的认知。

访谈地点：旅游团回宾馆的汽车上。

访谈时间：2009年8月17日21：45

问：请问你们是包团到九寨沟来旅游的吗？

答：是啊，我们是一个单位的，组织出来看看。

问：你们刚才都看了"高原红"，是吗？

答：噢，是的，就是刚才那个表演哇。

问：感觉怎么样？

答：还可以吧。

问：能具体说说吗？

答：歌舞晚会嘛，歌舞都还可以，只是感觉有点杂。如果再做精点就好了。

问：对于表演内容，知道是反映的哪个民族吗？

答：藏族啊，还有羌族。

问：你以前对藏族文化了解吗？

答：还行吧，去过一些藏区，也看了一些这方面的书。倒是羌族不怎么了解。

问：那你觉得它反映的与藏区中的相符吗？

答：这个还是有区别吧，这是表演，肯定会美化嘛，现实生活中还有其他很多东西，这个表演中还没有表现出来。

问：请问具体是哪些东西没有表现出来呢？

答：这个啊，很多啊，比如我们去西藏，就看到西藏的布达拉宫、各种寺庙，还有路上朝拜的信徒、到处堆着的玛尼堆、飘着的经幡等。这些表演中就没有嘛。

问：那为什么你还是愿意看这个晚会？觉得它真实吗？

答：来都来了，导游推荐的，就随便看看吧，出来就是轻松的嘛。真不真实？这个很难说，这个毕竟是舞台表演，肯定没有亲自到藏区去看真实。但晚会就是让人放松的、高兴的，只要看着愉快就行，白天在沟内走得太累了。

问：好的，谢谢！顺便再问一句，你对九寨沟的藏族文化了解吗？知道它是哪个支系的吗？

答：这个呀，九寨沟就是藏族嘛，来的路上都有藏寨，这里也有穿藏服的人。哪个支系？不知道。藏族不就是藏族吗？怎么还有什么支系？不知道。

访谈对象3：观看"藏谜"的一位游客，女，27岁，汉族，北京人，某中学老师。

访谈目的：了解游客对表演中藏文化真实性的认知。

访谈地点:"藏谜"大剧院门口。

访谈时间:2009年8月19日21:35

问:看了"藏谜",感觉怎么样?

答:噢,很好看,与想象中不一样,很有杨丽萍的味道,很艺术。

问:你觉得这场表演真实地反映了藏族文化吗?

答:还比较真实。尤其是老阿妈虔诚朝圣,后来被超度升天的情节就反映的是藏族人对宗教的真实信仰。我们去藏区时,在路上就看到很多像节目开始时那些演员手拿木板朝圣的场面。

问:那里面的其他情节能看懂吗?因为说的都是藏语,没有主持人解释。

答:这种形式很好,显得比较原汁原味。有些情节能看懂,有些不能,但反正讲的是藏族人劳动生活,整个表演给人艺术的享受。不像有些歌舞大杂烩,什么都弄到一起,它这个有故事情节,有主线,然后展示的是不同风格的藏族歌舞,电脑技术营造的舞台背景也很好。

问:觉得有什么地方需要改进的吗?

答:感觉整个节目比较沉闷,需要看的人有点藏文化基础才行,如果能增加一些与观众的互动,可能会更好。

访谈对象4:观看"藏谜"的一位游客,男,36岁,汉族,四川人,自己做生意。

访谈目的:了解游客对表演中藏文化真实性的认知。

访谈地点:"藏谜"大剧院里。

访谈时间:2009年8月19日20:35

问:我看到你中途就离开剧院了,是怎么回事呢?

答:哼,不好看嘛!演的啥子,简直看不懂,又说的是叽里呱啦的话,神神鬼鬼的。

问:你以前了解藏文化吗?

答:藏文化?就是藏族人的一些东西嘛,不算很了解,但去过藏区,我喜欢他们用酒肉招待我们,烤羊肉,耍篝火,和我们唱歌跳舞。这个好像不是藏族,跳的啥子舞哦,太神秘了,看不懂。

问:那你喜欢怎样的藏文化展示呢?

答:就是热闹、开心,至少让我们看得懂嘛!"藏谜"这个看得累,看半天也不知道说的啥子,也没有解说,也没有游戏活动。平时本来就累,出来要就是图个开心,找点刺激享受的,早知道这样就不来看了。

访谈对象 5：观看"九寨天堂"的一位游客，男，30 岁，香港人，某金融公司员工。

访谈目的：了解游客对表演中藏羌文化真实性的认知。

访谈地点："九寨天堂"剧院门口外。

访谈时间：2009 年 8 月 20 日 21：45

问：请问对"九寨天堂"的表演印象如何？

答：还行吧，场面很壮观啦，节目也很丰富。

问：知道"九寨天堂"的表演是展示的哪个民族的文化吗？

答：藏族吧，主要是藏族。

问：那你以前对藏族文化有所了解吗？

答：有一些啦，媒体上平常都在讲嘛，很神秘，也很原始的。

问：你对藏文化很感兴趣吗？

答：还好啦，他们的生活肯定跟我们的又不一样啦，多了解了解总没错。

问：最喜欢藏文化中的什么呢？

答：衣服很好看，色彩感比较重，装饰也很丰富，人也很漂亮。

问：那你觉得这场表演能真实地反映出藏文化的一些东西吗？

答：这个呀，还好吧，我还没怎么去过藏区，应该是这些东西吧。舞台上的都很漂亮，灯光电子技术也运用得很好，演员阵容好大的，反正就是很热闹、欢快，看着轻松。

问：那喜欢这样的表演吗？

答：还行啦，出来玩玩，看着玩。跟其他晚会差不多的，场面大，歌舞多，演员的衣服都很时髦，藏族人也都这么穿吗？他们不是很冷的地方吗？怎么全都穿短袖子，还露胸的衣服呢？呵呵，是不是专门用来吸引我们哦……

访谈对象 6：观看"藏王宴舞"表演的一位游客，女，20 岁，侗族，湖南人，某高校大二学生。

访谈目的：了解游客对表演中藏羌文化真实性的认知。

访谈地点："藏王宴舞"剧场外。

访谈时间：2009 年 8 月 20 日 21：43

问：觉得这场表演怎么样？

答：一般吧。

问：知道它讲的是什么吗？

答：藏族、羌族的一些东西。

问：以前对这两个民族有了解吗？

答：藏族比较多一点，我自己也很喜欢藏族的一些文化；羌族少一些，不太了解，这次还算了解了一点点。

问：感觉表演中所展示的藏文化与你平时所知道的藏文化是一样的吗？

答：差不多吧，藏族人就是爱唱歌跳舞，舞台上的歌舞也是挺多的。他们的服装好看，音乐也很好听，唱的歌声调好高，但很有一种特别的味道。

问：关于藏族，你还了解其他方面吗？

答：不是很清楚，主要看电视上、书上介绍得多。

问：那你觉得舞台上的藏文化表演真实吗？

答：真实啊，不是还有文成公主入藏那场戏吗？与历史书上讲的一样。

访谈对象7：观看星宇香格里拉艺术团表演的游客，女，39岁，汉族，浙江义乌人，自营企业。

访谈目的：了解游客对表演中藏羌文化真实性的认知。

访谈地点：从星宇剧院回九寨宾馆的车上。

访谈时间：2009年8月16日21：50

问：感觉表演怎么样？

答：还行吧，和其他晚会表演差不多，都是歌舞，比较热闹、好看。

问：其中给你印象最深刻的是哪个节目？

答：最后的婚俗游戏活动，比较好玩、有趣。

问：知道这场晚会主要是讲什么吗？

答：好像表现的是藏族的一些东西吧。少数民族的人就是擅长跳舞唱歌，都跳得很好，唱得也可以。

问：那你最喜欢哪个环节的表演？

答：呵呵，还是给我们倒青稞酒，献哈达，上台和他们跳锅庄。

问：为什么是这个环节呢？

答：这个感觉很真实啊，这都是我们在城市里很难感受到的，也感觉到他们的热情。尤其是上台和他们一起跳锅庄，很好玩，与不认识的人一起手牵手跳舞的感觉真好，都忘记一切了，很兴奋，可惜时间有点短。

问：不怕跳得不好被人笑吗？

答：哈哈，这是为自己跳，我们本来就是来玩的嘛，自己放松、高兴就行，我觉得我跳得还可以，我旁边那位帅哥跳得不怎么样，他的步子好搞笑，但大家都很开心。

问：那对节目还有什么建议吗？

答：能不能在最后的婚俗游戏活动让我们女嘉宾也上去参与，我也好想去，可他们只要求男性，不平等嘛，也应该为我们女嘉宾设计这样一个节目，都是客人呀。

所以啊，我们的学术研究离现实很远，离市场需求很远，离游客的真实想法很远，我们无休无止地造出一些概念、一些理论，还整天争论不休，活在自己给自己编的笼子里，在那里"皓首穷经"，不知道值不值？

第二节 表演者眼中的文化真实性

一 问卷调查结果

表演者对自己所表演节日中的藏羌文化如何看待？他们对文化的真实性是如何理解的？我们为此也调研了表演者这个群体，调研对象主要是8家旅游表演团体里的所有演员。我们共发放了800份调查问卷，回收了780份，其中有效问卷758份，有效率为94.8%。关于表演者的总体情况统计结果，在前面的表15-2中已有，这里不再重复。

（一）表演者对自我表演的认知

表演者对自我表演的认知，是了解表演者对表演中文化真实性认知的基础，统计结果见表17-5。

表 17-5　　表演者对自我表演的认知情况统计

调研内容	项目	数量（份）	比例（%）
1. 你来九寨沟之前在做什么工作？	上学/读书	317	41.8
	在某歌舞团当演员	292	38.5
	打工（除了当演员）	85	11.2
	在家做事	43	5.7
	其他	21	2.8
2. 你的表演技能主要来自：	从小在家里跟着长辈学的	158	20.8
	进入专门的学校学习的	322	42.5
	由其他人或组织临时培训的	55	7.3
	进入这里的表演团后接受培训学来的	203	26.8
	其他	20	2.6
3. 你认为自己表演的主要目的是：	为了赚钱，为了生活	216	28.5
	为了给游客看	101	13.3
	为了展示、传承民族传统文化	127	16.8
	为了艺术追求	304	40.1
	其他	10	1.3
4. 你喜欢自己现在的表演吗？	很喜欢	535	70.6
	比较喜欢	147	19.4
	一般	66	8.7
	不太喜欢	8	1.1
	没感觉	2	0.3
5. 你在表演时有没有认为自己应有弘扬民族传统文化的使命感？	有	718	94.7
	没有	23	3.0
	无所谓，不关我的事	17	2.2

表演者在来九寨沟之前，在某学校读书或在某一歌舞艺术团当演员的经历占很大比例，分别为 41.8% 和 38.5%。这说明这些表演者主要是某学校的艺术专业毕业生或曾经有过舞台表演工作经验，大多还是有一定的艺术功底，符合九寨沟艺术团招聘要求。他们的表演技能主要也是来自学校或者老师的专业培训，而从自己家乡长辈处学来的却相对来说比例较小（仅占 20.8%），这说明这些演员对民族传统文化的传承性并不太强，他们对藏羌传统文化的接触主要还是通过来到九寨沟之后的培训获得的。通过对他们的表演目的的调研可知，大多数还是"为了艺

术追求"（占40.1%），即从自我专业发展的角度来看待表演工作的，而"为了展示、传承民族传统文化"，其比例只有16.8%，说明他们对于文化传承和保护之类的问题考虑得要相对少一些。不过，大多数演员还是很喜欢自己的表演（占70.6%），并认为表演应该具有弘扬民族传统文化的功能（占94.7%）。

（二）表演者对表演文化真实性的认知

由于我们将表演者分为藏族表演者（502人）、羌族表演者（178人）和非藏羌族表演者（78人）三类，因此，在了解他们对藏族文化、羌族文化的认知情况时，也按照这三类来进行统计，其真实程度仍按照李克特量表5分法来区分（见表17-6）。

表17-6 表演者对舞台表演文化真实性的认知情况统计

调研内容	类别	完全真实(5分)		比较真实(4分)		一般(3分)		不太真实(2分)		完全不真实(1分)	
		数量	比例	数量	比例	数量	比例	数量	比例	数量	比例
你认为表演时所用语言的真实度	藏族表演者	0	0	92	18.3	82	16.3	320	63.7	8	1.7
	羌族表演者	6	3.4	125	70.2	36	7.2	11	6.2	0	0
	非藏羌族表演者	8	10.3	34	43.6	26	33.3	7	9.0	3	3.8
你认为表演中的舞蹈动作真实度	藏族表演者	52	10.4	323	64.3	117	23.3	10	2.0	0	0
	羌族表演者	61	34.3	88	49.4	21	11.8	8	4.5	0	0
	非藏羌族表演者	0	80.8	36	46.2	28	35.9	14	17.9	0	0
你认为表演中的舞蹈旋律真实度	藏族表演者	2	0.4	415	82.7	78	15.5	7	1.4	0	0
	羌族表演者	9	5.1	156	87.6	10	5.6	3	1.7	0	0
	非藏羌族表演者	0	0	63	80.8	12	15.4	3	3.8	0	0
你认为表演中的歌曲曲调真实度	藏族表演者	94	18.7	373	74.3	31	6.2	4	0.8	0	0
	羌族表演者	10	5.6	137	77.0	22	12.4	8	4.5	1	0.6
	非藏羌族表演者	2	2.6	61	78.2	11	14.1	4	5.1	0	0
你认为表演中的伴奏乐器真实度	藏族表演者	90	17.9	363	72.3	35	7.0	14	2.8	0	0
	羌族表演者	36	20.2	121	68.0	19	10.7	2	1.1	0	0
	非藏羌族表演者	4	5.1	34	43.6	32	41.0	8	10.3	0	0
你认为表演中的道具真实度	藏族表演者	0	0	276	55.0	153	30.5	68	13.5	5	1.0
	羌族表演者	7	3.9	92	51.7	65	36.5	13	7.3	1	0.6
	非藏羌族表演者	0	0	35	44.9	27	34.6	13	16.7	3	3.8

续表

调研内容	类别	完全真实(5分)		比较真实(4分)		一般(3分)		不太真实(2分)		完全不真实(1分)	
		数量	比例	数量	比例	数量	比例	数量	比例	数量	比例
你认为表演中的服饰真实度	藏族表演者	0	0	370	73.7	114	22.7	18	3.6	0	0
	羌族表演者	0	0	142	79.8	31	17.4	5	2.8	0	0
	非藏羌族表演者	0	0	27	34.6	31	39.7	20	25.6	0	0
你认为表演中的舞台布景真实度	藏族表演者	0	0	151	30.1	298	59.4	53	10.6	0	0
	羌族表演者	0	0	47	26.4	93	52.2	36	20.2	2	1.1
	非藏羌族表演者	0	0	25	32.1	18	23.1	33	42.3	2	2.6
你认为表演中的藏羌文化内容真实度	藏族表演者	0	0	66	13.1	322	64.1	111	22.1	3	0.6
	羌族表演者	0	0	87	48.9	72	40.4	19	10.7	0	0
	非藏羌族表演者	0	0	51	65.4	17	21.8	10	12.8	0	0

调研结果表明，无论是藏族表演者、羌族表演者，还是非藏羌族表演者，他们在对表演中的一些文化元素的真实性做出评判时，大多倾向于"比较真实"和"一般"这两个维度，尤其是对表演中的舞蹈动作、舞蹈旋律、歌曲曲调、伴奏乐器等元素，大多都认为是"比较真实"的。而对于语言、道具和舞台布景这些元素，藏族表演者中有一部分人认为是"不太真实"的，他们将自己在家乡时所用的语言、道具和生活环境与舞台上的这些元素相比，自然会得出这样的结论。而羌族表演者和非藏羌族表演者在对这些元素的真实性评判时，却显得较为宽容，还是认为"比较真实"的，这可能与他们是按照艺术表演的标准来衡量有关。总的来说，藏族表演者认为表演中的藏族文化内容其真实度"一般"的较多，其比例约为64.1%，认为"不太真实"的为22.1%，对其表演中的藏文化展示内容真实度认可度并不高，这缘于他们对自己民族传统文化的了解和比较之后的结果。而相对来说，羌族表演者因为大多来自与汉族地区相邻的地区，与汉族文化接触频率较高，他们与非藏羌族表演者无法从文化直觉的角度来对表演中的藏文化进行评判，而表演中的羌族文化又相对较少，因此，他们从艺术表演的专业角度认为"比较真实"和"一般"。

二　深度访谈结果

访谈对象1：央金，女，藏族，21岁，四川康定人，格桑拉艺术团舞蹈演员之一。

　　访谈目的：了解演员对表演中藏羌文化真实性的认知。
　　访谈地点："格桑拉"艺术团剧院里。
　　访谈时间：2009年8月16日15：20
　　问：你在格桑拉艺术团里表演了多久了？
　　答：两年了。
　　问：你在团里主要是担任舞蹈演员吗？
　　答：是的，我主要就是跳舞。
　　问：各种舞吗？
　　答：以藏族舞为主，其他舞蹈或活动如果团里需要，也要参加。
　　问：你知道表演节目所反映的具体内容吗？
　　答：知道啊，老师以前在培训我们时给我们讲过，主要就是关于藏族民间的一些歌舞艺术、风土人情，这些本来就是我们藏族人平常生活中有的。
　　问：那你觉得用这种表演的形式来向游客展示你们藏文化，是否会让藏族原本很多真实的东西失去，以至于让游客误解？
　　答：应该不会吧，我觉得用表演这种形式还是很好的，毕竟他们（指游客）来九寨沟玩主要是看风景，时间也很短，基本上都是两天，不可能在这里久待，晚上又没什么玩的，刚好利用看晚会的时间了解一下我们藏族文化，还是多好的。虽然舞台上不可能在短短的一个多小时把我们藏族的东西全部展示出来，但是老师们都是比较了解藏文化的，都是在经过商量讨论后，用歌舞这种最美的形式将我们藏文化展示出来，还是很不错的，也很吸引客人。我们都很喜欢这种形式，也喜欢我们表演的，客人也应该喜欢吧。

　　访谈对象2：次仁旺堆，男，藏族，23岁，青海玉树人，九寨天堂艺术团舞蹈演员。
　　访谈目的：了解演员对表演中藏羌文化真实性的认知。
　　访谈地点："九寨天堂"附近的甲蕃古城前。
　　访谈时间：2009年8月20日16：37
　　问：你在"九寨天堂"里担任什么角色呢？
　　答：跳舞，舞蹈演员。还有就是扮演各种动物角色，就是你们在节目中看到的那些。
　　问：你知道你们表演的每个节目所要展示的是什么文化内容吗？

答：藏族、羌族文化，我们的节目就是要展示藏羌风情。

问：我们看你们在舞台上穿的服装，好像比其他表演团的要更时髦、现代味要更浓一些，是吗？

答：这也很正常啊！舞台就要讲究效果，不可能与原来的藏族人的生活一模一样。你看，我们藏族人自己在家里穿的那些衣服，颜色那么淡，样式也比较老气，还那么厚重，布料也不是很好，这种如果拿到舞台上，客人怎么可能喜欢嘛。客人都喜欢视觉刺激，我们老师就是注意到这点，就在衣服上给了大胆改变，虽然已经不太完全像我们藏族传统服饰，但只要客人喜欢，能有好的舞台效果就可以了。

访谈对象3：扎西央宗，女，28岁，藏族，四川阿坝红原人，喜来登艺术团歌唱演员。

访谈目的：了解演员对表演中藏羌文化真实性的认知。

访谈地点：喜来登艺术团前的坝子里。

访谈时间：2009年8月17日22：00

问：你在团里主要是唱歌吗？

答：嗯，是的。

问：只唱藏族歌曲吗？

答：是啊，我就是藏族人。

问：听你唱得很好的，嗓子很好，是从小就这样，还是后来训练出来的？

答：谢谢！不清楚，都有吧，老师教得也好。

问：你唱的这些歌曲都是直接从藏区民间采风过来的，还是有人专门作曲作词为你创作的？

答：不是很清楚，来到团里后，老师就安排我唱歌，为我选了几首曲子，让我重点练习这几首。

问：你以前唱过这些歌吗？在自己家乡听过吗？

答：没有，是来了团里后才接触到的。但是这些歌其实在我们藏区还是很流行的，尤其是年轻人都比较喜欢听，平时节庆婚礼也会放这些，因为很欢快。

问：你自己平时也唱这些歌，还是唱别的歌？

答：都唱，平时还是要练习的，但台上唱多了，一般会唱点别的。

问：你认为这些歌能代表藏族人日常生活中所唱的歌吗？能表达藏族人的劳动生活吗？

答：可以呀，这些歌的歌词说的都是我们藏族人平时的生活，比如你听到的"蓝天白云""慈祥的母亲""成群的牛羊""美丽的姑娘"等，这些都是表达我们的生活和情感的。

问：我们看你在台上唱歌时很专业，拿麦克风的手势都很熟练，表情也很到位，有点歌星"范儿"，这些也是事先都排练好的吗？

答：呵呵，这个是老师教的，他说我们要上舞台，是唱给那么多来自国内外的游客听的，我们也必须要显得很专业，让观众知道我们这个团的水平还是不错的。所以，在哪句歌词那里应该做什么样的表情，应该走到舞台的哪个位置，都是要排练的，要感觉统一协调。

访谈对象4：才旦卓玛，女，藏族，25岁，甘肃甘南合作人，"高原红"舞蹈演员。

访谈目的：了解演员对表演中藏羌文化真实性的认知。

访谈地点："高原红"剧院外。

访谈时间：2009年8月15日16:05

问：你在表演中主要跳藏族舞蹈吗？

答：嗯，但有时候也会跳一下羌族舞，如果人不够的话。

问：你们用青稞酒、锅庄来迎接游客，这与你们藏族人平常生活中的习俗是一样的吗？

答：是啊，我们平常就是这样，只要有客人来，我们就会用我们最好的青稞酒、酥油茶、糌粑等来迎接客人，而且也会跳锅庄来让客人高兴。

问：那你们晚上在舞台上所表演的锅庄与你们平常生活中所跳的锅庄一样吗？

答：有些一样，大概动作还是差不多，只是教给游客跳的那些动作都是很简单的，你教复杂了，游客们会觉得学不会，这样容易打击他们的热情。

问：那你觉得这种锅庄舞能真实地反映出藏族人日常生活中跳锅庄舞那种情感吗？

答：还是有一些吧。但我们在舞台上跳只是要将我们藏族锅庄展示给客人看，客人在这么短时间内也没法理解我们为什么会跳锅庄和我们跳锅庄时的那种心情。我们是因为可以为劳动消除疲劳或烦闷才跳的，而客人则是因为新鲜、好奇跳的，我们虽然手拉手一起跳，但感觉是不一样的。不过，我们这是工作，我们是主人，对待客人就是要让他们开心、愉快就行了，不那么真实也没关系。

访谈对象 5：扎西多吉，男，藏族，22 岁，四川阿坝若尔盖人，星宇香格里拉艺术团舞蹈演员。

访谈目的：了解演员对表演中藏羌文化真实性的认知。

访谈地点：星宇大酒店内。

访谈时间：2009 年 8 月 19 日 21：57

问：你认为舞台上所表演的藏文化节目是否真实地反映了你们家乡的藏族文化？

答：不太一样。我们那儿现在都不怎么唱歌跳舞了，节目中所演的一些很多都是过去的，我也不是很清楚，我爷爷他们知道得多一些。

问：你们在舞台上跳藏舞时所放的曲调，与你之前在家乡藏区时人们放的音乐一样吗？

答：不完全相同，但大概差不多。反正都是跳弦子舞、锅庄、长袖舞这些。

问：那舞蹈动作呢？包括服饰、道具呢？

答：舞蹈动作更准确、更复杂、更规范一些。有好多动作还是来到团里学会的，我们在家时也没怎么专业学过。服饰肯定是比家乡时的好看、时尚得多，尤其是那些配饰，更是复杂，我们平时也不会戴这么多，除非过节。道具都是用的老师给安排的，有些和家乡时的一样，但还有好些也是第一次见，以前也没怎么用过。

问：那你认为通过加入艺术团成为演员，使你对藏文化比以前更为了解了吗？

答：嗯，是，进来后通过老师培训，还有表演这些节目，可以知道以前好多不知道的东西。

第三节　九寨沟当地藏民眼中的文化真实性

九寨沟当地藏民如何看待这些旅游表演？对其所展示出来的藏文化又是如何认知的？尤其是未发展旅游业的一些藏寨的村民，他们对这些旅游表演是如何看待的？他们是这个旅游目的地的原住民，他们是最有权利对表演文化发表意见的主体，他们对表演中的藏文化的认知和评判是很重要的。为此，我们特意邀请了离九寨沟沟口约 10 公里的一个还未开发旅游业的藏族村寨——牙屯村的藏民阿伍老师一家,访谈了他们观看这些舞台上的旅游表演之后的感受。

访谈对象全家简况:阿伍,男,51岁,藏族,九寨沟县漳扎镇牙屯村人,曾是村里教语文的老师,现已退休。他与妻子共有一儿两女,老大是女儿,26岁,前几年已嫁到重庆,在我们调研期间刚好带着自己4岁的女儿回娘家避暑;老二是儿子,20岁,高中毕业,现在家帮忙放牧、务农;老三女儿叫余晨雪,18岁,现在广安一职业技术学校读书,在调研期间也放假回家。全家人都是藏族,是地道的九寨沟人,祖上几辈人都在这里居住。

场景一:看表演前的打扮。

我们提出请他们下山去镇上看表演的要求之后,全家人经过一阵商量之后,除了阿伍老师和他儿子有事走不开之外,其他人都欣然同意出去走走。他们想看"藏谜",因为早就听说"藏谜"不错。于是,只见她们一阵忙活,我们在客房里等了一会儿,她们出来时,全都变了样,之前穿着短袖短裤的阿伍老师的大女儿、二女儿全都换上了漂亮的藏式服饰,布料都是特别好的那种绸缎的,与我们之前在舞台上见到的还不一样,样式也很简单大方,穿在身上却非常得体。而阿伍老师妻子的藏服更是好看,红色的底衣,紫色碎花斜襟的外衣一直长到脚背,再围上五彩的毡氆。再仔细看,她们的手上、脖子上、腰间都戴上了珍贵的藏族饰品,整个装扮就好像是去参加重要的节日集会。

场景二:看表演时的交流。

阿伍老师的妻子同时还叫上了她的妹妹、妹妹的女儿,五个人全都穿着藏族传统服饰盛装出行,来到了"藏谜"的剧院,成为剧院观众席中独特的一道景观(见图17-4)。演出准时开始了,刚开始还叽叽喳喳聊天的她们很快就安静下来。在观看表演时,通过观察,会发现她们彼此之间喜欢用当地藏语交流意见,尤其是阿伍老师妻子和她的妹妹,似乎对每个节目都有一些感受要交流,但每次都是很小声而且时间很短。看到精彩处,她们还会鼓掌微笑。晚上9点,演出结束,她们尽兴而归。

图 17-4　九寨沟牙屯村藏民观看"藏谜"

访谈对象1：阿伍老师的妻子，女，藏族，48岁，九寨沟县漳扎镇牙屯村村民。

访谈目的：了解当地藏民对九寨沟旅游表演中藏文化的认知。

访谈地点：九寨沟县漳扎镇"藏谜"剧院里。

访谈时间：2009年8月21日21：46

问：看了"藏谜"后，感觉怎么样？

答：总体来说感觉比较好，好看，基本上都看懂了，遗憾的是因为不认识汉字，又因为节目主要是用西藏那边的藏语解说的，所以有些没有听懂，但总体上还是看懂、听懂了。

问：那感觉这场表演中的藏文化展示是不是与你们平时生活中的一样？

答：差不多吧，总体上有60%—70%与我们生活中大概一样。演员穿的衣服，用的道具这些与生活中基本一样，戴的饰品形状还是很像，只是材料不太真实。节目中有很多还是采用了以前的一些做法，如长袖舞中的织氆氇、打阿嘎舞中劳动的场面等。

问：那跳舞、唱歌这些呢，也一样吗？

答：跳舞的动作也基本一样。其中那个牦牛舞虽然有点好笑，也有些改变，但总的来说还是反映了草原上人与牦牛之间亲密的关系。"打阿嘎"舞蹈中最后那些姑娘、小伙子疯狂地甩头那个动作不是很好，因为按照我们藏族人的规矩来说，在修布达拉宫时，应该是比较神圣的，人在神面前应该谨言慎行、小心翼翼，而不是这么疯狂。

问：那这些节目所表现的藏文化与你们九寨沟当地的藏文化一

样吗？

答：不太一样，他们主要用的是西藏那边的语言，在转经幢时也用的是西藏那边流行的"顺时针"方向，而我们九寨沟这边一般都是按"逆时针"方向转的。

问：那整场表演都是用西藏那边的语言、风格来展示，而不是用的九寨沟这边藏族的语言和风格，你们对此有什么特别的感受吗？

答：没什么特别的感受，都是一样的，藏文化本来就是一家的，像一棵大树，不同区域的藏文化就像这棵树上不同的嫩叶一样，都是一个整体。我们朝圣的最终目的就是西藏的布达拉宫和一些神山圣湖。

问：那表演中的藏传佛教故事都看懂了吗，尤其是后半场的"轮回"？

答：看懂了，我们从小都听大人讲藏传佛教里的故事，这个节目中有很多都是借用了那些故事的，还是很忠实于佛教的精神的。

问：你认为这种表演能让游客理解神秘的藏文化吗？

答：应该可以的，这个故事其实也不难懂，就是告诉大家要慈悲为怀，人只有在这辈子做了好事，舍生取义，才能在死时灵魂升天，下辈子到极乐世界去。

访谈对象2：阿伍，男，51岁，藏族，九寨沟漳扎镇牙屯村人，曾任小学老师，现已退休。

访谈目的：了解当地藏民对旅游表演的看法。

访谈地点：阿伍老师负责管理的一家养鸡场。

访谈时间：2009年8月21日17：21

问：阿伍老师，你看过沟口那边的旅游表演吗？

答：看过，好多年前看过。

问：那为什么近年来不再去看呢？据说有些新的东西出来。

答：啥子新的东西？还不是赚钱，不去看了，没啥意思。

问：听说现在又有好几家新的艺术团开张，还有那个容中尔甲建立的"藏谜"剧院，还是不错的。

答：哦，不关我们的事，反正钱都被他们赚走了。那个容中尔甲，原来在小金，后来跑到我们九寨沟，用我们九寨沟的地盘来赚钱，他很会整，头脑灵活。我就跟我们这里的年轻人说，你们怎么不学学人家容中尔甲，还有几个人，都是从外地过来的，还不是我们本地人，却搞得比我们本地人好，把该我们赚的钱都赚走了。我们其实也不比他们差，就是缺资金，没有人带头。

问：你还记得以前你看的表演吗？有什么印象吗？

答：不是很清楚了，反正那些都是些唱歌跳舞，我们早些年看的是"高原红"，汪斌办的，当时还不错，有好多人看。

问：你觉得那时的表演能真实地反映藏族文化吗？

答：那些呀，都是他们那些外地人，搞艺术的又想赚钱的来弄的，只要游客高兴，怎么弄都可以，跟现实生活中的还是两样。我们在生活中要挣钱，要养家糊口，不可能这么天天跳的。我们九寨沟这边已经汉化不少，尤其是这些年搞旅游，藏族的东西好多都已经不明显了，大家都忙着出外打工挣钱、读书求学，还有好多人关心什么藏文化，什么真实性？舞台上那些是利用游客对藏族东西的好奇和无知造出来的，那些搞艺术的就是这样，总是美化很多东西。

另外，我们也访谈了几位其他已经看过九寨沟旅游表演的当地藏民。

访谈对象 3：阿春，女，32 岁，藏族，九寨沟县漳扎镇漳扎村一组人。

访谈目的：了解当地藏民对九寨沟旅游表演中藏文化的认知。

访谈地点：漳扎镇上漳扎村里的路边。

访谈时间：2009 年 8 月 20 日 15：34

问：你看过九寨沟沟口的那些表演吗？

答：看过，我们村里好多人都看过。

问：大概什么时候的事了？

答：看过好几次，平时没事时就去看着耍。最近的大概是一年以前。

问：看过哪些团的表演？

答："高原红"看得比较多一些，那个要热闹一些。其他还有几家也去看过，有格桑拉、星宇、藏王宴舞。

问：那你觉得怎么样？

答：还可以吧，反正都是为了赚钱，是商业活动，让那些游客高兴。

问：那你觉得这些表演向游客表现出的藏文化是不是真实的？会不会太商业化而误导了游客？

答：这个舞台上的表演，肯定跟平时生活中不一样嘛。不过舞台上的东西还是要比我们生活中的漂亮、好看得多，生活中好多都已经没有的了，在表演中我们还能看到呢。以前不了解的一些传统的东西，有些剧团也在舞台上表现出来了，比如藏王宴舞最开始的"文成公主入藏"那场，就很好看。对游客嘛，我不太清楚，应该游客还是很喜欢的，要不然怎么会在这里演这么多年，每晚还是有很多游客在看的。

问：你们村里人都经常来看这些表演吗？

答：也不是，有空了才去看，我们去看是不要钱的，团里的人对当地人都不收钱。那些表演也不怎么变，看过几次就不想看了，没意思了，只有亲戚朋友来陪着他们看。

问：你们村里人一起看的时候对这些表演是怎么评价的呢？会不会认为这些表演没有表现你们九寨沟藏族的东西而有意见？

答：大家刚开始看的时候，还是多兴奋的，一边看还一边说。女娃娃就爱说这个演员的衣服漂亮，那个演员戴的东西又多有意思的；男娃娃就说那个演员的发型好看，这个演员的动作还应该再踢得高这些；老年人嘛，有的说太吵了，太乱了，跟他们以前的不一样了，好多都变了，他们以前是咋个跳的，看到自己熟悉的东西又多兴奋的，总的来说，他们还是觉得表演就是好看，因为我们这里也没什么好耍的东西，平时不忙时也单调得很，看看这些东西也可以了解一下外面的世界。我们自己这里的藏族，好多都已经汉化了，尤其是旅游业发展过后，大家都忙着挣钱，好多东西都没传下来，年轻人不想学，老年人懂的好多都走了。比起红原、若尔盖、马尔康那些地方，我们这里的藏族没有他们那里正宗，还是要向他们看齐。后来，看的次数多了，大家就不想去看了，因为反正都是那些内容，都是逗游客开心，赚钱用的，生活中哪可能那么热闹、轻松、愉快嘛，我们一天都在为生活忙，也不可能总是那么丰富多彩的。

访谈对象4：扎西，男，藏族，41岁，九寨沟县漳扎镇沙坝村二队人。

访谈目的：了解当地藏民对旅游表演中藏文化的看法。

访谈地点：沙坝村一"藏家乐"的院子里。

访谈时间：2009年8月22日14：07

问：请问你是这里的老板吗？

答：呵呵，算不上老板，就是自己开了这么个小农家乐。

问：你们这个"藏家乐"院子还挺大，还有烤羊肉的架子，你们晚上也要跳锅庄、烤全羊吗？生意好吗？

答：是的，晚上导游把客人带过来，事先会打电话预订要不要烤羊子，如果人多，要弄，我们就还要准备留几个服务员唱歌跳舞，多点节目。生意还可以，这段时间政府给沟口那边的剧院表演定了价（指2009年8月九寨沟县文体局规范了九寨沟沟口8家营业的旅游表演团体的演出价格，按照不同等级分为三类价格，已向游客公示其政府定价，剧院不再有随便定价的权利），导游觉得没啥子可赚的，都把团带到我们这里来了。

问：那你去看过那边的表演了吗？

答：看过。早就看过。

问：那感觉怎么样？

答：比我们的规模大，他们资金实力大，有钱，我们这是小打小闹。

问：你觉得他们给游客的表演中的藏文化展示真实吗？

答：就看怎么比了。如果与我们九寨沟当地的藏族比，可能还算真实，因为我们这里的藏族特色不明显，好多都已汉化了。而他们弄出来的那些舞台表演，毕竟是把其他地方的藏族东西都拿过来，全部放到一起，这样就比较逗。如果与西藏、青海、红原那边的一些地地道道的藏族比，他们可能有点假，有点夸张，毕竟要舞台效果嘛，要让客人开心、满意，再加上那些人好多都是搞艺术的，搞艺术的本来就会搞，客人反正也不知道，只要你让他看满意了，要开心了就行了。

问：那你这里的歌舞表演你觉得真实吗？

答：还行吧，我们又不是以歌舞为主，我们还有其他休闲项目，现在每年夏天有好多自驾游的客人从重庆、成都、武汉、兰州等地到我们这儿来耍。有好多客人看了他们的表演，又到我们这里来耍，觉得我们这里更原生态一些，没有那么多舞台上花里胡哨的东西，我们就是让我们的一些人穿上藏族服装，陪客人一起跳点简单的锅庄、弦子之类的舞，唱点藏族歌，主要是让客人当主角，这比让客人大多是坐在台下只能当观众要强得多，客人就是喜欢这种自己可以参与的活动，有些连羊都是自己弄，要得高兴得很……

第十八章　当地藏民的日常生活及表演者、当地藏民对藏传佛教的共同信仰

第一节　当地藏民的日常生活

相对于"前台"的旅游表演来说，处于"后台"的九寨沟当地藏民日常生活可以成为评价旅游表演中藏文化真实性的依据之一。由于九寨沟当地的经济发展主要靠旅游业来带动，当地藏民的生活也因旅游业而发生了很大的改变，因此，我们将当地藏民的日常生活根据是否参与了旅游业而分为两类，即参与旅游业的当地藏民日常生活以及未参与旅游业的当地藏民的日常生活。尤其是后者，还未参与旅游业的当地藏民的日常生活，可以作为藏族原住民的传统文化内容，将之与"前台"表演中藏文化进行对比，对研究文化变迁有一定参考价值。我们将九寨沟当地藏民的调研范围确定为以沟口为中心，向南（成都方向）20公里和向北（甘肃方向）20公里范围之内的藏族村寨里。在这一范围内，发现大部分藏民都已参与了旅游业，仅有少部分村寨还未参与旅游业。

一　参与旅游业的当地藏民的日常生活

首先，以沟口所在的漳扎镇为起点，发现参与旅游业发展较充分的藏族村寨主要有漳扎镇漳扎村一组、二组、三组，向北方向的沙坝村二队，向南方向的朗德藏寨和上四寨。

第一个调研点是漳扎村三个组。漳扎村三个组因为全部都位于漳扎镇上，且全村人都是藏族，所以这里的藏民从九寨沟旅游业开始发展以来就因位于便利位置或被动或主动地参与到旅游业中来，其参与形式主要是将自家房屋拿出来作为招待游客的家庭旅馆，制作旅游饮食，表演

第十八章 当地藏民的日常生活及表演者、当地藏民对藏传佛教的共同信仰

藏族歌舞，顺带卖点牦牛肉、菌类、药类和一些藏族饰品等旅游纪念品。现在的漳扎村三组的藏民只有一部分在直接经营旅游业，形式仍是以开"藏家乐"家庭旅馆为主，其变化是硬件装饰更为时尚，经营档次更高档，价格更昂贵，其中有少数人并不主要以家庭旅馆收入为谋利来源，而是以此为根据地，主要经营一些价值不菲的藏族传统古董品的售卖。因此，他们会将自家房屋故意打扮得"传统"和"古老"味十足，用颜色很旧的木板和片石砌成藏式楼房，将写满藏文佛经、被风雨洗刷得颜色很旧的经幡扎在房屋周围，楼上或楼下会有意设置一个或一排较大的经幢在游客过路处，房屋内部的客房也全部用色彩艳丽的藏式"坐床"和铜质火塘及炊具，而墙上则到处展示着主人一家穿着传统藏式服饰在自家以前老房子门口的照片，桌上则随时摆着一碗碗青稞酒、糌粑和奶茶。房屋的主人和服务员则无论白天还是晚上，只要是营业时间之内，都穿着又厚又重的藏式传统服装，佩戴着整齐的藏式饰品，坐在面向公路的大门口，静静地等候游客的到来，而院子不远处还有一个让游客来体验榨取酥油的黑桶……其他还有一部分藏民则已通过先前旅游业的参与赚取了一些资本，他们乐天知命的传统思维方式让他们宁愿将自己家的房屋出租给外来经营者，也不愿再自己继续经营下去，于是依靠每年不便宜的房租，他们可以离开九寨沟，到松潘、红原、马尔康甚至成都、重庆、兰州等地去小住或旅游，有的则因为经营能力问题，也改为这种出租房屋的形式，以换取金钱和时间陪自家小孩去都江堰或成都等地接受更好的教育。

  第二个调研点是向北方向的沙坝村二队。这个队以藏族为主，兼有少量外嫁汉族女。这个队有100多人，大部分在经营"藏家乐"，主要是以接待从甘肃、重庆、成都等城市自驾车游客为主。我们仔细观察了这些经营业主自家住的房子和专门用于接待游客的房间，其布局、设置、装饰等都不同。他们自己住的房子大都比较朴实简单，位于所经营的"藏家乐"后面，随着进村的路蜿蜒而上。房前屋后都被大量结满绿苹果的苹果树围绕着，门前的石板路很光滑，自家庭院里堆满了干柴和一些晾干了的玉米棒子，还养着猪、牛、鸡之类的牲畜。大门顶上偶尔会看见一个白色的牛头骨，被白色的哈达或者彩色的经幡缠绕着，屋内的家具、用品大多与汉族地区农村家庭无异，电视、电扇、电饭锅都有，屋顶上还架着政府给统一安装的太阳灶。相比之下，他们专门用于接待游客的"藏家乐"则往往与自家房屋分得很开，有的也是租用其他村民的，因为位置靠近公路，所以专门租下来开"藏家乐"。他们对

"藏家乐"的布置可谓是精心装扮,门前的公路,全是白花花的水泥路,整个院子用各种绿树鲜花装饰一新(见图18-1),在各种写着"卓玛藏家乐""扎西旅馆""高原红之家"等汉字的招牌上,悬挂着醒目的白色牛头骨,这要比他们自家房屋上悬挂的新得多,也大得多。门框两边装饰了很多塑料花或者各种颜色的哈达,进入院子后,就可以看见中间挖出的大坑,坑里还有昨晚跳锅庄、烤全羊后留下的柴火灰烬,坑上架着今晚准备继续烤全羊的铁架子,而围着院子的客房全是用彩色的藏式雕刻装饰的,推门而入则是漂亮整齐的藏式坐床再加上新增的现代卫生间(见图18-2)。院子的一侧有一个大棚,棚里面则放置着一些方桌和方椅,还有一些音响设备,听房主说这是专门用于游客唱歌跳舞、喝青稞酒、吃烤羊肉的地方。我们在调研时恰遇下午,因此还没有什么游客,房主和两三个年轻的男女服务员也都穿着夏天的短袖、裤子和凉鞋,他们说导游会提前与他们联系,将游客带到这里,告诉游客这是体验"原生态"的藏族人日常生活,一般活动内容包括烤全羊、喝青稞酒、吃糌粑、土豆、与由服务员装扮的"藏族家人"唱歌跳舞、做游戏等。有些还会住在这里,第二天才离开。于是,当游客来到时,这些服务员和房主都会提前穿上比较闷热的藏式传统服饰,把为客人专门准备的糌粑、青稞酒、羊肉等摆好,将炭火也准备好,当客人来时,则会放上热情洋溢的藏族歌曲,由装扮好的服务员在门口拿着从松潘批发购进的白色哈达,又唱又跳地迎接游客。

图18-1 沙坝村的"藏家乐"　　图18-2 沙坝村藏民家

第三个调研点是向南方向的朗德藏寨和上四寨。朗德藏寨离沟口约20公里,位置很好,就在公路旁边,一下车就可进入寨子(见图18-3)。这个寨子里的房屋既有藏式的也有现代的,因为村里年轻人大多出

第十八章 当地藏民的日常生活及表演者、当地藏民对藏传佛教的共同信仰

去打工,挣钱回来后第一件事就是改造自家房屋或者另修新的房子。他们在外面见了世面,又有点积蓄,对房屋的材料也不再用过去当地藏族传统的片石木材,而是改为砖瓦和玻璃窗了(见图18-4)。与此同时,寨子里仍保留有许多藏式传统特色的房屋与宗教信仰符号,例如许多人家屋顶上的经幡与白塔(见图18-5、图18-6)。另外,村里已很难见到人,只有一些老人和小孩、妇女,男人和年轻人都出外打工、求学、做生意了。有好几户人家的门上还悬挂着"××藏家乐"的牌子,院子的角落里还堆着尘封已久的烤全羊架子,但上前一打听,这里早在几年前就没做"藏家乐"生意了,据说他们这个寨子是九寨沟周围村子里做"藏家乐"最早的一个村子,但后来因为离沟口游客住宿的地方太远,后来导游带人来越来越少,生意也就萧条下去。村里的人也就慢慢远离旅游业,干脆出外打工做生意去了,近的有直接到九寨沟沟口的一些店铺、企业里做服务员、保安、演员,远的则到马尔康、红原、若尔盖等地去当建筑工、卖药材、开茶楼等。而另一个藏寨——上四寨,则是离朗德藏寨较近的一个寨子,全寨有40多户藏族人家,离沟口和公路都较远,地理位置较偏僻,路况较差,因此,他们参与旅游业也是最近两年才开始的,主要是依靠给一些背包客之类的散客带路、骑马、住宿接待来赚钱。整个参与仍处于初级阶段,马帮生意也是时有时无,因此,谁家出马谁家出人力,都由大家集体选出来的马帮队长平均分配,利润也平均分配。

图18-3 朗德藏寨全景　　图18-4 朗德藏寨翻修后的新藏式房屋

图18-5　朗德藏寨传统的旧式藏式房屋　　图18-6　朗德藏寨村民家里的藏式白塔

二　未参与旅游业的当地藏民的日常生活

在九寨沟周围的藏寨里，未完全参与旅游业的村子主要有距离沟口10公里的牙屯村和与上四寨距离不远但在山上的下四寨。下四寨因为2008年地震被政府全部搬迁至山下，原来的下四寨里只剩有空空的老房子，且路况太差，无法进入，因此，我们调研的对象主要是牙屯村（见图18-7—图18-9）。

图18-7　进入牙屯村的　图18-8　牙屯村里老式的　图18-9　牙屯村里藏民
　　　　　公路　　　　　　　　　　藏式水力磨坊　　　　　　　　房屋

牙屯村共有100人左右，全是藏族。牙屯村之所以未开发旅游业，是因为在2008年地震之前整个村子都位于高山上，很难受到九寨沟旅游业的直接影响。直到地震后，在政府的帮助下，整个村几乎全都被搬迁至山下，离到九寨沟景区的公路也比较近。从公路的一个路口进入，走了快1小时才看到牙屯村，路况不好，都是碎石路，平时出租车很少愿意来。当我们进入村寨时，发现很多房屋都是新搭建的，全是崭新的木料房，有不少还未完工，正在搭建中。村里的建筑都仍保留着藏族风格，雕刻、绘画等是典型的藏式的，无论是房外还是房内，即使外部材

第十八章 当地藏民的日常生活及表演者、当地藏民对藏传佛教的共同信仰

料或样式有稍微的改变，但大部分仍是藏式风格。村子里人很少，很安静，村口一座醒目的白塔立在一旁，沿路有不少彩色的经幡迎风飘扬，路边的玛尼堆随处可见。村里的老人和一些中老年妇女还是习惯穿着藏族传统服饰，只是颜色比较素淡、样式比较简朴（见图18-10—图18-12），很日常生活的那种，年轻人或小孩则都穿着现代服装。后来，我们遇到一位60岁左右的老人，姓王，我们叫他王大叔，他与王大妈两个人一直住在这个村子里，以前还曾当过这个村的村长。坐下来和他聊了会儿，了解到这个村子的一些情况：

村子里的年轻人、中年人，包括他们的村长和村支书都出外打工、读书、做生意去了，只有少数人还在家保持着半农半牧的生产方式，村里剩下的多是老年人、妇女和小孩。在九寨沟旅游业未发展前，那时的九寨沟整个都处于比较封闭的状态，从外面进来一辆汽车，大家都觉得是很稀奇的事。那个时候大家都在家务农放牧，闲暇时就聚在一起唱唱歌、跳跳舞，全是自发的，很简单的动作，随意、自然。后来随着电视的进入，很多人都宁愿在家里看电视，也不再愿意出来唱歌、跳舞了，最多也就是在元宵节时，等年轻人从外面回来后才在一起喝酒、唱歌跳舞。村寨里老一辈多数没什么文化，只会讲藏语，不会讲汉语。年轻人则藏语、汉语都会说了。在生活中如果是与家里老人说话或是同辈聚会，年轻人就讲藏语；如果是年轻人出外或遇有外面说汉语的人，则大多习惯用汉语。村里修建房屋时，还是习惯请全村人一起帮忙，房子里面的雕刻、绘画大家还是习惯用藏式的，现在村里会这些的很少了，几乎没有，于是大家就一起凑钱从松潘、红原等地方请一两个专门给藏族老百姓雕绘图案的工匠师傅来村里干活，修建前和修建后都要从附近的达吉寺、川主寺甚至更远的寺庙里请来活佛给诵经、开光，保佑房屋修建顺利，人畜兴旺。与此同时，村里的藏民仍然笃信藏传佛教，每天的晨起开佛阁、点灯叩拜，闲时习惯性地转经筒以及每年几次固定的转山活动，都是他们日常生活中很自然且必不可少的部分。在访谈阿伍妻子时，她就拿出自己家的小转经筒给我们，教我们转经诵经（见图18-13）。另外，村里的人际关系也比较简单纯朴，因为年轻人大多外出了，所以剩下在家的老年人和家庭妇女平时还是很忙，尤其是家庭妇女，既要忙农活又要照顾老人小孩，比较少有闲暇时间，他们彼此之间的交往主要还是在村里某个家庭办红白喜事的时候，到这个时候，大家再忙都会尽量抽时间去参加，聚在一起，吃吃饭、喝喝酒，甚至唱唱歌、跳跳舞、聊聊天，信息就是在这个时候得到交流，感情也是在这个时候得到加强（见图18

-12)。平时闲暇时间大多待在家里，忙一下家务活，看看电视。据对村里阿伍老师的儿子访谈得知，有些留在村里的年轻人，包括他自己，则还要在每年的9月至11月去山上放牧住上一段时间，吃住都在山上，牛吃完一座山的草，则要换个地方继续寻找草源，因此这些山离村子都较远，要独自一人或两三个人结伴骑着马，驮着几个月穿的衣服、吃的食物等去放牧。而每年4月至6月，还要到山上去挖虫草、贝母、灵芝等药类，挖到后可以拿到下面的九寨沟旅游商店或去松潘等地出售。他们对"下边"（这是他们对九寨沟沟口那一段的习惯称法）旅游业的发展似乎并没怎么参与，问其原因，他们说以前曾有人到下边去找过活干，但没干多久就回来了，感觉好多活都干不了，钱给得也不多，时间上也不自由，还不如回家做点其他的，同样可以养家。因此，虽然旅游业看似在离他们不远的地方蓬勃发展，但他们却与之没有什么关联。

图18-10 牙屯村王大叔的安多藏族妻子

图18-11 当地藏族老阿妈独自在家

图18-12 牙屯村里集体出行的藏族妇女

图18-13 跟九寨沟当地藏族阿妈学转经

第二节 表演中的藏传佛教信仰

藏传佛教是藏文化的核心。通过对九寨沟8家旅游演出团队表演内容调研可知，虽然大多数表演的主要内容是以藏族歌舞为主，但在其中还是夹杂着一些藏传佛教文化展示，尤其是"藏谜"的表演，自始至终都贯穿着藏传佛教信仰这条主线。

"藏谜"的表演是以一位藏族老阿妈从九寨沟到拉萨朝圣的故事拉开序幕的，节目以一位穿着红色喇嘛服的神秘喇嘛吹着低沉声音的海螺法号开始，整个舞台背景都是星星点点的酥油灯衬着黑暗的夜空，藏传佛教特有的神秘气息充斥整个剧院。整场表演的下半场基本上全是用非常艺术的手法在演绎藏传佛教的神秘与慈悲的宗教情怀，包括戴着各种诡异面具、打扮得神秘无比的各种神和鬼，在由电子激光打出的佛眼的映衬下，在荷花度母与向向鸟的引导和护送下，死去的藏族老阿妈的灵魂终于在佛的庇佑下去了极乐世界，并成功转世为一位小男孩，完成了佛教中的"轮回之梦"。演员们用他们特有的虔诚和精湛的演技将藏传佛教的教义用比较夸张的手法呈现给游客，受到大多数游客的喜爱和好评。因此，"藏谜"的表演可以说是九寨沟中最能充分表现藏传佛教信仰的一台歌舞剧，其表演内容表现了藏族人民的勇敢、慈悲、牺牲以及相信来世的精神文化含义（见图18-14）。

图18-14 "藏谜"中的藏传佛教信仰表演

而其他7家表演内容中，则会用一些娱乐或者歌舞的形式来表现藏传佛教。例如，在"星宇香格里拉"表演中，第一个节目就是《宗教》

（包括莲花舞、牦牛舞），他们将藏传佛教中最古老的宗教形式——九寨沟苯波教以藏戏中用于祭祀表演的牦牛舞以及将佛教故事中的莲花生大师以莲花舞组合起来表现，虽然表演中仍是以集体藏族歌舞为主要形式，但在主持人的解说下，仍是一种有些世俗味的宗教信仰展示。又如在"高原红"的节目中，第一个节目也是以藏族迎宾诵经仪式来拉开序幕，只不过这种诵经仪式已由原来庄严神圣的祭祀活动变为众演员从舞台上走下来向台下的游客献哈达、敬青稞酒等比较世俗的传统迎宾行为，舞台上的诵经号、海螺号等宗教乐器所吹奏出来的曲调已成为一种符号性的背景（见图18-15、图18-16）。其他艺术团的表演也与"高原红"的差不多。

图18-15　"高原红"中的藏族迎宾祈福仪式

图18-16　"藏王宴舞"中的宗教仪式表演

第三节 表演者的藏传佛教信仰

在表演者这个群体中，对藏传佛教的信仰也是我们调研的主要内容，其调研对象为藏族表演者。这些藏族表演者来自不同的藏区，他们的语言、服饰、风俗习惯等有所不同，但他们对藏传佛教的信仰则成为他们最为共同的地方。从对他们寝室的布置来看，藏族表演者与非藏族表演者最明显区别则是藏族表演者会在自己床头上，即使是很狭小的空间里供奉活佛，用黄色的哈达缠绕着某位活佛或佛主的像，供奉上水果或钱币，每天晚上会在睡觉前默默诵经，向佛祈祷（见图18-17）。平时，几乎所有的藏族演员身上都会戴着"嘎乌"经盒——一种从出生时就由家人向活佛求来的护身符，而其他演员则没有这种配饰。很多藏族演员的手腕上戴有已经开过光的佛珠，这也与表演中所戴的佛珠首饰不一样。如果遇到家里有重大的转山或佛事活动，这些藏族演员们也会请假回家参加，与家人一道带上干粮和钱财，以最虔诚的方式向着自己心中的神山圣地走去。他们甚至会加入到长途朝圣的队伍中，以表明自己信仰的诚意（见图18-18）。正如他们所说，虽然他们已离开家在外漂泊，但他们每个人都对佛很相信，一直将其放在心里，即使有时候没有条件供奉或者烧香，他们都会朝着远方默默诵经祈祷，祈求佛保佑自己和家人平安、健康。而这种对佛的虔诚信仰，则会将这些来自不同地域的藏族人的心连在一起，让他们感觉到在外面很安全。

图18-17 "藏谜"中藏族演员的佛教信仰

图18-18 才巴央措展示他们朝圣时磕长头的木板

"高原红"中九寨沟本地的藏族演员尤中尼玛带领我们来到九寨沟本地一家藏传佛教寺庙——达吉寺（见图18-19），他激动地向我们讲述藏传佛教与他们的故事，摘录如下。

图18-19 九寨沟本地的藏传佛教寺庙——达吉寺

你们别看这个寺庙小，但它在我们九寨沟藏族人生活中占有最重要的地位。这个寺庙是我们九寨沟本地藏族平时和逢年过节来烧香拜佛的地方，也是很多人平时没事时来转经幢、捐赠财物的地方。你们现在就可以看到，那边不是有几个老年人在转经幢吗？他们待在家里没事，每天来这里转经幢就是他们生活中最重要的事，即使下雨刮风都不间断。

第十八章 当地藏民的日常生活及表演者、当地藏民对藏传佛教的共同信仰

如果是遇上佛的生日、藏族新年等这些重大节日，这里就热闹得很，一大早就会有很多人前来等待活佛和他的弟子出来为我们开光念经，也等着将自己的钱、衣服等东西捐给寺庙，到了中午，加上游客，更是人山人海，挤都挤不通。你们可以看这个门上的画，这个在藏传佛教中很出名，画的就是人会有来世，如果你在现世不做好事，死后佛就会依据你平时的言行而判决你是否进入地狱、人间，还是天堂……我们家都很信这个的，我爷爷以前还曾是这个地方的一个活佛，活佛有很多等级的，我爷爷属于那种比较小级别的。他在的时候，也常到这个寺庙里来主持法事活动，有时候也住在这里。很神奇的是，他在临终前，他自己能感觉到自己即将离开，于是他就在前几天传话给松潘的活佛，让他们在他走的那个时刻来处理他的后事，我们家人都不能进去，因为他是活佛，他们会按照他们自己的规矩办事。另外，在每个藏族人家里，一般来说，都会送一个人去寺庙里学习佛经，对我们藏族人来说，能去寺庙里当学徒是最光荣的事，也是家里最重要的事。我们家里就让我弟弟去的，因为我很早就出来了，要养家，而妹妹又去德阳警校念书了，剩下的这个弟弟小的时候很顽劣，到处惹事，我爸妈也管不住他，后来有亲戚到寺庙里去给他算了一卦，说他身上有妖孽的东西，必须送到寺庙去改造，才能镇住他。我们没有办法，在14岁时就把他送到红原的一个寺庙里去学习。说来也奇怪，他平时在外面什么都不怕，到处惹事，到了寺庙，就好像换了个人，一下变得很听话。现在还在那个寺庙里，学佛经也学得很认真，有时候回家来一下，在家里待几天又回去了。所以说，我们藏族人很信这个，每次家里人有要出门或办什么事，都会在自家或者去寺庙煨桑、点灯、烧香、捐款等，祈求佛保佑人都平安，事情办得顺利。寺庙才是我们藏族人最为重要的地方，藏族文化的很多精髓也是在这里才能学习到，你们在舞台上看到的那些歌舞表演只是我们藏族人平常民间活动休息时的娱乐活动，我们平常的劳累、辛苦所得的钱财到最后只有捐到寺庙里，才觉得心安、值得。

第四节 当地藏民的宗教信仰

场景一：牙屯村藏族村民阿伍老师的家里

走在一条两边都开满鲜花的小径上，远远地已看见阿伍老师的家。一幢有着鲜艳色彩的藏式雕绘的两层楼房出现在我们眼前。穿着藏式服

饰的阿妈已经在二楼的阁楼上朝我们招手,他们家的小女儿余晨雪则已打开院门,喝住准备吠叫的黄毛狗,欢迎我们进入。院门是古红色的铁门,进入一楼的院子,院子不大,但全是用水泥铺成,在院子的后面有一个小土堆似的藏式尼玛堆,上面插着几条经幡(见图 18-20)。余晨雪直接将我们带入二楼,爬着木梯子,转两个弯便到了二楼的房间。待视线很快适应了房屋中的光线时,才发现这个房间的布置是典型的藏式风格,这也是我们之前在九寨沟任何一家已开展了旅游业的藏民家中或所谓的"藏家乐"里从未发现的。房间的正前方是一排由大小柜子组成的佛阁,而在这个佛阁的正中位置则放置着几盏亮着的酥油灯,酥油灯后面的柜子则是神秘地锁着的(见图 18-21)。当我们好奇地问这个柜子里锁着的是什么时,阿妈很认真地告诉我们是佛像,她从兜里拿出一把小钥匙,轻轻地打开柜门,我们走近一看,果然是一尊铜制的佛像,惟妙惟肖,庄严肃穆。待我们看完后,阿妈又重新慎重锁上了。再看房间的另一面,整个墙壁雕绘的都是藏传佛教里的故事人物和图画,颜色鲜艳,人物栩栩如生,形象生动,而天花板上则也是漂亮的藏式雕绘,包括屋内的柱子上面,有各种动植物图案(见图 18-22)。我们坐在藏式坐床上,阿妈热情地给我们斟满了酥油茶,边与我们聊天边用另一只手转一个小经筒,我们看着好奇,也希望能转转,阿妈居然很爽快地就答应了,并教我们要逆时针转,说这个与西藏那边的转的方向刚好相反,这正是苯波教的习规。我们问阿妈,平时是怎么拜佛的,她说每天早上 5 点就要起床,起床的第一件事就是打扫干净佛柜和佛阁,换上新酥油,点亮三盏酥油灯,打开放佛像的柜门,然后跪拜三下,祈求保佑平安,再锁上柜门。一年 365 天除了不在家里外,每天都要这样做。而平时没事,则习惯转转刚才的那个小经筒,同时,她又带着我们走出房间,来到二楼外的阳台上,指着在阳台上的几个制作得非常精美的藏式经幢说,她每天路过时都会来转转,当然,也是逆时针方向。经幢上写满了藏文经文,房顶上也插满了长长的经幡,她说这些都是要请活佛来开光的。再从阳台来到他们家的大露台上,看见了在露台的高处摆放了一座白色的类似烧香的石炉,石炉里还有灰烬。我们问这是用来干什么的,阿妈说这是他们家如果有什么人生病或者遇到什么事了,他们会在这里烧香、烧纸,请佛祖保佑。逢年过节、有人出远门,他们都要烧烧。我们问这个是否灵验,阿妈说灵验,她说只要你相信,就一定会保佑你的。阿妈还告诉我们,他们藏族人都很信这个(指藏传佛教),每年都会抽一些时间去转山。转山对他们一家人来说是最重要的事,这个

第十八章　当地藏民的日常生活及表演者、当地藏民对藏传佛教的共同信仰　373

时候无论做什么,在哪里,一般都尽量赶回来聚在一起,然后穿上最好的藏族传统服饰,戴上各种信物和需要供奉的食物、哈达、经幡等,在特定的时间去一些神山转转,近的有松潘的几座神山,远的她还到过西藏地区的一些神山,包括布达拉宫。阿妈还告诉我们,说喜欢"藏谜",就是因为它里面有反映藏民信仰藏传佛教的故事,演得比较真实;而其他那些演出,主要是歌舞表演,关于宗教方面的却很少,也不太严肃,大多只是为了哄哄游客,所以他们看过一次后就不太想去看了。

图 18-20　阿伍老师家院子后面的尼玛堆　　图 18-21　牙屯村阿伍家里的佛阁

图 18-22　阿伍家的藏式阁楼

场景二:郎德藏寨里尤中尼玛及家人的信仰

尤中尼玛和家人一直住在九寨沟的郎德藏寨里,这个寨子比较大,有200多户,也全是藏族(见图 18-23—图 18-25)。下车后,尤中尼玛直接就带我们进入他的家。他的家也是一幢两层高的藏式楼房,外面看起来比较朴素,不像阿伍老师家里那样对外部也进行了精致的雕绘。我们以为他的家没什么特色,应该与其他已汉化了的村民家里差不多,但进入他家的"客厅",发现有点暗的房间里仍是典型的藏族人家布置。最醒目的是左边墙壁上画着整整一幅藏传佛教里关于白象、灵猴、莲花、大鸟等各种动植物的图案,他说这是佛教里最常见的符号,他们专门从马尔康那边请来一位专业雕绘藏式图案的工匠,花了一个多月的时间,包师傅的吃住,用了两千多元才完成这面墙。同时在开工前,还请了达吉寺的活佛到家里念经,也花了不少钱,希望镇住邪气,保佑平安。我们问有效果没有,尼玛连忙说有的,他们家以前住在山上时,不太顺,后来搬到路边做了这个,家里就比较平安了,也没怎么出过事。在屋里待了一会儿,来到外面院子里准备走时,却发现靠近墙角处有一个比较大的石砌的龛炉,里面还有灰烬。龛炉上边还有几块白石头堆着,插着几根写满藏文经文、类似经幡的布条。正当我们好奇地看着这个时,尼玛走过来告诉我们,这是他们家最神圣的地方之一,一般不让外人靠近和乱摸。平时家里人如果生病了,或者遇到什么麻烦事,他们

图18-23 朗德藏寨里的藏式白塔

图18-24 朗德藏寨里很多房子都挂着经书页

图18-25 到处都插满五彩经幡的朗德藏寨

第十八章　当地藏民的日常生活及表演者、当地藏民对藏传佛教的共同信仰

就会在这个大龛炉里煨桑、烧香、烧纸钱、烧从庙里祈求而来的一些经文，其意思也就是驱赶家里的邪气，保佑家人远离麻烦，重新好起来。最后，我们问尼玛，他及他的家人是否懂那些藏文经文，包括他们村子里的其他村民。他说，一般的藏族老百姓并不怎么懂藏传佛教里那些高深的经文法规，但他们相信佛，也知道佛经里的一些经典故事和教义，觉得只要做到心中有佛，尊重佛，敬畏佛，多做善事，则死后就可以不下地狱。他说，你们接触我们藏族人，会发现大多数都很热情、好客、尊重人、诚实、善良、谨言慎行，这就是信佛的结果。当然，有点遗憾的是，现在年轻人对佛教的信仰没有老一辈那么虔诚和坚持，因为受的教育更多，到外面跑的机会也增加了，受外界影响较大，有些人也慢慢变得很实际，喜欢追求金钱，面对自己的生存压力，最关心的也是以后的出路和如何挣钱，而对藏族传统文化关心较少，对藏传佛教的信仰也没法做到像老年人那样虔诚，每天都叩拜，每天都转经。但在家长及老一辈人的教育和坚持下，大多数年轻人还是能够做到坚守信仰的，即使信仰这个带有一些为自己的目的，但大多数年轻人还是比较敬畏和尊重佛的，每天都在心里祈祷，尽量在平常生活中按佛教里的教义为人行事。

第五节　结语

九寨沟的藏族表演者，作为藏族传统文化的重要载体，他们在从原住地的"后台"区域受旅游场域中资本力量的召唤而来到九寨沟这一"前台"区域，其自身真实生活层面上的变迁，包括日常起居、休闲生活、心理情感等方面，都反映着藏族传统文化在旅游场域中的变迁。在来九寨沟之前，表演者在各自地域和生活中的角色是牧民、农民、流浪者、学生等，在日常生活中的唱藏歌、跳藏舞都属于一种自娱自乐的自发行为，藏文化对他们来说就是生活的一部分，这是藏文化的"原生真实"。在旅游场域经济资本力量的作用下，他们的生存环境、生活环境、生活方式等方面都发生了一系列变化，其生活、文化的真实性与信仰层面上的绝对性真实性相比，已是一种相对性真实性。[①] 受九寨沟旅游场域中行动者的"习性"和"资本"的影响，他们对自我的生产方式及

---

① 参见杨振之、胡海霞《关于旅游真实性问题的批判》，《旅游学刊》2011年第12期。

其生活内容做出了调整和适应，包括将原先自娱自乐的藏文化转变为赚钱谋生的工具，将原先在农牧文化背景下的生活角色转变为现代商业经济环境中的职场人员，将原先在家乡时保守随意的心理文化转变为更开放更理性的市场化心理图景，等等，他们对自我生活的重新安排及自我角色和心理情感的变化，都客观、真实地反映了他们所承载的藏文化因子在旅游场域中的调适与变迁。

这种由表演者生活真实层面上的变迁所带来的文化变迁，本质上反映了现实中东道主社区旅游场域中各种力量的博弈，主宰这种博弈背后的力量主要是拥有强大话语权的大众游客与旅游资本。这种由现代资本与大众游客消费权力所主导的"舞台化真实"，同时也完全体现了旅游场域中"以经济利益为中心"的规则"习性"。在资本和习性的作用下，表演者的生活不得不发生变化，而且他们还比九寨沟当地藏民更为活跃，从而代替原住民成为直面游客的"东道主"。因此，九寨沟这一原住民社区其文化主体已由原先单一的当地藏民转变为包括旅游企业员工、外来表演者等更为复杂多元的组成成分，而这种原住民社区主体成分的多元化与复杂性，也就形成了不同权利与力量的博弈，并将每个主体自身所代表的"元地域"的文化投射到九寨沟这一旅游场域中，从而牵引着九寨沟社区文化真实性的演变和文化变迁。在此过程中，表演者则成为向游客叙述藏文化的主角，引导着游客对藏文化的认知和理解，并以其在"前台"区域大量热闹而炫目的符号化表演满足了大众游客对藏文化的符号化消费，这为九寨沟"后台"区域的安多藏文化的保护与存留提供了存在的空间，也印证了"前台、帷幕、后台"理论中"前台"存在的合理性。①

另外，通过对表演者从九寨沟再次返回到家乡时的跟踪调查可以发现，随着表演者每一次从九寨沟回到家乡，然后再从家乡回到九寨沟，如此周而复始，表演者在九寨沟这一旅游场域中会受到影响，尤其是由不同文化背景的各类型游客所带来的不同影响，他们又都会将自身所融合的新文化因子很自然地传播到每个人自己所在的家乡，包括青海玉树藏区、甘肃甘南藏区、阿坝安多藏区、甘孜康巴藏区等藏族族群所分布的各个原乡地域，让他们的家人、亲戚、朋友和邻居等族群成员接受到由旅游地所带去的影响，并由此推动了整个藏区传统文化的变迁。因

---

① 参见杨振之《前台、帷幕、后台——民族文化保护与旅游开发的新模式探索》，《民族研究》2006年第2期。

此，旅游对东道主社区的影响已不再像我们以往认识的那样，仅局限于游客所能直接接触到的这个东道主社区，还会因为传播者不同的传播能量和影响所及的范围辐射得更广远，他们在旅游场域中所扮演的文化代言人与文化媒介角色，成为旅游场域中促使文化变迁的一股重要力量。

附录　九寨沟旅游演艺团体的表演内容（部分）

1. "藏谜"表演内容

"藏谜"表演是中国首部全景式展现藏民族文化的歌舞乐诗篇，涵盖了藏族各个地区、各种风格的歌舞乐表演，共分四场。第一场：朝圣；第二场：劳动；第三场：赛装；第四场：轮回。

全剧以一位藏族老阿妈朝圣路上的所见为线索，以藏族不同地区的歌、舞、乐为载体，情景式地展现了藏族群众的日常生活、民俗活动、宗教仪式和传统节日，并把庄重神秘的宗教法会与舞蹈器乐进行结合，在保留了宗教文化的庄重感、神秘感的同时，进行了艺术的再现——整台节目中涉及的舞台艺术表演都由原生态的元素构成，音乐、舞蹈、器乐、道具大都来源于民间的收集和整理。

（1）序

一道光铺成的路上，老阿妈带着她的小羊，匍匐在朝圣路上，通天的大经轮发出咕噜咕噜的声音，远处的神山满是打坐的修行者，跟随着低沉的诵经声，老阿妈走上山顶，双手合十，默默祈祷，突然一双智慧慈祥的佛眼从地平线升起，发出耀眼的光芒……

（2）六弦琴（表演者：全体男演员）

六弦琴是藏族最具代表性的传统民间乐器之一，无论是宫廷囊玛乐队或是民间自娱自乐的踢踏舞蹈，都以六弦琴为主要伴奏乐器，其表演集弹、唱、跳为一体。

（3）长袖舞（表演者：全体演员）

长袖舞是藏族民间舞蹈中最具代表性的舞蹈之一，尤其青海玉树的卓舞、甘孜巴塘的弦子舞以长袖著称。

（4）藏族多声部合唱（演唱者：阿尔麦组合，第十三届中央电视台青年歌手电视大奖赛三等奖）

歌词大意：荨麻，荨麻，女人的情歌；荨麻，荨麻，男人的烈酒；荨麻，荨麻，朝圣者的脚印……

(5) 牦牛舞（表演者：南木特、旦增、叉叉）

牦牛舞是藏戏中的传统节目之一，运用拟人化的手法，具有诙谐幽默的特点。

(6) 歌曲：神奇的九寨（演唱者：藏谜乐队）

(7) 打阿嘎（表演者：秦草毛、丁子草、黄秀珍等）

对于藏族人来说，非常神圣的劳动，就是能参加布达拉宫的修缮劳动。所以许多人可以不要任何的报酬而自发地从四面八方来加入到这一劳动的行列里，他们以歌声和夯土时发出的声音打击出明快的节奏来消除劳动中的疲劳，给自己以精神上的慰藉，从而创造了打阿嘎这样奇特的歌舞形式，舞蹈还原了生活中的真实场景。

(8) 赛装节（表演者：全体演员）

赛装节历来是藏族最盛大的节日，藏族人因为是游牧民族，他们习惯把所有的财产穿戴到身上，穿上盛装参加赛装节其实是一种财富的展示和财富多少的象征，所以每当赛装这一天，你会看到最美丽和最隆重的服饰。

(9) 夏拉舞（领舞领唱：旺姆）

青海果洛地区民间舞蹈。

(10) 轮回之梦（主演：南木特，表演者：叉叉、格桑）

静静的雪地里，老阿妈在即将要到达终点时死去了。藏族人有个说法，朝圣途中死去也是一种幸福。突然，地平线上光芒四射，祥和的佛像从地平线上缓缓升起，剧院的上空骤然飘下无数条彩色经幡，舞台四周酥油灯突亮，整个场面一片辉煌！

(11) 尾声

舞台深处的地平线上站立起一个小男孩，小羊跟在他的身边，空空的舞台上仅留下他和小羊的身影，静静地看着巨大的佛像，那是老阿妈的轮回再生。

2. 九寨香格里拉演艺宫表演内容

(1) 宗教（包含莲花舞、牦牛舞）

藏传佛教起源于印度的恒河流域，九寨沟藏族信奉藏传佛教中最古老的苯波教。苯波教崇尚万物有灵。

牦牛舞是藏戏中一种舞蹈表演形式。

翩跹的吉祥天女，飘出圣洁的莲花，绽开八瓣吉祥莲叶，造化雪域，造福人间。

第十八章　当地藏民的日常生活及表演者、当地藏民对藏传佛教的共同信仰

(2) 藏族男子群舞《虎风骑士》

(3) 藏族女子群舞《九寨拉姆》

(4) 藏族民歌《心爱的姑娘》（演唱者：索朗扎西）

(5) 女声独唱《青藏高原》（演唱者：桑扎卓玛）

涛声造就了土风舞蹈的恢宏，六弦琴音驯服了威猛的黑牦牛，美丽神奇的九寨沟有祖国迷人的景色，雄伟的扎嘎拉神山孕育了九寨儿女大山般的情怀，大海般的深情……

(6) 藏族舞蹈《九寨欢歌》

(7) 藏族敬酒仪式：《阿坝酒歌》（锅庄）

敬你一碗青稞酒远方的朋友，祝福一声扎西德勒，千年一醉"九寨沟"……

(8) 鹰组合《寻找心中的爱恋》《唱起来跳起来》（演唱者：阿斌、阿旦、何斯奇、扎西）

五色经帐护佑的雪域男儿，来自雪域高原矫健的雄鹰，歌声响彻川北高原的鹰组合将传统与现代完美结合，将民族与时尚演绎得淋漓尽致。

(9) 羌笛与舞蹈（尔玛风韵）（表演者：日孜阿斯、杨柳燕、旺姆、格桑卓玛）

(10) 达娃尼玛组合（演唱者：拉姆、龙吉祥）

(11) 弦子演奏（演奏者：扎西达娃）

(12) 藏族婚俗礼仪舞蹈《嫁新娘》（表演者：罗日丹真、哈尔甲、俄萨、徐云美）

(13) 男子独唱《欢乐送给你》《卓玛》（演唱者：泽朗多杰）

(14) 大型藏族服饰表演《走进香格里拉》

骁勇的藏族人把对色彩的独创理解用于服饰，将高原生命色彩的和谐融为一体。九寨沟是一片神奇迷人的土地，藏族服饰是一幅绚丽斑斓的民族画卷，在服饰表演这个节目中你会看到最美丽和最隆重的民族服饰。

3. 高原红演艺中心表演内容

仪式：藏族迎宾诵经仪式、羌族咂酒开坛仪式。

舞蹈：迎宾舞、藏族弦子舞、藏族踢踏舞、羌族神舞、羌族铠甲舞、羌族纱朗舞等藏、羌最具代表性的各种舞蹈。

游客参与活动：抢新娘比赛、围脖拔河比赛、幸运嘉宾比赛、大型

藏、羌狂欢锅庄。

歌曲演唱：中国著名的高原红女子组合、高原风男子组合、羌族多声部老人合唱队、羌族歌手泽姆兰巴、陈水，藏族山歌仙女拉姆，藏族歌手巴斯基、罗绒、多杰、扎西，南坪小调原生态演唱组合等演唱。

4. "九寨天堂·梦幻之旅"表演内容

大型超时空场景歌舞剧"梦幻之旅"包括九彩、民风、天缘三篇。

上篇：《九彩》

很久很久以前，在遥远的东方有一片美丽的土地。有一天，空中飞来一匹白马，它遇到了柔情似水的羌女。白马被羌女的美丽所吸引，变换成英俊的白马武士，他们热烈地相爱并将手中的九彩珍珠撒向大地。珍珠放射出绚丽的光芒，幻化成一个个五彩的海子，于是，美丽的九寨天堂诞生了。

中篇：《民风》

神奇的九寨，人间的天堂，以其独特的自然山水与人文风貌，成为世界自然文化遗产的瑰宝。藏族的踢踏、弦子，羌族的服饰、缠头久负盛名，至今已有1000多年的历史。它们展示了九寨奇特的风情，编织了一道美丽的景观。弦子的流畅，踢踏的热烈，服饰的美轮美奂，使人领略到藏羌民族那深邃久远的历史和文化。

下篇：《天缘》

热情奔放的九寨歌舞唱起来、跳起来！勇敢的白马和美丽的羌女，再一次把爱洒向人间。九彩灵鸟飞翔，水仙百合盛开，人们聚集在这块神奇的土地上，庆贺着美满爱情的喜悦和天堂生活的幸福！

第五篇

羌族文化在旅游开发中的空间重构：关于茂县样本的考察报告

第二次世界大战之后世界范围内旅游经济的高速发展不仅仅得益于全球经济的快速增长，也与旅游业在国民经济中的积极影响密切相关。在这一背景下，推动旅游资源的开发、吸引旅游者的到访成为区域产业调整升级、发展现代服务业的重要驱动力。

旅游者与旅游吸引物的互动，是促成旅游地发展的重要动因。伴随着旅游资源的开发而产生的积极意义显而易见，如经济增长、民生改善、文化传统的回归，甚至是文化自信的重建等。但与此相伴随，旅游活动带来的冲击也不可小觑。在以民族文化为主要旅游资源的区域，由大众旅游引发的大规模文化接触和传播足以给民族文化带来强势冲击，进而导致本土文化的萎缩、没落甚至消失。关于旅游活动所导致的文化趋同在20世纪90年代的旅游人类学研究中多有论述，例如纳什（Nash）关于涵化的研究曾经指出，发达国家的游客所带去的异文化导致接待地文化被严重同化和破坏甚至消失，这种新的"帝国主义"形式导致不发达区域传统文化的日渐衰落，在接待地的文化适应过程中隐含了对本土文化的无尽压力。① 格雷本（Graburn）也认为，少数民族在旅游场景中无论是数量上还是文化上均处于弱势。在现代旅游业的冲击下，"弱势文化"为了迎合"强势文化"的要求，出现了虚假化、变异化，从而导致少数民族文化加速变迁和变异。② 在旅游研究者看来，旅游资源是旅游开发的基础，对于民族地区的旅游开发尤其重要。民族文化一旦失去了其传统与特色，民族文化旅游资源也就成了无源之水、无本之木，③ 遑论该区域的旅游业可持续发展。

文化涵化只是民族地区旅游资源开发中值得担忧的问题之一。其他

---

① 参见［美］丹尼逊·纳什《旅游人类学》，宗晓莲译，云南大学出版社2004年版。
② 参见［美］纳尔逊·格雷本《人类学与旅游时代》，赵红梅等译，广西师范大学出版社2009年版，第242页。
③ 参见刘晖《"摩梭人文化保护区"质疑——论少数民族文化旅游资源的保护与开发》，《旅游学刊》2001年第5期。

诸如与旅游活动伴生的生态环境恶化、贫富差距拉大、社会矛盾加剧等也接踵而至。以上是指旅游活动进行中产生的负面影响。而以旅游的自我毁灭理论（self-destruct theory of tourism）①为肇始，研究者的视角亦从"因旅游存在而带来的影响"扩展到"因旅游离去而带来的影响和后果"。例如旅游衰败之后的"废都"陷阱，②便是旅游目的地"非良性"发展的典型现象。显然，旅游开发对于民族地区而言喜忧参半，短期效益与效用的背后一定隐藏着长期的代价偿还。

与其他发达区域一样，欠发达或者发展中的民族地区同样拥有发展的权利。困惑在于，在旅游开发的长期过程中，一旦资源的保护与欠发达地区的发展权产生冲突，旅游地究竟该何去何从，这一问题不断困扰旅游活动的支持者。

从现有国内外的研究来看，基本的观点如下。

第一，民族地区同样需要发展，发展与保护的矛盾需要辩证看待。特别对于民族文化旅游资源而言，"任何一种文化都是在一定时空范围内的、相对稳定的系统，经济的发展意味着资源利用方式的转变，文化的相应变化是正常的。"③无论是否进行旅游开发，文化的趋同都是全球化过程中不可回避的事实。以旅游者和东道主为主体的"文化涵化"现象是文化变迁过程中的特殊文化互动，在文化破坏的同时未尝不是对传统文化的一种保护。④另外，民族地区如果简单采用以追求GDP增长为目标的发展模式势必造成巨大的文化冲击，文化保护的模式虽然没有定论，但其灾难性后果在许多较早进行旅游开发的区域已经显现。

第二，旅游开发的负面影响是不可逆转的客观存在，因此开发与保护的矛盾需要依赖组织或者制度层面的调控。大多数研究理论关注的是旅游开发的正面收益，不过随着更多社会学者的介入，理论研究层面也开始认识并试图调控由于旅游开发给民族地区的可持续发展所带来的负面影响，并尽其所能提出解决方案。例如中国学界借鉴国外旅游开发实

---

① Holder J., "Pattern and Impact of Tourism on the Environment of the Caribbean", *Tourism Management*, Vol. 9, No. 2, 1988.
② 参见李柏文《旅游"废都"：现象与防治——基于云南国家级口岸打洛镇的实证研究》，《旅游学刊》2009年第1期。
③ 李伟：《文化边缘地带旅游业的发展选择》，《民族研究》2004年第2期。
④ Valene Smith, "Hosts and Guests: The Anthropology of Tourism", *Tourism and Cultural Development in Asia and Oceania*, Penerbit Universiti Kebangsaan Malaysia, 1999, p. 15.

践以及自身的特殊背景提出的生态博物馆模式、① 文化保护区模式、② 少数民族社区参与模式、③ 空间功能分区管理模式④等，均尝试从管理层面对旅游开发的消极影响进行控制，进而实现旅游开发收益的最大化。

第三，民族地区发展的背景和条件不同，增长路径和方式多样，最关键的在于如何找到更切合自身特点的发展道路，实现区域经济、社会以及生态发展的可持续性。例如杨振之（2003）曾经就青藏高原东缘藏区如何实现"旅游业跨越式发展"进行讨论，指出旅游经济给民族地区带去"后发式"增长的同时，也应该在当地生态环境和文化传统不受破坏的进程中扮演积极角色。旅游业对于文化的负面影响与工业化、都市化发展道路所带来的影响有着明显区别，而若实现民族地区旅游开发活动影响的控制，科学合理的旅游产业空间布局有助于降低旅游业发展对当地社会文化的不良影响。

综上所述，民族地区的旅游开发，尤其是以民族文化为主要旅游吸引物的开发活动，面对文化变迁的负面影响时，关注重点不应仅仅停留在静态的消极的层面，而应从发展的视角认识、研究旅游行为和旅游影响，从而更好地利用旅游产业推动民族地区社会经济发展。

---

① 参见余青、吴必虎《生态博物馆：一种民族文化持续旅游发展模式》，《人文地理》2001年第12期。
② 参见吕一飞、郭颖《论泸沽湖摩梭人文化保护区的建立》，《旅游学刊》2001年第1期。
③ 参见刘旺、吴雪《少数民族地区社区旅游参与的微观机制研究——以丹巴县甲居藏寨为例》，《四川师范大学学报》2008年第2期。
④ 参见杨振之《前台、帷幕、后台——民族文化保护与旅游开发的新模式探索》，《民族研究》2006年第2期。

第十九章　茂县：一个样本地的选择

茂县位于长江支流岷江的上游，处于青藏高原东缘地区岷山山脉中，其南接汶川，北临松潘，东临北川，西接理县，距离成都平原约120公里。由于地处青藏高原东部边缘与四川盆地的交接地带，茂县自然地理环境复杂。茂县北部为平均海拔超过4000米的岷山，东南部接成都平原西北边缘的龙门山脉，县域西有邛崃山等。岷山自北向南纵贯，所以茂县素有"峭峰插汉多阴谷"之说。

茂县是四川省阿坝藏族羌族自治州重要的农业县，是羌族人口的主要聚居区，同时也是羌文化的核心区。2008年汶川大地震前的统计显示，茂县羌族人口约10万，占全县总人口的92%，约占全国羌族总人口的30%。历代生活在高山深壑中的羌族民众主要依靠农耕为生。但是伴随周边地区旅游资源的开发，尤其是20世纪90年代后期阿坝州著名景区九寨沟的快速崛起，不少居民开始寄希望于旅游开发，希冀借助本地的传统文化资源开拓羌族文化旅游市场，从而增加经济收益、改善现有的生活条件。

2008年汶川地震是茂县旅游开发的一个分水岭。地震之前，茂县本地民族文化和自然旅游资源的开发规模有限，茂县旅游经济的发展主要依赖它独特的区位优势：作为九（寨沟）黄（龙）—成都旅游热线上重要过境地，茂县县城凤仪镇每天都能接待往返于成都和九寨沟之间的巨大客流。地震之后这一线路上旅游环境恶化，导致茂县过境客源流失严重。在灾后外部援助和自身努力下，羌族传统文化旅游资源开始大规模有组织地纳入茂县旅游开发的总体战略中，羌族文化成为茂县旅游业开发的最大卖点。

调查组认为，民族文化在与旅游业的融合中将不可避免地面临开发与保护的矛盾。作为民族文化旅游资源开发刚刚起步的区域，茂县是极佳的观察点。汶川大地震后以茂县、汶川为首的羌族地区实施"限一退二进三"的策略，即调整这一区域产业结构和生产力布局，大力促进以旅游业为主导的第三产业发展。而茂县将羌族文化与其旅游业的重建结合在一起，逐步尝试从旅游过境地向旅游目的地转型。调研组于2009年9月先后两次深入茂县，对茂县的凤仪镇及其周边区域、黑虎寨、太平寨、牟托寨和河心坝等羌族村寨进行调研。2013年10月，调查组成员在前两次调研基础上对相关村寨和人物进行回访，以期探究旅游开发进程中（特别是大规模旅游开发前后）羌文化空间重构的脉络。

第一节 文化版图中的茂县

一 从羌人到羌族

羌是中华民族形成过程中的古老支系。有关羌的史学研究中，最重要的信息来自两方面，一是文献记载中羌人的活动及其迁徙（图19-1）；二是历史上的羌与华夏族形成的关系。

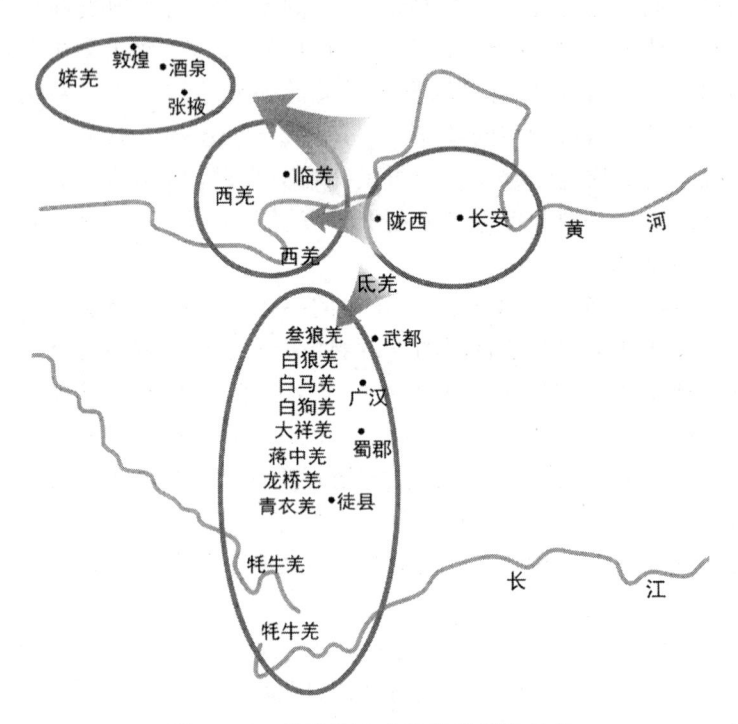

图19-1 典范历史中羌族的迁徙分布

注：图片引自王明珂《羌在汉藏之间：川西羌族的历史人类学研究》，中华书局2008年版。

第十九章 茂县：一个样本地的选择

历史传说中的羌人，拥有古华夏文明形成中的重要文化特质。史前重要人物之一的大禹"生于西羌"，被现代羌族奉为先祖和英雄；传说的共工氏羌姓，属姜姓部落。而根据学者对古文字的研究，"羌"与"姜"关系密切，两者在助周克商的战争中同为周的盟友。

"羌"一字最早可见于在商代甲骨文中。《说文·羊部》称："羌，西戎牧羊人也，从人从羊，羊亦声。"商人称西方某一区域为"羌方"，称那儿的人为"羌"。其地理位置大约在河南西部、山西南部与陕西东部一带。公元前11世纪发迹于渭水流域的周人崛起，在逐步取得反商战争的胜利，进而成为中原地区主导力量的过程中，羌人在其后方充分支持，且与周人达成联盟，也被认为是推动这一历史进程的重要因素①。在之后的历史中，羌人不同部族受周边环境的影响或者迁徙至更为偏远的区域，或者融入中原地区汉人的生产生活中，由此构成了羌人的庞大支系。民族学家马长寿据相关碑铭的研究认为，历史上几次羌汉大融合，皆因羌族迁徙到关中、河南、甘肃等地，与当地人口中占大多数的汉族错居而较快完成②。但从整体上看，羌族汉化和藏化的时间较长，也很复杂③。例如，迁至新疆天山南麓的一支成为"若羌"。向西南迁徙的羌人留居在岷江上游，则成为现代羌族的先祖④。也有研究认为羌人是藏族形成的重要成分⑤。至于内迁至中原地区的羌人，则在民族融合的过程中被逐渐同化，1949年新中国成立之后的民族识别中留在岷江上游地区及其附近的羌民被确定为"羌族"。

"羌人"是一定历史时期对某些特定族群的称谓。正如台湾学者王明珂所指出的，在"羌族史"上，被称作"羌"的人群只有从华夏那儿知道自身被称作"羌"，羌人通常自称"尔玛""日麦"。对"羌族"的认识，则来自现代人对于民族概念的基本判断：所谓民族，是指在历史上形成的一个有共同语言、共同地域、共同经济生活以及表现于共同文化上的共同心理素质的稳定的共同体。尽管学界在20世纪五六十年代依据上述原则划分了羌族，但是分布于青藏高原东部边缘的崇山峻岭之间的羌人村寨，在文化景观和习俗、语言亦存在较大的差异。岷江流

---

① 参见冉光荣等《羌族史》，四川民族出版社1985年版，第30—33页。
② 参见马长寿《碑铭所见前秦至隋初的关中部族》，广西师范大学出版社2006年版。
③ 参见马长寿《氐与羌》，上海人民出版社1984年版，第4页。
④ 参见顾颉刚《从古籍中探索我国的西部民族——羌族》，《社会科学战线》1980年第1期。
⑤ 参见安应民《吐蕃史》，宁夏人民出版社1989年版，第1—21页。

域羌族生活地区各村寨的生产方式虽然均以农业种植为主，但不同地理环境下的差别也非常显著。生活在岷江上游及其附近的羌民彼此之间仅仅是由于上述的共同性而被界定，与历史阶段羌人文化特质之间存在模糊的关联。① 现代羌族群体对其民族历史的追忆更多借助外来者的引导，其中有些甚至是误导，② 而羌文化元素向世人所传递的信息往往与传说相关，追溯到更为久远的历史年代尚需要更多有效的证据。

二 现代羌族的文化版图

历史上，羌人南下、汉人北上似乎构成了岷江流域民族迁移的主脉络。民国时期"龙溪（今归都江堰）至汶川，沿途居民多汉人，山内为羌民与土民（指藏人）"。③ 1949 年新中国成立后，羌族、汉族与藏族沿河谷与山峦立体分布的情况有了较大改变，多民族聚居成为普遍现象。首先是由于"汉文化在很多方面代表着先进和进步"④，加之岷江流域的羌族在历史上与汉族交往频繁，汉文化在当地已然成为主导。羌族文化与汉文化的同化是多个世纪以来的主要趋势，这一历程随着羌族地区经济的迅速发展也正呈现加速的态势。尽管偏离交通干线的村寨依旧保留了羌族原有的生产、生活方式和文化传统，但在羌族地区的主要城镇，无论是服饰语言、民居建筑还是流行文化中，汉文化均占据主流。以汶川为例，2008 年大地震前羌族人口占总人口的 34%，汉族占 46%，是典型的汉、羌、藏杂居区域。汉族以县城威州镇为主要居住地，其他如县城南部的映秀、水磨等地较为集中，而羌族居住地则集中在县域北部威州、雁门、龙溪等地，此外沿岷江、杂谷脑河及其支流的沿岸区域汉族、羌族间或分布，这里的羌族"因为长久以来接近汉人地区，受汉文化影响相当深"。⑤ 其次，新中国成立以后推行的民族政策强调"各民族一律平等"和"民族团结"，少数民族间的纷争减少，羌

---

① 这样表述的原因是受费孝通先生著述的影响。在《中华民族的多元一体格局》一文中，费孝通先生曾指出"羌人是中原人对西方一些牧民的统称"。显然，现代意义上的羌族与历史上的羌人并非统一的概念。
② 美国人类学家葛维汉 20 世纪三四十年代于岷江上游的调查发现，很多羌民自称"以色列人的后裔"。这种观点通常被认为是受了早期传教士陶然士（Thomas Torrance）的误导。
③ 于式玉：《于式玉藏区考察文集》，中国藏学出版社 1990 年版，第 175 页。
④ 徐平：《羌村社会》，中国社会科学文献出版社 1993 年版，第 248 页。
⑤ 王明珂：《羌在汉藏之间：川西羌族的历史人类学研究》，中华书局 2008 年版，第 8 页。

人耕作和居住选址中减少了防御性的考虑，活动范围扩大，与汉族、藏族毗邻而居的方式获得认可。总之，跨文化交流带来的文化适应和社会政治环境的改变已经悄然修正着羌人传统生活空间，异文化的表现形式或者各种文化特征的聚集正在羌人的生活里呈现。

茂县相比汶川而言，羌族人口比例更高，与汉文化的接触频率更低。因此在茂县凤仪镇之外的区域羌族原有的文化风貌得以很好的保留。近年来由于旅游活动的兴起和旅游者对于羌历史文化的关注，也开始引导茂县羌族居民在日常生活中特别运用羌族的文化传统或者文化符号，以强调羌与其他民族之间的区别。无论是世代居住在羌族村寨里的民众还是城镇居民，通过外来旅游者的到访以及各类介质讯息的传入都能感触到羌人的传统文化在旅游开发中的重要作用。旅游者对"羌碉""羌寨""释比"等产生的浓厚兴趣，激发了羌族人保护、宣传羌文化的热情，并将这股热情融入旅游开发的进程中。汶川地震灾后恢复重建中羌族文化符号得以强化，其中最突出的例子就是岷江上游地区的建筑风貌：沿岷江上溯，交通主干道两侧民居相对集中的村寨、城镇等在灾后重新修建或者改建的屋舍上，均突出了羌族建筑特色，如女儿墙四角堆砌白色石英石、屋脊白色小塔、屋顶四角神塔、羊角纹样、外墙饰石材等，以及大小聚落中刻意增加的石碉楼、石碉房，甚至栈道，都从各个层面凸显建筑景观中的羌文化元素。在汶川、茂县、北川等羌族聚集区主要城镇的恢复重建时，传统羌族村寨的文化符号亦被不断采用，羌族碉楼甚至出现在城镇的新建小区里，由此出现了新一轮的文化"复原"以及"再造"，呈现出复兴的羌族文化占领城镇空间的事实。

三 茂县羌族与羌文化

从文化区位上看，茂县属于现代地理版图上的羌文化核心地带。历史上，茂县的羌文化传承脉络亦相当清晰。现已发掘的考古遗址证实，早在秦汉时期，茂县区域已经有先民居住、生息。尽管很难考证历史上经过多次迁徙的羌人与现代羌族之间的确切关系，但作为藏彝走廊上的重要通道，茂县保留了多个历史时期羌人活动的众多遗存，羌族村落的宗教信仰、农耕文化、传统技艺等也较为完好地反映了羌文化的特征和多样性。

国家非物质文化遗产名录的项目中，羌族碉楼营造技艺、羌年、羌笛的演奏及制作技艺、瓦尔俄足、羌族刺绣、羊皮鼓舞以及民间传说"羌戈大战"在茂县都有很好的保留。其中，瓦尔俄足的发源地就是位于茂县北部曲谷乡的西湖和河西。作为千百年来流传下来的民俗活动，瓦尔俄足又被本地人称作羌族的"妇女节"，每年农历五月初三到五月初五茂县西北部曲谷村寨里的羌族女性不分老幼，皆着盛装前往参加，以歌舞的形式以祭祀天上的歌舞女神萨朗姐。2006年，这一民俗活动入选第一批国家非物质文化遗产名录。

茂县全境自南向北，羌族文化在不同的村寨里的表现形式千姿百态。节庆、服饰、碉楼建筑、民间舞蹈，以至耕作方式均呈现多元化的特点。例如茂县北部村寨的服饰与西部、南部村寨的服饰差异甚大，而本地羌民之间识别或者认同感亦来自服饰的区分。羌族妇女服饰所形成的几个典型区域，例如黑虎、曲谷、太平、沟口、土门等，大多是以地貌上的"沟"为界，沟内各村寨服饰文化单元各成体系，而同一服饰"典范区域"之内各村寨也会强调本村寨的服饰特色。黑虎羌寨妇女头饰为白布缠头，因此黑虎寨的羌民又被称作白头羌。头饰整体造型似虎头状，戴"万年孝"与传说中埋葬这里的"黑虎将军"相关。而同样以白布为头饰的沟口，其妇女缠头方式又与黑虎形成了显著差异。临近藏区的羌族村寨如西湖寨妇女通常佩戴瓦帕，从一定程度上是受到了藏族服饰文化的影响。2009年首届"瓦尔俄足"盛典举办，来自全县各村寨的原生态表演者齐聚县城凤仪镇，其穿戴服饰均为自己准备的节庆盛装，这些服饰即具有"典范区域"的显著特征。

第二节 区域经济版图中的茂县

一 民族经济发展

民族地区通常意味着在整个国家的经济版图中占据自然生态空间的巨大优势和发展政策环境的相对劣势，也是构成国家区域经济发展不平衡的主要板块。20世纪50年代以后，在区域二元结构突出的发展中国家，收入分配不平等和地区发展差距扩大成为那些采取工业化发展模式的国家的典型现象。[①] 这一现象的潜在隐患在于长期差距扩大容易引发区域间矛盾的激化，造成社会经济动荡。除了历史和社会经济基础这些

---

① 参见董藩《环形开放论：工业化时序市场规律与中国空间经济战略的调整》，经济管理出版社2006年版，第46页。

客观原因，资金投入、所有制结构、经济发展战略导向、产业结构、经济效益和思想观念等在东西部地区也存在巨大反差①。

1949年新中国成立之后各少数民族区域在汉文化及现代化的影响下，经济结构和经济总量均有一定提升。但相对于非民族地区的发展，民族地区无论是经济总量还是经济结构都存在较大的差距。以民族地区的原赋资源为基础，发展区域经济成为这些地方发展的重要动力。但是生态资源等既有禀赋的利用在过去若干年中走入误区，导致生态破坏的情况比比皆是，地方发展不断陷入困境。显然上述问题的出现与经济发展中的非经济因素相关。根据张培刚的解释，影响经济发展的非经济因素有三个：一是历史因素，二是人口与地理因素，三是政治因素。②民族地区的经济发展中，政府对经济发展中非经济因素的重视程度无疑起着很大的作用。无论是平衡区域发展，还是培育地方经济，以政府制度层面的影响力调节并促进经济结构优化是民族经济合理增长的优选道路。

二 阿坝州的经济构成

四川省阿坝藏族羌族自治州拥有丰富的自然资源，是四川重要的林、畜、药、果产地。其中，草场、森林及水电、矿产资源是阿坝经济的重要支撑。

在阿坝州所辖的13县中，工业产值的70%集中在距离成都平原最近的汶川县，例如水电、工业硅、铝、电石为主导产品门类的工业经济格局在汶川已具规模。其余12县中农业经济在本地经济产值中占据较大比重。20世纪90年代以后，以旅游经济为代表的第三产业在阿坝经济结构中的比重日益突出，阿坝州秀美的自然风光和藏、羌民族民俗风情等逐渐成为吸引外来投资、促进阿坝经济发展的增长点，并由此带动相关旅游设施的投资。其中旅游经济发展最快、被国家旅游局命名为"中国旅游强县"的九寨沟县，2011年三次产业结构为9∶31∶60，且三次产业对经济增长的贡献率分别为4.3%、19.7%和76.0%③。

2008年汶川地震之后产业结构调整使阿坝旅游经济获得了更好的

---

① 参见魏后凯、刘楷《我国地区差异变动趋势分析和预测》，中国工业经济研究1994年版，第28—36页。
② 参见张培刚《发展经济的非经济因素与政府作用》，《管理与财富》2001年第8期。
③ 数据来源：九寨沟县统计局，http：//www.jzg.gov.cn/meilijzg/jzggk/shehjj/201203/t20120306_435028.html。

发展契机，旅游投资和消费较之震前大幅攀升（见表 19-1）。州内兴建了大批旅游接待服务设施，为扩充阿坝旅游接待容量、实现旅游经济的高速发展奠定了基础。

表 19-1　2006—2011 年阿坝藏族羌族自治州经济增长概况

年份	固定资产投资额（亿元）	国内旅游收入（万元）	住宿和餐饮业社会消费品零售总额（亿元）	GDP（亿元）
2006	94.16	540200	6.77	87
2007	108.62	656800	8.16	105.1
2008	82.04	159100	4.77	75.63
2009	351.3	387000	5.9801	109.59
2010	362.41	714000	—	132.76
2011	380.22	—	—	168.48

资料来源：《中国区域经济统计年鉴》《四川统计年鉴》等。

三　茂县经济

据《茂县县志》记载，新中国成立前茂县交通闭塞，农业劳动生产率极低，种植鸦片成风，无工业生产。新中国成立后经过五六十年的发展，茂县经济产业结构逐趋合理，农业、工业产值均有较大增加。

第二产业对茂县 GDP 的贡献率逐步增长，涉及的行业门类包含冶金、水电、生物产品加工等。从茂县现有的产业分布上看，茂县东部光明乡、土门乡及县城凤仪镇南部集中布局工业产业园区。

旅游业是茂县第三产业中的重要支柱。20 世纪 90 年代，作为成都—九寨沟黄金旅游线路上重要的交通节点，茂县依赖过境站的优势区位条件大力发展旅游住宿和餐饮、购物。每天途经此地前往松潘、九寨沟旅游的旅行团和自驾游客川流不息，由此带动了当地旅游接待业。县城所在地凤仪镇沿着 213 国道两侧的宾馆、饭店和旅游购物店鳞次栉比，绵延长达数公里，高峰期接待床位多达 8000 张[①]。过境旅游有效拉动了茂县城镇服务业的发展，也相应带动了乡村种植、养殖业规模的扩大。

从 2002 年至 2011 年茂县经济发展的截面数据看，第二产业构成全县经济收入的重要来源（见图 19-2）。众所周知，茂县是典型的农业

---

① 参见《震后茂县旅游：艰难的复苏》，《太原日报》2009 年 5 月 12 日。

县，而第二产业产值在 GDP 中的高比重反映出这一地区农业市场化水平较低，农业产值货币化程度不高。而在 2008 年之前，茂县农业则呈现低产值的状况，同时该时间段第二产业和第三产业的产值增长较为显著。调查结果也印证了上述判断：占全县人口中大多数的村寨羌民，其生计来源主要是种植业和小规模的农畜养殖，玉米、土豆等基本粮食作物以及生猪养殖等可以满足农户自身的消费，只有极少量的收获物会进入市场进行交易。近年来，在茂县大量推广的经济作物如李子、苹果、樱桃、花椒等销售收入构成了茂县农户的主要收入来源，无须村寨农户携带产品进入县城或者成都等大规模市场寻找客源，外来客商在相应采摘时节便会有挨家挨户登门收购。相比第二、第三产业，分散的农户经营导致实际农产品交易价格和成交数量的统计工作困难重重，也在一定程度上影响了第一产业产值的估算。

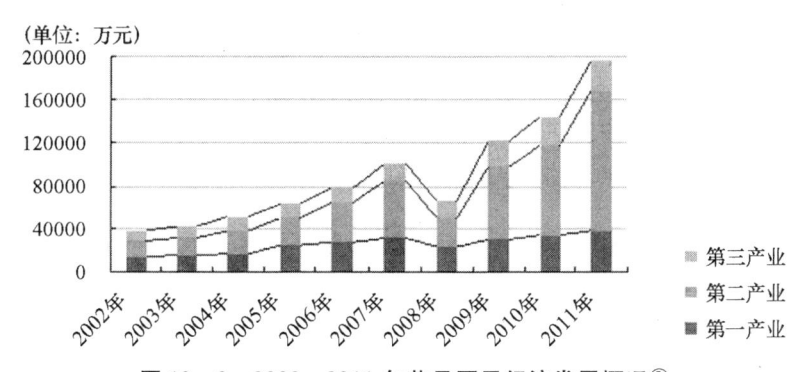

图 19-2　2002—2011 年茂县国民经济发展概况①

资料来源：《中国区域经济统计年鉴》。

第三节　羌文化旅游开发

一　羌文化旅游开发的兴起

羌文化的旅游开发早在 2008 年汶川大地震之前已经随着九寨沟黄金旅游线路的推广为世人了解。其中，213 国道是由成都这一中国西部重要客源地前往世界级旅游目的地九寨沟的西环线，也是纵贯羌族居住

---

① 2011 年数据依照《茂县 2011 年国民经济和社会发展统计公报》推算得出。

核心区的交通要道（见图19-3）。羌文化作为旅游吸引物在213沿线诸地的旅游资源体系中占有重要地位，羌碉、羌寨、羌绣和羌宗教民俗事项等物质或者非物质文化遗产被开发为各种旅游产品，并吸引了众多海内外游客，由此带动了沿途各地旅游经济的发展和税收的增加。20世纪90年代到21世纪初，九环线附近的萝卜羌寨（汶川）、桃坪羌寨（理县）、黑虎羌寨（茂县）相继开发，成为当时旅游者了解羌文化、探寻羌文化的重要旅游目的地。

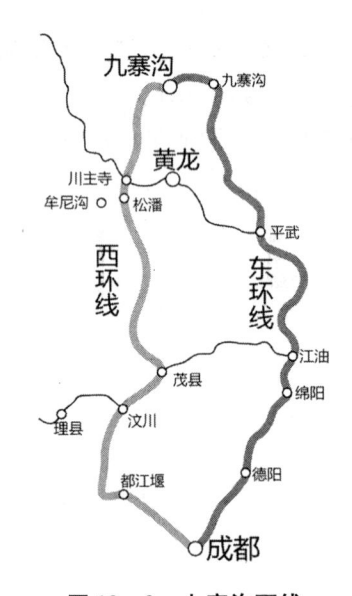

图19-3 九寨沟环线

二 地震前后羌族地区的旅游业

汶川大地震前羌族地区的旅游资源布局和开发，从空间构成上呈现明显的点状分布、线形开发的特征。

所谓"点"，是指围绕以羌寨为重要吸引物的点状开发。传统意义上羌族人的聚集村落构成相对独立的社会生活和经济生产单元。① 羌族聚居的岷江流域的地貌特征和历史因素等决定了这里村寨人口分布的特殊性，即多选择地势相对平坦但又易守难攻的地块集中居住。旅游市场上拥有较高知名度的几座羌寨均位于崇山峻岭之间。如位于理县的桃坪

---

① 参见蒋彬、张原《羌族传统文化的保护与发展研究》，《西南民族大学学报》（人文社会科学版）2009年第4期。

羌寨地处杂谷脑河畔的桃坪乡，号称世界上唯一保存完好的羌族古寨，被誉为神秘的"东方古堡"。位于汶川的萝卜羌寨地处汶川雁门乡岷江大峡谷畔的高山之上，是当时世界上最大、最古老的羌寨，被称作"云朵上的羌寨"。位于茂县鹰嘴河谷上方的黑虎羌寨也因其御敌英雄传说和巍峨建筑而蜚声中外。但从旅游开发的实际情况看，萝卜寨的开发力度和游客数量在地震前均高于黑虎寨和桃坪寨。这与三个羌寨所处的交通区位不无关系，萝卜寨紧邻213国道，从主干道到达村寨相对便捷。而黑虎寨、桃坪羌寨距离213国道大约有7公里和20公里的距离，并非九环线旅游客流的首选目的地。

"线"是指贯穿旅游开发点的脉络。羌族集中居住在成都平原西北方向的岷江流域，山峦叠嶂，深壑险沟，特殊的地理地貌特征使得这一区域的旅游开发对于地面交通线路的依赖性极强。以213国道和岷江河谷为主，省道、县道为辅，沿线分布的宾馆、饭店等旅游服务设施正是线状开发的典型写照。汶川的映秀镇、绵虒镇、威州镇，茂县的凤仪镇、沙湾村等均是这条狭长线路上的重要旅游服务节点。

旅游接待的兴起推动羌族地区旅游产业链条的延伸。本地特色旅游纪念品如羌绣、动物制品的研发与生产，以及农产品初步加工等，在客流量增大的同时产量也相应扩大，包括羌绣工艺品系列、牛角制品系列、时鲜果蔬等被逐步推向旅游市场，不仅丰富了旅游产品的供给，也增加了羌族地区城镇居民的就业、扩大当地土特产品的市场销售。

2008年汶川地震使羌族地区的旅游业遭受重创。首先，重要旅游服务节点和旅行道路等在地震中受损，旅游接待设施不足。部分宾馆、饭店等在地震中房舍损毁严重，2009年调研组进入时西羌大道两侧正常营业的宾馆只有十余家，且常常面临断电和余震的考验。其次，灾后次生灾害频发，加之原有景点、景区的消亡等也令旅游者前往该区域旅游的信心不足，如汶川境内的萝卜羌寨等则几乎全部坍塌，茂县黑虎寨多半民居成为危房，碉楼损毁严重，传统意义上的旅游吸引物不复存在。尽管以"灾后重建"等为主题很快涌现出一批新的旅游吸引物，短时期内吸引了大批旅游者前来，但是就长期发展而言，羌文化的重建仍是这一区域的旅游重建和未来发展的重点。在九（寨沟）黄（龙）机场扩建、都汶高速通车、成兰高铁修建等一系列基础设施建设推进下，茂县过境游市场所依赖的优势区位即将改变。只有充分发掘茂县独特的羌民族文化资源和自然资源，创造羌民族特色旅游品牌，把茂县从旅游过境地转型为目的地，才能把握旅游业二次创业的机遇，实现地方经济的发展。

三 震后旅游资源的重组与再造

汶川大地震使羌文化的传承与保护受到前所未有的关注。地震后文化部迅速出台了《羌族文化生态保护实验区规划纲要》，明确羌文化的保护范围、保护内容和方式。即在羌族主要聚居区（茂县、汶川、理县、北川羌族自治县，以及松潘县、平武县、黑水县等部分相关地区）对区域空间内承载的文化表现形式开展全面的整体性保护工作。在这种形势下，如何处理羌文化保护与恢复重建之间的关系成为各界关注的焦点。

羌文化保护与以旅游业为主导的灾后恢复重建的关系，笔者认为可以从以下两方面进行讨论。

第一，就地震灾后该区域的旅游重建而言，羌文化旅游资源体系是羌族地区旅游业重建的重要内容之一。它既包含旅游硬环境的修复与重建，比如道路交通、住宿餐饮、购物设施、村落、城镇、景区景点等，但更重要的是软环境的恢复与营造，特别是旅游吸引物的恢复或者重构。地震中受损严重的羌族文化旅游资源是旅游资源重组的关键环节。而就旅游开发的影响而言，羌文化保护在大规模旅游开发环境中的前景堪忧。尽管旅游者的到来一定程度上促成了民族地区传统文化的复兴，但是由于大众旅游引发的大规模文化接触与传播势必影响羌族地区旅游业赖以生存的羌族文化，所以通过适当的旅游开发实现区域经济的振兴与促进民族文化的传承，应该成为震后旅游资源重组的重中之重。

第二，茂县的震后旅游资源重组，自上而下的纵向行政推动和规划作用突出。从国务院、文化部就汶川灾后恢复重建、羌文化生态保护实验区等出台相应条例、规划，到茂县拟定并落实工业、旅游业等产业规划，各级政府无疑是这一过程的主要推动者。例如茂县灾后重建规划中对羌文化旅游资源的恢复提出文化保护和资源开发两条途径。"文化保护"是指对茂县境内的羌文化物质和非物质文化遗产给予集中抢救、保护，比如对境内的羌族村寨建筑调查、修复，建设非物质文化传习所、建立文化保护和传承工作制度。"资源开发"是指在文化保护基础上合理有效地对以上遗产资源进行利用。例如通过打造羌文化产业园区，让羌民族悠久的历史和厚重的文化得到有效的浓缩展示，建成融羌民族"活态""静态""产业开发"为一体的羌文化生态保护核心地，使之成为羌民族朝拜圣地和羌文化旅游目的地。而由政府出面举办代表传统羌族文化的"瓦尔俄足"庆典,组织上千名来自高山村寨的羌族妇女进行原生态歌舞表演,邀请国内外知名教授、专家以及民族文学爱好者召开国际学术研讨会,为羌文化的传承、保护、挖掘、弘扬出谋划策。

事实上,在资源重组中,限于行政区划的原因,各个羌族分布地区都尽力推广自身的羌文化旅游资源,按照县域范围内的资源分布情况进行整合和规划,缺乏有效的统筹。为了迎合旅游开发的需要,传统文化资源相对匮乏的地区通过学习模仿、重建及引进人才等方式再造了一批"传统"羌族村寨、羌城、羌镇,如北川的吉娜羌寨、巴拿恰羌城,几乎是毫无根据的重建,缺乏羌族的文化内核,因而没有成为旅游吸引物。而文化资源丰裕的地区为了能在旅游市场竞争中占据优势,将具有鲜明特色的羌族村寨纷纷推向市场。因此,多地的同质化竞争在震后羌族地区文化旅游市场逐渐升温的过程中日渐突出。

四 羌族文化传承危局

自上而下的组织和推动令羌族聚居地的民众强化了"羌文化""羌族"等观念,羌族地区的城镇居民和偏远乡村的民众皆以本县举办规模盛大的文化活动而自豪。现代传媒如网络、电视以及光盘等让即便外来者和住在偏远村寨的居民都能够了解茂县羌族文化的传承与复兴。茂县凤仪镇街头音像店里,"瓦尔俄足"盛典的录像资料循环播放,过往路人不时驻足观赏。

但是与此同时,地震之后文化传承的危机也愈加凸显。受地震及其后续次生灾害影响,羌人生活的自然环境堪忧。长期生产生活实践中创造的文化遗产,既是羌民族智慧和文明的结晶,蕴含着特有的精神价值、思维方式和文化意识,又是地域历史文化发展的重要见证和载体。文化遗产的存在与羌人居住的环境早已融为一体,但是这一区域恰恰也是地震频发地带,自然灾害对羌族文化的传承造成近乎毁灭性的打击。近代历史上著名的1933年叠溪地震曾令叠溪古城全部塌陷、岷江断流,伤亡2万多人。[①] 1976年松平地震、2008年汶川地震的巨大破坏力均使当地社会生产受到重创。自然灾害使位于高山峡谷间的众多羌族村寨受到严重毁坏,导致部分村寨里宗教祭祀所用的神坛摧毁,重要法器损坏和丢失。最重要的是非物质文化遗产项目的传承人后继乏人,许多传统技艺濒临消亡。羌族释比作为羌族口传历史的重要传播者在地震中辞世

---

① 参见常隆庆《四川叠溪地震调查记》,《地质评论》1938年第3期。

或失踪，民间技艺的传承者伤亡等，都影响到该区域羌族传统文化的承继环境。

现代社会文化发展的冲击所形成的外部人文环境也令羌族文化传承面临巨大挑战。以羌族语言为例，由于羌族是一个只有语言没有文字的民族，有关本土文化和历史的记忆是通过口口相传实现的，而其中最关键的传承人就是释比（汶川地区又称作端公）。一些重要的场合如婴儿的出生仪式、婚礼、还愿、祭山会、葬礼和羌族传统的节日典礼上，释比是传统经文的吟诵人。经文在父子之间或者师徒之间口头传承，一旦中断则难以为继。释比们所吟诵的是一部部鲜活的羌族口述史。但从调研组 2009 年首次到达茂县的调研情况看，不少村寨里已很难找到了解并能吟诵这些经文的人，释比后继乏人的情况比比皆是。年轻人普遍反映释比吟诵的内容听不懂，仅仅知道大意是"羌戈大战"，或者"木姐珠与斗安珠"。不仅在羌族重要的标志性仪式中，甚至连宗教领域羌语的使用也在渐渐消失。羌族传统仪式中的习俗更加汉化，使用的语言也融入了汉语，一些释比在典礼仪式上采用羌、汉两种语言吟诵。现还健在的释比是仅有的能用羌语吟唱经文的人，但多半已经年逾古稀。根据茂县教育机构相关人士的调查，羌族年轻人普遍认为对于个人发展而言汉语和英语更为重要，羌语在现代社会中价值有限。① 这一客观事实也反映出羌文化传承面临的困境。

事实上，羌族内部在文化的传承和吸纳外来文化之间也存在分歧，羌族传统文化在更多人看来与生活环境的改善相关。居住在村寨中的居民，在面临调研组的提问时谈到最多的话题是生计改善和"旅游开发"的收益。黑虎寨的年轻人憧憬有朝一日成为导游，向外来的游客介绍黑虎碉楼群。导游是高收入群体，但前提是必须学好普通话，羌语尽管有特色但是不能作为交流工具。牛尾寨的村民在言谈之间都流露出对年轻人的羡慕，他们走出羌寨到位于茂县县城、九寨沟甚至成都等地的表演团体中一展技艺，收入水平远远超出了务农所得。这些歌舞的技艺本身也为村寨的居民所掌握，但由于受限于特定情境，如重大节庆、婚礼等，只能称得上村寨内部的自娱自乐。在多数人看来，只要按照旅游项目设计的形式展示或者表演，"旅游开发"即意味着收益。羌族特有的歌舞、释比诵经等一旦进入景区景点，在旅游者的关注下羌族文化会变

---

① 参见陈维康等《羌语会继续生存下去吗？》（http：//www.mxxcb.com/lswh.asp？Data_ID＝1195&MenuId＝276）。

得更有意义，表演者还能领取报酬。至于村寨内部，由于电视、电话、网络等的普及和交通工具的日益便捷，人们之间的交往形式和日常娱乐活动越发多样，加上外部力量的推动（例如政府为了丰富村民文化生活，委派放映员流动到各个村寨里播放电影），村寨里成长起来的年轻一代也不再拘泥于村寨内部的歌舞自娱。羌人农闲时节聚在一起跳舞唱歌的传统，正在随着这些区域的景区开发被输入到旅游者的记忆中，相反羌族青少年的生活中关于歌舞的记忆正在被日渐淡忘。现年77岁的省级"瓦尔俄足"传承人兰巴姐对调研组回忆说，她小时候跟着寨子里的长辈们上山唱歌，耳濡目染的结果是可以不由自主地唱出来，并且其儿女在家庭环境和村寨氛围的熏陶下从小就能歌善舞。至今兰巴姐的女儿陈双秀每逢县城重大羌族节庆时都会参加歌舞演出。到了兰巴姐孙辈一代，因为自小生活在县城，远离羌寨特有的民俗语境，孩子们已经很难像兰巴姐那样无拘无束地舞蹈和吟唱了。

第二十章　旅游开发进程中的空间塑造

以地震灾后重建为契机，大规模旅游开发活动显然使陷入民族文化传承危局的羌族获得了新的际遇。从文化空间的视角来看：一方面，官方对羌族文化保护的推动和民间响应，羌族村落传统生活空间得以延续；另一方面，社会经济领域新生事物以及受外界文化的影响，尤其是旅游开发对羌族地域的影响，令新型空间也随之诞生。

第一节　传统文化空间

一　河心坝的羌笛声

羌笛既是古老的单簧鸣乐器，也是羌文化的重要象征。"羌笛何须怨杨柳"，通过羌笛演奏出来的《萨朗曲》《折柳曲》等，余韵悠长。2006年，羌笛演奏及制作技艺入选第一批国家级非物质文化遗产名录。作为羌族地区曾经流行并很常见的乐器，现代羌人的生活中羌笛已经难觅踪迹。2009年调研组首次到访茂县，街头受访者中多半只知其名不闻其声。

不过在茂县河心坝村的考察中，调查组一行遇到了羌笛制作者王国亨一家。河心坝村（见图20-1）位于茂县西部的三龙乡，是居于深山之中的宁静村落。如同岷江流域的大多数羌族村寨，河心坝同样坐落在山腰。从213国道一侧的狭长河谷地带上行十余公里到三龙乡政府所在，再沿着崎岖土路上行到位于半高山上的村子里。站在村民房屋上层平台上能够眺望远处青山，山顶皑皑白雪在阳光下闪耀迷人的光芒。这样的村寨选址，最大便利之处在于日照充足，非常利于农作物的生长。同时村寨还会受到水源分布的影响。在自来水管线铺设工程尚未完善的今天，半高山上几乎所有羌寨都面临取水的忧虑，所以通常按照水源的分布选址。汶川地震后,河心坝附近地处更高海拔的一个羌族村寨由于水源消失,不得已只能举村搬迁至低海拔取水方便的河谷地带。河心坝得益于选址,地震断裂带与村落擦肩而过,村民依旧居住在此地。不过由于位置偏远,交通不便,至今鲜有外来旅游者进入。村落房舍依地势起伏错落分布,布局堪称完美,村内四角、六角、八角碉楼在大地震后依旧保存完好。村内房舍沿袭了羌族传统村落的建筑风格,就地取材,石头搭建,一些人家门口立有"泰山石"字样的石碑。近年来部分村民子女入城打工或者入学毕业后留城工作,年轻一代离开羌寨进入城镇生活,还有一些则选择全家移居到县城或者大城市,村里空置的房舍日渐萧瑟。例如令河心坝村民引以为傲的全国种粮能手杨松英,在20世纪七八十年代曾经率领村民科学种植、精耕细作,在高海拔地区取得了粮食丰产丰收,并被选为全国劳动模范、第七八九届人大代表,但自从她们举家搬到县城之后,河心坝的宅院已经空置多年。在羌族地区,因为工作、求学等原因人口迁出的情况并非个案,通常是子女搬迁到县城或者成都、北京等大城市居住后,家里老年人或留在村寨继续务农,或跟随子女迁居城镇。

图20-1 茂县三龙乡河心坝(摄于2009年9月)

岷江流域半高山上的羌寨基本都以农业生产为主,养殖为辅,河心坝同样如此。村民主要以务农为生,农产品如花椒、苹果等经济作物是收入的主要来源，粮食作物如玉米、小麦、土豆等在自给的同时也有极少量用于销售，饲养猪、羊等更多是满足自身需求。村民进城卖货的成本比较高，所以一般大宗农产品的销售通常由外来商人上门完成，例如花椒成熟季节商人进入村寨逐户采买。这笔收入基本构成了羌寨农户的每年最大一笔财富来源。

王家是河心坝不起眼的一户农家，石头垒砌的院落、房舍，房顶堆放着干玉米。居住在河心坝村的王国亨父子是远近闻名的羌文化推广者。王国亨是流动电影放映员，负责携带电影胶片逐村播放露天电影。此外他在地震后受聘于政府文化保护机构，蹲点黑虎乡的黑虎寨为灾后羌碉重建测量数据。在王家，我们见到了王国亨自己研究复原的羌笛，以及众多来访者的留言册。"羌笛在市面上很难见到，很多人也是仅闻其名"。王国亨小儿子王佳乐介绍，羌笛的制作，按照传统工艺需选用鹰骨。但由于鹰已经成为被保护对象，羌笛的制作也只能用竹子替代。历史上羌笛的吹奏没有文字记载，仅靠人与人之间的口传心授。王国亨查阅文献后认为，羌族先人在西北游牧为生，鹰骨是制作羌笛的不二之选。2010年入选省级非物质文化遗产传承人名单的王国亨，先后完成了4支鹰骨羌笛的制作，其中四川省博物馆、中国羌族博物馆和中央民族大学各收藏了一支。据王国亨回忆，材质来源是早年在乡间巡回放电影时拾到的一只死鹰，自己于是根据相关文献尝试制作而成。羌笛制作工艺在2006年被列入第一批国家级非物质文化遗产名录，对于这项遗产本身以及致力于羌笛传承的羌民来说都是一件幸事。羌笛现在采用的多是竹笛。相比之下，竹笛的音质尽管更为出色，但是竹材质不符合历史上羌人的生活传统。没有了鹰骨，王国亨制作羌笛只能选用竹子，工艺繁复且加工周期长，目前羌笛主要是博物馆、爱好者及自己收藏，难以批量推向旅游商品市场。

河心坝村民对于王家在羌族文化传播方面的热情和实际工作颇多赞誉，"王国亨喜欢（羌文化），做得不错"。除了自己研制羌笛，王国亨家即将举办的婚礼形式也博得了村人的认可。婚礼是羌族村寨最盛大的集体活动之一，除非特殊情况，① 婚礼的时间一般都是在岁末年初，这一时段正是农闲时节，寨子里所有的村民都有时间参与婚礼的筹备。另外岁末年初正是一年中食物储备最为丰盛的季节，经过了秋收的喜悦，

---

① 羌族传统的婚礼约定俗成的时间是岁末年初。羌族民众认为，只有未婚先孕这一特例情况下婚礼才会选在其他季节。

牲畜也体健膘肥。于是村民们共聚一堂，杀猪宰羊，婚礼才显得热闹。传统的羌族婚礼时间长、场面大且隆重。传统的婚礼会举办三天，所有的族人亲朋等都会在婚礼前集聚新郎新娘家帮忙。婚礼正式进行的第一天，举行迎亲仪式，招待来访宾客；第二天，宴请亲朋好友；第三天，谢客，所有参与婚礼筹办的自家人聚在一起，共同庆祝仪式圆满。村民们回忆往昔的婚宴盛况，最多强调的是"时间长""喝咂酒""跳锅庄""坝坝宴"。不过随着时间流逝村民们渐渐淡忘这样的习俗，现在的羌族婚礼都是简化了的仪式，有条件的话婚礼当天"在县城的饭馆里请宾客吃饭"。由于交通条件的改善，甚至远在雅都①的婚宴都会进县城举办，婚宴操办的前后细节由专门的公司负责。作为村寨里农闲时节最为重要的传统民俗事项，婚礼已经偏离了老一代羌民的生活节奏，所以上年纪的村民对王家筹备传统的婚礼异常期待，无论是河心坝村还是三龙乡，大家讨论最多的是王家即将举办的盛大婚礼，"到时候肯定邀请很多人，会按照最传统的羌族婚礼的形式举办"。

羌族年轻人对于传统婚礼不甚了解，更谈不上继承。婚礼的主要人物王家大儿子工作、生活都在成都，回到河心坝村举办婚礼既是王国亨作为父母的期盼，也成为这一带所有人的期盼。羌族村寨里的传统婚礼，对于村民而言已经远远超出了典礼本身的含义，它更像是村落公共文化空间的一个缩影——在凝聚了全村人的热情和力量的同时，将民俗民风在庆典中传延给下一代。不无遗憾的是，这一场众人关注的婚礼最后选择在成都举办，地震后房舍和道路情况不适宜远方亲朋到访是主要原因。2013年我们回访河心坝村，王国亨对婚礼的场景仍记忆犹新，酒是特意从茂县订购运到成都婚礼现场的，大家在成都的饭店里跳锅庄、喝咂酒。缺少了村寨的文化背景，婚礼依旧在羌族亲朋的祝福声中圆满举办。

河心坝是众多羌族村寨里较有代表性的一个。村寨风貌保持了历史遗韵，由于此前与外界的接触有限，村民的生产和生活节奏跟随自己的脚步缓慢发展。外界羌族村寨旅游开发的成功对河心坝村民的触动极大，村民以村里完整的碉楼而自豪，也迫切希望道路整治之后更多旅游者能够前来体验村落的魅力。村干部回忆说："第一批外来客人到访的时候，是徒步从山下走上来的，那时候全村人都到村口迎接。"与其他已经开发的羌族村寨相比，"我们也会跳舞、唱歌。组织起来很方便。"

---

① 位于茂县西北部的一个偏远乡镇。

至于发展的障碍,村民直言不讳,"上来的道路不通"。直到 2013 年,村里仍鲜有游人,村民们依旧沿袭自己的节奏耕作、休闲。对于偶尔进入的到访者,河心坝村也不缺少羌族文化的使者——研制并且能够吹奏羌笛的王国亨是最好的文化传播者。村民们虽然盼望旅游者进入村寨,但是并不因为缺少游客而失落。无论是羌笛还是羌族婚礼,都按照羌族人既有的生活方式和节奏实现了羌族文化传统的承继,它在少有外来者进入的空间范围内正在自由延续。

二 黑虎寨的碉楼生活

碉楼同样是羌族的文化符号之一,《后汉书·西南夷传》中有羌族人"依山居止,垒石为屋,高者至十余丈"的记载。中国碉楼的发展有着极强的地域性,而在羌族生活区域,碉楼兼具防御和储存等多重作用。羌族人非常善于就地取材,利用石料、黄泥、秸秆等砌筑碉楼,工艺精湛,碉楼历时百年而巍然不倒。

在所有的羌寨中,以汶川布瓦羌寨的黄泥土碉群和茂县黑虎羌寨的群碉最具代表性。前者为泥碉,后者则是典型的石碉楼。鹰嘴河畔的黑虎羌寨占据山势最为险要的一段,侧面为悬崖峭壁,加之有"黑虎将军"率领村民英勇抗敌的事迹振奋人心,村寨并不畏惧外敌来犯。黑虎羌在明、清时代,以强悍著称。① 据说最多时黑虎寨里88座碉楼,远远望去林立在山崖上的碉楼蔚为壮观。汶川大地震前黑虎寨羌碉的规模和气势在羌族地区首屈一指,吸引了不少国内外旅游者到访。

汶川大地震中碉楼的倒塌,令曾经来访的旅游者唏嘘不已。但是对于村内居民而言,碉楼的坍塌意味着生活时序的扰乱,住在村落一侧悬崖边的杨万康家便是一例。杨家的住所是一处紧邻悬崖的小小院落,院落一侧是石板砌成的两层小楼,供全家人居住;另一侧是碉楼和仓房,承担煮饭和储藏的功能。和平年代的碉楼不再承担堡垒、信号塔等多重功用,转而融入羌族人的日常生活,碉楼底层早已经改建为厨房,底层四壁熏得漆黑。火塘设在碉楼底层向外延伸的石房中,全家人聚在一起吃饭交流、日常待人接客,都是在这间房内。二层的一部分是仓房,收藏谷物,从仓房出来是一个日照充足的平台,用于晾晒粮食、衣物。地震后两层小楼四壁裂缝变成危楼,除了白天烧饭、劳作,夜晚全家人寄居在户外帐篷里。而杨家标志性的碉楼在地震中垮塌了一半,余下的一

---

① 参见邓廷良《羌笛悠悠 羌文化的保护与传承》,四川人民出版社2009年版。

半耸立在山崖边,危在旦夕(见图 20-2)。

图 20-2 黑虎寨坍塌的碉楼,内侧底层的四壁漆黑(摄于 2009 年 9 月)

位于半高山上的黑虎寨,土地资源极其有限,房舍之间的少许空地均被开发为菜田,见缝插针种些南瓜、玉米、青菜。农田是高山上开垦出来的坡地,分布在村寨附近。从河谷地带的黑虎乡政府到黑虎寨的道路两侧基本都被开垦出来,种植玉米、蔬菜等。杨万康家养了几头猪,种植玉米、蔬菜、花椒、李子、核桃等,家里的菜蔬和肉食基本能够自给自足。农闲时间,杨万康会坐在自己庭院中编制竹篓、在房屋平台上晾晒粮食。偶尔会有游客或者附近灾后援建工地上的工作人员上山购买杨家自制的腊肉、排骨及其他农副产品。农副产品的产量有限,主要是满足自家的需求,所以可供出售的数量不大;也有游客购买羌族家庭的手工刺绣,所以地震前每当游客到访黑虎寨,村民们便羞涩地从家里拿出这些绣品向游客兜售。刺绣是羌族女工的一部分,腰带是自己绣制,腰带扣为县城里批发而来的金属制品。平日里除了自己用度,绣花出售以贴补家用也成为村寨居民的收入来源之一。地震之前,杨家婆媳绣制的鞋垫、绣花鞋、腰带等很受游客欢迎。白天,杨家婆婆负责打草喂猪,安排一家人的餐饮。晚饭之后的闲暇时间,杨家婆媳聚在火塘边赶制羌绣，绣制技艺几乎是无师自通，不过纯手工制品的产量和种类不多，加上黑虎寨来访的游客数量在地震之后遽然减少，所以卖出的并不多。杨家的儿子和儿媳在附近寨子里帮人采收花椒。樱桃、花椒、李子是这些羌寨村民近年来经济收入的重要来源。因为品质好，加上市场需求量大，所以销路也不成问题。在花椒成熟的季节，相邻村寨的人们总是呼朋唤友，互相帮助完成采摘。夜幕降临，杨家婆媳身着黑虎寨女性传统的服饰，开始在灯下做针线。婆婆的绣花藏品除了鞋垫、绣花鞋这类传统物件，还采用了现代人使用的腰带样本（见图20-3）。

图20-3　黑虎寨妇女的羌绣作品，手中所持是带有金属扣饰的羌绣腰带

村民对于旅游开发充满着憧憬，这与前期旅游者到访村寨后带来的直接经济收益相关，此外也受到茂县附近民族村寨的旅游开发效果的正面激励。直接收益是部分旅游者在黑虎寨购买羌绣、农副产品甚至会在农户家里吃饭、留宿，以支付现金的形式肯定村寨居民的劳动和服务。在农副产品货币化程度相对较低的村寨中，游客群体意味着村民现金收入的增加。间接激励来自汶川的萝卜寨、理县的桃坪寨，甚至是九寨沟景区附近的藏寨。这些村寨由于交通便捷或者组织得力等原因，旅游者到访人次更多，村寨的经济效益更显著。黑虎寨村民普遍认为旅游开发意味着通向村里的道路通畅，以前游客进入需要从乡政府那里步行上山，解决道路问题就可以吸引更多的游客，"如果旅游车要进入黑虎寨，公路最好修到门口"。一些村民则表示："游客来了，我们能做更多的

事情"。显然村民们对开展旅游活动的期待超出了他们对旅游收益本身的关注。既往与外来旅游者（包括外国人）的交流使祖辈生活在高山羌寨里的村民增加了信心，旅游者的穿着装备、言谈举止也令村民备感新鲜。有村民回忆："有上年纪的专家是被抬上来的，看到碉楼之后非常兴奋！拍了很多照片！"由于进入黑虎寨的游客数量较少，村里没有从事旅游服务的专业人士。官方性质的参观游览通常由村干部负责陪同接待；普通游客如摄影爱好者、户外俱乐部成员、自驾游客人等与村民接触交流的机会更多一些，所以村民通过游客的提问更加了解游客的需求，这也激发出部分村民从事旅游业的兴趣。除了销售农副产品、手工艺制品，参与表演村寨里传统的歌舞，以及从事导游活动，旅游开发衍生的工作机会令羌寨里务农的年轻人无比向往。

黑虎羌寨是最早为旅游者所熟知的羌族村寨之一。到访的游客扩宽了村民的视野，也使久居于此地的村民意识到羌族文化在外界日益凸显的影响力。初次到访的旅游者往往对黑虎碉楼赞不绝口，对羌绣、黑虎寨的历史、村民的饮食和耕作也颇感兴趣。杨万康展示给访问者的是地震之前刊登有黑虎羌寨碉楼的杂志，以及来访者拍摄回赠的照片，以此证明黑虎羌寨的重要地位。地震后村寨里的建筑物特别是碉楼损毁严重，由于修复起来人力、物力成本都非常高，村民个人心有余而力不足。地震以后村民的房子变形、倒塌，村民只能重新盖房子。按照村民的估算，旧房子（传统羌式建筑）与新房子（汉式建筑）的建造成本差不多，但是旧式房子需要采石头、挖泥浆，在灾后重建人力紧张的情况下，只能推倒危房盖新房。相比之下，碉楼在羌寨中早已失去了它的实用意义，村民们并不担心地震后碉楼的残损和倾覆。2009年调研组采访时，黑虎寨中上年纪的村民指着自家背后仅剩下一半的八角碉楼说："这个还是我很年轻的时候倒塌的。"显然，碉楼的倒塌不是一次地震的结果：近一个世纪以来7级以上的强震多次发生在岷江流域，自然灾害对于传统建筑的破坏和羌族生存环境的改变远超出我们的想象。村民无力维护或者迁离聚落的情况下，曾经在羌人生活中占据重要地位的碉楼在失去其实用价值之后与村民的关系渐行渐远。汶川萝卜寨或者布瓦黄泥群碉那样大规模的测绘保护工程，需要大量的人力物力支撑，很难在羌族生活的范围内全部实行。黑虎羌寨的碉楼由于被列为国家级重点文物保护单位，政府派人驻村测量数据，安排修复损毁程度较轻的碉楼。从事碉楼修复的王国亨介绍："碉楼的传统做法，因为材料的关系，是一年至多盖一层。一座20多米的碉楼，往往耗时十年才能完工。

现在不那么讲究了，因此盖出来的质量也不及从前。"碉楼和羌族村寨一样分散的状态，给羌族传统建筑的普查和记录带来了诸多困难，而保护资金的匮乏和各种自然灾害的损毁也使羌族地区传统建筑的数量越来越少。尽管与最初重建的想法不尽一致，村民依旧支持政府部门派员进行碉楼修复和风貌改造，因为这些工作与日后旅游开发相关，村民们相信黑虎碉楼仍是羌族地区最重要的旅游吸引物。

政府介入有效地促进了羌族村寨传统建筑的保护。汶川县布瓦黄泥群碉抢救性加固工程获得了国家文物局的审批立项，黑虎羌寨的碉楼修复同样是在政府文物保护机构直接参与下完成的。大部分羌族村寨的传统建筑则因为外来援助条件有限，维修维护均难以为继，民众根据自身的经济条件，要么选择修复，要么废弃。除了地震直接导致的房舍坍塌，还有因为地质地貌改变（如水源消失）所导致的整体村寨废弃。高山上生产、生存环境恶劣是羌族村寨整体搬迁的另一个原因，例如茂县北部的牛尾寨。岷江流域的半山上经常见到废弃坍塌的房舍、碉楼群，便是几个世纪以来政治、生态环境等变迁的真实写照。

2013年调研组再次到访黑虎寨，山下河谷地带的木质栈道粗具规模，旅游标志标牌正在建设，水泥车道通达村口停车场。村寨中心新辟的场地业已完成石板铺设，工人在村寨内加紧修造木质栈道。这一切预示着黑虎羌寨在不久的将来即将以全新的面貌迎接大批观光者。与四年前相比，村民们的生活节奏没有太大的变化。杨万康家标志性的碉楼高度比地震后有所降低，漆黑内壁的上层已然消失，紧邻碉楼的石板屋经过改造后与村落的整体风貌显得更为和谐（见图20-4）。杨万康的妻子依旧在家中操持家务，备餐做饭。不同的是，往年最大的进项之一花椒由于树根部腐坏几乎绝收，李子成为全家人最大的进项。在过去的一年里，村民万成在寨子里给退伍的儿子办了一场传统的羌族婚礼，摆坝坝宴，全村人聚在一起跳锅庄、喝咂酒，热闹非凡。村里的部分农田由于修建入村道路被侵占，赔偿问题尚无着落。村里的年轻人闲暇时偶尔会聚在一起跳舞唱歌，多数人家晚间的活动是看电视，或者围着火塘聊天、绣花。相比地震之后的那一年，黑虎寨的游人数量有所增加，村里来的旅游者是客人，带来新鲜的观点的同时也会购买商品和服务。对于黑虎羌寨的居民来说，坡地上的耕种依旧是生计中最重要的部分，而旅游开发则是锦上添花。

图 20-4　黑虎寨坍塌的碉楼（摄于 2013 年 10 月）

三　瓦尔俄足萨朗节

2006 年，瓦尔俄足这一民俗活动被列入第一批国家级非物质文化遗产名录。瓦尔俄足是由茂县北部曲谷乡西湖寨、河西村的羌民传承下来的节庆活动，在羌族居民生活的区域内被奉为羌文化节庆的盛典。一年一度的瓦尔俄足是纪念萨朗姐的节日，萨朗姐是羌族传说中的女神，传说中她教会了羌族人唱歌跳舞，用歌舞表达喜悦和男女之间的爱慕之情。瓦尔俄足庆典中，村寨里的妇女们结伴出游，载歌载舞，因此又被誉为羌族的"妇女节"。瓦尔俄足由羌族妇女主导，但参与者不仅仅局限于女性。男性同样在瓦尔俄足中占据着举足轻重的地位。出生于 1966 年的瓦尔俄足传承人余兴保告诉调研组，庆典中的男性首先是舅舅的身份，和羌族姐妹一起载歌载舞。此外，瓦尔俄足中男性负责祭祀活动。

整个节庆从农历的五月初三到五月初五，持续三天时间。西湖寨的妇女结队敬祀歌舞女神萨朗姐，请女神赐以歌舞，谓之引歌。回到村里，再逐户告知信息，谓之接歌。萨朗由村里上年纪的妇女领跳，男子则以歌舞附之。舞蹈间歇，品尝咂酒美食。节日期间妇女们身着盛装，尽情娱乐，农事和家务事皆由村寨里的男性操持。

汶川地震一周年后的 2009 年 6 月，首届羌族"瓦尔俄足"庆典暨国际学术研讨会在茂县凤仪镇举办，上千名来自高山村寨的羌族妇女身着盛装，表演了引歌、跳萨朗等，他们原生态的表演吸引了数以万计的群众参与（见图20-5）。各村寨的妇女身着传统服饰集中在县城庆祝萨朗节，尽管表演意义远远强于节庆自身，但是由茂县政府组织并推动的大型节庆活动给本地羌族民众留下了深刻的印象，茂县城镇居住的羌族人通过节庆以及媒体的传播对本民族的传统节庆有了更深的了解。节庆举办时还邀请了海内外知名学者、国际友人等前来参加，扩大了茂县的羌文化知名度。瓦尔俄足的发源地曲谷是传统庆祝活动最隆重的地方，每年五月初三，除了本地的羌族居民，理县、松潘、北川等地的羌族民众也会自发聚集过来参与庆典。随着瓦尔俄足声名远播，在茂县的松坪沟也会举办类似活动。

图20-5 2009年茂县首届瓦尔俄足庆典

瓦尔俄足从传统的羌寨节庆演变为整个羌族地区最为热闹的节日之一，与地方政府的大力宣传和推动不无关系。2011年茂县电视台羌族频道正式开播，主要播放的内容就是羌族村寨民俗和歌舞节目，这一频道甫一推出就受到了众多羌族老人的喜爱，其中包括兰巴姐。出生在曲谷乡河西村的兰巴姐自小能歌善舞，在2010年兰巴姐入选瓦尔俄足省级传承人名单。即便迁居县城凤仪镇多年之后，老人仍然能够亲自参与县城羌族艺术团体的彩排。如今老人腿脚日益不便修养在家，每天最重要的事情是打开电视收看羌族频道的节目。在兰巴姐指导下，儿女也成为瓦尔俄足的传承人。身为公务员的儿子、身为商人的女儿均居住在县城,但是每当羌族大型庆典举办时都会在羌族协会的组织协调下积极参与。老人家的子侄中有的进入"羌魂剧组",成为专业的羌族艺术演员。兰巴姐女儿陈双秀告诉调研组:"平时姐妹们聚在一起的机会不多,但是大家每天晚上都会聚在(县城)广场上跳锅庄。"

羌历年来临之前,传承人余兴保和其他一些传承人一起正在羌城参加由茂县文化部门组织的开城大典的排练。凡是重要的羌族节庆活动,传承人都会聚集起来参与各种传统文化活动。传承人与政府部门签订了协议,其中包括收徒授业、参加重大文化活动等。对非物质文化遗产传承人而言收徒的难度不大,汶川大地震后羌族地区民众对文化传承和拜师学艺的热情高涨。传承人对羌族文化传统有着强烈的认同感和责任感,但是收徒之余也有一丝忧虑,释比文化传承人肖永庆感慨:"徒弟学起来很难。"尽管如此,本地民众的羌文化意识在外部大环境的影响下开始逐步强化,对于旅游资源的保护未尝不是一件幸事。

夜幕降临后,茂县县城岷江东岸热闹的广场上,居民们自发围聚在广场上。广场舞是中国现代城市生活中常见的文化现象,但在茂县广场舞的主旋律却是民族舞。音乐声响起,各色服饰的人们围成一圈跳锅庄、跳萨朗,这是凤仪镇商业广场上常见的情形。在城镇化推进加快的今天,居住在城市中的羌族人把传统的羌族歌舞形式与现代城镇生活结合起来,将文化传统变为新环境中居民生活的一部分。广场舞参加者既有老年人,也不乏青少年。最初的围观者或者外来游客被人们欢快的舞姿和热情的氛围所感染,也会不由自主地加入其中,哪怕对歌舞的内容一无所知。游客居住的岷江西岸这时一片静谧,游客等待着次日更多更精彩的发现。

第二节 新空间的诞生

一 歌舞表演与组织

歌舞活动是羌民族最传统的娱乐项目。除了瓦尔俄足,羌族村寨里歌舞活动主要集中在农历正月到二月,这段时间是田间农活最少的时候,村民们忙碌了一年之后迎来新年,通常都会参加集体的娱乐庆祝活动。除此之外,重大活动中村寨居民也会集聚在一起举行歌舞活动。茂县北部的太平乡牛尾寨是羌族多声部的发源地,村民结婚、修房子、办丧事、收割青稞、打猎等都要唱歌,歌词大意因活动内容而异。羌族重大节日时村寨内的成年男子还会组织起来跳甲(穿着盔甲跳出征歌)。如每年的正月初七,羌族村寨里凡是年满13岁的男子,[①] 都集中于村寨附近的神树林中,每人手举大刀,背上火药枪,以跳甲的形式展示这个寨子的武装实力。男子跳甲,女子背酒。跳舞累了,嗓子唱哑了,女人们就送上咂酒、蜂蜜酒。历史上的跳甲活动以放枪进行庆祝,现在则采用放鞭炮的形式代替。

牛尾寨位于茂县北部的太平乡境内,由于地处古松州(松潘)茂州(茂县)交界地带,这里曾是兵家必争之地。羌人勇猛善哉,村寨中因此保留了诸多与战争相关的风俗。此前牛尾寨建在半高山上,生活环境恶劣。尤其是冬季大雪封山,由于交通不便,村寨与外界近乎隔绝。村里的20多岁年轻人回忆,旧寨小学里仅有一位老师,每个年级的学生轮流上课。除了教育水平远远落后于河谷地带的小学,旧寨的生活条件因为环境闭塞、运输困难等原因也不尽如人意。半高山上兼有放牧和农耕,由于冬季牧草无保障,村民的收益情况不甚理想。从2002年起,在政府动员和协助下牛尾寨居民分批从原址迁居安置到现在乡政府驻地的岷江对岸。新寨子坐落于平缓的岷江河坝地带,面朝213国道,统一风格的民居依地势错落有致(见图20-6),四周一片苍翠。湍急的牛尾沟从村子一侧神树林旁流过,清泉、流水、森林和鲜花构成了岷江流域羌寨中难得一见的秀美景致。新的牛尾寨通过岷江上的吊索桥便可到达太平乡驻地,213国道便利的交通条件为牛尾村民带来诸多便利的同时,各种类型的游客也开始进入村寨。

最初坐落于半高山上的牛尾寨在语言方面、民俗方面都保留了特别之处。妇女们闲暇之余会聚在村口用羊毛纺线、绣花(见图20-7)。绣花是牛尾寨的女性传统工作,每个人都在为岁末年初的盛装做准备。居住在牛尾寨的一对年轻夫妇,男方是岷江对面太平村人,身为牛尾寨村民的女方所讲的羌语男方压根儿听不懂。汉语和羌语都是平时家里的通用语言,在乡里上小学的孩子学说汉语,母子之间交流时则说羌语。年轻夫妇家里购置了超大屏幕的液晶电视,视频节目的内容与大城市人们所能收看的无异。全家人围坐在电暖气旁欣赏电视节目是牛尾寨从旧寨到现址后人们生活方式变化的一个缩影。尽管传统的跳甲舞、多声部

---

① 跳甲男子年龄无上限,以身体状况为准。

图 20-6 茂县太平乡牛尾寨（摄于 2009 年 9 月）

等得以延续，但是年轻一代对于集体娱乐的热衷程度已经随着传媒和讯息接受的方式改变而改变。在旧寨中，全村的歌舞传统一部分是缘于生活环境的闭塞，村寨里的集体娱乐活动就成为大家热衷的事项。村干部介绍说，全村 112 户 500 多人堪称"会走路就会跳舞，会说话就会唱歌"。村里有唱歌跳舞的传统，村民向游客表演各种歌舞，比如多声部、锅庄、萨朗舞、出征舞、铠甲舞、情歌对唱等，两个小时内容不重复。因为与外界的接触不多，牛尾寨完好地保存了原生态的羌族文化。

图 20-7 牛尾寨绣花的妇女

从牛尾寨的资源特色和交通区位优势出发，茂县旅游主管部门将这里选作汶川地震灾后重点规划开发的羌族村寨之一。2009 年，全村在茂县旅游局的指导下进行建筑风貌改造和旅游接待设施建设，以期提升游客接待能力。通过改造，牛尾寨的旅游服务硬件条件较之震前有较大改善。如村内新增了一处游客接待中心，神树林内设置了步游栈道，在村内主要节点安置了导引标志标牌。除此之外，牛尾寨的村干部带头改建房舍，如村口董云周家在自有房舍的二楼修建了六间客房，增加了公共卫浴设施。村内少数村民也在家庭内部增设了客房，提供游客接待服务。

2013 年重访牛尾寨，村民一如既往的热情好客。一般村民相比四年前对旅游接待有了全新的认识，比如主动问询来访者的住宿及饮食安排，并热情介绍村内可以提供上述服务的人家。但是全村旅游接待的人数与地震前相比反而有所下降，自驾车游客进入后通常直奔神树林拍照取景，逗留时间较短。团队游客以艺术专业的高校师生为主，集中于暑期在村寨内写生。两类游客对村民日常生活的干扰较小，为村内带来的经济收益也有限。

组织表演是牛尾寨村里接待贵宾的一项重要活动内容。尽管具备为游客表演的能力，但是散客到访不足以支持一场正式的演出，除非游客特别提出请求。村干部介绍说："有游客来的时候，我们也组织唱歌跳舞。村里的人相互叫上，就能表演。游客给（歌舞表演）的钱，村上所有参加表演的人平均分配。"村口大树下一起做刺绣的妇女，印证了村干部的解释："如果想看（歌舞），我们就可以组织起来。平时也会组织在一起跳舞唱歌，不过现在村里的活动场所没有做好，所以没有地方唱歌跳舞。"由于客源结构的改变，村民在寨子里为游客做歌舞表演的次数并不多。歌舞活动仍会在村寨里最重要的节庆进行，而一般事项如盖房、收割等，村民们已经很少会聚在一起唱歌。因为禁猎的缘故，猎捕时候的歌词也渐渐淡出牛尾寨羌民们的歌唱内容，转而成为特定节庆时的回忆。

经过风貌改造的牛尾寨在旅游开发方面并未获得预期的回报，村民的主要收入来源依旧是农业。在推行退耕还林政策后，农户农地面积减少，一些村民回到半高山上的旧寨附近从事放牧，以牦牛的养殖为主。上年纪的村民主要在村里从事农业劳动。村内年轻一代的工作大致有两类。一类是走出牛尾寨到外地谋生，如不少年轻人出去在九寨沟、茂县的表演场从事民族歌舞表演工作。茂县剧团的组织者说："牛尾寨的年轻人唱得好，外面很欢迎（他们去工作）。"或者是通过升学、就业的途径留在大城市。另一类是以村寨为依托，在村里继续从事农牧业生产或者运输工作。不过因为阿坝州旅游业的快速发展，进入旅游行业工作的年轻人也开始增加。一位赋闲在家的年轻人说，导游工作是整个阿坝州年轻人最热衷的工作之一。羌族、藏族出身的导游在阿坝州有着先天优势，熟悉地方风俗民情和资源特征，加上导游收入相对较高，所以本地导游员考试竞争非常激烈。

与牛尾寨类似的村寨还有河心坝、黑虎等。河心坝村里的主要集体娱乐集中在农历的正月到二月间，歌舞活动也都是集中在这一时段。在河心坝这个罕有游人的静谧村落，村干部说："有重要客人来的时候我们都会组织唱歌跳舞。"同样组织歌舞表演的还有黑虎羌寨，每当游客提出要求或者有重要客人到来时，村里干部会组织村民进行歌舞表演。表演一般选在村里祭坛边的空地上，那里是黑虎寨上唯一的大面积平地。平时羌寨中由于现代娱乐设备的普及和资讯的方便获取，村民们的娱乐形式多样，年轻一代约在一起跳锅庄的机会越来越少。特别是曾经走出村寨的羌族人，歌舞早已经不是羌寨生活中唯一的娱乐项目。

村寨以外的歌舞活动，既有商业性质的专业团队，也有普通城镇市民的自发参与，还有半自发性质的集体出演。调研小组在茂县观察到了这三类歌舞活动。

第一类是完全自发的休闲娱乐活动，主要集中于县城中心的广场空地，参与者一般是本地中老年居民。舞蹈不限于萨朗舞、锅庄，还有时下流行音乐。由羌寨迁至城镇居住的妇女白天忙于家庭事务或者工作，晚间呼朋唤友加入到广场歌舞活动里，锻炼身体的同时还能交流情感。

第二类是纯商业性质的歌舞表演。比如濒临岷江的古羌神韵大舞台，这里曾经是茂县县城唯一的一所以羌族民族舞蹈表演为主的营业性娱乐场所，表演的节目不仅限于羌族传统歌舞，还融合了藏族、汉族的民歌。所有舞台表演和主持都由专业演员完成。震后茂县文化主管部门旗下企业组织成立了羌魂剧组，招聘羌寨里能歌善舞的年轻人作为专业演职人员参加排练演出。在岷江西岸的羌城演艺中心正式投入运营后，茂县专业演出团体也将为游客呈上羌族原生态歌舞的精彩表演。

第三类是半自发形式的歌舞活动。这类以位于岷江西岸西羌大道上的西羌家园酒店为代表，作为地震以后为数不多的营业中的酒店，每天傍晚酒店的女服务员会准时在酒店院落中表演传统舞蹈（见图20-8）。服务员身着统一的羌族民族服装跳萨朗舞，舞蹈的动作优美，音乐婉转动听,入住游客通常驻足欣赏。除了天气原因外,这样的活动每天都会进行。跳萨朗的姑娘若不熟悉舞步和节奏,在其他姑娘的带领下也会逐渐熟悉起来。在被问到为何要参加萨朗舞的表演时,一些服务员回答:住店客人喜欢看。跳舞活动作为家园酒店女性职员的一项工作,必须参加。也有服务员认为跳萨朗是羌族的传统,自己喜欢参加这种活动。2013年重访西羌家园酒店,晚间7点服务员们准时聚集在院落里跳萨朗舞,周围聚集了更多的游客拍照,一些游客甚至不由自主地加入到舞蹈的行列中。

图20-8 茂县西羌家园酒店服务员在跳萨朗舞(摄于2009年9月)

  从牛尾寨、黑虎寨到县城凤仪镇,歌舞活动从羌族传统聚落里的自发组织行为转变为羌族雇员的被组织过程。前者沿袭了农业社会的节奏,村民在歌舞中表达农耕生活过程中不同阶段的喜悦心情,歌舞形式随心所定,按照村民们的说法,即便是平日也是这么跳这么唱。传统歌舞是村寨里特定时间的文化表达形式,参与者既是主人也是客人。后者虽然歌舞的内容趋同,但是已经将羌族歌舞作为工作的一部分,歌舞表演的对象转变为"客人",从形式上看,融合多个羌寨的舞蹈风格加上专业团队负责编排的音乐内容,使得整场表演的舞台空间特征鲜明。在舞台空间中,表演者不再拘泥于村寨里传统歌舞的表现形式,以更艺术化的形式演绎羌族特有的音乐技巧和民俗风情。

二 羌城的规划与建设

羌城是茂县县城凤仪镇西侧规划建设中的羌文化主题商业公园，其规划地点在岷江西岸的水西村及波西村部分地块，计划于金、银龟堡之间打造 215 万平方米的羌文化产业园区，规划建设的目的是通过羌文化物质和非物质文化遗产的集中抢救、保护，浓缩展示羌族文化和历史。

按照羌城规划设计的目标，羌城整合了羌族村寨、博物馆、文化传习中心、星级酒店、餐饮娱乐、商业地产等业态，浓缩的景观既可以满足到访茂县的旅游者需求，还可以为茂县居民提供特色商业购物娱乐休闲等场所。羌城内保持古羌族原有的建筑风貌、祭祀礼仪、民风习俗，充分体现羌族文化的生态环境和羌民族的生息特点。在羌城内，居民可按照相关规定有序发展多种生态产业，形成一种循环经济型的生态产业链。羌族老百姓在羌城内的原始耕作、狩猎、生活本身就是对羌文化的活态保护和传承，游人在羌城内可以感受到"原生态"的羌族文化，体验羌风、羌韵羌情的羌族风貌，体验羌城全新的生活方式。

2013 年 11 月 3 日（农历十月初一日）是羌历新年，这一天茂县举行了盛大的羌城开城大典。建设完成的羌城占地 3000 余亩，坐西朝东，由中国羌族博物馆、非物质文化遗产传习中心、羌王官寨、演艺中心、萨朗广场、羌圣山、炎帝广场、神碉、祭祀广场等部分组成（见图 20-9）。先期投入运营的中国羌族博物馆、神碉广场等已经吸引了大批游客前来观光。后期随着羌王官寨酒店、演艺中心等相继投入运营，羌城的接待能力和接待水平将得到进一步提升。在文化传承保护方面，羌城与政府机构联手，组织羌族非物质文化遗产传承人入驻传习中心，为有志于学习羌族非物质文化技艺的人们搭建了沟通平台。

受旅游客流的带动，羌城周边民宿旅游接待发展迅猛。以羌城南侧的尔玛天街为例，除了投资商兴建了高档酒店、餐饮店，这里尚未动迁的村民多数开设了客栈，散客入住率保持在较高的水平。村民因为客栈营业收入稳定，所以全家人都将主要精力投入客栈经营中。而自留田地的耕作主要用于自给自足。羌城西侧波西村保留了大片农田，是苹果和脆李种植基地，部分村民开始瞄准游客市场推广水果采摘和销售。羌城建设中因占地迁至县城住宅区居住的村民，则通过搬迁脱离了村民的身份，完成了城镇化的第一步。

图 20-9　羌城鸟瞰（摄于 2013 年 10 月）

三　新型旅游活动的组织者

茂县凤仪镇，是成都—九寨沟旅游环线西环线上的重要节点。以岷江为界，东侧是本地居民的主要生活场所，尚存砖石结构的南城门及部分残墙，沿江一线新建的羌寨风格居民住宅区显示了这里的民族特色，"街道上常见进城销货、购物身着民族服饰之羌族妇女"；岷江西岸则密集分布服务旅游业的宾馆、饭庄、旅游纪念品商店等。地震前团队游客是茂县旅游接待的主要对象，旅游车辆通常选择在茂县过夜休息或用餐，大批的团队客源曾令西羌大道上的饭店和旅游纪念品商店生意格外兴隆。震后一段时间，受限于安全因素，九环线的团队旅游活动被官方叫停，由此导致团队客源锐减，西羌大道沿途商业萧条，销售对象也由旅游者转向了本地居民和灾后援建机构的常驻人员。

茂县旅游经济发展的过程中，团队游客的到来为当地餐饮和住宿业提供了充足的过境客源。而分散的羌族村寨，由于接待能力和容量有限，其旅游开发与旅行社这一传统旅游活动组织者难以桥接。调查发现，越来越多的村寨旅游开发依托车友会等民间组织，这使客源方面更加稳定，而且村寨居民与旅游者之间的互动更显成效。车友会在客源组织上具有灵活性，时间、线路相比传统的旅行社更为自由。

茂县南部的牟托村、北部的牛尾寨均受益于这样新型的旅游活动组织者。牟托村地处茂县和汶川的交界地带，与213国道隔江相望，交通相对便利。牟托村周边种植大片果木，村里建有"山泉生态农庄""羌家园"等多家旅游接待农庄，为旅游者提供餐饮、住宿、娱乐等多项服务项目。以羌家园为例，地震前羌家园是牟托村的一个二星级农家乐。老板温姐介绍说，这里之前的旅游者多半是自驾车游客。游客之间相互认识，关系较为密切。自驾车游客之间的相互推荐，是羌家园获得稳定客源的原因之一。此外，因为羌家园与多家车友会建立了业务联系，车友会组织活动时会优先推荐（见图20-10）。偶尔会有导游介绍的团队游客到访，但这一部分游客的数量比较少（牛尾寨也是同样的情况）。非正式团体如车友会、同学会等与村寨居民建立了良好的个人关系，通过私人渠道进入村寨参观消费。他们与村民的接触密切，关系比传统意义上的东道主和游客的关系更近一步，是村寨旅游开发和管理中值得注意的一支消费力量。

图20-10　牟托村农家乐的客源组织（摄于2013年10月）

在牟托村里参观，不时有好客的村民邀请我们到家里去坐坐。这座外观刻意装饰为羌族风格的羌族村落，居民室内已经完全是现代化陈设，从瓷砖地板，到沙发、音响，和一般城市的居民住宅没有太大区别。牟托村是阿坝州的新农村建设示范点和生态农业旅游观光地，由于自然条件好，经济作物产量和品质都较其他地区高，近年来村民种植果木、大力发展农家乐,经济收益显著,因此一跃成为附近村寨中的佼佼者。

针对政府提出的改造计划,牟托村民大体上都是支持的,一是村寨风貌改造的经费来自政府,村民无须再自筹款项。二是改造活动既美化了村里的环境,还有可能吸引更多的游客前来旅游留宿。以村长为首,村民们对旅游者到来后的经济收益充满期盼。三是在风貌改造的过程中,政府为村里闲散劳动力提供了大量工作机会,例如整理、搬运建材等,这些由一般妇女即可承担的工作也为村民灾后重建提供了一定的资金支持。星级农家乐"羌家园"也正在改建扩建,老板温姐请工人重新整修院落,建造了新的凉亭和平台,准备扩大规模接待更多的游人。老板温姐预计灾后重建之后到访的游客人数将会更多。

牟托村中到处是一派繁忙景象。从干部到普通村民,每个人都充满希冀。牟托村农家乐的发展,并不以传统旅游组织为桥梁,他们印制名片,与各类私家车友会等社团组织建立良好的互动关系,依靠灾后重建的环境整治成果吸引客源。

第三节 空间塑造中的驱动力

一 地方管理者的构思与实践

政府部门是茂县旅游活动的绝对领导者,道路修筑、村寨环境整治、政策扶持等这些村寨无法依靠个体达成的项目在政府部门积极有效的组织协调下正逐步实现。调查小组接触到的村民对于政府对旅游活动的领导地位均表示赞同。但是,政府本身并没有直接参与到旅游经营活动中,仅仅是作为公众服务的机构出现。政府各机构之间的分工协作效率将直接影响旅游开发的进程。在茂县由九寨环线旅游过境地向羌族文化旅游目的地转变的过程中,政府机构在以下几方面进行了推动。

第一,协助建立旅游服务配套体系。旅游开发中单纯的吸引物体系不足以带来旅游经济的规模效应,配套设施这时往往成为旅游开发成败的关键所在。比如建立完善羌寨农家乐评级制度,培训旅游从业人员,以及对村寨旅游开发进行宏观指导。此外,尽力确保旅游基础设施的规划和项目的财政投入,也是相关政府机构的工作重点。

第二,强化羌族文化旅游核心品牌的建设。茂县羌城的规划建设、旅游村寨的风貌改造，政府机构在其中的助推作用有目共睹。组织瓦尔俄足萨朗节也在一定程度上扩大了羌族传统文化的影响力，有助于吸引更多旅游者前来。灾后旅游重建中，旅游局委派正副局长蹲点监督、负责协调牟托村、牛尾寨两个旅游村寨的风貌改造进度。牟托、牛尾均是位于213国道附近的村寨，可进入性较好。风貌改造完成后，即可以向旅游者开放。特别是牛尾寨最负盛名的多声部合唱随时能够组织起来为旅游者表演。而具有较高游览价值的黑虎寨，尽管山西省援建道路已经通达乡政府门前，但是上山道路崎岖难行，加之村寨内碉楼建筑的修复仍需假以时日，不利于大规模旅游者进入。

第三，促进旅游市场管理体制的完善。政府机构在旅游开发不同时期面临角色转化，先期直接介入旅游开发的方式在大规模旅游活动开展之后已经不再合适，管理体制缺陷的凸显要求政府机构进一步理顺思路，增强市场服务和监督的意识。

政府机构从行政管理层面促使羌族文化旅游市场的规范，但是从政府管理者的角度则更推崇旅游市场的自我管理。即通过旅游从业者之间的自我约束实现市场的有序运转。茂县叠溪附近的沙湾村是观赏叠溪海子的最佳观景点，地处九寨环线的节点位置使这个村落的旅游业迅速发展。村中居民的各项经营活动都形成了自我约束，任何一家哄抬物价或者销售假冒伪劣商品都会受到其他商户的排斥。进而这里的服务质量一直维持在较高水平。旅游局在此处监管的重点是服务品质，即无假冒伪劣、无欺诈宰客。村民相互之间的约束是传统村落伦理道德控制在经济社会的一种体现，另外也从侧面反映出沙湾村的经营者仍是以本地人为主的现状。

二 羌民的思考与选择

羌族姑娘杨发文说："离开了这片土地，我们羌族就不再像是羌族了。"

地震后羌族生存条件的恶化曾经引发了茂县整体外迁的传言。当时的意见呈现出两派：一方以年轻人为代表，认为外地充满发展机遇，欢欣鼓舞准备随时搬出茂县；一方多为中、老年人，他们宁死也要待在家乡。

杨发文是茂县飞虹人，工作地在成都。她表示尽管自己长期居住在成都，但是岷江流域自古以来生活着羌人的先辈，固守茂县这片土地有羌族人的道理。去城里或者更适宜居住的地方，羌人的生活条件可能会有较大的改善，但是生存环境改变后，羌族传承的文化可能也会随之消亡。她的忧虑反映出的事实是，羌族传统文化的形成建立在农耕文明基础之上，羌族村寨所传承的文化传统将面临其生存根基的动摇。羌人由农牧进入农耕社会，猎枪、猎物在其生活中渐渐消失。最早由鹰骨制成的羌笛改用竹管。而当农耕文明与工业文明交汇，羌人的传统生活方式再一次改变。羌人自酿酒为"咂酒"，可以说酿造、饮用咂酒和唱歌是羌族人传统生活的一部分。咂酒以青稞、大麦、高粱为原料，大家围着酒坛用细管轮流吸饮，直到味淡后再食酒渣，俗称"连渣带水，一醉二饱"。饮咂酒时要唱酒歌。羌族村寨里酿制的咂酒原料通常都是来自农家的收获，但是农业产业结构调整后，低产量的青稞、高粱等种植逐步被玉米所取代，所以现在羌族人喝酒要么到市场上购买普通白酒，要么从种植青稞的地方购买咂酒，很少会在家里酿制。

位于凤仪镇周边的羌族村寨波西村，城镇化进程是村民们关注的大事件。这座位于岷江西岸、以水果种植为主的村寨已经被纳入羌城建设的范围内，除了村里的现代建筑要被拆除，即将采摘的苹果树也将被砍伐。村民三三两两聚在一起讨论，"回迁到新建的房屋里，每平方米的价格据说两三千元，赔偿金一平方米700元。"羌城里的房舍按照羌族的传统式样建造，村民忧虑迁入羌城之后村寨里原有的邻里关系将被打乱，"听说大房子有钱有关系的人才买得起"。

羌城建设的推进不可避免地会占用土地，部分村民因此搬离了家园。曾经主管羌城建设的文化部门官员介绍说，安置房集中在凤仪镇的三处新建小区，均为高层或者多层住宅。村寨居民的搬迁主要障碍一是经济赔偿，二是再就业，多数脱离了农业生产和固有社区环境的村民对前景一片茫然。这一过程中原有的村落格局不可避免被打破，维系原有羌寨居民情感的纽带能否应对环境变迁将是一个异数。

三 文化空间的再生与延续

西南交大建筑学院的季富政教授谈到传统风貌的生成机制时，认为是由三种合力综合形成的。包括民族的原生发展、民族的迁移融合和对地理气候条件的适应。而这三点同样也可以被看作新环境中羌族村寨传统文化空间更新的外部推动力量。

羌民历史上多半居住在半高山上有水源的地方。但是近一个世纪以来，随着部族之间敌对形势的扭转、人们对于高质量生活环境的向往和生态环境的改变等，不断有半高山上的村寨向河谷平地迁移。之前居住的村落因为久无人烟而逐步被废弃和被人们淡忘，居住生态环境的变化对于村落里原有的文化氛围也产生了较大的影响。调研小组在调查中发现，牛尾寨和牟托村都是从半高山上迁移下来的村落。地震以后由于水源的消失，一些半高山上的羌寨也在政府的安排下开始搬迁到河谷和平地。以前的村寨就此废弃。这些新的村落，有些是几个村寨合在一起组成一个大的行政村，有些还是由原先的村寨独立组成。新环境下村落格局、经济结构都先后发生变化，促成了羌族村寨在传统基础上的演化和新生。

首先是村落格局的改变。传统羌寨的战争防御性功能在村落搬迁后消失，因此碉楼在这些村寨中多半不见踪影。在近些年新建成的羌族村落里，碉楼功能转换为具有纪念意义的羌文化标志或者是旅游吸引物。羌族使用的建筑材料及室内格局方面也有较大变化。传统村寨建筑历史悠久，反映了房屋建设时期的技术水平、审美要求和材料特征。而搬迁后的村落尽管按照"修旧如旧"的风格，但是多采用新技术、新材料、新设计，在审美上可能更符合现代羌族人的普遍标准。

其次是居民经济活动的改变。搬迁至河谷地带的羌族村落和仍然居住在半高山区域的村落无论是种植结构还是村民的谋生技能有了较大区别。村落居民与外界的交往频率、交往方式也较之以前有了较大的区别。牛尾村与牟托村都是从半高山上迁移下来的羌族村寨，牟托村较大，有500多口人；牛尾村112户，300口人，这两个村寨的居民98%是羌族。遗留在半高山上的羌寨，牟托村的村民40岁以上的还有印象，但基本连去旧寨子路都找不到了；牛尾村因为是2002—2004年才搬迁下来的村寨，所以村里的人对旧寨子都还有记忆，认为相比现在所居住的村落，以前的村寨建筑更有价值，村里有碉楼。但是谈到生活条件，村里的多数人都对现在的生活环境表示满意，认为比以前改善许多，不会再有冬季大雪封山、信息隔断数月的情况，村民们安居乐业，而且目前的交通更方便。

现在羌族村落的发展环境与历史上已经发生了较大区别。传统羌族文化原生环境的变化，比如经济形态的改变、外来文化的冲击（旅游者引发的文化涵化只是其中很小的一部分），这些使羌民族文化的传承面临的困难比预想中要复杂和困难许多。而事实上，外部社会环境的改变对于羌族文化传承与变迁的影响在没有进行旅游开发前已经显现，而这种影响对于旅游开发中文化保护政策的持续性和有效性无疑是很大的考验。即便参与旅游活动的羌人身份和职业转换在旅游开发初期的表现不显著，那么随着客流的增加和开发的加剧，羌族生活区域管理难度的增加势难避免。

在灾后重建中，一些村寨依靠政府支持和外部引资，完成了向旅游目的地的成功转型。旧有村寨空间在旅游开发中形成了以旅游线路和旅游者视角为核心的典范旅游目的地布局。以牟托为例，风貌改造前这里是以水果种植和销售为主的村落。村寨周边种植苹果、枇杷、樱桃及绿色蔬菜，是茂县知名的生态农业示范村。由于从半高山上搬迁下来的时间较早，牟托受汉文化影响的程度更深。比如2009年调研组初次到访时村民普遍都能讲汉语，极少有村民穿着传统服装，会跳萨朗舞的村民寥寥无几。茂县北部村寨里村民甚至说："凤仪镇以南的羌族都是被完全汉化的。"风貌改造完成后的牟托村引入旅游发展公司负责全村的旅游开发和营销，除了门票、导游和表演组织外，旅游公司对村内的游览线路进行了重新规划，并且新增了旅游厕所和演艺大厅、萨朗广场、马帮古道、木质栈道等。牟托村口沿213国道和岷江河谷地带的大片果蔬种植园已经被改造成停车场、游客中心等，成为重要的旅游团队及散客集散地（见图20-11）。团队游客通过岷江上的吊索桥进入村寨，沿着幸福大道进入村寨内部。沿途农舍多半改建为食铺、纪念品店、宾馆等。新建的演艺大厅位于索桥与村寨的交接地带，每天七场歌舞演出足以满足不同时段到达游客的需求。此外，村寨高处的萨朗广场修复了祭坛，游人可以在此拍照留念。为了增强羌寨的文化氛围，旅游公司组织了能歌善舞的羌族演员到牟托进行表演。导游员和纪念品店的店员均身着羌族传统的盛装，加上羌族传统风格的民舍、碉楼，令游客切实感受到羌寨浓郁的民族气息和厚重的羌族文化。

牟托村的村民也经历了从蔬果种植专业户向旅游参与者的身份转变。不过一般村民即便参与到游客接待中，也很少穿着传统民族服装。身着夹克衫、从事旅游纪念品销售的杨姓小伙子说："这些（演员）都是从其他地方招聘过来的，村里几乎没有人会跳舞唱歌。"因为村民们都在做游客的生意，所以小伙子也在自家门外摆了一个摊位。村民们销售的纪念品，除了蔬果、核桃是自产，其他手工艺制品如羌绣手袋等则来自专业的加工基地。手工艺纪念品中既有做工精美的羌绣作品，也不乏粗制滥造的小饰品。纪念品销售面向团队游客，他们在牟托停留时间有限，商业化的艺术品成为匆匆来到边远地区的游客的唯一纪念品，尽管这些纪念品的区分特征已大为简化，但却是旅游者在回忆旅途逸闻时

图 20-11　牟托村连接停车场与村寨的索桥（摄于 2013 年 10 月）

最实在的证据。① 小伙子认为，"游人很多，但是生意没有下面（主游线路）的好。"不过小伙子正在翻建自家的房舍，外墙依旧保留了羌族建筑风格，"内部按照现代宾馆的式样安排，这样游客会比较喜欢。"2013 年 10 月国庆节期间，牟托寨共接待了游客 35266 人次②。但是从整体上看，本地村民在旅游开发中的就业机会有限，而房舍位置的优劣又导致村落内部矛盾迭出。为了规范旅游市场的秩序，村委会于村寨一侧筹建了农贸市场，安排偏离游线的农户进入市场销售农副产品。农贸市场里大家相互监督，一定程度上可以保证买卖公平。

---

① 参见［美］纳尔逊·格雷本《人类学与旅游时代》，赵红梅等译，广西师范大学出版社 2009 年版，第 64 页。
② 参见《十一黄金周茂县羌乡古寨景区旅游火爆》（http：//www.maoxian.gov.cn/xwzx/zwyw/201310/t20131009_929935.html）。

第二十一章 空间冲突与重构

第一节 羌文化旅游开发中的空间冲突

四川的羌族文化旅游资源，从行政区划上看主要集中分布于阿坝藏族羌族自治州的茂县、汶川县、理县和绵阳市北川羌族自治县。传统建筑、民间手工艺、宗教文化、歌舞、服饰、婚俗、饮食等构成羌文化旅游开发的主要内容。无论是羌族文化的表现形式还是文化传承所依托的自然地理环境，各旅游资源分布地在羌文化细节方面的差异并不能抹杀资源的趋同特征。在各行政区划分别进行羌文化旅游开发的进程中，羌文化旅游开发面临产业发展空间、文化发展空间两大主要冲突。

首先是旅游产业发展空间的冲突。由于开发模式雷同并且共享客源市场，导致县域之间、村寨之间的空间竞争异常激烈。从实地考察的结果看，村民与基层村干部从事村寨旅游开发的愿望迫切。但受交通、资金、政策等因素限制，仅有少数综合条件较好的村寨得到政府的扶持，成为面向旅游者全面开发的羌族文化体验基地。但从羌族分布的大区域范围看，各县在地震后重建中均将羌文化旅游开发作为重点项目，扶持行政区划内的特色羌寨，由此形成了汶川布瓦羌寨、萝卜羌寨、水磨羌寨，北川吉娜羌寨、石椅羌寨，理县桃坪羌寨，茂县牟托羌寨、黑虎羌寨、牛尾羌寨等多村寨共同竞争的局面。而且茂县羌城和水磨仿古羌镇建好后，就会出现对其他羌寨强有力的空间竞争。

文化发展空间的冲突主要指旅游环境下多元文化的交流中传统羌文化生存空间的萎缩，即传统文化在经济利益诱导下呈现两极：受到游客欣赏的文化传统得以强化，而被旅游者忽视的传统文化则日益边缘化。羌绣是羌族传统的手工艺项目，也是最受欢迎的羌族地区旅游纪念品之一。由于市场需求旺盛，羌寨的妇女闲暇时间多用来绣制鞋、帕等，或者直接向游客兜售，或者卖给绣品作坊。阿坝州妇女羌绣就业帮扶中心还在汶川、茂县和理县设计了"羌绣帮扶计划"，组织院校老师和民间艺人为灾区妇女提供羌绣技艺培训。本地一些有识之士如羌寨绣庄的创始人李兴秀组织本地羌族妇女从事藏羌民族服装及羌绣礼品的设计、研发和销售，已经形成一定规模，申请了多项外观专利。但是同样作为羌族传统文化的重要内容的"羌语""羌历年"（苏布士）等却前景堪忧。

第二节 旅游空间的重构

一 旅游空间的形成特征

羌族地区旅游空间的形成与发展，与这一区域旅游要素的汇集密不可分，也得益于外来旅游需求的"拉动"与地方旅游地建设的"推动"所形成的市场惯性。

地震前旅游空间分布的地域局限于213国道沿线。茂县是重要的旅游过境地，地震前旅游资本大量流向旅游线路沿途过往游客的宾馆、饭店等服务设施建设。游客与羌族传统文化富集地带的交集仅仅是在凤仪镇休息过夜，以及途经叠溪时停车拍照，大多数旅游者的活动范围局限于213国道，仅有少数旅游者会选择前往黑虎、牛尾等特色羌族村落参观。与凤仪镇庞大的旅游产业相比，羌寨旅游产品供给质量、服务水平与市场需求相差较大，城镇旅游空间与村寨旅游空间的发展极度不平衡。

汶川地震后，羌族文化旅游资源知名度迅速提高。在灾后重建的大背景下，羌族文化生态保护实验区规划持续推进，地方政府和羌寨民众对羌族文化旅游项目的开发建设热情空前高涨。羌寨休闲、观光等项目在民众参与和政府支持下相继建设；旅游主管部门负责对村寨旅游从业者进行培训和指导，援建机构协助疏通道路，重点开发的羌族文化旅游项目建成后陆续向游人开放。选址于县城凤仪镇的羌城综合项目与分散于周边羌寨的休闲、观光项目共同组成了茂县羌文化旅游的核心内容，保障旅游者基本旅游需求都可以满足。此外，根据茂县《2008—2020县域产业布局规划》，北部经济区作为全县旅游资源的集中地，侧重于旅游等产业的发展，西部和东南部经济区则作为水电、畜牧、果品、生物产品加工等特色发展地区，县域范围内的产业布局对旅游空间的可持续发展形成进一步支撑。

二 空间重构的形式

区域空间结构具有自组织功能，但其重组总是滞后于区域社会经济的发展。① 茂县旅游空间的重构进程依托了民众自发和政府引导是两种典型形式。

自发式源自羌寨居民与旅游者的主动接触，通过自发组织将羌族传统文化项目如歌舞、传统饮食等引入到旅游活动中，向进入村寨的旅游者推介羌族历史和文化。旅游者了解认知羌文化的同时也进一步激发了羌文化传承者的自豪感和文化"自觉性"。

引导式是通过政府的宏观调控和公共资源配置引导，让羌文化旅游发展的产业要素快速汇集，以实现空间重构。以灾后重建为契机，羌族聚集地区的政府主管部门约请专业机构对境内的羌文化旅游资源进行规划整合，打造特色羌族村寨，通过基础配套的完善，引导开发商和旅游者前往。以点状分布的羌寨旅游地作为增长极，进而带动周边区域旅游服务空间的成长。

第三节 旅游开发中的政府定位

地方政府在茂县旅游空间形成和重构中均扮演了重要角色。尽管现代政府已经正在逐步放弃微观经济发展中的支配权，但就欠发达民族地区的旅游发展而言，政府在其中的整合与引导作用仍将发挥关键性作用。

"前台、帷幕、后台"的空间管理模式在实际运用时缺乏参考经验。按"前台、帷幕、后台"模式开发旅游资源时，会出现许多不同的利益相关者，每个利益相关者都会为自己的利益着想，所以不可避免地会造成不同利益相关者之间的利益冲突。所以，该空间管理模式要求在规划阶段就实施空间管理，合理解决各利益相关者的利益诉求，这就需要政府以管理者的身份出面协调，合理分配各自利益。比如在开发时开发商与当地居民之间、前台居民和后台居民之间等都可能出现利益冲突，都需要政府以管理协调者的身份按照合理的方式去解决。

---

① 参见陈修颖《区域空间结构重组理论初探》，《地理与地理信息科学》2003年第2期。

政府在其中还应加大公共财政对旅游资源开发的扶持力度，特别是对本地公益性旅游产品开发、公共服务设施、重要旅游项目建设的投入，满足游客的多样性需求。不断改革政府的投入方式，变单纯增加投入为鼓励有效产出，建立新型公共财政支持模式，提高公益性旅游产品开发和重点旅游项目开发的投入效益。

另外，地方政府应积极发展旅游行业中的社会组织，鼓励、扶持社会组织承担起一部分职能，如旅游信息咨询、广告服务、旅游行业协会、市场监管等，充分发挥它们在维护行业权益、进行行业自律、制定行业标准、规范旅游市场、调节行业经营等方面的积极作用，在旅游企业和旅游者之间充当重要的"第三者"角色，把旅游产品和服务推向市场，也使旅游市场中的服务、沟通、公证和监督机构尽快建立起来并正常地投入运作，实现治理模式的创新。

政府的宏观调控主要是指政府运用经济政策，通过调整它所掌握的某些经济变量（如财政支出、货币供给等），来影响市场经济中各种变量的取值，以影响私人经济部门的运作过程。在"前台、帷幕、后台"模式开发过程中，政府应对当地产业结构进行适当调整，深化体制改革，以适应旅游业的发展。例如在前台发展以旅游业、餐饮业、娱乐业为主的旅游业态；在帷幕发展以土特产品、旅游纪念品加工销售、果园活动为主的体验性旅游业态；在后台发展以农业、种植、养殖为主的深度体验的旅游形式。另外，由于资金、人才短缺等问题，贫困地区发展旅游一般起步水平较低，当地居民自发兴办的旅游配套设施难于上档次、形成规模，适应不了日益发展的市场经济需求，这也需要政府深化旅游体制改革，引导当地居民由分散的个体经营向规模经营发展，以使旅游扶贫更富成效。

在开发中出于对资源和文化的保护要求，有必要对旅游资源开发行为进行监管，监管是一个庞大的系统工程，需要政府行政管理部门的共同参与和相互配合。茂县是以羌文化为主的旅游目的地，对羌文化进行保护显得极其重要。地方政府可以通过制定法规、政策，组织实施行业发展规划，运用行政命令、行政措施、行政处罚等手段，以及经济杠杆等手段，对旅游资源开发和相关行业的企业机构及其活动实施监督，规范旅游开发的市场行为，合理组合并明确旅游业的布局、结构和发展方向。

第四节 关于茂县调查的几点启示

传统意义上羌族大杂居、小聚居的分布特点，使村落之间、沟域之间会呈现出一定的语言、文化、习俗与经济等差异。此外，不同的历史境遇与社会条件则进一步使得羌族文化呈现出一定的内部差异性。譬如黑虎乡的白帕缠头、太平乡牛尾村的多声部音乐、曲谷乡的瓦尔俄足，都是具有鲜明特色的羌文化个案。举例来说，碉楼被认为是羌族村寨的标志性建筑。但是就具体的分布而言，羌族地区最大的羌寨之一萝卜羌寨并没有一座碉楼。这种差异性给后台保护①的设计带来巨大的困难。羌文化元素的多元性，按照文化原生地保护的原则，覆盖面几乎遍及除去帷幕和前台以外的所用区域。这给前台旅游收益的再分配带来诸多难题。

从短期结果上看，外力推动和文化的自我救赎都可以营造羌族独有文化空间的可持续发展氛围，为非物质文化遗产保护创造条件；但是从长远看，吸引大多数旅游者的只是表层文化的差异性而已。② 经过旅游包装展现给游客的羌文化空间与真正的羌文化特质之间存在距离，而且这种无序生产出来的文化空间容易混淆目标和手段，其影响无法预知和控制。

依照在茂县调研的情况看，这里羌文化的旅游开发已经呈现出舞台化的特征，其中羌城、牟托最为显著。牟托由本地羌人眼里的"完全汉化的村寨"经过旅游公司的资源重组，摇身变为旅游者镜头中一座充满羌族风情的美丽村寨。无论是团队游客还是自驾车游人通过村寨里羌族文化的集中展示，都能快速对羌族传统文化产生感性的认知。旅游者还可以通过参与文化互动等形式对羌族文化进行深度体验，例如入住羌家民宿。另一个舞台化的前台是羌城，其中无论是羌王官寨夸张的体量和充满博物馆风情的内部陈列，还是演艺中心演员们的专业表演，都让旅游者明白真正的羌族传统文化精髓在这里都有所映射，作为一般的观光

---

① 保护分以下层次：（1）原地保护：文化原生村落或区域的维护；（2）迁移保护：村落再生性保护；（3）收藏保护：博物馆、多媒体整理记录；（4）教育辅助保护：对文化群体的教育，辅助弥补知识传递的缺口。

② 参见伊维特·雷辛格、林赛·W. 特纳《旅游跨文化行为研究》，朱路平译，南开大学出版社2004年版，第1页。

者这样的舞台化展示已经可以满足全面了解羌文化的需求。

一些正在筹备开发的村寨如黑虎寨、牛尾寨等更像是"前台、帷幕和后台"中的帷幕区域，旅游者探究羌族村落生活的脚步通常止于这里。而这些村寨一旦通过修建旅游接待设施向大规模旅游者开放，则意味着向前台的转变。

依照杨振之提出的"前台、帷幕和后台"的分层旅游开发模式，茂县羌文化开发保护中事实上可以设计出文化空间重构和原生态保护两种模式。前者对应的是旅游开发前台区，目标主要是配合旅游发展的需要，使旅游地形成完整的羌族文化体验氛围，如羌城、牟托等。后者如黑虎、牛尾或者河心坝，应该有针对性地采取保护和严格保护的办法，维持各区域的旅游限制性开发目标和原生态文化保护目标。在这样的空间管理理念下，羌族非物质文化遗产保护程度和保护手段在不同区域被人为地加以界定。无论是本地羌族居民、当地政府、旅游开发商，还是旅游者，在规定的框架下行使各自的职责，可以确保羌文化生态旅游区在经济和文化双重目标上的平衡。从理论上理解文化空间重构，原因、方法和目标都比较清晰。但在实际运用中，会出现诸如保护和重构区域的选择及划分等现实性问题。这需要遵循以下原则。

1. 尊重本土文化和历史的原则

文化空间构筑在文化的基础上。尊重本土文化意味着文化的价值和地位受到了世人的承认与肯定，这不仅仅能够激发文化传承者的自豪感和文化"自觉性"，也意味着本土文化的生存空间得到了保证。文化空间的重构，不是凭空捏造，尊重历史的本质意味着尊重事实。

2. 与物质文化遗产保护同步的原则

鉴于文化空间重构区域在传统文化表现形式上的不完整性，征集、补充和借用其他地域的物质文化遗产也成为文化空间重构工作的一部分。为了实现特定的经济目标，文化空间重构区域的制度和管理会更倾向于为经济发展服务，但是文化空间重构不是意味着对一切的摒弃，毕竟无形遗产还需要一定的物质依托。因此，保护物质文化遗产与文化空间重构必须同步，不能因为经济利益的缘故就放弃对物质文化遗产的保护。

3. 按区域分层实现的原则

根据文化的空间扩散理论，人文现象可以通过人与人之间的相互接触、人口迁移等途径由一个地区传播到其他区域。文化空间重构虽然可以通过社会建构得以实现，但是这种基于文化传统但又根据开发需要进行了调整的文化空间事实上已经对传统文化空间的存在造成了威胁。文化扩散在条件满足情况下在所难免，重构的文化空间在一定程度上会影响到周边其他区域的文化空间原真性，对未开发区域的文化生态造成破坏。正是基于这样的认识，文化空间重构前，分区规划应该对文化扩散的程度和路径有所预计，在政府管理和区域规划中给予相应的指导。这也是分区域发展中文化空间重构的基本思路。

4. 以原住居民为本的原则

文化空间的构筑是多重力量共同作用的结果，既要看到现阶段文化空间中原住居民对经济和社会发展的需求，也要意识到文化空间重构的最终目标仍是服务原住居民。利用空间的管理对民族文化旅游地的开发进行指导，不仅是对少数民族文化生存空间的尊重，还能够为其提供更多的发展机会。充分尊重少数民族对自身文化的判断和对文化自由选择的权利：变与不变、如何变等一系列问题的解决，取决于民族对自身文化的理解和认识，取决于是否有利于自身的发展与壮大。① 因此，理想的文化空间重构应该建立在充分尊重原住居民对其自身文化的判断和自由选择的基础上。他们的文化选择是划分文化分区的重要依据。

关于茂县旅游开发中的空间重构，笔者认为，这种重构的意义在于从宏观上把握了发展和保护的关系。其中，最关键的一点在于对传统文化的认识和尊重。

从空间重构的意义和影响看，由于功能分区，它所体现的价值可能不仅仅局限在商业方面。更多居于"帷幕"或者"后台"区域的社区居民也将从旅游开发中间接受益，受益的大小更多依赖于分配制度。当然，空间重构的核心在于脱离大规模无序开发，实现民族旅游地的可持续性发展，因此其潜在的价值有待进一步探讨。

从空间重构的主体看，可以归结为多重力量共同作用的结果，这其中既有历史时期所形成的文化传统，也有新时期政治力量的主导作用。客观上茂县旅游的大规模开发是这一阶段自上而下政府的积极倡导；但主观上，旅游者、本地居民和开发商都是空间重构的执行主体。只是由于制度的限制，或者传统的约束，各主体的权限在不同区域中受到了一定制约，只能按照既定的目标施加影响。当然，旅游开发本身也是多重力量的博弈。既不能简单地就保护而保护，也不能一味只顾开发，居民生计、经济发展都应该被纳入旅游开发的统筹和解决范围。

---

① 参见李伟《文化边缘地带旅游业的发展选择》，《民族研究》2004 年第 2 期。

在旅游开发的演进中，旅游收益的分配始终是羌族地区特别是村寨居民的一件大事。格雷本（1980）曾经提出，地方话语权的大小与当地人是否在旅游业中位居要害部门是旅游业对社会能否产生积极效应的关键因素。[1] 从茂县调研的多个村寨案例发展情况看，旅游开发进入实质阶段的村寨已经产生收益分配和再分配的冲突，传统社区凝聚力因为旅游的影响而趋向分化。外来旅游公司为村寨招徕大批游客的同时，也意味着村民原有生活秩序被打破。而在其他尚未开发的羌寨里，居民获取的信息是旅游对村寨经济的积极意义，并因此忽略了旅游给传统羌族文化和村寨社会结构带来的负面效用。不过从更宏观的角度看茂县甚至整个羌族地区，一些羌寨的成功旅游开发模式势必吸引到其他羌寨复制跟随，所以只有从区域管控层面对上述开发进行干预，实现先期旅游开发村寨收益的合理分配，才能更有效地促成地方文化旅游资源的保护与利用。

---

[1] Nelson Graburn, "Teaching the Anthropology of Tourism", *International Social Science Journal*, Vol. 32, No. 1, 1980.

后　　记

　　本书从田野调查到成文历时十载。10 年中我们经历的酸甜苦辣冷暖自知，但是自始至终都保持着对科研的兴趣，无论在怎样艰难的处境，都不曾放弃。我们是一个团队，杨振之老师是这个团队的灵魂人物。本书由杨振之老师确定研究大纲和基本思路、理论框架，并撰写了第一篇内容，最后对全书进行总纂；宋秋主持了对西藏地区的手工艺调查并执笔撰写；胡海霞主持丽江古城的调查并执笔撰写；阳宁东主持了对九寨沟表演者的调查并执笔撰写；马琳主持了对茂县地区的调查并执笔撰写。一路上，我们克服重重困难，彼此鼓励、相互支持，最终完成课题研究。也正是靠着这份坚持与协作，本书才得以面市。

　　同时，我们在本书的写作过程中得到了很多人的慷慨帮助。每每忆起他们阵阵感动与温暖总在心头涌动。直到今天，那一张张面孔仍是如此鲜活，一桩桩往事也宛如昨天发生一般。在西藏调研期间，我们的两位藏族向导热布但和多吉不辞辛苦给我们做翻译，帮我们出主意，嘎玛措旺老人一家为我们在杰德秀的调查提供食宿，没有他们，我们在山南的调查根本就无法进行。泽当的巴桑老师、杰德秀的格桑大叔、卓番林的尼玛扎西……这些西藏民族手工艺的精英人物，他们接受我的访谈，为我的研究提供了大量的资料和素材，他们传承西藏本土文化的责任感也深深地打动了我。来自云南大理鹤庆的杨德生师傅一家多次为我们的调查提供了大量信息，他们的朴实、厚道和勤劳给我留下了深刻的印象。山南行业管理局的白马卓嘎局长、四川大学的李永宪老师、北京大学的孙文老师都曾给我们提供了无私的帮助。在九寨沟调研期间，九寨沟风景区管理局的章小平局长、李韶鉴局长，九寨沟科研处的王燕、邓贵平，九寨沟文体局的王善刚局长、孙敏等为我们提供了诸多的便利及相关数据资料。九寨沟"印象九寨·高原红"演艺团的汪斌、泽让、高荣、卓玛、尤中尼玛等，九寨沟"藏谜"演艺集团的康尔甲、华尔旦、丹增贡桑、尕玛占德、木尔斯满、才巴央措等以及九寨沟其他演艺团体的管理人员与表演者都为我们的调研提供了丰富的田野调查资料，并帮助完成了相关调查问卷的填写。在茂县调研期间，茂县旅游执法局局长王树清、茂县统计局张瑞勇、茂县建设局刘元然、羌城建设指挥部龙德海、陈维康等都给予我们诸多帮助。许多羌族非物质文化遗产传承人，如瓦尔俄足传承人兰巴姐、余兴保，羌历年传承人肖永庆等为我们关于传统羌文化的提问解惑答疑。特别是羌笛演奏与制作传承人王国亨提出的许多真知灼见，引发我们深思。许多基层干部和村民，包括三龙乡河心坝村杨书记、太平牛尾寨的董云周书记、南新牟托村的罗德兵村长、黑虎羌寨的杨万康一家等为我们提供了具有重要参考价值的数据资料。还有一些人我们不能公布他们的姓名，还有很多人我们甚至都不知道他们的名字，但是他们都曾给予我们无私的关照和帮助。在此，由衷向他们说一声"谢谢"！如果可能，真希望他们能读到这本书，这本书里也凝聚了他们的辛劳与智慧。

在这本书里，我们对主客关系进行了严肃的讨论。但是，开展一项研究、完成一篇论文都不是最终目的，我们的共同愿望是让更多的人在旅游中寻找到生活的意义，让更多的地方成为我们可以诗意栖居之地。